W0471860

Band 11

TOSCANA

ELBA

Hans-Jörg Sing

VERLAG MARTIN VELBINGER

Erhältlich im Buchhandel oder gegen Voreinsendung von DM 36,- auf das Postgirokonto München, Konto-Nr. 2o 65 6o-8o8, BLZ 7oo 1oo 8o oder gegen Verrechnungsscheck im Brief.

VERLAG MARTIN VELBINGER, Bahnhofstr. 1o6, 82166 Gräfelfing/München

INHALT:

TOSCANA
ELBA

VERLAG
MARTIN
VELBINGER
Bahnhofstr. 1o6 82166 Gräfelfing/München

Dieses vorliegende Buch erscheint als BAND 11 einer Reihe unkonventioneller Reiseführer im VERLAG MARTIN VELBINGER:

SÜDOST - EUROPA
Bd. o4 Griechenland/Gesamt
Bd. 3o Griechenland/Kykladen
Bd. 32 Griechenland/Dodekanes
Bd. 31 Griechenland/Peloponnes
Bd. 21 Kreta
Bd. 35 Ungarn
Bd. 41 Österreich/Ost
Bd. 42 Österreich/West
Bd. 16 Jugoslawien/Gesamt
Bd. 34 Jugoslawien/Inseln-Küste

SÜD - EUROPA
Bd. 11 Toscana/Elba
Bd. 15 Golf von Neapel/Campanien
Bd. 12 Süditalien
Bd. 14 Sardinien
Bd. 23 Sizilien/Eol.Inseln
Bd. o6 Südfrankreich
Bd. 46 Côte d'Azur/Provence
Bd. 13 Korsika

SÜDWEST - EUROPA
Bd. o5 Portugal/Azoren/Madeira
Bd. 48 Andalusien

WEST - EUROPA
Bd. 25 Bretagne/Normandie/Kanalinseln
Bd. 26 Franz. Atlantikküste/Loire
Bd. 24 Irland
Bd. 17 Schottland
Bd. 27 Südengland
Bd. 57 Wales

NORD - EUROPA
Bd. 18 Schweden
Bd. 19 Norwegen/Süd-Mitte
Bd. 28 Norwegen/Nord
Bd. 29 Finnland
Bd. 5o Dänemark

STÄDTEFÜHRER
Bd. o7 Paris
Bd. 1o Wien

AMERIKA
Bd. 53 USA/Westküste Kalifornien
Bd. 54 USA/ Der Nordwesten Oregon, Washington
Bd. 58 USA/ Der Südwesten
Bd. o8 Bahamas/Florida
Bd. o2 Südliche Karibik
Bd. o3 Mexiko
Bd. 36 Chile/Antarktis
Bd. 37 Venezuela/Guyanas
Bd. 38 Kolumbien/Ecuador
Bd. 39 Brasilien
Bd. 56 Argentinien/Uruguay/Paraguay

NAHER OSTEN/AFRIKA
Bd. 44 Togo
Bd. 43 Kenia
Bd. 51 Marokko

Weitere Titel in Vorbereitung. Bitte Anfrage an den Verlag.

Illustrationen: Bettina von Hacke
Karten: Bettina von Hacke, Ludwig Bock, Martin Velbinger, Jasmin Gubo
Layout: Sabine Wildenblanck
Cover: Bettina von Hacke, Martin Velbinger

Vielen Dank für tatkräftige Mithilfe an Olly Gubo Sing.

ISBN: 3-88316-012-1

ALLE ANGEGEBENEN PREISE sind Ca.-Preise, auch wenn sie nicht als solche bezeichnet sind. Für die Richtigkeit und Vollständigkeit aller Angaben, insbesondere der Abfahrtszeiten und Preise kann keine Gewähr übernommen werden.

© Copyright 1996 by Verlag Martin Velbinger, Gräfelfing/München. Alle Rechte vorbehalten, auch die der auszugsweisen Veröffentlichung, Übersetzung, Entnahme von Abbildungen etc. Die Wiedergabe von Gebrauchsnamen, Warenbezeichnungen, Handelsnamen u.ä. ohne besondere Kennzeichnung in diesem Buch berechtigen nicht zu der Annahme, daß diese im Sinne der Warenzeichen- und Markenschutzgesetzgebung als frei zu betrachten wären und daher von jedermann benutzt werden dürfen.

DRUCK und BINDUNG: Ebner Ulm
SATZ: Verlag Martin Velbinger, Gräfelfing/München
PRINTED IN GERMANY

9. AUFLAGE 1996

INHALT:

TOSKANA

Die Vergangenheit bewundern,
die Gegenwart genießen

- bei den Bildhauern und Malern, den Dichtern und Philosophen, bei Herrschern, Heiligen und Wirten.
Toskana: das ist Florenz und Renaissance, Etrusker, Medici und Humanismus, die Schönheit menschlicher Schöpfungskraft - Michelangelo und Leonardo, Dante und Galilei, Boccaccio, Puccini und Boccherini -, ist landschaftliche Harmonie - Ölbäume, Zypressen und Chianti, Marmorberge und Tyrrhenisches Meer - und freundliche Menschen, gute Küche und hervorragende Weine.

Ich bin der Meinung des Papstes Bonifazius VIII.:
"Die Toskana ist die Quintessentia der Welt."

Für viele ist die Toskana ein Kultur-Pflicht-Programm zum Abhaken von Florenz, Pisa und Siena. Das ist schade. Es gibt nämlich noch viel mehr lohnende Ziele, um italienische Kultur zu erleben. In Lucca findet man genauso schöne Kirchen wie in Pisa, die Piazza del Duomo in Pistoia ist nicht weniger imposant als der Campo in Siena, und die Kanzel des Giovanni Pisano in S. Andrea zu Pistoia ist so meisterlich wie die im Pisaner Dom. Eines der schönsten Werke von Piero della Francesca ist in der Friedhofskapelle von Monterchi, einem kleinen Nest in der Provinz Arezzo.

Noch etwas habe ich erkannt: Es sind nicht nur die berühmten Künstler, die große Kunstwerke geschaffen haben.

Die drei ergreifendsten Darstellungen der menschlichen Ausdruckskraft in der Kunst habe ich in unbedeutenden Orten, in wenig besuchten Museen oder Kirchen und von unbekannten Meistern gesehen: Das Christusgesicht im Diözesan-Museum von S. Miniato al Tedesco, die Magdalena im Museum von Empoli und die Maria im Dom von Arezzo (siehe jeweils in der Beschreibung).

Ein drittes: Die Toskana ist nicht nur und nicht überall jene "wogende Anmut der Hügel", wie der toskanische Dichter Carducci so treffend sagte, wo das silbergraue Largo der Oliven und das Andante der hellgrünen Weinberge konzertiert mit dem Stakkato der schlanken Zypressen.

Sondern zu dieser Region gehören auch die Lunigiana und die Garfagnana, die beiden Täler um die marmorweißen apuanischen Alpen, gehören das Mugello und das Casentino, jene von den Apenninischen Bergen sich herabsenkenden Täler, von rauhen Nordwinden geschützt, mit klaren Flüssen und bewaldeten Hängen, durchweht von erfrischender Bergluft und verziert mit schmucken Städten und Dörfern, zur Toskana gehört die Einsamkeit der Colline Metallifere und die hellblau schimmernden Weiten der Maremma in der Sonnenglut des Südens, das Tyrrhenische Meer und - Elba.

Touristen-Information

AZIENDE DI PROMOZIONE TURISTICA APT
FREMDENVERKEHRSÄMTER

		Telefon	Fax
Abetone Pistoia Montagna Pistoiese	Via Marconi, 16 51o28 San Marcello	0573/ 630145	073/ 622120
Amiata	Via Mentana, 95 53o21 Abbadia San Salvatore	0577/ 778608	0577/ 779013
Arcipelago Toscano	Calata Italia, 26 57o37 Portoferraio	0565/ 914671	0565/ 916350
Arezzo	P.za Risorgimento, 116 521oo Arezzo	0575/ 23952	0575/ 28042
Chianciano Val di Chiana	Viale Sabatini, 7 53o42 Chianciano	0578/ 63538	0578/ 64623
Firenze	Via Manzoni, 16 5o121 Firenze	055/ 23320	055/ 2346286
Grosseto	Via Monterosa, 2o6 581oo Grosseto	0564/ 454527	0564/ 454606
Livorno	P.za Cavour, 6 571oo Livorno	0586/ 898111	0586/ 896173
Lucca	P.za Guidiccioni, 2 551oo Lucca	0583/ 491205	0583/ 490766
Massa Carrara	L. mare Vespucci, 24 54o37 Marina di Massa	0585/ 240046	0585/ 869015
Montecatini Terme Val di Nievole	Viale Verdi, 66 51o16 Montecatini Terme	0572/ 772244	0572/ 70109
Pisa	Via B. Croce, 26 56125 Pisa	050/ 40096 050/ 40202	050/ 40903
Prato	Via L. Muzzi, 51 5oo47 Prato	0574/ 35141	0574/ 607925
Siena	Via di Città, 43 531oo Siena	0577/ 42209	0577/ 281041
Versilia	Viale Carducci, 1 55o49 Viareggio	0584/ 962233	0584/ 47406

Toscana

IN 9 PROVINZEN

Auslandsinformation

Das Staatlich Italienische Fremdenverkehrsamt, ENIT:

D - 8o336 München, Goethestr. 2o, Tel. o89/53 o3 69, Fax: o89/53 45 27
D - 6o329 Frankfurt/Main, Kaiserstr. 65, Tel. o69/23 74 3o, Fax: o69/23 28 94
A - 1o1o Wien, Kärtnerring 4, Tel. o1/5o5 43 74, Fax: o1/5o5 o2 48
CH - 8oo1 Zürich, Uraniastr. 32, Tel. o1/211 36 33, Fax: o1/211 38 85

Wege in die Toskana

Die Frage "Auto, Zug oder Flugzeug?" stellt sich hauptsächlich nach zwei Gesichtspunkten:

1) Woher man kommt

Für Süddeutsche, Schweizer und Österreicher ist der Flug aus zeitlichen und finanziellen Gründen uninteressant. Das Auto ist vorzuziehen.

2) Was man sehen will

Wer nur Florenz allein oder nur die Städte Florenz, Pisa und Siena sehen will, fährt besser mit der Bahn.

Kleinere Orte und die Landschaft sind größtenteils mit Linienbussen erreichbar, doch bietet das eigene Fahrzeug mehr Möglichkeiten zu Variation und Improvisation.

Mit dem Auto

Die Brenner-Autobahn ist trotz Mautgebühren und Zahlstellen der schnellste und bequemste Weg gen Italien.

Von MÜNCHEN aus kann man auch über den Reschenpaß fahren. Bei Bozen kommt man wieder auf die Autobahn. Dann: Modena, Bologna, Florenz. Wer durch das schöne Mugello fahren will, muß bei der Ausfahrt Barberino die Autobahn verlassen.

Für WEST- oder NORDDEUTSCHE empfiehlt sich u.U. die Autobahn über Basel, Lichtenstein, Landstraße über Chur, San Bernardino, Tessin (Abstecher zum Lago Maggiore?), Lugano; ab hier wieder Autobahn, Grenze bei Chiasso, um Mailand herum, und dann entweder Autobahn Bologna - Florenz oder Parma - La Spezia (u.U. bei Pontremoli auf die Landstraße durch das Lunigiana) oder Autobahn Genua - La Spezia.

Autoreisezüge: verkehren zwischen Mai/Juni und Sept./Okt. auf den Hauptstrecken in den Süden. Informationsbroschüren bei der DB.

Mit dem Zug

Zwei Dinge muß man wissen. Die gute Nachricht wie immer zuerst: Zugreisen sind in Italien billiger als bei uns.
Nun der Wermutstropfen: mit Unregelmäßigkeiten, vor allem Verspätungen, muß häufiger gerechnet werden.

Spezielle Ausdrücke für die Zugreise sind im Teil "Wortschatz" zu finden.

Eine Reihe von Fernschnellzügen fährt über München - Bologna - Florenz oder Hamburg - Basel - Mailand - Florenz.

Zug-Fahrzeit München - Florenz ca. 1o Std.

Möglichkeiten:

1. EURODOMINO

Preise in DM:

	1. Klasse	2. Klasse	Jugendl. unter 26 J./ 2. Klasse
3 Tage	371	247	185
5 Tage	464	3o9	233
1o Tage	777	518	388

Die Karten für Italien kauft man in Deutschland. Vom Wohnort zur italienischen Grenze (auch Österreich und Schweiz) und zurück erhält man 25 % Ermäßigung.

2. Twen-Tours (Transalpino)

Für alle unter 26 Jahren. Aktuelle Auskünfte im Reisebüro.

3. Euro-Mini-Gruppen

Maximal: 4 Erwachsene und 1 Jugendlicher unter 16 Jahren
Minimal: 1 Erwachsener und 1 Jugendlicher unter 16 Jahren

4. Seniorenkarte

In Verbindung mit "Bahncard Senior" gibt es eine Zusatzkarte "Rail Europ S" für 3o DM. In Italien erhält man damit 3o % Ermäßigung.

Achtung Platzreservierung: von Deutschland nach Italien gut, von Italien nach Deutschland klappt es nicht immer.

Mit dem Flugzeug

Die Toskana hat zwei internationale Flughäfen:
Pisa (Galileo Galilei) und Florenz (Amerigo Vespucci)

Die Linien für die Toskana:

1) Lufthansa: München - Florenz täglich (z.B. Flieg&Spar-Tarif 498 DM)
Frankfurt/M.-Pisa täglich

2) Alitalia: München + Frankfurt/M.
Florenz + Pisa

3) Meridiana: Die größte private Fluggesellschaft Italiens fliegt täglich

(außer Di.+Sa.) zwischen Frankfurt/M. und Florenz. Auskünfte: 6o313 Frankfurt/M., Steinweg 5, Tel. o69/92o o4 5o, Florenz: Tel. o55/31 12 61.

4) Interot: Fliegt direkt nach Florenz von:

Augsburg, Berlin, Dresden, Düsseldorf, Hamburg, Köln und Leipzig. Bietet auch günstige Flieg&Spar-Tarife und Spezial-Spartarife an, z.B. Augsburg-Florenz 498 DM hin und zurück. Info: Interot Airways, Flughafenstr. 6, 86169 Augsburg. Tel. o821/27o 97 1o, Fax: o821/7o 74 63.

Zubringer:

a) Florenz (Amerigo Vespucci) von und zur Stadt:
Busse der Linie SITA (siehe Plan bei Florenz "Verbindung ab Florenz")

b) Pisa (Galileo Galilei) von und nach Florenz:
Air Terminal im Bahnhof von Florenz, Bahnsteig 5 (täglich 7-2o Uhr), mit Zugverbindung und Check-In-Service.

Allgemeine Hinweise

Einreise:

Wie in allen EG-Ländern genügt der nationale Führerschein. Grüne Versicherungskarte dringend empfehlenswert, ebenso Kurzkaskoversicherung.

Wichtige Rufnummern:

113: Notrufnummer für ganz Italien - Polizei und Krankenwagen

116: Straßendienst-Nummer des Automobile Club d'Italia, ACI, für ganz Italien.

Auto:

1) Höchstgeschwindigkeiten:

	PKW	Motorrad	Gespanne
innerorts	5o	5o	5o
außerorts	9o	9o	9o
Autobahn	13o	13o	1oo

Achtung: Geldbußen sind höher als bei uns!

2) Licht: in Tunnels: accendere i fari - Abblendlicht! In beleuchteten Ortschaften: Abblendlicht. Bei sehr guter Beleuchtung genügt Standlicht.

3) Autobahn-Hinweis-Schilder: grün! Landstraßen-Hinweis-Schilder: blau!

4) Promillegrenze: o,8 ‰

5) Tanken: In Großstädten gibt es "Münztanks", die aber nur mit Scheinen funktionieren. Immer ein paar gute, nicht zerknitterte 5.ooo- oder 1o.ooo-Lire-Scheine bereit haben.

Benzin ist wesentlich, Diesel etwas teurer als bei uns.

Denken Sie daran: In ländlichen Gegenden sind die Tankstellen an Sonntagen und vor allem an Feiertagen fast alle zu!! Ebenso in der Mittagszeit von ca. 12-12.3o bis ca. 15.3o-16 Uhr.

Autobahnen:

Autobahnen sind gebührenpflichtig. Ausnahme in der Toskana: die Superstrada Florenz - Siena.

Privates Abschleppen verboten!

Landstrassen: Öfters Radar vor Ortseinfahrten.

ADAC: Es gibt in Italien zwei deutschsprachige Auslandsposten des ADAC, die bei Autoproblemen helfen:

Padua: Tel. o49/66 16 51, nur 1.6.-3o.9. und das für Toskana-Reisende näher liegende in Rom: Via Magenta 5, Tel. o6/495 47 3o ganzjährig. Von Mai bis Ende Oktober: 9-17 Uhr, Sonntag 9-13 Uhr. In der höchsten Not:

ADAC-Notruf München, Tel. o89/22 22 22 bei Fahrzeugschaden, Tel. o89/76 76 76 bei Verletzung, Krankheit.

Feiertage: 1. Jan., 6. Jan., 25. April, Ostermontag, 1. Mai, 15. August (Ferragosto - da feiert ganz Italien), 1. November, 8., 25. und 26. Dezember.

Geldwechsel: Ob man die Computertechnik mag oder nicht: die Bankomaten, in jeder Stadt der Toskana (und nicht nur dort) mehrfach anzutreffen, sind ein Segen. Ob Tag oder Nacht, Werktag oder Sonntag spucken sie Geld aus. Und wenn einer mal gerade nicht in Betrieb ist, geht man zum nächsten. Höchstsumme (auch für Euroschecks): 3oo.ooo Lire (trecentomila).

Banken: Montag bis Freitag 9 bis 13.3o Uhr.

Geschäftszeiten: Allgemein 9 bis 13 Uhr und 15.3o bis 19.3o Uhr. Regionale Verschiebungen vorbehalten!

Postämter: 8.15 bis 14 Uhr.

Hunde u. Katzen: Gesundheitszeugnis und Bescheinigung über Tollwutimpfung (nicht älter als 1 Monat). Leine und Beißkorb mitnehmen!

Museumsbesuch: Die meisten Museen haben montags geschlossen, viele auch nachmittags, ausgenommen die großen, wie die Uffizien zum Beispiel.

Am besten also: immer an Werktagvormittagen.

Wie in Frankreich, und zum Teil auch bei uns, sind die Museen am Sonntag kostenlos zu besichtigen.

Tage, an denen Museen fast ausnahmslos geschlossen sind: 1. Januar, Ostersonntag, 25. April, 1. Mai, 1. Sonntag im Juni, 25. August,

25. Dezember.

Polizei:

Wer als Tourist mit den militärisch organisierten Carabinieri, der gelegentlich etwas mürrischen Polizia stradale (Straßenverkehrspolizei) oder mit der im allgemeinen höflicheren Polizia urbana (auch: Vigili urbani, Stadtpolizei) zu tun hat, dem rate ich in jedem Fall zu Freundlichkeit, Höflichkeit oder wenigstens zu höflicher Zurückhaltung. Denn mit Patzigkeit, Überheblichkeit oder gar Anzeichen von 'furor teutonicus' reizt man sie zur Weißglut.

Die Höhe des Bußgeldes steigt direkt proportional mit der Lautstärke, mit welcher der Tourist recht haben will.

Telefonieren:

Von und nach überall Selbstwahlverkehr.

Deutschland - Italien:
oo39 - Italien
Ortskennzahl ohne erste Null
Nr. des Teilnehmers

Italien - Deutschland
oo49, dann wie oben

Innerhalb der Toskana: wegen der Provinz-Vorwahl jeweils fragen!

In Hotels und Bars: nachher bezahlen oder, wenn Münzautomaten da sind, an der Bar Gettoni besorgen. Bei Auslandsgesprächen gleich 2o oder 3o bereitlegen! Von Italien nach Österreich Vorwahl oo43.

Von Italien in die Schweiz Vorwahl oo41.

Von Österreich nach Italien Vorwahl o4o.

Von der Schweiz nach Italien Vorwahl oo39.

Bars mit gelber Wahlscheibe als Aushängeschild: Ortsgespräche.

Wahlscheibe mit Zusatz "teleselezione" oder "interurbana": Auslandsgespräche.

SIP ist das staatliche Telefonamt.

Neu: Carta telefonica. Telefonkarten in Tabakläden und Postämtern erhältlich. Die Ecke links oben abknicken und entfernen, Karte in den Apparat neben dem Telefon einführen. Die verbrauchten Gesprächseinheiten können direkt abgelesen werden.

Touristen-Information: siehe Seiten 8, 1o

Wohnmobile: Wohl aus der überfälligen Erkenntnis heraus, daß Wohnmobilisten keine Zigeuner oder Habenichtse sind, kamen in den letzten Jahren einige Städte (bisher: Florenz, Pistoia, San Gimignano, Lucca, Pisa, Montepulciano, Cecina Mare, Marina di Grosseto und das Kloster Monte Oliveto Maggiore, weitere folgen) auf die gute Idee, spezielle Parkflächen für WoMo's zu schaffen, wo man Wasser tanken und die Toiletten entsorgen kann. Schilder: entweder Piktogramme in Form eines WoMo's mit Wasserhahn oder Schrift: "Parcheggio Autocaravan".

Zwischenstecker: für Hotel und Camping, vor allem für letzteres, unbedingt erforderlich. Gibt es überall zu kaufen, da die Italiener viele deutsche Elektrogeräte haben (Stecker = Spina).

Zum Schluß noch eine Empfehlung:

Außer in den Städten wie Florenz oder Pisa sieht es in kleineren Provinzstädten am Sonntag aus, als habe eine überirdische Macht die Bewohner entführt.

Gehen Sie einmal sonntags durch Pistoia oder Arezzo beispielsweise! Machen Sie es lieber so, wie die Bewohner dieser Orte: fahren Sie aufs Land, dort treffen Sie die Pistoiesi und Aretini an.

Je südlicher Sie in die Toskana kommen, um so mehr erleben Sie das südliche Brauchtum der Siesta. Zwischen 12.3o und gegen 17 Uhr ist alles zu.

Im August ist es in der Toskana wie in Paris: die Einheimischen sind in Sommerfrische, in den Bergen oder an der Küste. Viele Geschäfte und Restaurants haben Betriebsruhe.

Nur eines gibt es in Massen: Touristen!

ADAC - Reiseruf: Bei Notfall (Krankheit, Todesfall) können Reiserufe zu den normalen Bürozeiten bei der ADAC-Zentrale in München aufgegeben werden, Tel. o89/76 76 26 27.
Dort auch Sendezeit und Wellenlänge erfragen. Die italienische Rundfunkanstalt RAI sendet Reiserufe in deutscher Sprache.

Die Campingplätze der Toskana

Im Gegensatz zur Küste, wo man auf Schritt und Tritt auf Campingplätze stößt - ebenso auf Elba - gibt es im Landesinneren nur relativ wenig Plätze, die in der folgenden Aufzählung, nach Provinzen geordnet, genannt werden. Die meisten sind in den Provinzen beschrieben. Die Öffnungszeiten ändern sich jährlich.

Provinz Florenz

Florenz, 4 Plätze, siehe Florenz.

Calenzano "Autosole" neben der Autobahn nördlich von Florenz, ganzjährig.

San Baronto "Barco Reale" zwischen Vinci und Pistoia, 1.4.-1o.1o.

San Piero a Sieve "Mugello verde", ganzjährig.

Vicchio "Paliano" (1.6.-3o.9.) und "Valdisieve" (Mai-September).

Bivigliano bei Baglia (südl. Borgo S. Lorenzo) "Poggio degli Uccellini" Mai-September.

Im Mugello (nördlich von Florenz): Firenzuola "Lo Stale" April - Sept.

Im Chianti:

Dudda "Girasole" ganzjährig, zwischen Greve und Figline.

Monte di Fo "Sergente", ganzjährig, 2, 5 km südlich des Futapasses (alte Staatsstraße Bologna-Florenz).

Barberino Val d'Elsa "Semifonte" 15.3.-3o.1o. An der N2 Florenz-Siena bei Tavarnelle.

Provinz Siena

Siena "Colle Verde" 21.3.-1o.11.

Monteriggioni (Castellina Scalo) "Piscina Luxor Quies" 4.6.-4.9. 2 km nördlich Monteriggioni.

Sovicille "La Montagnola" Ostern-September, 1o km südwestl. Siena, bei N73.

Sarteano "delle Piscine", 22.3.-3o.9., 6 km westlich der Autobahn Florenz-Rom bei Ausfahrt Chiusi.

Chiusi-Lago di Chiusi "Pesce d'Oro ganzjährig.

San Gimignano "Boschetto" 1.4.-15.1o.

Murlo-Casciano "Le Soline" 1.3.-5.11. Südlich Siena zwischen N2 und N223. Bei Fontazzi abbiegen.

Provinz Grosseto

Castel del Piano "Amiata" ganzjährig.

Gavorrano "La Finoria" ganzjährig. Nördlich von Vetulonia.

Arcidosso (Monte Amiata) "Lucherino", 1.6.-15.9.

Provinz Arezzo

Caprese Michelangelo "Michelangelo" 1.4.-3o.9./15.1o.-3o.1o./15.12.-15.1.

Chiusi della Verna "La Verna" (Casentino). 15.6.-15.9.

Cavriglia "Del Lago" 1.4.-3o.9. Bei Badia a Coltibuono.

Provinz Pistoia

Abetone "Il Pinguino" ganzjährig.

Cutigliano "Le Betulle" ganzjährig.

Provinz Massa-Carrara

Villafranca in Lunigiana "Il Castagneto" 1.5.-3o.9.

Provinz Lucca
Castelnuovo Garfagnana "La Piella" ganzjährig.

Provinz Pisa
Pisa "Torre Pendente" Woche vor Ostern bis 15.1o.

Krank in Italien

Es muß ja nicht gleich so sein:
Vedere Napoli e morire.
Im Prinzip haben gesetzlich versicherte Urlauber Anspruch auf unentgeltliche ärztliche Hilfe.

1) Bei der hiesigen Krankenkasse den Schein E 111 holen.
2) in den Provinzhauptstädten Italiens bei der INAM, neuerdings auch USL genannt (Unità Sanitaria Locale), einen italienischen Krankenschein holen (Adresse siehe unten). Umständlicher Formularkram!
3) Eben dort fragen nach Ärzten und Krankenhäusern. Das klappt "im Prinzip", wie bei Radio Eriwan.

Besser: Einen Arzt als Privatpatient aufsuchen, zu Hause erstattet die Kasse ihren Pflichtanteil zurück. Bleibt ein kleiner privater Anteil.

Noch besser: Schließen Sie eine private Urlaubs-Krankenversicherung ab! Denn: Das italienische Sozialversicherungssystem funktioniert nicht so selbstverständlich wie unseres.

! Wichtig !
Den Büros der USL ist meist auch eine Unfall- und Erste-Hilfe-Station angeschlossen!

Die USL-Büros der Provinzhauptstädte:

Florenz: Piazza S.M. Nuova 1,
Tel. o55 - 27581
Viale Michelangelo 41,
Tel. o55 - 65881

Pistoia: Viale Matteotti 35,
Tel. o573 - 3721

Carrara: Via Don Minzoni,
Tel. o586 - 7671

Lucca: im nördlichen Ortsteil Montesanquirico, über die Serchio-Brücke,
Tel. o583 - 97o1

Pisa: Via Zamenhof 1, Tel. o5o - 592 111

Livorno: Via Calzabigi 1,
Tel. o586 - 418 111

Siena: Viale Diaz 1, Tel. o577 - Notarzt 118

Arezzo: Via Anfiteatro,
Tel. o575 - 355461

Grosseto: Via Monteleoni 6,
Tel. o564 - 485 895

Italien und Italiener

Gibt es eigentlich "die Italiener"? Die Frage ist fast noch schwieriger als die "Gibt es die Deutschen?". Der Unterschied zwischen Ostfriesen, Sachsen, Hessen und Bayern ist unbedeutend, vergleicht man ihn mit den vier Gebieten und deren Menschen im Staatsgebiet Italiens: Zwischen Brenner und Trento (Trient) wohnen nur einige "Italiener", doch ansonsten gibt heute der Südtiroler hier den Ton an.

Dann folgt der reiche Norden: Torino, Milano, Lombardei, Venezien, Bologna und Emilia Romagna. Das Extrem dazu liegt im armen Süden, dem Mezzogiorno, von Neapel bis Sizilien. Der Norden, die Polentoni (Polentafresser), haßt den Süden, die Terroni (Erdköpfe) und umgekehrt. Garibaldi ist megaout. Dazwischen liegt sozusagen die goldene Mitte: Latium, Umbrien und Toskana. Hier haßt man niemanden, außer Rom. Rom hassen alle. Rom haßt auch alle. Dort sagt man: "Lieber eine Leiche im Haus, als einen Florentiner vor der Tür." Und die Florentiner interpretieren den SPQR (Senatus Populusque Romanus - Senat und Volk von Rom) so: "Sono Porchi Questi Romani." (Schweine sind sie, diese Römer.)

Gibt es italienische Gemeinsamkeiten?
Nennen wir zuerst die negativen, wie Verbrechersyndikate, Korruption und Steuerhinterziehung und vergessen sie gleich wieder, da sie den Tourismus nicht tangieren. Wenn man in Deutschland über Italien spricht, hält jeder gleich die Hand auf die Brieftasche. Ist Diebstahl typisch italienisch?

Ein deutscher Biologe arbeitete und wohnte elf Jahre in Neapel, wo ihm nie etwas gestohlen wurde. Er erhielt einen Ruf an eine deutsche Universität, und anläßlich seines ersten Besuches in einer deutsche Stadt wurde sein Auto aufgebrochen und ausgeraubt.

Natürlich wird in italienischen Städten wie Mailand, Rom und Neapel auch gestohlen, vor allem, wenn man mit zwei Kameras vor dem Bauch herumspaziert oder die Handtasche für jeden sichtbar im Auto liegen läßt. Das ist aber nicht "typisch italienisch". Die Diebesbanden Neapels sind zwar Italiener, aber die Italiener sind keine Diebesbande.

Ich ließ eine Handtasche in einer vollen Kneipe in Arezzo stehen, mit Kamera und sonstigen Wertgegenständen darin. Ich bekam sie am nächsten Abend wieder. Meine Fau ließ ihre Handtasche mit heraushängendem Kamerariemen auf dem Stuhl eines Hafencafés in Otranto stehen. Die umsitzenden Italiener beruhigten uns, als wir eine halbe Stunde später zurückeilten, mit den Worten: "Ruhig, ruhig, wir haben auf die Tasche aufgepaßt." Sie lag noch auf dem Stuhl.

Noch 1974 habe ich meinen VW-Bus eine Woche mitten in Rom stehen lassen, ohne daß eingebrochen wurde. Inzwischen wäre das nicht mehr möglich. Schuld daran ist allerdings nicht der Charakter der Italiener, sondern die ständig zunehmende Drogenszene, doch ist diese Problematik längst nicht mehr auf Italien beschränkt.

Wenden wir uns nun den positiven und schönen Seiten der Italiener zu. Ich habe sie in ihrer Gesamtheit, von Ausnahmen abgesehen, in mehr als 2o Jahren als freundlich, höflich, entgegenkommend, sehr hilfsbereit und offen kennengelernt. Man muß als Fremder eigentlich nur eines tun, um ähnliche Erfahrungen zu sammeln: ihnen ebenso offen entgegentreten.

Die Familie spielt bei den Italienern noch eine viel größere Rolle als bei uns. Man könnte fast sagen: Der Staat ist nichts, die Familie ist alles. Sie ist der zentrale Punkt im Leben eines Italiener. Ob er gesund und arbeitsfähig oder krank und hilfsbedürftig ist, auf die Familie kann er sich verlassen, auf den Staat nicht. Sie kontrolliert ihn aber auch, besser und gründlicher als die Polzei. Den Augen einer Mamma entgeht nichts. Und wenn sich Papa in der Stadt eine Mätresse leisten kann, wird das seiner Liebe zur Familie kein Jota Abbruch tun.

Sehr italienisch ist das "Fare buona figura", das soll heißen, ständig um einen möglichst vorteilhaften Gesamteindruck bemüht zu sein, dazu gehören vor allem Haltung, Kleidung, Mimik und Gestik.

Für Kleidung, Essen und Trinken gibt der Italiener mehr aus als wir. Der Kellner eines Restaurants sieht schon an den Schuhen eintretender Gäste, ob sie "Italiani" oder "Stranieri" (Fremde) sind. Dabei ist aber das Durchschnittseinkommen der Italiener niedriger als bei uns. Diesem Geheimnis bin ich nach vielen Jahren auf die Spur gekommen:

1) Der Italiener arbeitet mehr als der Deutsche. Das ist unglaublich, aber wahr. Neben seinem Beruf oder seiner Hauptbeschäftigung hat er nebenher eine Tätigkeit hier, ein Geschäftchen da und eine stille Teilhaberschaft dort. Und wenn er für eine Verkürzung der Arbeitszeit streikt, dann nur, um die gewonnene Zeit für andere Tätigkeiten zu verwenden.

2) Von allen diesen Geschäftchen weiß das Finanzamt nichts. Was es weiß, ist die beklagenswerte Tatsache, daß die ganze Familie von der kleinen Rente der Oma leben muß.

3) Und eben deswegen bekommt man vom Staat alle möglichen Zuschüsse und Vergünstigungen.

Zwei sehr italienische Begriffe und deren Bedeutung:

<u>DER SCIOPPERO</u>: Es wird häufig gestreikt. In Tankstellen (mein Ratschlag: möglichst immer mit vollem Tank und mit Reservekanister fahren), bei Autobahnmautstellen (optimal, dann fährt man nämlich umsonst), von Museumsdienern (peinlich, wenn man in Florenz vor der verschlossenen Uffizien-Türe steht), bei Schiffahrtslinien und Krankenhäusern. Aber: hier zeigt sich die südliche Fähigkeit zur Improvisation. Es geht fast alles irgendwie weiter.

DIE PIAZZA: mehr als nur ein Platz mit Geschäften und Verkehrsregelung. Ein Lebensraum - das gemeinsame Wohnzimmer der Italiener. Zuhause schläft, ißt und sieht er fern. Hier trifft man sich, unterhält sich, spielt als Erwachsener Boccia und Karten, als Kinder, was Kinder eben so spielen, hier knüpft man die ersten zarten Bande, und auf den Bänken sitzen die Alten und nehmen am Leben teil.

Die Kirche ist da, Cafés und Bars, die netten kleinen Lebensmittelläden, das Rathaus, an dessen Front das Wappen der Medici prangt, und in der Mitte steht steinern oder bronzen der Einiger Italiens, Garibaldi, oder plätschert, was mir persönlich lieber ist, Wasser über den schimmernden Marmorrand eines Brunnens.

Und dann war doch da noch ein Begriff? Ach ja: das Dolce far niente (süßes Nichtstun). Die Lektüre eines Artikels in einer italienischen Tageszeitung ließ mich aufhorchen: "Der Italiener singt nicht mehr." Das "Dolce far niente" ist out. In ist etwas ganz anderes: der Terminkalender. Man hat zu tun. Man hat keine Zeit mehr zu singen. Der Wohlstand im Norden und in der Mitte Italiens hat unseren längst eingeholt. Beim Autokauf heißt der Grundsatz: japanisch nein, italienisch ja, deutsch lieber.

Verändert der Wohlstand den Italiener? Holt ihn die Unterhaltungselektronik von der Piazza weg? Hält ihn das Waschen des Mercedes vom Barbesuch ab? Wir wollen es nicht hoffen.

Fast hätte ich ihn vergessen, einen neuen italienischen Begriff: "mani pulite" (saubere Hände). Dahinter verbirgt sich der beginnende Kampf gegen Korruption, Steuerhinterziehung und Vetternwirschaft. Dieser Kampf wird noch lange dauern.

Nach den Erfahrungen und Beobachtungen während eines Vierteljahrhunderts kann ich meinen Lesern Italien und die Italiener wärmstens empfehlen: die Begegnung mit liebenswerten Menschen, die Freude am guten Essen und Trinken, schöne Landschaften, beeindruckende Städte, vieles Gemeinsame in der Geschichte und eine Überfülle von Kunst und Kultur.

Buon divertimento - viel Spaß in Italien!

Lokale

Ristorante - Taverna - Trattoria

Bislang galt ein Ristorante als Etablissement der gehobenen Kategorie, die Trattoria hingegen war in den Reihen der familiären Landgasthäuser oder der einfachen Stadtkneipen zu suchen. In den letzten Jahren hat da und dort eine Verschiebung stattgefunden. Es fing damit an, daß sich die eine oder andere Trattoria plötzlich Ristorante nannte, um vor sich selbst oder den Gästen etwas nobler zu erscheinen, was sich so nebenbei auch bei den Preisen bemerkbar machte.

Neuerdings nun nennen sich ehemalige Ristorante Trattoria, um beim Gast die Assoziationen des Einfach-Kernigen, des Bürgerlich-Familiären oder gar des Rustikalen zu erwecken. Seltsam, daß die Preise auch dann steigen. Apropos: Cucina casalinga bedeutet "Küche nach Hausfrauenart".

Die Preise für Essen und Trinken im Restaurant haben sich unseren inzwischen angeglichen, teilweise sie sogar schon überholt.

Die Qualität liegt aber immer noch spürbar über der in deutschen Gasthäusern. Dem aufmerksamen Zeitgenossen jedoch fällt auf, daß man in Deutschland zunehmend Wert auf gutes Essen legt, dieses in immer mehr Restaurants bekommt, während so manches Restaurant in Frankreich und Italien in seinem Bemühen um gute Küche nachläßt.

Findet man deshalb immer mehr "Fast Food", "Snack-Bars" und McDonalds in den Städten? So mancher Wirt verdient es nicht anders. Immerhin: die Entwicklung bleibt abzuwarten!

Es kann auf jeden Fall nicht schaden, nach der Ankunft in einer fremden Stadt einige Einheimische zu fragen: "Dove si mangia bene nel paese?"

Meiden Sie wie überall die Lokale, wo man "einheimisch" bestenfalls noch vom Personal hört. So z.B. rund um die Piazza Signoria in Florenz oder dem Campo in Siena.

Wichtig: Preisunterschiede zwischen normalen und "guten" Restaurants sind meist gering. Vor allem in kleineren Orten oder Städten immer nur nach dem besten fragen.

Wie man sich mit Sicherheit in Restaurants unbeliebt macht: Wenn fünf "Stranieri" (Touristen) nach dem Verzehr der verschiedensten Speisen und Getränke drei getrennte Rechnungen verlangen. Dem Kellner treibt das den Angstschweiß aus allen Poren, und oft stimmt es am Ende doch nicht, vor allem dann, wenn auch noch Verständigungsschwierigkeiten dazukommen. Es ist nun einmal in Italien nicht üblich; übrigens in Frankreich und Spanien ebenso.

Was man auch wissen muß: Nur wo ständig viele Touristen verkehren, kann man nur einen Teller Spaghetti Bolgnese bestellen. Ansonsten ist es üblich, ein Antipasto (z.B. Nudelgerichte) und wenigsten ein Hauptgericht (Fisch oder Fleisch) und einen Nachtisch zu bestellen. Letzterer kann aber auch nur aus einem Kaffee bestehen.

Hinweis: Rechnungen für evtl. Kontrollen aufbewahren! Gelegentlich stehen diskrete Finanzschnüffler vor der Türe, wenn der Gast satt herauskommt.

Rosticceria - Schnellimbiß mit Schiebetabletts.
"Kurz und gut."

Vorteile: a) Auch von Einheimischen frequentiert - also gewisse Qualität.
b) Der Tourist sieht, was er bestellt, also keine Sprachschwierigkeiten.
c) Billiger als Restaurants, genau so gut wie viele von ihnen.
d) Zeitsparender.

Machen Sie es wie ich: Mittags, weil man viel zu "tun" hat, eine Rosticceria - abends ein Ristorante, wo man in aller Ruhe sein Essen genießen kann.

Es gibt noch eine andere Alternative zum Restaurant, die ich ebenfalls oft und gerne praktiziere: irgendwo am Wegesrand, im Schatten eines Olivenbaumes, eine gute Flasche Wein, Brot, Käse, Porchetta oder Salami.

Pizzeria

Über italienische Pizzas viel zu sagen erübrigt sich, angesichts der vielen italienischen Pizza-Lokale in Deutschland. Hier möchte ich nur einen Rat geben: Essen Sie Pizzas nur dort, wo sie von Hand gemacht werden und aus dem Ofen kommen, nicht aus der Tiefkühltruhe und dem Mikrowellenherd.

Café

Weit entfernt von der behaglichen Atmosphäre eines Pariser Cafés, das zu längerer Betrachtung des vorbeiflutenden Lebens oder zur Kontemplation über das eigene Leben animiert, ist das italienische Café sehr nüchtern und zweckmäßig. Im Pariser Café sitzt oder steht man am Zinc, im italienischen steht man nur. Man - das sind die Italiener.

Die Touristen sitzen manchmal an den wenigen Tischen aus Stahlrohr und Plastik. Ich werde diesen wenig schönen Stil im Verlaufe meiner Schilderungen den "Eisdielen-Stil" nennen. Der deutsche Urlauber erinnere sich an eine Eisdiele zu Hause: Das Eis ist gut, aber lange in dem Raum zu sitzen ist zu ungemütlich. So ist auch das Café in Italien - man trinkt das lächerlich kleine, aber gute Pfützchen Kaffee im Stehen. Das geht bei den Italienern mit der Geschwindigkeit eines Vogels, der im Fliegen aus einem Brunnen einen Schnabel voll Wasser schöpft.

Man frühstückt meist auch im Café, bevor man ins Büro oder Geschäft geht - das wird ganz schnell erledigt. Man bestellt eine der möglichen Kaffee-Sorten: <u>Café</u> (= Espresso) oder <u>Capuccino</u> (= Kaffee mit aufgeschäumter, heißer Milch), (<u>Cafè latte</u> mit viel Milch, <u>Cafè macchiato</u> mit wenig Milch), gleichzeitig nimmt man aus einem Halter eine kleine Papierserviette und angelt sich ein "<u>brioche</u>" (= Süsses in Zellophan), <u>Pasta fresch</u> (= Schmalzgebackenes) oder ein Croissant, das aber nicht so gut wie ein französisches ist. Auch kalte Pizza-Stückchen stehen bereit.

Das Ganze im Stehen - ein paar Neuigkeiten zwischen Cafetier und sonstigen Gästen - "il conto" - und draußen sind sie wieder. Haben Sie schon mal Möwen gesehen, die ein Stück Brot im Flug erhaschen? So ähnlich frühstücken Italiener. Irgendjemand sagte einmal, das Wort Espresso käme von "es pressiert so".

Ein Espresso muß nach italienischer Auffassung so sein:
caldo como l'inferno (heiß wie die Hölle)
nero como il diavolo (schwarz wie der Teufel)
puro como un angelo (rein wie ein Engel)
e dolce como l'amore (süß wie die Liebe)

Nebenbei: ein Café heißt meistens Bar, oder Bar-Café.

Wichtiger Hinweis: Ein Espresso an der Theke kostet weniger als am Tisch oder auf der Terrasse. Wer also an der Theke einen Espresso bestellt, bezahlt und mit nach draußen nimmt, begeht so eine Art Zechprellerei. Man wird es dem Fremden zwar eher verzeihen. Aber es ist besser, man weiß es und richtet sich nach den Gebräuchen des Landes.

Vino

CHIANTI - Wer hat den Namen noch nicht gehört. Aber das ist, als würde man sagen: Frankenwein oder Bordeaux.

Chianti ist nicht gleich Chianti.

Was man zunächst einmal wissen muß: Italien hat eine Menge hervorragender Weine, die man aus unerklärlichen Gründen in Deutschland selten bekommt. Was da alles in 2- oder 3-Liter-Flaschen mit Schraubverschluß zu uns heraufkommt, Südtiroler Bauernschreck, Valpolicella- und Chiantiverschnitt, ist eine Beleidigung des Konsumenten.

Kaufen Sie auch in Italien nicht einfach "Chianti", schon gar nicht in den Bastflaschen, auch wenn sie noch so hübsch sind. Chianti wird in Bordeaux-Flaschen abgefüllt.

Achten Sie auf die Bezeichnung DOC - Denominazione d'origine Controllata (noch "sicherer" ist die Bezeichung DOCG: DOC garantita!). Nur das sind Spitzenweine begrenzter Anbaugebiete mit kontrollierten Maximalerträgen. Flaschen ohne diese Bezeichnung im Regal stehen lassen!

Der CHIANTI CLASSICO wird nur in dem Gebiet zwischen Florenz und Siena angebaut, und hat am Halsetikett den Gallo Nero, einen schwarzen Hahn. Das ist ein rubinroter, zwei Jahre alter Wein mit einem feinen Duft nach Veilchen. Mit dem Zusatz "Riserva" ist er drei Jahre alt.

Ringsherum um das Gebiet des Chianti classico "Gallo Nero" gibt es eine Reihe anderer Chianti, die auch nicht übel sind: der Chianti Putto (kleine Putte am Halsetikett), und dann noch die Chianti dei Colli Senesi, Colli Aretini, Colli Fiorentini, Colline Pisane, Montalbano, Rufina.

Außer dem Chianti gibt es noch zwei weitere großartige Rotweine, die mit zunehmendem Alter immer besser und aus derselben Traube "Sangiovese grosso" gewonnen werden:

Der VINO NOBILE DI MONTEPULCIANO, ein granatfarbener bis bräunlicher herber Wein mit intensivem Veilchengeschmack und der BRUNELLO DI MONTALCINO, ein rubinroter ausgezeichneter Wein, für lange Lagerung geeignet. Nicht ganz billig.

Beide, der Nobile und der Brunello, sind Weine zu Braten und Wild. Ein DOC-Wein ist auch der Rosso delle Colline Lucchesi.

Mehr den Charakter eines guten Tafelweines, wenngleich auch ein DOC, hat der Carmignano.

Einige Weiße (vini bianchi) sollten zumindest noch erwähnt werden: da ist z.B. der VERNACCHIA DI SAN GIMIGNANO, ein goldgelber Wein mit einem leicht bitterem Beigeschmack, trocken, aber adstringierend.

Bekannt ist auch der BIANCO DI PITIGLIANO, ein trockener goldgelber Wein. Beide Weine sind nicht für längere Lagerzeit geeignet.

Hinweis zum Schluß: Fattoria ist eine Weinkellerei - meist in privater Hand und verkauft auch Wein en detail.

Was bei uns die Genossenschaft, ist dort die cantina sociale. Kaufen Sie ohne Bedenken - die Zollabgaben sind gering: bei 3o Flaschen zwei bis drei Mark. Meine Reue nach jedem Italienaufenthalt ist immer die selbe: ich hätte noch mehr mitnehmen sollen. Denn so preiswert bekommt man so guten Wein eben nur in den jeweiligen Anbaugebieten.

WEINKAUF

in allen Fattorias - es gibt genügend davon, rechts und links der Chiantigiana. Den Hinweisschildern folgen.

Kleine Auswahl:

Greve: Enoteca bei der Kirche

Badia di Coltibuono: siehe Plan und Ortsbeschreibung. Sehr gute Weine!

Schloß Brolio: südlich von Badia di Coltibuono.

Monteriggioni: siehe Plan und Ortsbeschreibung.

Weinprobe: Da es inzwischen sehr viele Weinverkaufsstellen gibt, ist bei den meisten die "Degustazione" gratis. Wo dies nicht der Fall ist, verlassen Sie lächeln und achselzuckend das Terrain. (Und dann kiekste, wie er kiekt!)

Rechnung: Für den Zoll eine Rechnung (Fattura) verlangen!

Zoll: Manchmal verlangen die Österreicher eine Kaution für den Transfer, die bekommt man aber bei der Ausreise zurück. Das Schmuggeln beim deutschen Zoll lohnt sich nicht. Die Abgaben sind lächerlich gering.

Buchempfehlung für Weinliebhaber: "Kursbuch italienischer Wein" Hrsg. Chr. Klauke, Fr. Eberle, Hoewig-Verlag. DM 29,8o. Übersichtlich, informativ, objektiv!

Toskanische Küche

Obwohl die hohe Kunst der französischen Cuisine ihre Wurzeln in der italienischen Cucina hat, wie ich in meinem Paris-Buch schon dargelegt habe, ist die italienische und auch die toskanische Küche eher einfach geblieben. Einfach ist aber nicht immer, und hier schon gar nicht, mit billig, phantasie- und lieblos, geschmacklos und unkultiviert gleichzusetzen. Einfach bedeutet hier mehr im Sinne von naturbelassen, einer der Grundsätze der "Nouvelle cuisine" also, wenngleich nicht mit deren dezentverspieltem Raffinement.

Die toskanische Küche bietet auf den Speisekarten der guten Restaurants nicht nur eine außerordentliche Vielfalt an Gerichten, sie erschwert dem Fremden außerdem die Wahl durch regional verschiedene Namen für ähnliche Speisen.

Allein die unglaublichen Variationen von Teigwaren ist für jeden fast unüberschaubar; Tagliatelle, Pappardelle, Tortellini, Fettucine, Ravioli, Penne, Spaghetti, Maccharoni, Taglierini.

TOSKANISCHE SPEZIALITÄTEN

1) Beginnen wir mit der Bistecca fiorentina, deren Berühmtheit ich persönlich allerdings nicht so recht verstehe. Das ist nichts weiter als ein riesiges Stück Rindfleisch, vergleichbar dem amerikanischen Porterhouse-Steak, auf Holzkohle gegrillt, und soll angeblich von den weißen Rindern der Maremma stammen, was natürlich jeder Wirt behauptet. Es ist ganz schön teuer und auf der Speisekarte nur per 1oo-g-Preis angegeben.

2) Pappardelle sulla Lepre: Hasenfleisch und -Innereien werden mit Zwiebeln, Schinken, Karotten, Sellerie angebraten, mit Tomatensauce einkochen lassen, Fleisch kleinwiegen, mit Butter und Muskat verfeinern und mit Pappardelle (großstreifige Bandnudeln) garnieren.

3) Cacciucco - siehe Provinz Livorno.

4) Fagioli Bohnen "all'uccelletto": Bohnen in Tomatensauce. Bohnen in vielen Variationen sind eine toskanische Spezialität.

5) Pollo alla diavolo: Grillhähnchen mit Kräutern.

6) Trippa alla fiorentina: Kutteln auf Florentiner Art.

7) Fettunta: Geröstetes Knoblauchbrot in Olivenöl.

Florenz:	Bistecca, Fagioli all'olio	Piselli alla fiorentina, Trippa alla fiorentina

Livorno:	Triglie alla Livornese (Seebarben), Risotto nero, Cacciucco (Fischsuppe), Torta di ceci (Erbsen), Cée (auch: Cieche) alla salvia (junge Aale), Roschette, Baccalà alla Livornese (Stockfisch)
Grosseto:	Acqua cotta (spez. Zwiebel-Brotsuppe), Pappardelle alla cinghiale, Buglioni d'Agnello, Pollo alla Maremmana.

Übrigens: Wenn Sie irgendwo "Casalinga" lesen, bedeutet das "Hausfrauen-Art".

ITALIENISCHE WEISHEITEN AUS KÜCHE UND KELLER

"La Fretta è nemica della Buona Cucina."
Motto von Leo in S. Croce: "Die Eile ist die Feindin der guten Küche."

1) Chi mangia bene, beve bene, chi beve bene dorme bene, chi dorme bene non fa peccato, chi non fa peccato va in paradiso.
   Wer gut ißt, der gut trinkt. Wer gut trinkt, der gut schläft. Wer gut schläft, der sündigt nicht. Wer nicht sündigt, kommt in den Himmel.
2) Empi il bicchier ch'è vuoto svuota il bicchier ch' è pieno; non lo lascia mai vuoto, non lo lascia mai pieno.
   Fülle den Becher, wenn er leer ist, leere ihn, wenn er voll ist, laß ihn nie leer und nie voll.
3) Quando il cappello, tira al bianchino, lascia la donna e tieniti il vino.
   Wenn die Haare grau werden, laß die Frauen und halte dich an den Wein.
4) Chi pranza solo, non si rattristi; scelga una buona Botiglia e godrà della migliore compagnia.
   Wer allein ißt, sei nicht traurig. Er wähle eine gute Flasche und befindet sich in bester Gesellschaft.

HÄUFIGE BEZEICHNUNGEN AUF DER SPEISEKARTE

Primi Piatti	1. Gang
Piatti del Giorno	Tagesgerichte
Menu Turistico	Festpreis-Menü

Suppen

Brodo	klare Brühe
Brodo di verdura	legierte Gemüsesuppe
Minestrone	Suppe mit Gemüse-Einlagen

Antipasti-Primo-Vorspeisen

frutti del mare	Meeresgetier
uova	Eier
- à la coque	- weichgekocht
- sodo	- hartgekocht
- strapazzato	- Rühreier
- al tegamino	- Spiegeleier
sformato	Pastete
farfalle	Schmetterlingsnudeln
fettucine	mittelbreite Bandnudeln
fusili	Nudeln mit Schraubengang
pappardelle	breite Bandnudeln
sedanini	sehr große, gedrehte Makkaroni
salumi	Wurstwaren
tagliatelle	schmale Bandnudeln
taglierini	dito
taglionini	dito
tortellini	gefüllte Teigtaschen

tortelloni	dito
canneloni	dito
vermicelli	feine Fadennudeln
prosciuto	Schinken
crostini	gebackene Weißbrotschnitten mit pikanten Leckereien, wie z.B. gehackte Milz oder Leber
fettunta	geröstetes Brot mit Olivenöl, Salz und Knoblauch (aglio)
gnocchi	Klößchen
salmone	Lachs
salsicce	Würstchen

Secondo - 2. Gang

Fisch (Pesce)

aragosta	Hummer
baccalà	Stockfisch
cozze	Miesmuscheln
gamberoni	Langusten
salmone	Lachs
sarde	Sardinen
scampi	Krabben
sogliola	Seezunge
triglie	Seebarbe
trota	Forelle

Fleisch (Carne)

spiedino/allo spiedo	vom Spieß
tegamino	im Topf
al forno	vom Ofen (Röhre)
al forno a legna	Holzofen
arosto	Braten
espressi e grigliate	Schnelles vom Grill
agnello, agnelleto	Hammel, Lamm
anatra	Ente
arista	Rücken
bue	Rindfleisch
bracciola	Schweineschnitzel
capretto	Zicklein
capriolo	Reh
cinghiale	Wildschwein
coniglio	Kaninchen
cervello	Hirn
costoletta	Kotelett
faraona	Perlhuhn
fegato, fegatini	Leber, -chen
lombatina	Lende
maiale	Schweinefleisch
manzo	Rindfleisch
noce di vitello	Kalbsnuß
osso bucco	Haxe (Rind, Kalb)
petto	Brust
piccione	Taube
pollo al forno	Huhn, gebacken
rognoncino	Nieren
spezzato	Ragout
trippa	Kutteln
vitello	Kalb

Contorni - Beilagen

aglio	Knoblauch
asparagi	Spargel
bietola	Mangold
bollito	gekocht
carciofi	Artischocken
carote	Karotten
cavolfiore	Blumenkohl
cipolla	Zwiebel
fagioli	Bohnen, weiß
fagiolini	Bohnen, grün
funghi	Pilze
insalata	Salat
verde	grün
mista	gemischt
di pomodori	Tomaten
legumi	Gemüse
lenticchie	Linsen
patate	Kartoffeln
- lesse	- Salzkartoffeln
- arrostite	- Bratkartoffeln
- fritte	Pommesfrittes
peperonate	Paprikaschoten
pisellini	Erbsen
porcini	Steinpilze
riso	Reis
spinacci	Spinat
tartufi	Trüffeln
verdura	Gemüse
zucchini	Zucchini

Bevande - Getränke

Camariere (Kellner): "Vino bianco o rosso?"
Tourist: "Egal, Hauptsache al dente."

birra	Bier
- alla spina	- vom Faß
- analcolica	- alkoholfrei (in Italien nocht selten)
acqua minerale	Mineralwasser
- gassato/non g.	- mit/ohne Kohlensäure
- fuori frigo	- nicht aus dem Kühlschrank
- con/senza ghiacco	- mit/ohne Eis
vino rosso, bianco, rosato	Wein rot, weiß, rosé
aranciata	Orangensaft
latte	Milch

Desserts - Nachspeisen

formaggio	Käse
dolce	Süßspeisen
gelato	Eis
zuppa inglese	Biskuits mit Cremes und Liquer

Frutta - Früchte

anguria	Wassermelone
arancia	Orange
ciliegia, pl. cilieghe	Kirsche
fragola, -e	Erdbeere
macedonia di fruta	Obstsalat
mela, -e	Apfel
pera, -e	Birne
pesca, -e	Pfirsisch
uva, -e	Traube

Allgemeine Begriffe

Che cosa consiglia?	Was empfehlen Sie?
piatto del giorno	Tagesgericht
prima colazione	Frühstück
pranzo	Mittagessen
cena	Abendessen
coperto	Gedeck
lista del giorno	Tageskarte
menu	Speisekarte
coltello	Messer
forchetta	Gabel
cuchiaio	Löffel
piatto	Teller
sale/pepe	Salz/Pfeffer
salsa/sugo	Sauce

Kalender der toskanischen Feste

Überblick über die in den Beschreibungen der Städte geschilderten Feste:

Januar u. Februar:
Viele Karnevalsumzüge in Viareggio

April: Ostersonntag: Scopio del Carro - christlich-heidnischer Feuerwerkszauber in Florenz

Mai: 1. Mai: Fest des Sacro Cingolo (des hl. Gürtels) in Prato

1., 2. und 3. Mai: Torneo dei Butteri - Reiterspiele der Maremmencowboys in Albarese

1. Sonntag im Mai: Calcio in Costume - mittelalterliche Fußball-Rauferei in Florenz

Sonntag nach dem 2o. Mai: Balestro del Girifalco - Armbrustschießen in Massa Marittima

Juni: 24. Juni: Hauptaustragung des Florentiner Freistilfußball

Juli: 2. Juli: Palio in Siena - wilde Reiterei auf dem Muschelplatz

25. Juli bzw. 4. Sonntag im Juli: Bärenturnier in Pistoia

August: 2. Sonntag im August: 1) Zweites Armbrustschießen in Massa Marittima, 2) Drosselfest in Montalcino

15. August: 1) italienischer Nationalfeiertag "Ferragosto"

2) Nochmals Reiterspiele in Albarese

3) Zweites Gürtelfest in Prato

16. August: Zweiter Palio in Siena

Letzter Sonntag im August: "Bravio" - Fässer-Rollen in Montepulciano

Letzte Augustwoche: Baccanale-Weinfest in Montepulciano

September: 1. Sonntag: 1) Giostra del Saracino - Reiterturnier in Arezzo

2) Palio dei Baliestri - Armbrustschießen in Borgo Sansepolcro

8. September: drittes Gürtelfest in Prato

13. September: Lichterfest in Lucca

Letzter Sonntag im September: Weinfest in Impruneta

Oktober: Mitte Oktober: Fest des S. Lucca in Impruneta - Rummel, Pferdemarkt und Töpfermesse

Hotels

Sie haben vier Möglichkeiten:

1. Drauflosfahren, um mit Glück etwas zu finden. Das klappt nur selten. In den Hauptreisezeiten ist meist alles "completo", und in der Nachsaison oder gar im Winter sind viele Hotels geschlossen.
2. An die APT oder AAT-Büros schreiben. Da kann es passieren, daß das eine oder andere nur eine Liste versendet.
3. In allen Orten (außer Küsten-Städte wie Viareggio u.a.) habe ich eine Reihe Hotels für Sie ausgesucht (insgesamt 23o); anschreiben oder telefonisch reservieren. Wenn Sie sicher gehen wollen: einen Verrechnungsscheck in ungefährer Höhe einer Übernachtung schicken! Aber schriftlich bestätigen lassen!
4. Wenden Sie sich an eine der folgenden Organisationen (für Einzelreisende, Gruppen und Schulklassen):

Für Florenz und Umgebung:

a) Florence Promhotel Viale Volta 72, Tel. o55/57o 481, 9-13/15-18 Uhr, Sa./So. zu.

b) Toskana-Hotels: Vermittlung von Hotels der preiswerten Kategorie, vor allem für Schüler und Studenten (auch Gruppen). Viale Gramsci 9/A, Tel. o55/247 85 43, 8.3o-12.3o/15-19 Uhr, Sa./So. zu.

Für Siena und Umgebung:

Siena Hotel Promotion, Piazza S. Domenico. Tel. o577/28 8o 84.

Für Pisa und Umgebung:

Associazione Albergatori, Hotel Continental Tirrenia, Pisa sul Mare, o5o/37 o31.

Für die Küste:

a) Associazione Albergatori Via Leonardo da Vinci 1, Viareggio. Tel. o584/483 85.

b) Associazione Provinciale Albergatori, Viale Matteotti 5o, Grosseto. Tel. o564/263 15.

Die Klassifizierung der Hotels: Wegen der hohen Inflationsrate in Italien und der im Hotel und Gaststättengewerbe unverhältnismäßig hohen Preissteigerungen wurde auf Preisangaben verzichtet und nach den in Italien üblichen Gesichtspunkten unterschieden (Durchschnitts-, Mindest- und Höchstpreise für ein Doppelzimmer mit Bad/Dusche, 1995):

(*) bürgerlich, einfach - 5o bis 1oo DM
(**) bürgerlich mit etwas Komfort - 65 bis 13o DM
(***) Hotel mit Komfort - 9o bis 21o DM
(****) Hotel mit jedem Komfort - 18o bis 45o DM
(*****) Hotel der ersten Klasse - 39o bis 9oo DM

H = nur Hotel, H+R = Hotel mit Restaurant, R = Restaurant

Hinweis: Für Städte wie Florenz, Siena, Pisa, Strand-Städte und Insel Elba in den Hauptreisezeiten rechtzeitig reservieren! Zum Teil bis drei Monate vorher.

Eine Reihe von Hotels vermieten in den Zeiten der Hochsaison nur mit HP-Halbpension (ital. MP) oder VP-Vollpension (PC-pensione completa).

Spezielle Urlaubsgestaltung

1. Reiten in der Toskana

a) Pegasus Reiterreisen, Grenzacher Str. 34, CH-4o58 Basel, Tel. oo41/616 93 o485. 8-Tages-Touren inkl. Hin- und Rückflug, Verpflegung und Unterkunft, mit Stadtbesichtigungen (Siena u.a.), durch schöne Landschaften (Chianti u.a.).

b) "Pferd und Reiter", Reiterreisen GmbH, Rader Weg 3o, 22889 Tangstedt, Tel. o4o/6o7 19 99. Westernritte durch die Toskana für Jüngere und Junggebliebene.

2. Urlaub auf Bauernhöfen, Weingütern und in alten Schlössern

a) Bagno a Ripoli (Prov. Florenz), Podere Africo II (im Weinberg), Tel. o55/57 68 79.

b) Castello di Gorgonza, Monte di San Savino (Prov. Arezzo). Innerhalb der Mauern einer alten Burganlage, sehr romantisch, in schöner Landschaft (siehe Beschreibung der Provinz Arezzo), Tel. o575/84 7o 21.

c) für Vegetarier: Meliciano (Prov. Arezzo), Azienda Chiocco di Grano, Tel. o575- 36 44 8o.

3. Wandern in der Toskana

Wandern war den Italienern bislang fremd. In jüngster Zeit jedoch erwacht, angeregt durch Probleme der üblichen Wohlstandskrankheiten und deren Bekämpfung durch Gymnastik, Wandern etc., auch hier ein neues Bewußtsein. Piano piano - ganz langsam. Detail zu Wanderungen im Text. Siehe Wanderteil am Ende des Buches!

Geschichte der Toskana

3.000 Jahre einer Landschaft

3 Epochen haben die Geschichte der Toskana geprägt:
die Zeit der Etrusker
das Hoch-Mittelalter
die Renaissance.
Was davor, dazwischen und danach geschah, ist von geringerer Bedeutung.

Das Lächeln der Etrusker

Wenn man nur ihres Lächelns wegen zu ihnen pilgert, ist die Reise ein Gewinn. Ein noch größerer, wenn man mit diesem Lächeln zurückkehrt.

Der Geschichtsunterricht unserer Schulen hat die alten Griechen und die alten Römer in aller Ausführlichkeit zum Thema. Daß noch zwei andere Völker die Geschichte und Kultur Europas auf vielen Gebieten stark beeinflußt haben, wird am Rande oder gar nicht erwähnt: die Etrusker in der Mitte Italiens und die Mauren im Süden Spaniens.

Woher sie kamen

Italiener waren sie nicht. Soviel ist sicher. Sie waren "Zugereiste" im Sinne der Eingeborenen und blieben es bis in die Gegenwart.

Begnügen wir uns also mit der wahrscheinlichsten Theorie, daß sie Einwanderer aus Kleinasien sind, und bringen wir ihnen gleich unsere Sympathie dafür entgegen, daß sie in Mittelitalien nicht plündernd, sengend und mordend einzogen, sondern sich mit den Vorbewohnern, den Ligurern und Villa-Nova-Leuten gütlich arrangierten, mit ihnen Handel trieben, und Familien mit ihnen gründeten.

Wie sie lebten

Sie bauten die ersten Städte; Wein stammt von einem etruskischen Wort und der Ölbaum ist etruskisches Kulturgut. Daß es bei den Griechen die Gottheiten Apoll und Artemis, bei den Etruskern Aplu und Aritimi gab, soll nicht zu der voreiligen Schlußfolgerung führen, die Etrusker hätten Kultur und Religion von den Griechen übernommen. Es war eher so, daß der kleinasiatische Gott Apoll eine griechische und eine etruskische Variation erfuhr.

Daß in unseren Schulbüchern so wenig über die Etrusker steht, obwohl sie ihren kulturellen und zivilisatorischen Höhepunkt bereits 100 Jahre vor den Griechen erreicht hatten (7. Jh. vor Chr.), hat einen einfachen Grund: von Hellas und Rom gibt es genügend Erhaltenes und Nachlesbares aus Literatur, Philosophie, Wissenschaft und Geschichtsschreibung. Die hinterlassene Chronik der Etrusker hingegen wurde zur Zeit des aufstrebenden Römertums vernichtet. Später schrieb der römische Kaiser Claudius, dessen Frau Urgulanilla eine Etruskerin war, aus Überlieferung ein zwanzigbändiges Werk der Etrusker, die sogenannte "Tyrrhenica", die dem großen Brand der Bibliothek von Alexandria zum Opfer fiel.

Fast unser gesamtes Wissen über das außergewöhnliche Volk der Etrusker stammt daher von Nekropolen und neuerdings entdeckten Kultstätten.

Ihre Religion

Ein Vergleich mit religiösen Anschauungen benachbarter Völker zeigt bei den Griechen eine eher heitere Verbindung aus Göttlichem im Menschen und Menschlichem in Göttern, bei den Römern eine Götterwelt, die in ihrer Rationalität einer Verwaltungshierarchie nicht unähnlich war.

Der ausgeprägte Totenkult der Etrusker zeigte einerseits ihre feste Überzeugung vom Weiterleben nach dem Tode, dafür aber war ihre Religion nicht dementsprechend jenseitig orientiert, wie etwa später bei den Christen. Sie war eher erdbezogen, mit der zunehmenden Melancholie des Vergänglichen. Bei ihren Göttern stößt man einerseits auf bekannte Namen wie Apoll (= Aplu), Hermes (= Seflans), Herakles (= Ercle), Adonis (= Atun) und andere - als Beweise ihrer kleinasiatischen Herkunft. Andererseits war aber auch viel mystisch Dunkles darunter.

Ihre Priester waren hauptsächlich mit der Erforschung des göttlichen Willens und Weitergabe von Orakelsprüchen für bevorstehende Ereignisse und geplante Vorhaben beschäftigt, und zwar als:

Haruspices (Einzahl: Haruspex): Deutung aus der Leber von Opfertieren (die bekannte Bronzeleber im Museum von Piacenza). Die Leber war früher bei vielen Völkern der Sitz des Lebens oder der Seele. Vergleiche: die Prometheus-Sage oder der Lanzenstich in Christi Leber. Die Haruspices waren auch bei den Römern noch geehrt. Ein Haruspex sagte zu Caesar: "Hüte dich vor den Iden des März." Möglicherweise wußte das aber auch der Haruspex aus der Umgebung von Brutus.

Die Auguren: Deutung aus dem Vogelflug.

Die Fulgurientes: Blitzforscher. Kam der Blitz von links nach rechts, brachte er Glück, von rechts nach links Unglück.

Einige der Zeremonien haben sich bis zum heutigen Tage bewahrt: das Schwenken des Weihrauchfasses während der Messe, das Tragen des Brautschleiers, das Ineinanderlegen der Hände und Tauschen der Eheringe bei der Vermählung.

Wie sie ihre Toten bestatteten

Entweder in Höhlengräbern oder unter künstlich aufgeschütteten Hügeln = Tumuli. Zu Zeiten der Hochkultur mit Erdbestattung und Sarkophagen, mit Skulpturen und wertvollen Grabbeigaben (Gold, Schmuck usw.). Später wurden die Grabkammern bemalt, das war billiger, die Leichen wurden verbrannt und die Asche in Urnen mit Köpfen und Brustwarzen gegeben.

Auf einer Grabstele im Museo Civico in Bologna ist der Tod als nackter Jüngling mit Flügeln dargestellt, der dem noch Lebenden wie ein Freund die Hand reicht. Auf anderen Grabstelen, so zum Beispiel im archäologischen Museum, sind harmonisch vereinte Ehepaare dargestellt. Ein Beweis, wie gleichgestellt die Frauen bei ihnen waren.

Da sie aber von einem Leben nach dem Tode überzeugt waren und jenem Leben mit einer Mischung aus genüßlicher Sinnlichkeit, Heiterkeit und Melancholie im Diesseits entgegenlebten, gaben sie ihren Toten alles in die Gräber mit, was in diesem Leben schön, wertvoll und wichtig war: Schmuck, Gebrauchsgegenstände und Werkzeuge, und statteten zudem die Grabkammern oft wie Wohnungen aus.

An den Wänden Reliefs oder Fresken mit Szenen aus dem täglichen Leben: Jagd, Gesellschaften, Festmahle, sportliche Wettkämpfe und sogar Szenen aus dem Liebesleben, wie z.B. in den Gräbern von Tarquinia (Latium), wo gleich- oder verschiedengeschlechtliche Liebe recht realistisch dargestellt sind.

Pikante Pornoszenen, würde man heute sagen. Oder, wie es mein Bekannter, Dr. Mohr, beim Anblick der Fresken ausdrückte:

"Ob Homo oder Hetero - das machte schon Etrusker froh!"

In den Grabkammern waren oft Totenbetten mit steinernen Kopfkissen, auf welchen die Verstorbenen in Alabaster oder anderen Gesteinen dargestellt werden: seitlich liegend, Oberkörper aufgerichtet, den Kopf in die linke Hand gestützt, Mann und Frau, heiter-realistisch, nicht idealisiert-verschönt.

In der rechten Hand die Opferschale, deren runde Erhöhung in der Mitte nicht, wie bisher vermutet, der Obolus für den Gott der Unterwelt war, sondern eine Vertiefung der Unterseite, um sie bei den Schlachtopfern für das Auffangen des Blutes besser halten zu können. Eine Darstellung dieses Vorganges ist an einer Relief-Skulptur im Museum von Chiusi zu sehen! Die Schale in der rechten Hand der Sarkophag-Figuren sollte also den Mächten des Jenseits zeigen: der hier bestattete hat zu Lebzeiten geopfert!

Das Abbild des Lebenden zu erhalten, zeigte sich auch bei den Aschenurnen, deren Deckel aus Ton gefertigte Köpfe oder Gesichter zierten.

Bis ins christliche Mittelalter findet man die steinernen, ruhenden Gestalten auf ihren Sarkophagen, nun allerdings in romanischer Schlichtheit und gotischer Strenge.

Die Hügelgräber (Tumuli) wurden Vorbild für alle späteren Kuppelbauten. Hadrians Grabmal, die heutige Engelsburg in Rom, sollte nach seinem Wunsch den größten Tumulus der antiken Welt darstellen, blieb jedoch in dieser Form unvollendet.

Ihre Kunst

Anders als bei den idealisierten griechischen und römischen Skulpturen mit ihren edlen Gesichtszügen und schönen Körpern, zeigen etruskische Büsten, Köpfe und Statuen gelegentlich bei Männern runde Schmerbäuchlein, lässig hingelagerte Genießer und manchmal auch - eben dieses Lächeln. Marmor verwendeten sie wenig, hauptsächlich Terrakotta, Sandstein und Tuff. In der Kunst wie in Gebrauchsgegenständen findet man aber auch viel Bronze.

Sehr häufig fand man bei Ausgrabungen die "Bucchero" - Keramiken. Der schwarze, glasierte Ton dieser Vasen und sonstigen Gefäße war eine Erfindung der Etrusker, ebenso die "Cisten", zierliche Bronzegefäße.

Die Zivilisation der Etrusker

Meist auf den Hügeln oder Bergrücken angelegte und befestigte Städte. In ihrer Konzeption mehr defensiv als offensiv. Straßen wurden nach den Himmelsrichtungen gebaut: Nord-Süd und Ost-West. Die Römer haben das für ihre Städtegründungen übernommen, ebenso die Pioniertaten etruskischer Zivilisation: Entwässerung von Sumpfgebieten, Brunnenbau und Wasserversorgung, und vor allem eine der wichtigsten etruskischen Erfindungen: den Bogenbau mit dem "Schlußstein". Die ersten Beamten für die Verwaltung der Städte gab es bei den Etruskern.

Dies befähigte sie schließlich dazu, die Grundlagen zur glanzvollen Entwicklung des römischen Reiches zu schaffen, und zwar um das 6. Jh. vor Chr. unter den ersten und einzigen Königen Roms, den Etruskern: Lucius Tarquinius Priscus Servius Tullius und Lucius Tarquinius Superbus, die in direkter Nachfolge regierten. Romulus und Remus samt der säugenden Wölfin gehören demnach ins Reich der Sage.

Die Streusiedlung im sumpfigen Tibergrund drohte in Schlamm und Schmutz zu versinken, als die drei Herrscher die Kenntnisse ihres Volkes im Brücken- und Städtebau, im Kanalisationswesen und in der Organisation einsetzten.

Die berühmte Cloaca maxima, die Erhebung des Kapitolhügels zur Tempelstätte, die Trockenlegung des späteren Forum Romanum, der Servianische Wall, die Stadtmauer, von der noch drei Teilstücke erhalten sind, der Circus Maximus, der Platz der Spiele und Pferderennen (die Etrusker liebten diese Tiere, ihre schönsten Kunstwerke stellen Pferde dar), das alles und damit die Entstehung des antiken Roms ist das Werk dieser Epoche.

Unter Servius Tullius, der Reformen wie das Schätzungswesen und dadurch ein ausgeglichenes Steuerrecht einführte, entwickelte sich die Demokratie. Tarquinius Superbus, der den Ausbau Roms erfolgreich fortsetzte, sich aber selbst zum Diktator erhob, wurde von seinen eigenen Landsleuten aus Rom verbannt. Der Einfluß der Etrusker aber blieb. Noch Augustus hielt sich als Berater und Kunst-"Mäzen" Maecenas, den Etrusker, dessen Fürsorge verdankte beispielsweise Horaz seine Villa bei Licenza in Latium.

Ihre Schrift

Sie kann entziffert, aber nur teilweise gedeutet werden. Das größte Problem: man kennt zuwenig Worte und vor allem zu wenig Verben. Man

stelle sich vor, die Menschen im Jahre 4000 könnten unsere Kultur und Art zu leben nur aus unseren Grabinschriften entziffern! Die Etrusker schrieben sowohl von rechts nach links, dann sah das E so aus: 𐌄
als auch von links nach rechts: Ǝ, ab und zu sogar im Bustrophedon, also von Zeile zu Zeile abwechselnd.

Warum sie untergegangen sind

Die Etrusker, die in einem lose zusammenhängenden Bund von Lukumonien, regiert von Lukomonen (Königen) lebten, konnten dem "preussischen" Militarismus der Römer auf die Dauer nicht widerstehen. Das römische Imperium hat ihre Kultur aufgesogen und im Laufe der Zeit ihre Städte zerstört und überbaut, Etrurien geriet in Vergessenheit.

Selbst dem interessierten Zeitgenossen wird die Suche nach den etruskischen Ausgrabungen nicht immer leicht gemacht.

- Ende der ersten Epoche -

Wo man den Spuren der Etrusker begegnen kann

Zunächst einmal gibt es die zwei bedeutendsten Museen in Italien: das Archäologische Museum in Florenz und die Villa Giulia in Rom.

Zwei weitere, zwar kleinere aber lohnende Museen: Chiusi und Volterra. Alle anderen Orte mit Nekropolen, Siedlungen und lokalen Klein-Museen siehe Plan.

Ich möchte dieses Kapitel abschließen mit einem etruskischen Gruß an meine Leser:

In unseren Buchstaben und von links nach rechts: VIVA VUVE, was auf deutsch etwa heißt: Lebe gut und lange!

[Ich danke an dieser Stelle Herrn Dr. Joachim Thomsen, Ulm, dem Etruskologen aus Wissensdurst, der mir viel über die Herkunft und Geschichte dieses Volkes erzählt hat.]

Frühmittelalterliches Zwischenspiel

Die Römer haben, wie gesagt, das Land verkommen lassen. Was noch davon übrig war, fiel im 5. Jahrhundert in die Hände plündernder Alemannen und Ostgoten. Im 6. Jahrhundert gehörte die Toskana zu Byzanz. Ab 568 war sie Teil des langobardischen Königreichs. Im 8. und 9. Jahrhundert stand sie unter der Herrschaft der Franken. In Lucca z.B. regierte ein Graf im Namen des Kaisers Karl des Großen.

Im 1o. Jahrhundert wird die Toskana Besitz der Familie Attoni. Mathilde von Tuscien (1o46-1115), Mitglied der Familie, verschenkte die Marktgrafschaft Toskana an den Papst. Auf dem Hof ihres Schlosses in Canossa wartete Heinrich IV. frierend auf den Wink des Papstes.
Zwei Jahrhunderte der verbissensten Kriege und Fehden begannen.

Zweites und dramatisches, hochmittelalterliches Kapitel

Hie Welf - hie Waibling. Die Kämpfe zwischen Guelfen einerseits, benannt nach dem Welfen Otto IV., den Feinden des Kaisers und Parteigängern des Papstes, den Verfechtern der Städtefreiheit, der Partei der Schwarzen und den Ghibellinen andererseits, benannt nach dem Waiblinger Staufer Friedrich II., den Kaisertreuen, der Partei der Weißen.

Dabei darf man das mit den Parteien nicht so genau nehmen. In Wirklichkeit verbargen sich dahinter viele private Familienhändel der Adeligen untereinander, Geplänkel um Vorherrschaft, Meuchelmorde aus Eifersucht und häufig auch Parteienwechsel.

Was die Sache noch undurchschaubarer machte: Aus den ursprünglich schwarzen Guelfen entwickelten sich wieder zwei Splitterparteien: weiße Guelfen - Kaiserliche, und schwarze Guelfen - Papsttreue. Dante zum Beispiel war weißer Guelfe und wurde deshalb aus Florenz verbannt. Florenz war schwarzguelfisch. Tutto chiaro - alles klar? Wenn nicht, ist's auch nicht so schlimm. Was sich aus dem ganzen Wirrwarr entwickelte, ist nämlich viel wichtiger und kommt im folgenden.

Prinzipiell kann man sagen, daß Florenz, Lucca und San Gimignano guelfisch, also papsttreu waren, während Siena, Pisa und Pistoia, aus Angst vor der Vorherrschaft von Florenz, sich auf die Seite des Kaisers stellten.

Aus dieser Zeit stammen auch die Geschlechtertürme von San Gimignano, von deren hundert noch zwölf erhalten sind, während die von Florenz nicht mehr oder nur noch in Resten existieren.

Das Ganze hat damit zu tun, daß die deutschen Kaiser zuviel Respekt vor der päpstlichen Tiara hatten und nicht so kurzen Prozeß machten wie die Franzosen, als sie die Enklave von Avignon schufen, oder wie der Angelsachse.

Heinrich VIII., der sich, um von seinen Frauen geschieden zu werden, einfach selbst zum Prinzeps seiner eigenen Kirche machte.

Mit dem Kniefall Heinrich IV. in Canossa vor dem Papst Gregor VII., dem ehemaligen Kluniazensermönch Hildebrand aus Sovana, gewann die Kirche etwas Oberhand.

Im 13. Jahrhundert, unter Friedrich II., waren Kaisertum und Papst am Ende ihrer Kräfte.

Allmählich aber geschah in dieser blutigen Zeit des Hochmittelalters etwas sehr entscheidendes: die Entwicklung der freien Städte. Während Kaiser und Papst sich immer nur die Köpfe blutig schlugen, erreichte das durch diese Kämpfe in Mitleidenschaft gezogene Volk durch einen geschlossenen Aufstand - den ersten in der Weltgeschichte - 125o eine demokratische Regierung.

Die Städte trieben regen Handel, wurden reich, und vertrieben mehr und mehr die Adeligen und Bischöfe aus ihren Stadtherren-Positionen und ersetzten sie durch vom Volk gewählte Behörden.

Die reiche Oberschicht zog sich ängstlich und schmollend in ihre Wohntürme zurück. (Von diesen hohen, bizarren Gebilden stehen noch etliche in San Gimignano in der Provinz Siena; in Florenz wurden sie im Jahre 125o bis auf 25 m heruntergekürzt.)

In die Rathäuser zog ein "Capitano del Popolo". Die Herrschaft der "Signoria" begann, und damit das Aufblühen von Handwerk, Handel (Wolle und Seide) und Kunst - der Boden für die Renaissance war geebnet. Und nun, um 14oo, betreten die Medici, die das Gesicht der Toskana am nachhaltigsten formen sollten, die Bühne der Geschichte. Sie kamen aus dem nördlich von Florenz gelegenen Mugello-Bergland.

Der erste, der sich nachhaltig und verdienstvoll ins Licht der Historie setzte, war "Cosimo der Alte" (im Unterschied zu Cosimo I., der viel später kam und der erste Großherzog der Medici wurde). "Cosimo der Ältere", wie man ihn auch nennt, war der Sohn des bürgerlichen Bankiers Giovanni, Bannerherr von Florenz. Dreißig Friedensjahre lang lenkte er mit großem Geschick die Geschäfte der Stadt, förderte die Kunst (Donatello, Brunelleschi) und gründete die "Platonische Akademie".

Sein Sohn "Piero der Gichtige" amtierte - wie der trübselige Beiname schon ahnen läßt - nur kurze Zeit.

Sein Enkel Lorenzo jedoch wurde als "Il Magnifico - Der Prächtige" (1449-1492) der berühmteste aller Mediceer und eine der größten Persönlichkeiten seiner Zeit. Er führte Florenz - 23 friedliche Jahre lang - in eine unvorstellbare Blütezeit der Renaissance, in der bildenden Kunst, der Dichtkunst (er war selbst ein erfolgreicher Dichter), der Philosophie und Wissenschaft. Ihm ist es zu verdanken, daß das Gedankengut der griechischen Antike dem Abendland erhalten blieb. Er war ein guter Diplomat, ein gerechter Richter und wurde von Regenten anderer Länder um seinen Rat gefragt.

Die neuere Geschichte

Ein Finanzgenie wie sein Großvater war er nicht, eher das Gegenteil, wurde aber, als er 43-jährig, (1492) gichtgeplagt, verstarb, vom Volk tief betrauert. Nun traten die von ihm einst tolerierten Eiferer auf den Plan: Savonarola, Macchiavelli - sein Sohn Piero übergab an Karl VIII. von Frankreich und wurde verjagt. Aber bereits 1512 waren die Medici wieder da. 1536 kam Cosimo I., ein machthungriger Mann, er brachte später die vereinigten Stadt-Staaten zu hohem Ansehen und starb als Großherzog der Toskana (1574). Mit ihm wurden die Medici geadelt, und das Land von einer protegierten, fürstlichen Nachkommenschaft eigennützig und nachlässig verwaltet.

So kam es zu einem österreichischen Gastspiel unter den Habsburgern (Maria Theresia).

Und - wie könnte es anders sein - Napoleon mischt auch mit, er kassiert die Toskana 1789 für Frankreich und sein Schwesterlein Elisa residiert bis 1815 fürstlich in der Villa Mansi bei Lucca. Dann wieder Österreich... bis 186o das vereinte Königreich Italien unter dem Piemonteser Vittorio Emanuele II. gegründet wird.

Garibaldi, im Bund mit dem piemontesischen Kanzler Cavour, war der große Kämpfer für diese Einigung.

Die Parole hieß "Verdi" - Vittorio Emanuele Re De Italia.

Der 2. Weltkrieg brachte dem Land Toskana Gott sei Dank wenig Zerstörung (außer Livorno und dem Arnoufer in Florenz, durch Brückensprengung) - aber bei dem fürchterlichen Hochwasser 1966 versanken zu viele Kunstwerke in Schlamm und Öl. Einige sind heute noch "in Behandlung".

Unter Vittorio Emanuele II. war Florenz sogar eine Zeit lang die Hauptstadt Italiens, aber die Selbständigkeit der Toskana war zu Ende.

Sie blieb bis zum heutigen Tag "ein Teil" von Italien, aber - in diesem, an Kunstschätzen so reichen Land - gewiß der wertvollste.

Die Gesichter der Medici

Wo immer man sich in der Toskana befindet, welche Paläste, Kirchen, Rathäuser oder Museen man auch besucht, überall entdeckt der aufmerksame Betrachter das Wappen der Medici.

Keine europäische Geschichtsschreibung und vor allem keine Kunstgeschichte kommt ohne diesen Namen aus.

Wem ein Gesicht mehr sagt, als alle Worte, Jahreszahlen und politische Fakten aus dicken Büchern, gehe mit mir in Florenz zu zwei nur fünf Fußminuten voneinander entfernten Punkten: zum Eingang der Uffizien und zum Palazzo Bargello.

Vom großen Geschlecht der Medici will ich nur drei Namen herausgreifen, die aber exemplarisch für den Aufstieg der Familie, ihren Höhepunkt und ihren Verfall sind, und deren Gesichter man aufmerksam betrachten sollte. Links von der Eingangstür zu den Uffizien steht in einer Mauernische, nur von wenigen beachtet, die Marmorstatue von **Cosimo Il Vecchio** (1389-1464). Ärzte (Medici), Bankiers und Apotheker waren die frühen Mitglieder der Familie, und die sechs Kugeln (= Palle) in ihrem Wappen sollten wohl Pillen darstellen. Das ist zwar eine Vermutung unter vielen anderen (da gibt es z.B. die Sage von einem Ungeheuer, das von einem der Vorfahren erschlagen wurde und bei diesem Kampf sechs Dellen in den Schild schlug), aber sie erscheint mir einleuchtend, weil Medico nun mal Arzt heißt, und weil die Vorfahren eines Herrn Maier sicher keine Schmiede waren.

Als Cosimo das Erbe seines Vaters antrat, war dieser bereits der reichste Mann von Florenz, und der Sohn wurde der Bankier Nummer 1 jener Zeit. In seiner Weltbank, Sitz in Brügge, wurde erstmals der "Wechsel" eingeführt. Bis hierher nichts Außergewöhnliches, höre ich sagen. Richtig. Reiche und mächtige Familien gab es zu allen Zeiten in allen Ländern. Die Fugger z.B. und viele andere. Nun kann man Reichtum dazu benützen, um immer noch reicher zu werden, Macht, um immer noch mächtiger zu werden. Zwischendurch gibt man sich ein wenig sozial und baut ein paar Häuschen für Arme. Sehen Sie jetzt in das Gesicht von Cosimo. Am späten Abend, wenn die Menge sich verlaufen hat, und das Licht der Laternen unter die Arkaden fällt, vermittelte es mir immer den stärksten Eindruck. Da ist Klugheit ohne kalte Intelligenz, Menschlichkeit ohne Sentimentalität. Männliche Schönheit, wenngleich nicht nach den Maßen eines Apoll. Das Gesicht wirkt energisch, aber nicht despotisch. Kunstsinnig, mit dem klaren Blick für Wert und Beständigkeit. Es zeigt Macht, die aus Souveränität, und Strenge, die aus Verständnis kommt. Keinen egozentrischen Absolutismus. Es hat die Fähigkeit zu Reflexion und Kontemplation. Ein Aristokrat im klassisch-griechischen Sinne.

Er war eben nicht einfach nur ein guter Kaufmann, sondern gleichzeitig ein genialer Politiker mit den Grundsätzen einer im besten Sinne "gelenkten" Demokratie, und ein Mäzen. Und das hebt die Medici aus allen anderen Geschlechtern heraus: Sie gaben immense Summen ihres Vermögens für Schönheit aus. Um Künstler zu fördern, Kunstwerke zu schaffen und Wertvolles zu sammeln. Mäzen zu sein heißt auch, unter namenlosen Zeitgenossen mit sicherer Nase diejenigen herauszusuchen und zu fördern, von denen man auch nach Jahrhunderten noch spricht.

Das Geld ist hierbei nur ein Hilfsmittel. Cosimo's Mäzenatentum ließ Namen wie Donatello, Fra Angelico oder Michelangelo erstrahlen. Cosimo war es, der die Idee zur Platonischen Akademie hatte, der Geburtsstätte des Humanismus. Hierher kamen später, auf Einladung seines Enkels Lorenzo Il Magnifico - ein wenig Geduld noch, gleich gehen wir auf die andere Seite der Türe - die vor den Türken aus Konstantinopel geflüchteten griechischen Gelehrten und retteten dadurch viel klassisches Kulturgut ins Abendland herüber. In dieser Akademie war es auch, wo das Rinascimento, die Wiedergeburt des Schönen, das finstere Mittelalter verscheuchte, wie ein strahlender Sonnenaufgang die beklemmenden Morgennebel.

Wenn Sie von Cosimo so fasziniert werden wie ich, sollten Sie nicht versäumen, irgendwann auch in die Kirche San Lorenzo zu seiner Grabplatte vor dem Altar zu gehen. Pater Patriae - Vater des Vaterlandes - steht dort in den Marmor des Bodens geschrieben. Die Bürger von Florenz nannten ihn so. Und dann steht noch dabei: Vixit Annos LXXV Menses III. Dies XX (er lebte 75 Jahre, 3 Monate und 2o Tage). So zählen Liebende ihre Zeit.

Während wir nun die fünf oder sechs Schritte nach rechts gehen, an der Tür zu den Uffizien vorbei, schnell zwischen Vater und Enkel ein paar Worte zu Piero Il Gottoso (der Gichtische), Sohn Cosimos und Vater Lorenzos.

Ein schwerkranker, aber guter und friedliebender Mann mit kurzer Regierungszeit, dem es aber zu verdanken ist, daß die Bourbonen - zwei Frauen aus dem Hause Medici waren an den französischen Königshof vermählt - den Medici erlaubten, die oberste Kugel ihres Wappens mit der Bourbonenlilie zu schmücken. Diese Lilie ist auch im Florentiner Stadtwappen zu sehen.

So, und nun stehen wir vor **Lorenzo Il Magnifico** (der Prächtige, 1449-1492).

Beim ersten Blick in dieses Gesicht ist man eigentlich etwas enttäuscht. Vorstehende Unterlippe und Entenschnabel-Nase - weiß Gott keine Schönheit. So etwas wird Magnifico genannt? Lassen Sie sich Zeit, dieses Gesicht zu betrachten und Sie werden nach und nach erkennen, wie ungeheuer sensibel es ist, von hintergründiger Weisheit und voll ästhetischen Empfindens.

Lorenzo ist nicht mehr nur erfolgreicher Mäzen, er ist selbst Künstler, anerkannter Dichter und Philosoph. Und deshalb auch nicht mehr der gute Kaufmann wie sein Großvater Cosimo Il Vecchio. Um ihn herum gesellte sich ein Kreis von Dichtern, Wissenschaftlern und Philosophen, darunter seine Freunde Poliziano, Ficino und Mirandola, der das humanistische Gut der Antike (Platon, Homer u.a.) wieder sammelte, überdachte, übersetzte und so den Grundstein einer neuen Epoche legte. Lorenzo ist verschwenderisch und fördert die Kunst mit vollen Händen.

Florenz wird durch ihn zur herrlichen, zur festlichen Stadt. Nicht nur für ein paar Adelige und Reiche, auch für die Bürger der Stadt. Es ist die Zeit und der Ort der höchsten Kultur Europas.

Das Quattrocento und seine klangvollsten Namen: Sandro Botticelli, Lucca Signorelli, Antonio Rosselini. Lucca della Robbia, Perugino, Tiziano, Leonardo da Vinci, Domenico Ghirlandaio, Raffaelo und Michelangelo.

Nach solchem Höhepunkt kann es nur wieder abwärts gehen. Begeben Sie sich am nächsten Morgen in den Bargello. Im Erdgeschoß, gleich rechts die erste Tür, rechts hinten an der Wand steht die Bronzebüste von **Cosimo I**. (1519-1574).

Ein runder, voluminöser Schädel, schmallippig, glotzäugig, labil, mit dem leicht irr-idealistischen Blick so mancher Politiker, die siegessicher in eine glänzende Zukunft blicken, von der sie selbst noch keine Ahnung haben und deren Verwirklichung ihnen nicht gelingt. Zwischen ihm und Lorenzo Il Magnifico gab es allerdings noch drei andere

Medici, die "regierten" und anschließend erwähnt sind.

Als 17-jähriger machte Cosimo I. sich selbst zum Diktator, brachte zunächst ein paar Leute, die ihm nicht paßten, um die Ecke, gründete eine willfährige Bürokratie, für die ihm der Architekt Vasari die Verwaltungsräume, die Uffici, baute. Den Palazzo Pitti kaufte er von der Familie gleichen Namens auf und richtete unter anderem eine Kunstgalerie darin ein. Doch fehlte ihm die Beziehung zur Kunst, wie sie Cosimo Il Vecchio und vor allem Lorenzo Il Magnifico besaßen. Er hatte eher ein Gespür dafür, Macht zu erlangen und auszubauen. Kunst war für ihn das, was man "Aufpolieren des Images" nennt.

Er vereinigte alle toskanischen Provinzen - zumeist mit Gewalt - unter Florentinischer Oberhoheit. Man muß ihm allerdings zugute halten, daß er dem Land der Toskana, das durch Kriege und unfähige Regenten verlottert war, wieder zu wirtschaftlichen Aufschwung verhalf. Vier Jahre nach seiner Ernennung zum Großherzog verstarb er gichtig und geisteskrank (1574).

Kleiner Anhang zur Familie Medici

Lorenzos schöner und beliebter Bruder Giuliano, der im Dom ermordet wurde, hatte einen Sohn, der spätere Papst Clemens (1478-1534), ein unfähiger, machtgieriger, skrupelloser Intrigant. Nach dem Tode Lorenzo Il Magnificos trat sein Sohn, Piero der Unglückliche, an seine Stelle. Er übergab Florenz an die Franzosen. Als dieser starb, kam Lorenzos dritter Sohn, Giuliano, Herzog von Nemours, an die Reihe, ein Schöngeist und friedlicher Träumer, der nur ein halbes Jahr regierte (das Grabmal der "Wachsame" in Michelangelos Neuer Sakristei).

Aus Lorenzos zweitem Sohn Giovanni wurde Papst Leo X. (mit 7 Jahren Erzbischof, mit 13 Jahren Kardinal, mit 26 Papst). Der verschwenderische Ablaßkrämer, der die Bannbulle gegen Luther verfaßte. Auf Giuliano folgte Lorenzo, Herzog von Urbino, Sohn Pieros des Unglücklichen, ein unbeherrschter Charakter, der früh starb (Grabmal der "Denker" in Michelangelos Neuer Sakristei).

Dann kam Cosimo I. aus der jüngeren Linie, über den ich bei den "Gesichtern der Medici" berichtete. Nach ihm, dem "Mächtigsten", verlor das Geschlecht der Medici, aus dem auch zwei französische Königinnen, Katharina und Maria, hervorgegangen waren - an Bedeutung.

Die Letzte der Familie der Medici, Anna Maria Ludovica (1667-1743), war mit einem Kurfürsten von der Pfalz verheiratet und lebte in Düsseldorf. Und doch - ihre letzte Tat setzte dem erloschenen Bild der großen Familie nochmals ein echt mediceisches Licht auf: Sie verschenkte die gesamten Kunstschätze ihrer Familie der Stadt Florenz.

Ihr verdanken wir, daß wir heute staunend und ergriffen und manchmal wohl auch etwas gestreßt vor dieser unglaublichen Summe der Schönen Künste stehen können.

Toskana und Kunst

Nach Venedig fahren viele, um die Einmaligkeit einer Stadt im Wasser zu sehen; Hochzeitsreisende sehen den Gipfel ihres Wonnemonds in einer Gondelfahrt; manche sind dort, weil sie Thomas Mann gelesen haben, und einige - der Kunst wegen. In Florenz kann man nicht Gondel fahren. Thomas Mann wurde hier auch nicht verfilmt.

Also bleibt nur die Kunst. Also müßte jetzt die Überschrift Kunstgeschichte kommen. Ich habe das Wort Kunstgeschichte vermieden.

Entweder folgt nach so einer Überschrift eine nicht enden wollende Reihe von Namen, Begriffen und Zahlen oder der Versuch, Kunst verständlich zu machen. Wie sagte Picasso einmal: "Jeder will Kunst, will ein Bild verstehen. Warum wollen sie nicht den Gesang der Vögel oder eine Blume verstehen?"

Wenn man viel, sehr viel Zeit hat, um alle Kunstwerke einer Stadt wie Florenz oder einer Landschaft wie der Toskana in Ruhe zu betrachten, hat man die beste Kunstgeschichte gelesen, die es gibt. Und da wir gestreßten Menschen unseres Jahrhunderts diese Zeit meist nicht haben, möchte ich meinen Lesern nur in zwei Dingen ein wenig helfen:

In der Orientierung, wo was zu finden ist, und in dem Versuch, eine Entwicklung aufzuzeigen, den Bogen, der sich von Cimabues "Maesta", von der demütigen Kunst des ausklingenden Mittelalters zum Deckenfresko Michelangelos in der Sixtinischen Kapelle, dem Finale maestoso der Hochrenaissance, spannt. Daß ich dabei Überschriften wie Romanik, Gotik und Renaissance verwende, darf man nicht so ernst nehmen, wie man am Ende erkennen wird.

Romanik

Der schönste architektonische "Pralltriller" dieser Epoche ist ohne Zweifel der "Campo dei Miracoli" in Pisa - nicht umsonst gibt man der Romanik in der Toskana den Beinamen pisanisch - , im gleichen Atemzug sind aber auch zu nennen: das Baptisterium und die Kirche San Miniato in Florenz, der Dom von Pistoia, die Kathedrale von Massa Marittima und die Kirchen San Martino und San Michele in Lucca.

Desgleichen findet man auf dem Lande, d.h. in kleinen Gemeinden, eine Vielzahl von kleinen Pfarrkirchen, "Pieve" genannt, so z.B. entlang des Arno im Valdarno Superiore und im Casentino (siehe Provinz Arezzo).

Gotik

Kommt von "Goten" und galt in Italien immer ein wenig als barbarisch, und obwohl es viel Gotisches an Architektur, Skulpturen und Malerei gibt, muß man aber gleich hinzufügen, daß die Gotik, ähnlich wie die Romanik, hier eine besondere Spielart erfuhr.

Die toskanische Romanik ist anmutiger, reicher und verzierter als die des nördlichen Europa, die Gotik hat nicht jene Reinheit des Stils und die erdentrückende Strenge, wie wir sie von unseren spitzbogigen Domen und

Kathedralen gewöhnt sind (Ulm, Köln, Freiburg, Straßburg u.a.)

Dies war die Zeit, wo sich aus den ewigen Kämpfen zwischen Guelfen und Ghibellinen, den Papst- und Kaiseranhängern, die freien italienischen Stadtstaaten entwickelten. Architektonisch zeigte sich das in den zinnengekrönten und trutzigen Mauern hochgezogener Wohntürme, die "Casa torre" - auch Geschlechtertürme genannt, wie in San Gimignano - und den wuchtigen Kommunalpalästen, den Palazzi dei Priori, del Podestà, del Popolo, Pubblico oder wie sie immer genannt werden.
Beispiele: Pal Vecchio - Florenz, Pal d. Priori - Volterra und viele andere.

Die Übergänge von Gotik zu Renaissance sind hierbei nicht immer klar erkennbar. Dasselbe gilt für die sakralen Bauten, was sich am deutlichsten am Dom von Florenz zeigt: Im Inneren steht man durchaus in einer gotischen Kathedrale, die Kuppel Brunelleschis jedoch ist ein klares Werk der Renaissance. Etwas stilreine Gotik findet man bei der Kirche S.M. Novella, S. Croce, Or San Michele in Florenz, Dom San Domenico in Arezzo und vor allem beim Dom von Siena.

Die reinste Gotik ist in der Abtei von San Galgano, südwestlich von Siena, zu sehen. Kein Wunder - wurde sie doch von denen gebaut, die die Gotik von Norden nach Italien brachten: Den Zisterziensern.

Skulpturen

Wie sehr sich auch hier die italienische Gotik von deutscher unterscheidet, tritt am deutlichsten zu Tage in einem Vergleich der Kanzelfiguren von Nicola Pisano (Baptisterium in Pisa und Dom von Siena) und Giovanni Pisano (Dom von Pisa und St. Andrea von Pistoia) mit dem Bamberger Reiter oder der Uta im Naumburger Dom. Dynamisch bewegt die einen, statuarisch die anderen.

Womit wir wieder bei derselben Schwierigkeit angelangt sind wie in der Architektur.

Inwieweit nämlich ist das Werk eines Nicola Pisano gotisch zu nennen, oder wie stark waren antike und romanische Einflüsse, oder wie sehr ist Nicola P. schon ein Wegbereiter der sogenannten Protorenaissance? Mit demselben Fragezeichen müssen wir die Werke seiner Schüler betrachten: Arnolfo di Cambio und Tino di Camaino.

Malerei

Die Anfänge, nennen wir sie romanisch, finden wir auf den gemalten Kruzifixen, so z.B. das "Volto Santo" im Dom San Martino zu Lucca, auf Cimabues Kreuzigungs- und Mariendarstellungen, Giottos und Duccios Tafelbildern (in den Uffizien zu Florenz). Ich wage nicht zu sagen, wo bei diesen Künstlern Romanik aufhört und Gotik anfängt. Aber ist das so wichtig?

Interessanter ist die Entwicklung der Malerei:

Auf der Maestà von Cimabue und der von Giotto (beide in den Uffizien) thront Maria mit dem Kind als der dominierende Teil in der Mitte der Bilder. Die Engel und Heiligen drumherum sind wesentlich kleiner dargestellt, und ein paar architektonische Details wirken nur ornamental.

Später tauchen mehr und mehr architektonische Hintergründe und auch Landschaften auf, die Perspektive kommt ins Bild, und die Bewegung, die Figuren sind alle gleich groß, und die Hauptfigur ist nicht mehr in der Mitte.

In den Bildern von Fra Angelico, z.B. die "Verkündigung" u.a. im Kloster San Marco, sind wir mit diesem Stilelementen eigentlich bereits in der Frührenaissance. Das war der nächste Schritt nach der ersten Darstellung weltlicher Ereignisse in der berühmten "Senesischen Schule" von Siena.

Das eigenartig-schöne Fresko "Ritt des Guidoriccio da Fogliano zur Belagerung des Kastells Montemassi" - durch die einsame Landschaft zwischen Burgen und fernen Bergen, ist das berühmteste Beispiel und gilt als die erste Landschaftsmalerei Europas. Es ist im Rathaus von Siena, ebenso wie die Fresken Ambrogio Lorenzettis "Gute und schlechte Regierung". Neben und nach der frühen Tafelmalerei war die Freskenmalerei bis in den Ausklang der Renaissance eine immer wieder gebrauchte Technik.

Setzen wir jetzt, was schon längst hätte geschehen müssen, an dieser Stelle die Überschrift:

Renaissance

oder sagen wir besser: Rinascimento.

Mir sträubt sich jede Feder, sagte man früher, mir klemmt der Typenhebel, müßte man heute sagen, beim Schreiben solcher Überschriften. Denn sie assoziieren immer das, was genau nicht der Fall ist: Eine Stilrichtung oder Epoche fängt nie mit einem Paukenschlag an, noch wird sie von einem erklärten "Vater des ..." von heute auf morgen erfunden.

Das Einfließen von Bewegung und Perspektive, die Darstellung von Landschaft, alltäglichen Gegenständen und profanen Vorgängen, die stärker werdende Betonung des Menschlichen, das Hineinporträtieren von Zeitgenossen in biblische Geschichten oder Heiligenlegenden war ein Prozeß, der sich über mehr als ein Jahrhundert hinzog. Aber kommen wir zur Sache. Renaissance und Humanismus gingen Hand in Hand, wenngleich nicht jeder Künstler der Renaissance ein Humanist war. Der Humanismus war eher der geistige Nährboden, auf dem die Kunst der Rinascimento zu seiner vollen Entfaltung gedieh. Rinascimento heißt Wiedergeburt. Man hat griechisch-antikes Gedankengut aus der Versenkung der Jahrhunderte geholt und sich darüber Gedanken gemacht. Plato war der "göttliche" Meister.

Der Humanist Giannuzzo Manetti verfaßte seine Schrift "De dignitate et excellentia hominis" (über die Würde und den Adel des Menschen).

Die Grundgedanken des Humanismus waren:

1) "Der Mensch ist das höchste Geschöpf Gottes."

2) "Der Mensch ist das Maß aller Dinge."

Er ist, um es im Blick der Malerei auszudrücken, nicht mehr die mittelalterliche, kniende und verkleinerte Randfigur neben übergroßen Heiligen oder neben Gott. Er richtet sich auf und steht ebenbürtig neben ihnen. Er setzt die Maßstäbe. Vielleicht wurde damals, zum erstenmal wieder nach dem finsteren Mittelalter, die Frage gestellt: Was ist Gott ohne den Menschen?

Inwieweit nun aber hierin der Keim zu einer Weltanschauung lag, wo der Mensch größer wird als Gott, wo nur noch er die Maßstäbe setzt, und wo sich die Frage umstellt: Was wäre der Mensch ohne Gott - der homo homini lupus? Darüber nachzudenken ist unsere Aufgabe heute.

Das Rinascimento in seiner Idee war eine gute Mischung: Mensch und Gott.

Für die Künstler der Renaissance zeitigten die Erkenntnisse des Humanismus einen einmaligen Dreiklang: Ehrfurcht vor dem Göttlichen, das Bewußtsein menschlicher Fähigkeiten und kreativer Kräfte, und die Freude, mit diesen Fähigkeiten Gott zu ehren.

Nur ein Akkord mit dieser Harmonie ließ Brunelleschi seine Domkuppel in Florenz bauen, führte Ghirlandaio den Pinsel und verhalf Michelangelo zu den Fresken der Sixtinischen Kapelle in Rom. Diese Harmonie muß wohl auch ein Papst gespürt haben, sonst hätte er wohl nie zugelassen, daß Nackte in eine Kirche gemalt wurden.

Der Schirmherr der Platonischen Akademie, der Gastgeber der Humanisten und der große Mäzen der Renaissance war der Mediceer Lorenzo Il Magnifico.

Das Volk, nicht er selbst, gab ihm diesen Namen. So wie seinem Großvater, Cosimo Il Vecchio, den Beinamen Pater Patriae.

Welch ein Rückfall ins tiefste Mittelalter mußte der Auftritt des hohlwangigen Dominikaner-Mönches Girolamo Savonarola (1452-1498) gewesen sein; der Bußprediger des Sittenverfalls, der aus der glanzvollen Renaissance-Stadt ein Kloster machen wollte. Der Mensch ist nichts, Gott ist alles. Werft euch in den Staub, aus dem ihr seid. Da war er wieder, der Geist des Mittelalters. Die Fresken der "Hölle" im Campo Santo von Pisa, wo die Seele durch alptraumhafte Darstellungen ewiger Verdammnis gefoltert wurde. In zündenden Reden zwang er die Menschen zu Demut, einfacher Kleidung, enthaltsamem Leben und Kirchenbesuch, und trieb die Massenhysterie so weit, daß man auf der Piazza della Signoria in Florenz einen riesigen Scheiterhaufen aus Luxusgegenständen, sinnesfreudiger Literatur, Schmuck, galanten Kleidern und profanen Bildern in Brand steckte. Kein geringerer als Sandro Botticelli trug seine Bilder eigenhändig zu den Flammen, und es ist nur der "Listigkeit" des Lorenzo Medici zu verdanken, daß wir einige der schönsten Botticellis haben und noch in den

Uffizien bewundern können. Er hatte sie nämlich kurz vor seinem Tod versteckt.

Der Spuk dauerte allerdings nicht lange. Die jungen Florentiner waren der grauen Kittel bald überdrüssig. Der Papst Alexander VI., ein Borgia, von Savonarola ebenfalls kritisiert, bot ihm den Kardinalshut an. Seine Hoffnung, ihn dadurch zu besänftigen, erfüllte sich nicht, Daraufhin exkommunizierte er ihn. Savonarola wurde gefangen genommen und verbrannt. Auf der Piazza della Signoria. Eine Platte in der Nähe des Neptunbrunnens erinnert daran. An seinem Todestag liegen immer Blumen darauf.

War sein zu blinder Eifer sein Verhängnis? Fehlte ihm die Bescheidenheit eines Franziskus oder die Gründlichkeit eines Luther? Man wird nachdenklich, wenn man einige Zeit vor der ausdruckstarken Bronzeplastik im Dunkel der Kirche von S. Marco steht. Das Feuer der Schaffenskraft der toskanischen Künstler allerdings hatte er nicht zu zerstören vermocht. Wie sollte es unter diesem heiteren Himmel auch anders sein, wo alles Schönheit atmet - wo selbst die Natur, in all ihrer Frische und Unverbildetheit ein ausgewogenes Kunstwerk ist.

Noch viele geniale Schöpfungen entstanden, und die Königin unter den italienischen Kunststätten wurde - Florenz!

Chronik der großen toskanischen bildenden Künstler

Die Pisanos 1225-1314

Nicola Pisano und sein Sohn Giovanni waren als Baumeister und Bildhauer die bedeutendsten Künstler am Übergang von der romanischen zur gotischen Epoche in der Toskana.

Die Fassaden der Dome von Pisa, Lucca und Pistoia sind in ihrer Feingliedrigkeit, Verspieltheit und Eleganz die hervorragenden Beispiele der Pisaner Romanik, während die Fassade des Doms von Siena, ein Werk Giovannis, ein besonders schönes Beispiel toskanischer Frühgotik darstellt, charakterisiert durch reichen Schmuck an Ornamentik und Skulptur.

Die schönsten Werke der Pisanos sind ohne Zweifel ihre vier Kanzeln; von Nicola die im Dom von Siena und im Baptisterium von Pisa, von Giovanni die im Dom von Pisa und in Sant Andrea zu Pistoia.

Nicola (1225-1278) lebte zwar zwischen der Romanik und Gotik, war jedoch in seinen Skulpturen stark von denen auf römischen Sarkophagen beeinflußt und kann somit als Wegbereiter der Renaissance bezeichnet werden.

Sein Sohn Giovanni (1245-1314) ging wohl bei ihm in die Lehre, verlieh seinen figürlichen Darstellungen aber mehr Dramatik und Ausdruck.

Übrigens: Andrea Pisano, von dem in Florenz das Südportal (Eingang) des Baptisteriums und Reliefs und Figuren am Campanile zu bewundern sind, war mit Nicola und Giovanni nicht verwandt!

Nicht in der Toscana, sondern in Umbriens Haptstadt Perugia, steht - der Vollständigkeit halber sei es hier gesagt - zwischen dem Dom und dem Palazzo dei Priori ein einmalig schönes Gemeinschaftswerk von Nicola und Giovanni: die Fontana Maggiore, einer der schönsten Brunnen Italiens.

Cimabue **124o-13o2**
Dieser eigenwillige Maler kam aus den Bergen des Mugello. Sein größtes Denkmal setzte er sich mit den St. Franciscus-Fresken in der Oberkirche in Assisi und dem, jetzt leider durch das Hochwasser (1966) beschädigten Kreuz in St. Croce zu Florenz.

Giotto **1266-1337**
Ebenfalls im Mugello geboren, war er der Schüler von Cimabue, trat aber als Baumeister besonders hervor. Er entwarf den Florentiner Campanile, malte aber auch die herrlichen Fresken in St. Croce.

Filippo Brunelleschi **1377-1446**
Gilt als das Genie seiner Zeit. Als Baumeister und Bildhauer der Frührenaissance schuf er die erste freischwebende Kuppel, die des Domes von Florenz, lange vor Michelangelos Petersdom-Kuppel zu Rom.

Lorenzo Ghiberti **1378-1455**
Bildhauer und Goldschmied. Er war der Wegbereiter der Renaissance. Ihm verdanken wir es, daß wir vor der "Paradiestür" (Baptisterium Florenz) stehen können. Michelangelo benannte sie so.

Donatello **1386-1466**
Er war einer der Größten der Frührenaissance und wurde von dem Mediceer Stadtherrn "Cosimo dem Alten" gefördert. Er schuf die ersten freistehenden Figuren seit der Antike und Reliefs in Marmor und Bronze.

Fra Beato Angelico **1387-1455**
Ein ungeheuer fruchtbarer Boden scheint das Mugello zu sein, denn es brachte viele der kraftvollsten Persönlichkeiten, auch "Cosimo den Alten" de 'Medici, hervor. Ich sage das, weil auch der liebenswerte Fra Angelico aus Vecchio im Mugello stammt. Er war der Meister der rührenden, religiösen Fresken in herrlichem Hellblau, Hellrot und Gold im Kloster S. Marco, wo er als Mönch lebte. Seine naive Gottgläubigkeit reichte schon fast an die des hl. Franziscus heran, was seinen Werken zugute kam.

Bartolommeo Michelozzo **1396-1472**
Er war sozusagen der Hausarchitekt "Cosimo des Alten". Als dieser, der Ahnherr der damals noch bürgerlichen Medici, als Bankkaufmann tätig war, plante er eines Tages in visionärer Weise, ein "Stammschloß" für die kommenden Medici zu bauen. Dies tat Michelozzo für ihn (Caffagiolo im Mugello), aus einer alten Festung. Einen Stadtpalast, den heutigen Palazzo Medici-Ricardi in Florenz, lieferte Michelozzo gleich mit. Er wurde auch

als Bildhauer berühmt.

Masaccio 14o1-1428
Genau wie Fra Angelico mit einigen seiner Fresken, war er seiner Zeit weit voraus. Seine Malweise wurde beispielgebend für viele Größen der Renaissance. Er malte in neuen Dimensionen des Lichts und der Perspektiven. Er selbst wußte nichts von seinem späteren Ruhm, und daß Künstler wie Raffael oder Michelangelo oft vor seinen Fresken in der Brancacci-Kapelle in S. Carmine stehen würden. Er starb mit 28 Jahren, man sagt, er wurde aus Neid vergiftet.

Lucca della Robbia 14oo-1462
Der Meister der Terrakotta-Plastiken und Reliefs. Die Farben sind weiß auf blauem Grund, oft mit grün und gelb kombiniert und mit Zinnglasur überzogen. Meist anmutige Madonnen-Motive.

Andrea della Robbia 1435-1525
Führte die Werkstatt seines Onkels fort. Seine Arbeiten sind fast noch zarter und anmutiger. Es gab noch Giovanni della Robbia in der Terrakotta-Kunst.

Sandro Botticelli 1444-151o
Sein Name erweckt sofort Vorstellungen von Frauenschönheit, die unberührt und lieblich ist, und von Blüten und Blumen. Er schuf vorwiegend Allegorien, mystische und religiöse Bilder. Seine beliebtesten Werke "Geburt der Venus" und "Frühling", in den Uffizien. Er verherrlichte zum erstenmal nicht nur Madonnen.

Ghirlandaio, Domenico 1449-1494
Maler. Seine Fresken schilderten oft das Leben des Florentiner Bürgertums. Bei ihm war Michelangelo als Schüler, ehe dieser sich immer mehr zur Bildhauerei hingezogen fühlte. Ghirlandaio erkannte bald, daß dieser Lehrling ihn übertraf. (Engel im Fresko von S. Maria Novella in Florenz.)

Leonardo da Vinci 1452-1519
In Gottes freier Natur, auf Ölbaumhügel blickend, verbrachte er in einem kleinen Bauernhaus bei Vinci seine Kindheit. Er starb im Schloß Amboise an der Loire in Frankreich. Maler, Bildhauer, Forscher, Erfinder, Baumeister, Zeichner von Landkarten und Stadtplänen und technischen Entwürfen, Arrangeur von glänzenden Festen in den Loire-Schlössern. Seine vielseitigen Interessen ließen oft Werke unvollendet, um neue zu schaffen. Er war der größte umfassende Geist der Menschheit. (Über ihn folgt eine längere Beschreibung.)

Fillippino Lippi 1457-15o4
Sohn des Maler-Mönches Fra Filippo und einer Nonne. Schüler Botticellis. Er konnte die psychologischen und physiologischen Einzelheiten eines Gesichtes hervorheben, malte sehr sensibel und lebendig, was er gewiß bei seinem Lehrer gelernt hatte.

Michelangelo Buonarroti 1475-1564
Geboren in Caprese an den Südausläufern des Apennin. Wie Leonardo sah er zunächst nur einsame Natur um sich. Vielleicht zogen diese beiden größten Genies ihre Kraft daraus. (Näheres über ihn im Kapitel Michelangelo.)

Sodoma 1477-1549
Er hieß eigentlich Giovanni Antonio Bazzi und war ein ironischer, nicht sehr gläubiger Mensch, der dennoch herrliche Fresken schuf - allerdings manchmal leicht frivol - in S. Domenica in Siena, Lebensbilder der hl. Katharina, oder in Monte Maggiore die Fresken des Kreuzganges.

Giorgio Vasari 1511-1574
Was Baron Hausmann für Paris war, das bedeutete Vasari für die Toskana, vor aliem durch die Aufträge von Cosimo I. de'Medici. Er legte großzügige Stadtbauten (Arezzo) und Galerien (Palazzo Pitti u. Uffizien, Florenz) an. Auch er war, wie so viele toskanische Künstler, sehr vielseitig. Am bekanntesten wurde er als Kunstschriftsteller und als Chronist der toskanischen Künstler von Cimabue bis Michelangelo.

Im gleichen Jahr - 1574 - starb auch Cosimo I., und damit war die Zeit der wirklich großen Kunstaufträge in der Toskana vorüber.

Die Musik

Die toskanische Atmosphäre beeinflußte die Musik in auffallender Weise. Sie inspirierte zu einer heiteren, überaus melodischen, selbst in der Dramatik noch lebensfrohen Ausdrucksweise.

Das beweisen die in der Toskana geborenen Komponisten.

Denkt man an **Luigi Boccherini** (1743-18o5), so hört man sofort sein beliebtes graziöses Menuett oder seine harmonische Kammermusik.

Bei **Gioacchino Rossinis** (1792-1868) beschwingten Werken, zum Beispiel in der Oper "Der Barbier von Sevilla" geht mit dem quirligen "Figaro", der da und dort und vorn und hinten gleichzeitig ist, das musikalische Temperament förmlich durch. Meister Rossini beweist auch die toskanische Kunst des Lebensgenusses mit Feinschmecker-Kochrezepten.

Giacomo Puccini (1858-1924), der in Lucca geboren wurde, und in Meeresnähe bei Viareggio wohnte (näheres Prov. Lucca) - schwelgt in der Melodienführung des Belcanto wie kein anderer, wofür seine Opern "Bohème", "Butterfly" oder "Tosca" ein Beispiel sind.

Bei dem in Livorno geborenen **Pietro Mascagni** geht es in der "Cavaleria Rusticana" zwar melodramatisch zu, aber die Musik wird dennoch niemals melancholisch und ist voll Vitalität.

Guido von Arezzo ist es zu verdanken, daß all diese herrlichen Melodien für immer festgehalten werden konnten. Dieser Mönch, der 99o-1o5o lebte, erfand zur Ehre Gottes und aus Liebe zur Musik die Notenschrift mit ihren erst vier, dann fünf Linien, damit fortan kein einziger Ton mehr "unter den Tisch falle".

Auch damit machte die Toskana der Welt ein bleibendes Geschenk, ebenso wie mit ihren unsterblichen Musik-Künstlern.

Für das "musikfördernde Klima" der Toskana ist es bezeichnend, daß - erstens: die "Trovatori", die im 12. und 13. Jahrhundert die Gesangsweise der provenzalischen Troubadours übernommen hatten, und später die mehrstimmigen Madrigale zuerst an den toskanischen Höfen Gehör fanden - und zweitens: daß Anfang des 17. Jahrhunderts die italienische Oper ihren Siegeszug von Florenz aus antrat. Die ersten Aufführungen von Caccini oder Monteverdi wurden im Amphitheater der Boboligärten des Palazzo Pitti inszeniert.

Diese Tatsachen finden in Kunstbetrachtungen meist viel zu wenig Beachtung. Die Überfülle an Werken der Bildenden Kunst läßt oft vergessen, daß die für alles Schöne offene Toskana - auch richtungsweisend in der Musikentwicklung war.

Florenz und seine Provinz

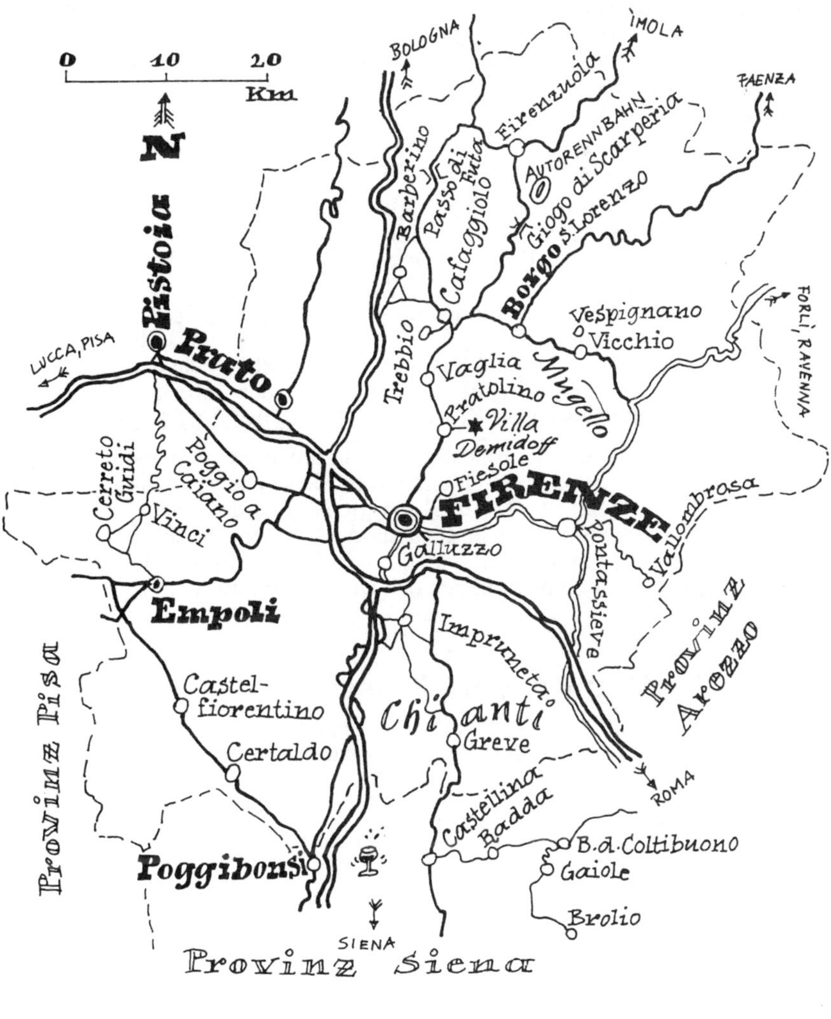

Florenz

Firenze - Fiorentina - die Blühende (fiore = Blume)

Die Assoziation des Blühens, des sich Entfaltens im Licht, erfährt man am besten von einem erhöhten Standpunkt aus.

Meine Empfehlung dazu: Fahren Sie mit dem Auto oder mit dem Bus Nr. 13 zur Piazzale Michelangelo. Noch besser: Gehen Sie von dort die paar Schritte zu Fuß hinauf zur Kirche San Miniato al Monte und betrachten Sie in Ruhe die Silhouette der schönen Stadt im weit ausladenden Tal des Arno, im großzügigen Rund blühender Hügel; in weiter Ferne schließen die Zacken des Apennin den Horizont.

Ein Spruch aus der Zeit der Renaissance: Italien ist der Garten Europas, die Toskana ist der Garten Italiens, Florenz ist die Blume der Toskana.

Über dem einheitlichen und ursprünglichen Bild der Stadt setzen Türme und Kuppeln harmonische Akzente. Links erhebt sich der Hügel der FORTEZZA DI BELVEDERE, unterhalb zieht sich das breite Band des Arno auf den Betrachter zu. Die PONTE VECCHIO mit ihren Häuschen spannt sich in drei Bögen darüber. Zinnen und Turm des PALAZZO VECCHIO erheben sich aus dem Rotbraun der Dächer, aber alles wird überragt von der mächtigen Kuppel des DOMES. Kleiner zwar, aber nicht unbedeutend, umringen sie der Campanile, die Fürstenkapelle, der Turm des Bargello. Vorne rechts schließt sich der Kreis mit der KIRCHE SANTA CROCE.

Bevor Sie sich auf die Kunstschätze der Stadt stürzen, möchte ich noch eine zweite Betrachtung empfehlen: Setzen Sie sich auf ein Gläschen vor eines der Cafés an der PIAZZA DELLA SIGNORIA und sehen Sie sich in aller Ruhe an, wie am Beispiel des Palazzo Vecchio und der Loggia dei Lanzi italienische Gotik und Renaissance in Maß und Proportion harmonieren. Stören Sie sich nicht daran, daß außer Ihnen noch ein paar andere Touristen da sind.

Die Geschichte von Florenz

Sie ist eng verknüpft mit der Familie der Medici, weshalb ich zunächst auf dieses Kapitel in der Geschichte der Toskana verweise. Sie ist zum anderen vor allem von kunsthistorischem Interesse, und da ich mich ungern wiederhole, empfehle ich die Lektüre des Abschnitts "Toskana und Kunst". Im Gegensatz zu Fiesole ist Florenz keine etruskische Gründung (die bauten nämlich immer auf Bergen), sondern eine römische.

Im Jahre 60 vor Christus gründete CÄSAR die Veteranen-Garnison Florentina. Nach den Römern versank die Stadt in völliger Bedeutungslosigkeit.

Im 13. JAHRHUNDERT wurde Florenz zur mächtigen und wohlhabenden Stadt und erhielt im wesentlichen ihre heutige Gestalt. Der Grund waren die Kämpfe (Florenz war einer der Hauptaustragungsorte) zwischen Guelfen und Ghibellinen (siehe unter "Geschichte der Toskana"), und der Ablösung der Adeligen von der Stadtregierung durch die Zünfte, deren Priori (Zunftmeister) als "Signoria" (Stadtrat) die Geschicke der Stadt leiteten. Hunderte von Geschlechtertürmen der Adelsfamilien mußten ab 125o bis auf 26 m gestutzt werden. Die Medici vertraten hierbei die Zunft der Bankiers. Und da Geld nun einmal der "nervus rerum" ist, der Nerv aller Dinge, hatte ihre Stimme besonderes Gewicht, doch nicht nur um ihres Geldes willen, sondern auch ihrer Umsicht, Klugheit und Beliebtheit wegen, von einigen Ausnahmen abgesehen.

Die Medici-Wappen in allen Städten der Toskana erzählen den weiteren Verlauf der Geschichte: daß Florenz nämlich nach und nach zur Kapitale der Region wurde.

AB 1494 setzte ein chaotisches Hin und Her ein. Die Franzosen besetzten Florenz. Die Medici wurden vertrieben. Savonarola errichtete für kurze Zeit das Reich der Läuterung nach seiner sehr subjektiven Intention. Die Medici kamen wieder ...

Den Rest lese man in der Geschichte der Toskana.

HEUTE ist Florenz als Hauptstadt der Toskana eine Großstadt mit 48o.ooo Einwohnern, in alter Medici-Tradition eine rege Banken-Stadt und der ererbte Schönheitssinn wird heutzutage bei Modeschauen und Antiquitätenmessen, die Weltruf haben, gepflegt.

Ferner ist sie Universitäts-Stadt, von April bis Juli Musikfestspiel-Stadt und vor allem - immer wieder - und das das ganze, lange Jahr über: Fremdenverkehrsstadt. Und somit sprudelt sie also vor Leben über.

Fast alle Reisebuchautoren wehklagen seitenlang über das im Tourismus erstickende Florenz. Wer mit offenen Augen durch die Straßen der Stadt geht, stellt sehr bald fest, daß alle Autos und Busse florentinische Nummern tragen. Die Stadt erstickt an ihrem eigenen Verkehr, wenn überhaupt. Die Touristen? Sie dürfen und können in die Stadt gar nicht hineinfahren, und ihre Busse stehen in der Peripherie. Die Stadt profitiert von ihnen und viele Florentiner leben von ihnen! Und Diebstahl? Gibt es in allen Städten der Welt! Und Wohnungen, aus welchen kleine Leute "raussaniert" werden, ebenso! Damit Sie aber nun nicht hilflos im Gedränge stehen, oder nach geglückter Ankunft nicht weiter wissen - oder, wenn Sie ein Vorplaner sind (was das Vernünftigste ist!) - nicht ratlos bleiben, setzte ich die folgenden Seiten an den Anfang des Florenz-Teils.

VERBINDUNGEN AB FLORENZ

Innertoskanisch hauptsächlich per Bus und hier gute, häufige und dichte Verbindungen, - außertoskanisch hauptsächlich Zug (Verkehrsknotenpunkt für internationale Strecken).

Flug: Siehe "Wege in die Toskana".
Lufthansa: Via Pelliceria 6, Tel. 23828/Florenz
Swissair: Via Parione 1, Tel. 295o55/Florenz.

Eisenbahn: Florenz liegt an der Hauptlinie Bologna - Rom. Alle Fernschnellzüge von München nach Rom bzw. von Hamburg - Basel - Mailand - Rom halten generell in Florenz.

Querverbindungen: Florenz - Pisa mit Anschluß an die Küstenstrecke Genua - Pisa - Livorno (Fährhafen für Korsika, Sardinien, Elba und Sizilien) - Piombino (Fährhafen für Elba) - Rom.

Stazione Santa Maria Novella

Hauptbahnhof Florenz: Ganz mit Marmor ausgelegt, Haupthalle, Wartesäle, Schalterhallen etc. in allen Farben und Schattierungen, die der toskanische Marmor zu bieten hat.

Zimmervermittlung in der Mitte der Bahnsteighalle (im Sommer lange Schlangen), Schließfächer.

Die meisten Stadtbusse und Regionalbusse fahren vom Bahnhofsvorplatz weg, oder ab anschließender Piazza Santa Maria Novella. Ins Stadtzentrum ca. 600 m, Piazza Duomo, - am besten zu Fuß.

Bus: Sehr dichte Busverbindung in fast alle toskanische Dörfer. Hauptfirmen, alle Nähe Hauptbahnhof (siehe Orientierungsplan Seite 59).

AUTOBUSLINIEN IM ÜBERLANDSVERKEHR:

Abfahrt + Infos + Tickets

LAZZI + CAT	Piazza Adua	Tel. 055/215 155
CAP + COPIT	L. Alinari 9	Tel. 055/214 637
SITA	Via Santa Caterina da Siena 15	Tel. 055/483 651 (Mo.-Fr.) 055/211 487 (Sa./So.)

VON FLORENZ NACH:

Abetone - CO.PI.T.
Anghiari - C.A.T.
Arezzo - C.A.T.-SITA
Assisi - SITA
Bagni di Lucca - Lazzi
Badia Tedalda - C.A.T.
Barberino Mugello - SITA
Bivigliano - SITA
Bologna - SITA
Borgo S. Lorenzo - SITA-C.A.P.
Calenzano - Lazzi-SITA
Camaldoli - SITA
Caprese - C.A.T.
Carmignano - C.A.P.-CO.PI.T.
Casentino - SITA
Castiglion de'Pepoli - C.A.P.
Castiglione della Pescaia- SITA
Cutigliano - CO.PI.T.
Carreto Guidi - Lazzi - CO.PI.T. (Anschluß in Pistoia)
Certaldo - SITA
Chianciano Terme - SITA
Chiusi della Verna - C.A.T.-SITA
Citta di Castello - C.A.T.
Colle Val d'Elsa - SITA
Consuma - SITA
Empoli - Lazzi-SITA-CO.PI.T. (Anschluß in Pistoia)
Faenza - SITA
Follonica - SITA
Forte dei Marmi - Lazzi
Fucecchio - Lazzi
Gavinana - CO.PI.T.
Greve - SITA
Grosseto - SITA-RAMA
Gubbio - C.A.T. (Anschluß in Città di Castello)
Impruneta - C.A.P.
La Spezia - Lazzi
La Verna - SITA
Livorno - Lazzi
Lucca - Lazzi
Maresca - CO-PI.T.
Marina di Massa - Lazzi

Marina di Carrara - Lazzi	Piombino - SITA	Roveta - C.A.P.
Massa Marittima - SITA	Pisa - Lazzi - SITA	S. Gimignano - SITA
Monte Amiata - SITA	Pisa Airport - Lazzi-SITA	San Godenzo - SITA
Montecatini Terme - Lazzi	Pistoia - Lazzi-CO.PI.T.	San Marcello Pistoiese -CO-PI.T.
Montepiano - C.A.P.	Poggibonsi - SITA	Sansepolcro - C.A.T.
Montesenario - SITA	Poggio a Caiano - C.A.P. (Anschluß in Prato)	Siena - SITA
Montespertoli - SITA	Pontassieve - C.A.T.-SITA	Stia - SITA
Montevarchi - C.A.T. - Lazzi-SITA	Pontedera - Lazzi-SITA	Signa - Lazzi
Mugello - SITA - C.A.P.	Porretta - CO.PI.T.	Tirrenia - Lazzi
Padova - SITA	Pracchia - CO-PI.T.	Vallombrosa - Saltino - SITA
Palazzuolo sul Senio - C.A.P.	Prato - C.A.P. - Lazzi	Venezia - SITA
Perugia - SITA	Rimini - C.A.T.	Viareggio - Lazzi
Pescia - Lazzi	Roccastrada - SITA - RAMA	Vinci - CO-PI.T. (Anschluß in Pistoia)
Pian di Novello - CO.PI.T.	Roma - SITA	Volterra - SITA
Pievepelago - CO-PI.T.	Ronta - C.A.P. - SITA	
Pieve S. Stefano - C.A.T.		

Florenz - Informationen von A bis Z

Tel.-Vorwahl: o55 Postleitzahl: 5o1oo

Wichtige Rufnummern

Notruf: 113 - Polizei und Krankenwagen
Feuerwehr: 115
Autohilfsdienst ACI: 24861
bei Autodiebstahl: 49771
Taxi: 4798 und 439o, Fiesole 4242

ANKUNFT IN FLORENZ

Zugreisende setzen den Fuß im Schatten von Santa Maria Novella und fünf Fußminuten vom Dom auf Florentiner Boden.

Autofahrer von Norden sollten, so unlogisch das auch klingen mag, die Autobahn nicht bei der Ausfahrt Florenz Nord/Mare verlassen, sondern erst bei der 3. Ausfahrt, "Certosa", und dies aus drei wichtigen Gründen:

1) Es ist die kürzeste Verbindung zum Zentrum. Wenn man nach der Ausfahrt die Autobahn unterquert hat, fährt man immer geradeaus durch die Ortsteile Bottai, Galluzzo, Due Strade und folgt dann der Beschilderung "Piazzale Michelangelo".

2) Nach 6,5 km parkt man auf der Piazzale Michelangelo (zwar keine Parkprobleme, aber unter Umständen Langfinger) und hat als ersten Eindruck den schönsten Blick über den Arno, die Ponte Vecchio und die Türme und Kuppeln von Florenz.

3) Man kommt an zwei Campingplätzen vorbei. (S. 67, 68)

Wer mit dem Auto ins Zentrum fahren möchte, sollte wissen:

* Die ganze Innenstadt (vor allem innerhalb des Rings) ist für privaten PKW-Verkehr gesperrt (Ausnahme: Hotel-Anfahrt).

* Der Verkehr ist trotzdem chaotisch und kostet Nerven. Die Straßen sind eng, unübersichtlich und ohne Parkplätze.

* Zum Parken in Zentrumsnähe:
Entsprechend der Skizze auf S. 68 ab Piazzale Galileo dem Schild Piazzale Michelangelo folgen. Nach Überquerung des Arno der breiten Ringstraße 2,5 km folgen bis zur großen Piazza della Libertà. Diese zu 3/4 im Ringverkehr umfahren und in die ebenfalls sehr breite Viale Spartaco Lavagnini einbiegen, die nach ca. 6oo m zur Fortezza da Basso führt; von da an siehe Skizze S. 59.

AUSKUNFT FÜR TOURISTEN

APT: Via Manzoni 16, Tel. 234 62 84/5, Mo.-Sa. 8.3o-13.3o Uhr

Via Cavour 1 r, Tel. 276 o3 82, Mo.-Sa. 8-14 Uhr

Chiasso Baroncelli 17, Tel. 23o 21 24 (hinter der Loggia dei Lanzi), 8.15-13.45 Uhr

Kiosk vor dem Hauptbahnhof

AKTUELLE INFORMATION

Florenz Aktuell: Zeitschrift für deutschsprachige Touristen. Monatlich von April bis Oktober. Bezugsadresse: Borgo de'Greci 4o r, 5o1oo Firenze, im Zentrum, Nähe Bargello-Museum, Piazza S. Firenze. Herausgeber: Klaus Monreal, Tel. 28o 621. Preis: 2.5oo Lit., erhältlich an Kiosken und in Museen.
Infos: monatlicher Kulturkalender, Museen, Unterhaltung, Adressen.

Firenze Spettacolo: wöchentlich erscheinende Zeitschrift (italienisch), erhältlich an Zeitungskiosken.
Infos: Musik, Theater, Kino, Kunst, Unterhaltung.

APOTHEKEN, die auch Nachtdienst haben (nachts läuten oder klopfen): Hauptbahnhof (7.3o-23 Uhr). Paglicci, Via della Scala 49, Nähe Bahnhof. Molteni-Passigli, Via Calzaiuoli 7, Nahe Piazza Repubblica. Im übrigen steht an jeder Apotheke unter "Turno", welche gerade Nacht- und Sonntagsdienst hat.

ACI (Automobile Club d'Italia): Viale Amendola 36, Tel. 248 61. Nachteil: Niemand spricht deutsch!

ADAC: nur in Rom (siehe allgemeine Hinweise Toskana).

Orientierung zu Bahn, Bus, Auto, WoMo und einigen Hotels

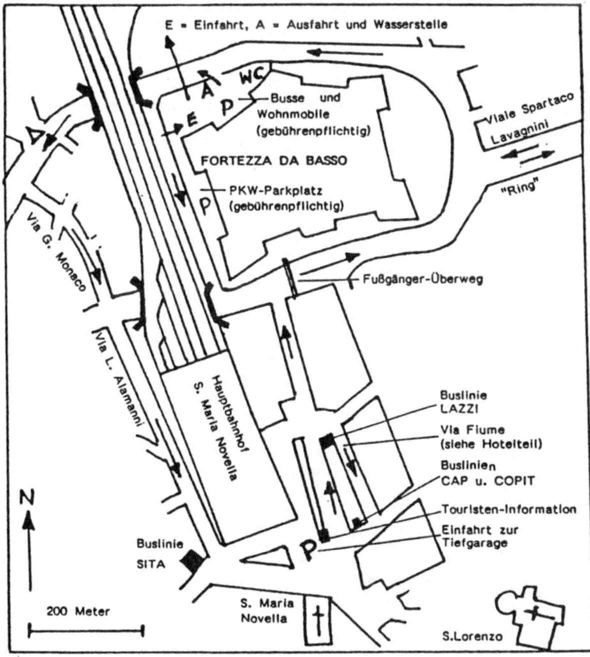

CAMPER (WoMo): 2o-2 Uhr: 4.5oo Lit.,
2-8 Uhr: 4.5oo Lit.,
8-2o Uhr: 1.5oo Lit. pro Stunde.

BUS: In der Stadt lohnt sich das Busfahren nicht. Vom Hauptbahnhof zum Dom geht man die 6oo Meter in etwa 1o Minuten. Mit dem Bus: 1o Minuten, um die Linie zu suchen, 1o Minuten, um auf den Bus zu warten, 1o Minuten, um auf den nächsten zu warten, weil der erste zu voll war, 1o Minuten, um bei den verstopften Straßen hinzugelangen = 4o Minuten!!

Vom Dom durch die Hauptgeschäftsstraße Via Calzaiuoli zur Piazza Signoria: 3oo Meter = 5 Minuten. Ebenso vom Palazzo Vecchio zur Ponte Vecchio.

Einige wichtige Buslinien:

Nr. 12: Piazza Unità Italiana (beim Bahnhof, siehe Karte) zur Piazzale Michelangelo und zurück

Nr. 7: Bahnhof - Dom - Fiesole

Nr. 1o: San Marco-Settignano (siehe Wanderung Florenz-Settignano)

Nr. 37: Stazione (Bahnhof) - Galluzzo - Bottai (Camping Internazionale)

Nr. 17: Stazione (Hbf.) - Salviatino (Ostello della Gioventú, Jugendherberge)

Achtung: In vielen Bussen gibt es keine Fahrkarten, sondern in Tabakgeschäften, vielen Bars und in offiziellen Verkaufsstellen. Für die städtischen Linien der ATAF gibt es vielerorts Fahrkarten-Automaten für verschienene Fahrkarten-Arten: für 1 Std. (1.3oo Lit), 2 Std. (1.6oo Lit), 24 Std. (5.ooo Lit).

CAI - CLUB ALPINO ITALIANO: Via dello Studio 5, 18-19.3o Uhr offen.

DIEBSTAHL: Erhöhte Vorsicht ist geboten an touristischen Sammelpunkten: Bahnhof, Domplatz, Piazza della Signoria, Uffizien, Ponte Vecchio usw. Vorsicht auch vor bettelnden Kindern, wenn sie zu mehreren erscheinen.

FAHRRAD-VERLEIH: Alinari, Via Guelfa 85 r. Tel. 28o 5oo, auch Mopeds, Roller und PKW. Vom Radfahren in Florenz ist aus zwei Gründen abzuraten:

a) gefährlich wegen des immensen Autoverkehrs in den engen Straßen

b) fast nur Einbahnstraßen.

Am "inneren Ring" (Fortezza da Basso-Piazza della Libertà-Arno) gibt es seit neuem eine Fahrradspur.

FLUGGESELLSCHAFTEN

Lufthansa: Via Pellicceria 6, Tel. 238 28. Swissair: Via del Parione 1, Tel. 29 5o 55. Alitalia: Lungarno Acciaioli 1o, Tel. 27 881.

Flughafen Pisa	Flughafen Florenz
o5o - 28o 88 und 482 19	Tel. 37 o1 23

FREMDENFÜHRER-ZENTRALE: Viale Gramsci 9a, Tel.247 81 88

FUNDBÜRO: Via Circondaria 19, Tel. 36 79 43. 9-12 Uhr, So. zu. Im Hauptbahnhof 6.5o-2o.4o Uhr, So. 8.2o-12.15 Uhr.

GELDWECHSEL: Normale Banköffnungszeit (mit geringen Unterschieden): 8.3o-13.3o und 14.45-16 Uhr.

Dank der unzähligen Bankomaten ist die Geldbeschaffung kein Problem mehr:

a) Scheckkarte eingeben

b) Taste "Deutsch"
c) Geheimzahl
d) mit "Conferma dato" bestätigen
e) Betrag wählen.

GOETHE-INSTITUT: Borgo Pinti 87, Tel. 29 32 o5.

HAUSNUMMERN: In Florenz gibt es rote Nummern für Geschäftshäuser und schwarze für Privathäuser.

HOTELRESERVIERUNG: Beim Reservierungs-Schalter in der Schalterhalle des Hauptbahnhofs (bei der Apotheke) sieht man meist längere Schlangen und häufig enttäuschte Gesichter. Siehe folgendes Kapitel "Hotels".

KONSULATE: Mo.-Fr. 9.3o-12.3o und 14-18 Uhr.
Für BRD - Via Vespucci 3o, Tel. 29 47 22
Für Schweiz - Piazzale Galileo 5 (Hotel Park Palace), Tel. 22 24 34
Für Österreich - Via de'Servi 9, Tel. 21 53 52

KRANKENHÄUSER: Ospedale S. Maria Nuova, Piazza S.M. Nuova mit Notarztstation. Tel. 275 81, Mayer Kinderkrankenhaus, Via I. Giordano 13, Tel. 439 91 und 566 21.

MÄRKTE

Mercato delle Pulci - Flohmarkt, Piazza dei Ciompi bei Santa Croce, von Mo. bis Sa., 9.3o-19 Uhr, Juli zu.

Loggia del Mercato Nuovo - Piazza del Porcellino. Florentinische Stickereien, Strohartikel, Andenken, täglich geöffnet.

Mercato San Lorenzo (auch Mercato Centrale) - Piazza del Mercato Centrale, Nähe San Lorenzo. Der Architekt Mengoni, der sie 1874 errichtete, ließ sich von den Markthallen in Paris inspirieren. Hoffentlich machen die Florentiner Stadtväter nicht den Fehler ihrer Pariser Kollegen: sie für moderne Bauten abzureißen! Es ist ein sinnliches Vergnügen für Auge, Nase und Ohr durch die Halle zu schlendern, sie bietet nicht nur alle Köstlichkeiten des Gaumengenusses, sondern auch eine kleine Rosticceria "Narbone". Täglich 7-14 Uhr.

Mercato Sant'Ambrogio - Piazza Ghiberti. Da diese Markthalle etwas weit vom Schuß liegt, will sagen, abseits der touristischen Ameisenstraßen, ist hier das Völkchen vom Viertel Santa Croce noch unter sich. In der Halle: Fleisch, Delikatessen, Fisch, Käse usw., eine Bar und eine kleine Rosticceria da Rocco. Außerhalb der Halle: Obst und Gemüse. Täglich 7-14 Uhr (siehe auch unter Lokale: Cibrèo).

MIETAUTO

AVIS: Borgonissanti 128, Tel. 21 36 29
Hertz: Via Finiguerra 17, Tel. 3o 73 7o
Europcar: Borgo Ognissanti 55 r., Tel. 236 oo 72

MITFAHRZENTRALE: Borgo de'Greci 4o r., Tel. o55-28 o6 26. Verbindungsstraße zwischen Piazza Signoria und Piazza Santa Croce, bei der Piazza San Firenze. Mo.-Sa. 1o-19 Uhr, So. 15-19 Uhr.

Man spricht deutsch. Das Büro gibt auch das Info-Blatt "Florenz-Aktuell" heraus (siehe Aktuelle Informationen).

PARKEN

Die ganze Innenstadt (innerhalb des Rings) ist für den privaten PKW-Verkehr gesperrt. Erlaubt sind nur noch An- und Abfahrten zu Hotels. Parkplätze gibt es so gut wie keine.

Wo immer man sein Auto auch parkt: nichts sichtbar drin liegen lassen, Autoradio ausbauen.

1. Freie Parkplätze (ohne Gebühr, unbewacht): Teilstrecken entlang beider Arno-Ufer, vor allem das linke Ufer (Pitti-Palast) zwischen Ponte S. Niccolo (Ringbrücke) und Ponte Vecchio, das rechte Ufer von der Ponte S. Niccolo, Arno aufwärts.

2. Gebührenpflichtige und "bewachte" Plätze:
   a) bei der Fortzza da Basso
   b) Piazza Sta Maria del Carmine

3. Bewachte Tiefgarage vor dem Hauptbahnhof.

Wie man 2 a) und 3) erreicht: siehe Skizze Seite 59.

Wenn das Auto abgeschleppt wurde, kann man es - gegen entsprechende Gebühren - wieder abholen: Via dell'Arcovata 6, Tel. 35 52 31.

POST: Das Postamt unter den Arkaden der Piazza Repubblica ist für Telegramme und Telefon rund um die Uhr geöffnet.

REISEBÜROS: CIT, P. Stazione 51, Tel. 28 41 45

SIGHTSEEING-TOURS

Florence-Vision: Stadtrundfahrten, Nachmittags-Ausflüge nach Pisa, Tagesausflüge nach Siena und San Gimignano. Auskunft: Hotels und APT.

Agriturist: P. San Firenze 3, Tel. 287 838. Umgebung von Florenz und "Villentour"-Rundfahrt zu den berühmtesten klassischen florentinischen Gärten und Schlössern.

SPRACHKURSE

Centro Linguistico Sperimentale: Via del Corso 1, Tel. 21 o5 92. Vermittelt auch Unterkünfte.

Scuola Leonardo da Vinci: Via Brunelleschi 4, Tel. 29 44 2o. Zusatzkurse: italienische Küche und Kunsthandwerk.

Koinè: Via Pandolfini 27, Tel. 213 881, Kurse in Florenz, Lucca, Cortona und Orbetello.

THEATER

Auskunft und Karten: Corso Italia 16, Tel. 21 62 53

USL (Unita Sanitaria Lokale) mit Notarztstation: Piazza Santa Maria Nuova 1, Tel. 27581.

Florenz hat rund 2oo Hotels und Pensionen. Trotzdem kann es zu Hauptreisezeiten die schmerzliche Erfahrung des "tutto completo" geben. Florenz ist nämlich nicht nur eine der von Touristen meistbesuchten Städte Europas, sondern auch eines der frequentiertesten Kongress-Zentren!

Beachten Sie bitte die Seite über Hotelreservierung im 1. Teil des Buches!

Die "FLORENCE-PROMHOTEL"-Organisation ist ein Zusammenschluß von 8o % der 2oo Florentiner Hotels. Für Einzeltouristen, Gruppen, Kongresse oder Schulklassen stehen hier Hotels und Pensionen aller Kategorien zur Verfügung. Man spricht deutsch. Adresse: Viale A. Volta 72, Tel. o55-57 o4 81, Telex FLOHOT 57 16 o5. Werktags 9-18 Uhr, samstags 9-13 Uhr. Sonn- und Feiertage zu.

TOSCANA HOTELS: Vermittlung von Hotels der preiswerteren Kategorie, vor allem für Schüler und Studenten (auch Gruppen). Adresse: Viale Gramsci 9/A. Tel. o55/247 85 43, Fax: 247 85 44, 8.3o-12.3o/15-19 Uhr, Sa u. So zu.

Hinweis: In Bahnhofsnähe und im Zentrum liegen viele Hotels der 4. Kategorie und Billigpensionen.

MEINE AUSWAHL

Zunächst ein par schöne, zum Teil traumhaft schöne und natürlich nicht ganz billige Hotels, Villen oder Pensionen in den schönsten Randgebieten der Stadt. Es handelt sich meist um alte Florentiner Villen und Paläste in großen Gärten mit Ruhe und schöner Aussicht (Vorwahl Florenz - o55):

RICHTUNG FIESOLE

[**** "**Villa San Michele**": Auf der Straße von Florenz herauf, kurz vor Fiesole,] biegt eine schmale Straße rechts ab und windet sich in engen Kehren durch Ölbäume und Zypressen hindurch, hinauf zum - dem heiligen Michael geweihten - Franziskanerkloster aus dem 15. Jh. Die Vorderfront ist nach Entwürfen Michelangelos gestaltet worden.

18o8 wurde das Kloster von Napoleon säkularisiert, 19oo von einem Mr. Cannon aus New York gekauft und nach amerikanischem Kunstverständnis aufgemöbelt, 195o kaufte es ein Monsieur Teissier aus Paris, beseitigte die amerikanischen Verzierungen Mr. Cannons und die Schäden aus dem 2. Weltkrieg und machte unter Mithilfe von Florentiner Sachverständigen ein sehr geschmackvolles Hotel de Charme daraus.

Überwältigend ist der Blick von der großen Loggia mit ihren elf Bogengängen und ihren gemütlichen Sitzgruppen darunter über ganz Florenz, das Arnotal und die blauen Horizonte und Weiten.

Von einem ansprechenden Restaurant eröffnet sich, ebenerdig, der Blick durch hohe Fenster auf einen nervenberuhigenden Garten. Im Treppenhaus hängt eine wunderschöne echte della Robbia - Terrakotte, die Himmelbetten in den Zimmern verschaffen himmlische Träume, und das Erwachen ist von Vogelgezwitscher begleitet.

Die Equipe des Hauses zeigt nicht das eingefrorene Profilächeln so vieler Nobel-Hotels, sondern wohltuende und legere Freundlichkeit: der Chef, Silvio Bonechi, sein Chefportier, der auch französisch und deutsch spricht, und der Barmann, der mit etruskischem Lächeln hinter seinem zur Bartheke avancierten steinernen Sarkophag steht. Die Preise sind etwas höher als in der Jugendherberge. Tel. 594 51.

*** "**Pensione Bencista**": am Hügel von Fiesole, bei der großen Linkskurve (Ri. Fiesole) rechts weg. Nach der Villa S. Michele die zweitgrößte "Herberge" dort oben. Großer Garten mit Ölbäumen und Weinbergen. Gemütliche Hallen und Zimmer mit Stilmöbeln, zum Teil antik. Von den talseitigen Zimmern und Gartenlauben herrlicher Blick auf Florenz. An der Straßenkehre vorne: Bus-Station Richtung Florenz (Nr. 7). 1.11.-15.o3. zu. Tel. 591 63. Die Nostalgie der Jahrhundertwende, die man hier vorfindet, ist geeignet, einer Novelle von Thomas Mann als Filmkulisse zu dienen. Wer modernes Design und technisch perfekten Komfort sucht, ist hier fehl am Platz.

*** "**Pensione S. Girolamo**": Via Vecchia Fiesolana, 12. Tel. 591 41 und 59 96 45. Von Florenz kommend biegt man ca. 3o Meter vor der Piazza Mino in eine schmale Straße talwärts nach links und befindet sich kurz danach vor dem Einfahrtstor zum großen Park der Pension. Früher ein Jesuitenkloster, dient es heute unter der Leitung der Schwestern der "Piccola Compagnia di Maria" als empfehlenswerte Hotel-Pension mit Restaurant, großen Gärten an den Hängen von Fiesole mit ähnlich schönem Blick über Florenz wie von der Pensione Bencista. Zimmerreservierung 6 Monate vorher erforderlich.

**** "**Hotel Aurora**": an der Piazza Mino in Fiesole. Von den talseitigen Zimmern und der Gartenterrasse (mit Restaurant) bieten sich schöne Blicke auf Florenz. Das gemütliche, früher leicht patinierte Hotel hat sich zu einem Luxushaus mit entsprechenden Preisen gemausert. Tel. 591 oo.

AUF DEM HÜGEL LINKS DES ARNO

***** "**Villa Cora**": Wohnen im fürstlichen Prunk eines Renaissance-Palastes mit barocküberladenem Interieur und schloßähnlichem Garten drumherum, Schwimmbad etc. Oberhalb der Boboligärten, Viale Macchiavelli 18. Tel. 229 84 51. War übrigens das Domizil der Ex-Kaiserin Eugenia, Witwe Nap. III.

**** "**Park-Palace**": an der Piazza Galileo. Nicht so überladen prunkvoll wie Villa

Cora. Kleiner und etwas intimer. Ruhiger Park, Schwimmbad. Tel. 22 24 31.

**** "Villa Carlotta": Familiäre Pension mit deutscher Besitzerin Carlotta Schulmann, österreichischem Portier und freundlichem griechischem Hausmeister. Terrasse, Garten, Garagen. Bus-Verbindung zur Stadt. Seitenstraße zur Viale Macchiavelli: Via Michele di Lando 3. Tel. 233 61 34.

WEITER AUßERHALB

An der alten Landstraße nach Bologna (Richtung Mugello), bei Tankstelle links

*** "Villa Le Rondini": In absoluter Ruhe riesiger Olivengärten. Ca. 7 km zum Zentrum. Bus Nr. 25. Via Bolognese Vecchia 224. Sehr gemütliches Haus mit Dependancen im Garten, die nicht ganz so gemütlich sind. Behagliche Halle in 2 Ebenen und mit Holzbalkendecke. Übergroßes Schwimmbad mit Liegewiesen, von wo aus man einen weiten Blick über Florenz und Umgebung hat. Tennis. Offene Pergola und Terrasse von Glyzinien überdacht. Tel. 4o oo 81.

IN DER STADT

In unmittelbarer Bahnhofs-Nähe, an der Piazza Unita Italiana, sind zwei große Hotels:

**** "Astoria-Pullman": Via Del Giglio 9. In einem scheußlichen Neubau, innen teilweise noch einige ältere Räume. Tel. 239 8o 95.

**** "Grandhotel Baglioni": Piazza Unita Italiana, beim Bahnhof. Ein riesiger Renaissance-Palast. Nobelabsteige. Tel. 235 88 95.

***** "Villa Medici": 5 Minuten vom Bahnhof. Jet-Set. Schwimmbad im Garten, daneben das Restaurant Lorenzaccio. Tel. 238 13 31.

**** "Croce di Malta": Hinter alter Fassade viel neuer Beton, teilweise wie im Weltraumschiff. Kleiner Innengarten mit Schwimmbad. Ein paar Schritte von der Piazza S. Maria Novella, Tel. 21 83 51.

**** "Grand Hotel Minerva": neben der Kirche S. Maria Novella. Große, moderne Zimmer. Dach-Schwimmbad mit Blick über die Dächer, sehr originell. Tel. 28 45 55.

**** "Hotel de la Ville": in der Via Tornabuoni. Traditionelles Haus mit modernem Komfort, behaglichen Aufenthaltsräumen und Zimmern. Wenn ich ein 1.-Klasse-Hotel in der Stadtmitte empfehlen müßte, würde ich dieses nehmen. Tel. 238 18 o5.

**** "Lungarno": direkt am Fluß in der schmalen Borgo San Jacopo. Auf dem sehr modernen, aber nicht ungemütlichen Haus ist noch eine kleine Dachterrasse mit schönem Blick auf Ponte Vecchio, Fluß und Stadt. Tel. 26 42 11.

*** "Ambasciatori": neben dem Hbf. Von den Zimmern nach vorne Blick auf S.M. Novella und Domkuppel. Großes Hotel mit modernem Komfort. Tel. 28 74 21.

*** "Bonciani": in der Via Panzani 17, 5 Minuten zum Hbf. In einem alten Florentiner Palast mit modernen Komfort. Zimmer teilweise mit schönen alten Möbeln. Garibaldi wohnte auch hier. Tel. 238 23 41.

*** "Villa Azalee": Bahnhofsnähe - Viale Rosselli 44. Kein Restaurant. In vielen Zimmern Möbel des "gehobenen Großmutter-Stils". Die Telefonzelle ist in einer alten Sänfte untergebracht. Am Haus ein kleiner, etwas verwilderter Garten unter alten Bäumen. Drumherum verkehrsreiche Straßen. Parken auf der Straße. Tel. 21 42 42.

*** "David": Viale Michelangelo 1. Am Beginn der Straße zur Piazzale Michelangelo. Parken auf Hotel-Grundstück. Das 5o-Zimmer-Hotel liegt in einem Garten mit hohen Bäumen. Gemütliche Halle. Zimmer ansprechend. Tel. 681 16 95.

*** "Cavour": Via del Proconsolo. Zentrum. Das Restaurant ist ein sehr schöner Raum mit Renaissance-Holzdecke. Am Empfang könnte man etwas freundlicher sein. Tel. 282 461.

*** "Pensione Quisisana": zwischen Uffizien und Pontevecchio. Ein Fahrstuhl befördert den Gast in den 5. Stock. Die Überraschung ist eine traumhaft schöne, überdachte Loggia mit viel Grün und Blick auf Fluß, Ponte Vecchio und die Hügel der linken Arnoseite. Tel. 48 53 14.

*** "Pensione Silla": Lungarno Serristori-Renai 5, linkes Arnoufer. Durch den Innenhof eines alten Florentiner Palastes - in der Mitte ein rosenumrankter Brunnen, an der Treppe eine Kopie der Venus von Milo - gelangt man über einen schloßartigen Treppenaufgang in den charmanten Empfangsraum im 1. Stock, ruhige Lage, schöner Blick auf die Stadt. Terrasse, kleine private Garage für 6-8 Autos. Tel. 234 28 88.

*** "Porta Rossa": Via Porta Rossa 19, zwischen Ponte Vecchio und Via Tornabuoni. Sehr zentral. Alter Florentiner Palast des Übergangs Gotik-Renaissance mit schönem Stadtblick vom eigenem Turm! Es ist das älteste Hotel der Stadt. Interieur ansprechend bis gemütlich. Tel. 28 75 51

** "Lorena": Via Faenza 1, direkt hinter der Kirche S. Lorenzo (Medici-Kapellen!). Große Halle mit viel Blumen. Tel. 28 27 85.

** "Nizza: Via del Giglio 5, bei der Piazza S. Maria Novella. Tel. 239 68 97.

** "Albergo Universo": neben der Kirche S.M. Novella. Kleines Hotel, das keine Reservationen entgegennimmt. Tel. 28 19 51.

*** "Argentina": Via Curtatone 12. Ruhige Ecke in Hbf.-Nähe. Tel. 215 4o8.

*** "Paris": Via dei Banchi 2, Verbindungsstraße S. Maria Novella - Dom. Um die schöne Renaissance-Fassade und das Restaurant mit seinen Fresken in der gotischen Decke könnte das Haus so manches Hotel der 2. oder 1. Kategorie beneiden. Ein gepflegtes, gemütliches Haus. Tel. 28 o2 81.

EINFACHE UND MITTLERE HOTELS IN UNMITTELBARER BAHNHOFSNÄHE

In der relativ ruhigen VIA FIUME, ca. 1oo m vom Bahnhof: (s. Plan S. 59)

Nr. 5: ** "Hotel Bijou", mit altem Fahrstuhl in den 3. Stock, 8 DZ mit, 4 DZ ohne Dusche. Tel. 214 156.

Nr. 11: ** "Hotel Beatrice" im 2. Stock, mit Restaurant, man spricht deutsch. Tel. 216 79o. *** "Hotel Berkleys" im 3. Stock, reichhaltiges Frühstück, leider vieles in Plastik. Tel. 21 23 o2.

Nr. 2o: Im Erdgeschoß zwei einfache Pensionen: * "Auberge Petrarca" und * "Albergo Serena", Tel. 213 643.

Im 2. Stock: * "Albergo Adua", Tel. 287 5o6 und ** "Hotel Desirée", Tel. 238 23 82; meine Empfehlung, weil komfortabel, freundliche Besitzer, vom Balkon beim Frühstücksraum Blick auf den Dom, 5 DZ mit Balkon.

Im 3. Stock: * "**Hotel Fiorita**", große, aber eher einfache Zimmer.

In der Parallelstraße zur Via Fiume, der VIA FAENZA, gibt es sieben einfache Hotels (alle ein Stern):

Nr. 7: "**Accademia**", Tel. 293 451

Nr. 56: "**Anna**", Tel. 239 83 22, "**Armonia**", Tel. 21 11 46 und "**Azzi**", sehr einfach, aber freundlich und sauber, Tel. 213 8o6.

Nr. 58: "**Marcella**", Tel. 21 32 32.

Nr. 69: "**D'Errico**", Tel. 215 531 und "**Giovanni**", Tel. 238 13 53.

An und bei PIAZZA STA. MARIA NOVELLA:

** "**Albergo Universo**", P. Sta. M. Novella 2o, Tel. 281 951.

* "**Toscana**", Via del Sole, Tel. 213 156.

DIE CAMPINGPLÄTZE VON FLORENZ

Camping Internazionale, eine Woche vor Ostern bis Ende Oktober. Ein großer Platz mit guten sanitären Einrichtungen, Supermarkt und Restaurant, wo man immer etwas findet, wenn die anderen 3 Plätze schon voll sind. Mein Tip für meine Leser: Die Platzanlage erstreckt sich über einen großen Hügel. Auf der der Autobahn zugekehrten Seite hört man die ganze Nacht das Dröhnen der Lastwagen. Auf der anderen Seite wird der Schlaf bestenfalls von einer Nachtigall begleitet. 1o Fußminuten vom Camping-Eingang, im Ortsteil Bottai (Bus-Halt beim großen Parkplatz), fährt alle 2o Min. der Bus Nr. 37 bis in die Stadtmitte Florenz und braucht dazu bei normalem Verkehr nur 15 Minuten. Tel. 237 47 o4.

Camping Michelangelo "Parco Comunale", auch "Italiani e Stranieri". Ostern bis 5.11. Direkt unterhalb der Piazzale Michelangelo mit Blick über die Stadt. In den Hauptreisezeiten - das heißt für Florenz von Ostern bis September - hängt fast immer das Schild "Completo" am Eingang. Wer am Vormittag schon ankommt, kann es ja mal versuchen. Die chronische Überlagerung des Platzes hat natürlich auch Lärm und Schmutz zur Folge. Tel. 681 19 77.

Camping Villa Camerata: Viale Augusto Righi, ganzjährig offen. Kein Restaurant. In einer großen Parkanlage sind zwei Übernachtungsmöglichkeiten anzutreffen: die Jugendherberge in einer alten Florentiner Villa (14-23.3o Uhr) und ein kleinerer Campingplatz mit etwa 5o Plätzen, auch für Wohnmobile. Busverbindungen zur Stadt alle 1o-15 Minuten. Bus Nr. 17 b. Tel. 6o1 451.

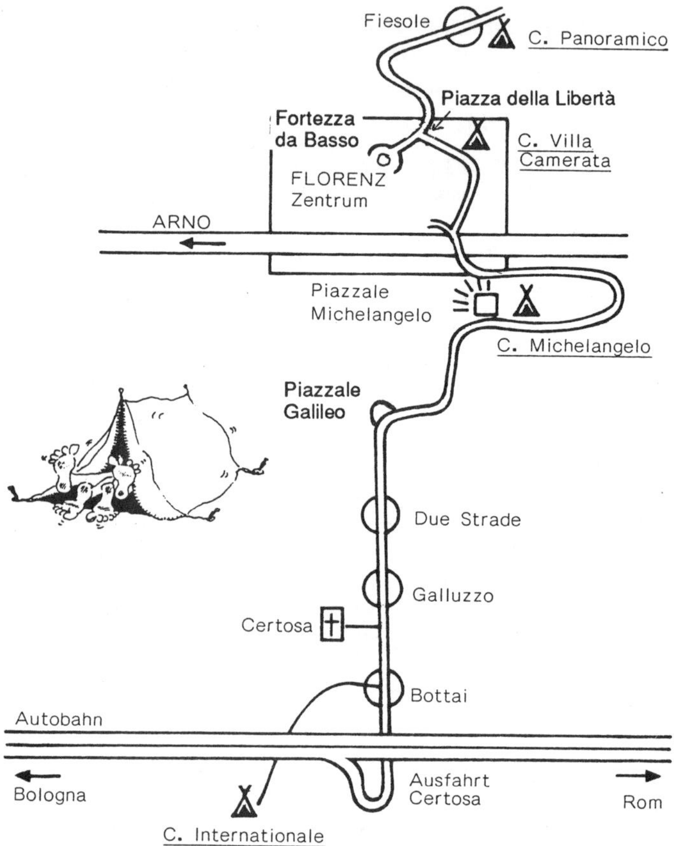

Camping Panoramico: Fiesole. Ganzjährig offen. Am südöstlichen Ende von Fiesole auf einem Hügel mit phantastischer Aussicht über Stadt und Land. Der Platz ist in Terrassen mit viel Grün angelegt, hat gute Sanitäreinrichtungen und an seinem höchsten Punkt das Restaurant mit Supermarkt. Bus Nr. 7 nach Florenz. Tel. 59 9o 69.

Villa Camerata: Viale A. Righi 2-4. Tel. 6o1 451. Dazugehörig: kleiner Zeltplatz mit einigen Stellplätzen für WoMo. Offen: 7-9 und 14-23.3o Uhr. Bus zur Stadt: Nr. 17 b.

Santa Monaca: Via S. Monaca 6, bei Piazza S. Maria del Carmine. Busse: Nr. 36, 37 vom Bahnhof, Nr. 6, 11, 15 vom Dom. Tel. 268 338.

Florenz

1 Piazza del Duomo mit Dom und Baptisterium
2 Chiesa S. Lorenzo
3 Chiesa Santissima Annunziata
4 S. Marco
5 S. Maria Novella
6 Orsanmichele
7 Bargello
8 Palazzo Vecchio
9 Uffizien
10 S. Croce und Pazzi-Kapelle
11 S. Miniato al Monte und Piazzale Michelangiolo
12 Palazzo Pitti und Boboli-Gärten
13 Santo Spirito
14 Chiesa del Carmine

Florenz und seine Kunstschätze

Wer behauptet, ganz Florenz in zwei bis drei Tagen gesehen zu haben, hat nichts gesehen. Er kann zwar wohl sagen: "Ich war im Dom und ich war auf dem Platz, wie heißt er doch gleich, wo die Uffizien sind. Ich war ..."

Die Entfernungen in Florenz sind klein: von der Piazza della Signoria zur Piazza del Duomo kann man in 5 Minuten zu Fuß gehen, und so ist es keine Kunst, in 2 Tagen überall gewesen zu sein.

Die immense Anhäufung von Kunstwerken in dieser Stadt erfordert mindestens eine Woche, noch viel besser wäre allerdings: Florenz in Raten - öfters mal hinfahren. Man hat so zwischendurch Zeit zum "Verdauen".

"DER SCHOCK VON FLORENZ" oder "das Stendhal-Syndrom", wie es eine Florentiner Gruppe von Ärzten und Psychologen nannte, wirft jährlich Hunderte von Touristen für längere Zeit in Krankenhausbetten und auf Psychologensofas.

Nach dem Besuch der Kirche Santa Croce beobachtete Stendhal bei sich selbst einen Zustand der Ekstase und Erschöpfung. Nach den Erfahrungen des Ärzteteams ist insbesondere der in Gruppen organisierte Tourist, der in möglichst kurzer Zeit möglichst viel sehen soll, allen voran Amerikaner auf einem "Europa-in-7-Tagen"-Trip, diesem Syndrom ausgesetzt, dessen Symptome Schwindel- und Angstzustände sind, vom Verlust jeglicher Orientierung bis hin zu Schreikrämpfen, und welches eine längere Behandlung erfordert.

Einzeltouristen werden davon kaum erfaßt, weil sie sich vor der Reizüberflutung in ein Café zurückziehen und in aller Ruhe ein Glas trinken oder ein Eis essen können.

Zur besseren Orientierung, und weil alles so nah beieinander liegt, habe ich alle sehenswerten Museen, Gebäude und Kirchen nach den 12 Plätzen geordnet, an denen sie liegen.

Stadtpläne gibt es umsonst bei der APT (siehe Florenz A-Z) und in den Kiosken (gegen Geld).

Die bedeutendsten Künstler der Renaissance, und wo man ihre Werke bewundern kann (Auswahl):

Architekten

Filippo Brunelleschi - Domkuppel-Vorhalle des Findelhauses an der Piazza S.S. Annunziata - Kirche S. Lorenzo und Alte Sakristei - Palazzo Pitti - Pazzi - Kapelle der Kirche S. Croce - Kirchturm von S. Marco. (Siehe auch unter Bildhauer.)

Michelozzo di Bartolommeo - San Marco: Kirche, Kloster und Bibliothek - Palazzo Medici - Palazzo Stozzini - Palazzo Vecchio: vorderer Hof - Medici = Kapelle in S. Croce. (Siehe auch unter Bildhauer.)

Michelangelo Buonarroti - San Lorenzo: Neue Sakristei und Biblioteca Laurenziana. (Siehe auch unter Bildhauer.)

Benedetto da Maiano - Palazzo Strozzi.

Giuliano da Sangallo - Palazzo Gondi an der Piazza S. Firenze - Villa Medici in Poggio a Caiano.

Bildhauer

Michelangelo B. - seine Skulpturen stehen hauptsächlich in: Accademia (David u.a.) - Bargello (Bacchus, David, Apollo u.a.) - Casa Buonarroti - San Lorenzo (Medici-Gräber) und Palazzo Vecchio.

Donatello - im Bargello-Museum - Außenfiguren an der Kirche Or San Michele (S. Marco S. Pietro) - Dom-Museum (Sänger-Kanzel + Magdalena) - vor dem Palazzo Vecchio (Judith tötet Holofernes) - S. Croce (Kruzifix).

Lorenzo Ghiberti - Baptisterium (Bronzetüren Nord+Ost) - Or San Michele (Außenfiguren S. Matteo, S. Stefano, S. Giovanni).

Nanni di Banco - Or San Michele (Außenfiguren S. Filippo, San Eligio, Märtyrer) - Dom-Museum (S. Lucca).

Luca della Robbia - Die berühmten "Robbiani", Luca, Andrea und Giovanni, mit ihren oft in Blau und Weiß gehaltenen, glasierten Terrakotten, für deren Farbgebung sie ein besonderes Geheimnis hatten (siehe auch Pistoia!), findet man in der ganzen Toscana (S. Fiora z.B.). Manchmal sind sie auch "nur" aus der Schule der Robbiani.

Luca: Dom, S. Croce, Bargello S. Miniato al Monte

Andrea: Findelhaus (S.S. Annunziata), S. Marco (Museum), Bargello

Giovanni: S. Croce, S. Maria Novella, Cas Buonarroti

Giambologna: S. Marco - Bargello - Pal. Vecchio

Andrea del Verrocchio: Bargello - San Lorenzo - Or San Michele (Christus mit ungläubigem Thomas) - Palazzo Vecchio (Putte mit Delphin)

Mino da Fiesole - Bargello

Michelozzo di Bartolommeo - Bargello - Kirche S.S. Annunziata

Benvenuto Cellini - Bargello (u.a. Büste von Cosimo I.)

Desidero da Settignano - Bargello

Benedetto da Maiano - S. Croce - Dom (Giotto-Büste)

Giorgo Vasari - S. Croce (Grabmal Michelangelos) - Palazzo Vecchio (siehe auch Maler)

Maler

Masaccio - S. Maria del Carmine - S. Maria Novella

Fra Filippo Lippi - Man merkt es den Madonnengesichtern dieses fidelen Mönches an, daß er in seine Modelle verliebt war. Eines davon, eine Nonne, heiratete er (mit päpstlicher Genehmigung!) Der Sproß aus der Ehe war Filippino Lippi. Die meisten Bilder hängen in den Uffizien.

Fra Beato Angelico - im Museum von San Marco und im Kloster S. Domenico.

Pierro della Francesca - nur ein Werk in den Uffizien. Sein wichtigstes Oeuvre ist in S. Francesco in Arezzo zu sehen.

Domenico Ghirlandaio - Seine Fresken sind hauptsächlich im Chor von S. Maria Novella, wo ihm übrigens ein junger Lehrling namens Michelangelo half - Abendmahl im Refektorium von San Marco - Liliensaal des Palazzo Vecchio - Fresken in Santa Trinità.

Benozzo Gozzoli - Kapelle im Palazzo Medici - Uffizien

Sandro Botticelli - Uffizien belagert von Touristentrauben

Leonardo da Vinci, Tizian und Raffael - Uffizien und Palazzo Pitti

Luca Signorelli - Uffizien - Diözesan - Museum v. Cortona

Andrea del Castagno - Museo Castagno - Dom - S.S. Annunziata

Perugino - Uffizien + Palazzo Pitti

Andrea del Sarto - Uffizien - Palazzo Pitti - S.S. Annunziata

Agnolo Bronzino - Uffizien und Palazzo Pitti

Giorgio Vasari - Uffizien (Bild Lorenzo Il Magnificos) - Palazzo Pitti

Tintoretto - Uffizien, Palazzo Pitti

Veronese - Uffizien, Palazzo Pitti

Aus dieser Aufstellung, die nur eine Auswahl darstellt (weitere Einzelheiten in der Beschreibung der jeweiligen Museen), kann man unschwer erkennen (Empfehlung für Besucher mit wenig Zeit): die vier wichtigsten Orte für Skulpturen sind: Bargello-Museum, Or San Michele, Palazzo Vecchio mit Loggia. Die wichtigsten Gemäldesammlungen sind natürlich Uffizien und Palazzo Pitti.

Achtung! Auf Italiens Kunst- und Geschichtspfaden immer beachten: Was bei uns beispielsweise das 15. Jh. ist, ist dort das Quattrocento!!

ÜBERSICHT ÜBER DIE WICHTIGSTEN FLORENTINER MUSEEN UND GALERIEN

1. Staatliche Museen und Galerien

mit einheitlichen Öffnungszeiten: werktags 9-14 Uhr, Sonntag 9-13 Uhr, bis auf die Uffizien: alle nachmittags und Montag geschlossen.

Bargello (Museo del Bargello) Skulpturen

Archäologisches Museum (M. Archeologico), Etrusker

Akademie-Museum (Galleria dell'Accademia), Skulpturen (David), Bilder
Medici-Kapellen (Capelle medicee), Skulpturen, Architektur

Pitti-Palast: - Galleria d'Arte moderna, Malerei des 19. und 2o. Jh.
- Galleria Palatina, klassische Malerei
- Silbermuseum (M. degli argenti)

Museum von San Marco. Uffizien (Galleria degli Uffizi, Malerei, Skulpturen: werktags 9-19 Uhr, So. 9-13 Uhr).

Die Plätze von Florenz mit ihren wichtigsten Gebäuden

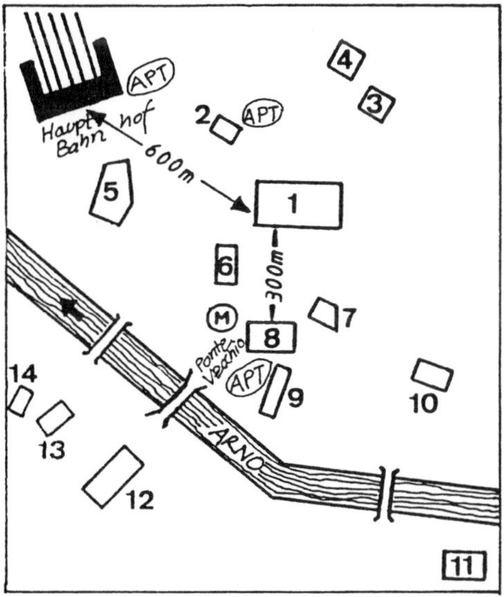

1. P. del Duomo
Dom + Campanile
Baptisterium
Dom - Museum

2. P. San Lorenzo
Kirche San Lorenzo
Fürsten-Kapelle
Neue Sakristei
Bibliothek
Palazzo Medici-Ricardi

3. P.S.S. Annunziata
Kirche S.S. Annunziata
Archäologisches Museum

4. P.S. Marco
Kirche San Marco
Akademie

5. P.S. Maria Novella
Kirche S.M. Novella

6. P. Repubblica
Kirche Or San Michele

7. P.S. Firenze
Bargello-Museum
Dante-Haus

8. P. della Signoria
Palazzo Vecchio
Loggia dei Lanzi

9. P. degli Uffici
Uffizien
Ponte Vecchio

10. P. Santa Croce
Kirche S. Croce
Casa Buonarroti

11. Piazzale Michelangelo
Panorama-Blick
S. Miniato al Monte

12. P. dei Pitti
Museum
Boboli-Park
Festung Belvedere

13. P. Santo Spirito
Kirche S. Spirito

14. P. del Carmine
Kirche S.M. del C.

(M)- Mercato Nuovo, Markthalle
APT: Tourist Info
siehe Seite 58.

2. Museen mit anderen Öffnungszeiten, vor allem solche, die auch an Nachmittagen und am Montag geöffnet sind

	Werktag	Sonntag
Palazzo Vecchio (Do. zu)	9 - 19	8 - 13
Casa Buonarroti (Michelangelo-Haus, (Di. zu)	9.3o-13.3o	9.3o - 13.3o
Casa di Dante (Dante-Haus, Mi. zu)	9 - 12.3o	9.3o - 12.3o
	15.3o - 18.3o	
Santa Croce Kirchenmuseum (Mi. zu)	1o - 12.3o	wie Werktag
1.3.-3o.9	14.3o - 18.3o	
1.1o-28.2	1o - 12.3o	15 - 17
Palazzo Medici-Ricardi (Mi. zu)	9 - 13	9 - 13
	15 - 18	
San Miniato al Monte	8 - 12	14.3o - 17.3o
	14 - 17.3o	
Baptisterium (Battistero)	13.3o - 18	13.3o - 18
Dom - Museum (So. zu)	9 - 2o	1o - 13
1.4.-31.1o.	9 - 19.3o	
1.11.-31.3.	9 - 18	
Capella Brancacci (Di. zu)	1o - 17	13 - 17
(S.M. del Carmine)		

Museen besonderer Art und mit besonderen Öffnungzeiten:

1) Museum des alten Florentiner Hauses (M. Casa Fiorentina Antica), Via Porta Rossa 13, Davanzati-Palast, Wohnkultur vom 16. bis 19. Jh., 9-14 Uhr, So. 9-13 Uhr. Montag geschlossen.

2) Wissenschaftliches Museum (M. di Storia della Scienza), Piazza de Guidici 1, Technologie von der Renaissance bis zum 2o. Jh., u.a. das Teleskop des Galileo Galilei. Mo.-Sa. 9.3o-13 Uhr; Mo., Mi., Fr. auch 14-17 Uhr; So. und Feiertag zu.

3) Museum für antike Musikinstrumente (M. degli strumenti musicali antichi), z.Zt. im Zwischenstock des Palazzo Vecchio. 9-19 Uhr, Sa. zu.

4) Nationalmuseum für Anthropologie und Ethnologie (M. di Antropologia), Via del Proconsolo 12 (Beim Bargello-Museum). Riesige völkerkundliche Sammlung in ca. 3o Sälen. Do., Fr., Sa. 9-13 Uhr; 3. So. im Monat 9-13 Uhr; Mai: 4. Sonnt. Juli, Aug., Sept. und die restlichen Sonntage jedes Monats zu.

5) Zoologisches Museum (M. La Specola), Via romana 17. Unter anderem eine Sammlung von 1.4oo anatomischen Wachspräparaten. Di. u. Sa. 9-12 Uhr; jeden 2. So. im Monat 9.3o-12.3o Uhr.

ACHTUNG: Die Öffnungszeiten der Museen und Galerien ändern sich des öfteren. Die Fremdenverkehrsbüros APT in der Via Cavour 1 r und Chiasso Baroncelli 17 haben ein Faltblatt (kostenlos): "Firenze-Orario Musei".

Ein paar wichtige Hinweise: Die geniale Idee der Pariser Stadtväter, die

Carte Musées, mit der man ohne zu warten, alle wichtigen Museen besuchen kann, hat sich im Rathaus von Florenz wohl noch nicht herumgesprochen. - Ich habe mir vorgenommen, ein entsprechendes Gesuch an den OB zu richten. Weshalb leider vor den Uffizien, vor der Akademie usw. Wartezeiten von zwei Stunden nicht selten sind.

- In der Mittagszeit werden die Reisegruppen zum Essen eingesammelt, also: in dieser Zeit oder am Spätnachmittag sind die Schlangen weniger lang.
- Zur Akademie stellt man sich am besten eine halbe Stunde vor der Öffnung an.
- Nehmen Sie sich etwas zu lesen mit, das verkürzt die Wartezeit.

Piazza del Duomo

Der Mittelpunkt, das unermüdlich schlagende Herz von Florenz. In drei voneinander getrennten Teilen (Kirche, Baptisterium und Campanile) steht hier, in seiner dreifarbigen, lebhaften Musterung auf eigenwillige Weise plastische Vertiefung vortäuschend, ein einmaliges Bauwerk:

DER DOM

Santa Maria del Fiore (Hl. Maria der Blume)
Bei der Einweihung überreichte der Papst eine goldene Rose. Der Auftrag zum Bau an Arnolfo di Cambio erging von der Zunft der Wollweber - daher das Lamm über dem Portal. Nach dem Tod Cambios baute Giotto weiter. Brunelleschi krönte die Kirche 1418 mit der mächtigen Kuppel.

Die Marmorinkrustationen an der Außenfassade in den italienischen Farben grün - weiß - rot wurden erst sehr viel später angebracht (19.Jh.).

Nach dem Petersdom in Rom ist der Dom die zweitgrößte Kirche Italiens und die drittgrößte der Welt.

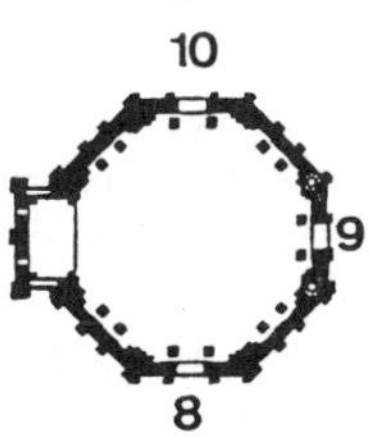

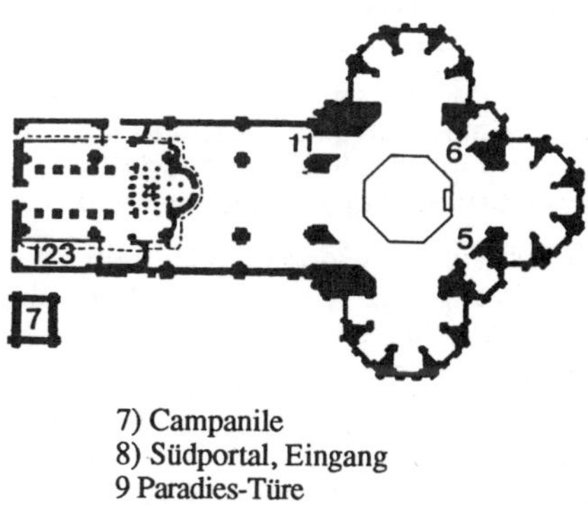

Details:

1) Büste Brunelleschis
2) Jesaias von N. di Banco
3) Büste Giottos
4) Fundamente der ersten Kirche
5) + 6) Terrakotten von Luca della Robbia
7) Campanile
8) Südportal, Eingang
9 Paradies-Türe
1o) Nordportal
11) Eingang zur Kuppel

Kuppel: In den Galerien Fresken "Jüngstes Gericht" von Giorgio Vasari. Aufstieg in die Kuppel (114 m) bei der vorderen Seitentür.

In der linken Sakristei fand Lorenzo Il Magnifico Zuflucht, während sein Bruder Giuliano während einer Messe von den Pazzi-Verschwörern erstochen wurde.

DER CAMPANILE

Wer die 414 Stufen zu den 84 Metern Höhe von Giottos schönem Turm nicht scheut, wird durch einen herrlichen Rundblick belohnt. Man sagt auch, der schönste Blick auf die Kuppel sei der vom Turm aus.

Giotto, der eigentlich Maler war, hat ihn entworfen und bis zur 1. Etage gebaut. Die 2. Etage baute nach Giottos Tod Andrea Pisano, die letzten drei vollendete Francesco Talenti.

Die Plastiken und Reliefs sind Kopien, die Originale befinden sich im Dom-Museum.

In der unteren Zone: die "artes minores" von A. Pisano - Handwerk, Architektur, Bildhauerei, Malerei - und die "artes liberales" - die freien Künste wie Poesie, Musik und Logik. Im 2. Stock: die sieben Planeten, die sieben Tugenden und sieben Sakramente. Im 3. Stock: Sibyllen und Propheten von Nanni Di Banco und Donatello.

DAS DOM-MUSEUM

Auf der Seite der Kuppel an der östlichen Seite der Piazza. Wegen der Autoabgase und nach der großen Überschwemmung hat man viele Originale hierher gebracht.

Auf halber Höhe des Treppenaufganges steht die Pietá von Michelangelo. Gar nicht so weiß, eher honigfarben. An der platten Nase des Josef von Arimathia kann man den angeblichen Vorsatz Michelangelos zu einem Selbstportrait erkennen. Im 1. Stock steht die aus Birnbaumholz geschnitzte Maddalena von Donatello.

Haben Sie schon Tizians Maddalena im Pitti-Palast gesehen? Wo aus seidig braunen und langen Haaren mollig weiche Brüste quellen, aus einem jugendlich-ovalen Gesicht mit sinnlichem Göscherl zwei dunkle Augen fragend nach oben blicken?

Sehen Sie nun Donatellos ergreifende Skulptur an: Eine ausgemergelte, erbarmungswürdige arme Sünderin, abgemagert bis zum Schlottergestell, hohläugig, die langen Haare, die sie bis zu den Knien umhüllen, haben nichts Verführerisches mehr. Sie bedecken gnädig die Spuren des Lasterlebens. Ein Münchner hinter mir: "So alt war die doch gar nicht!" Recht hatte er!

Wenn Sie Ihr Weg durch die Toskana einmal nach Empoli führt, sollten Sie einen Besuch des dortigen Museums nicht versäumen. Ihr Erstaunen wird nicht weniger gering sein als meines, auch wenn Sie es jetzt schon wissen. Da steht auch eine Maddalena: fast die gleiche.

Noch erbarmungwürdiger, noch elender und mitleiderregender. Aber: Von einem unbekannten und wahrscheinlich früheren Meister. Wer war der Plagiator? Gleichviel - alle drei sind Meisterwerke der Kunst.

Bei Tizians Maddalena kann man die Männer verstehen. Bei den beiden anderen kann man Gott verstehen, der da sagt: "Kommt zu mir, ihr Beladenen!"

DAS BAPTISTERIUM

Der achteckige Bau ist neben S. Miniato al Monte der einzig romanische von Florenz. Baubeginn ca. 11oo, Marmorverkleidung ca. 12oo! Er ist San Giovanni, dem Schutzpatron der Stadt geweiht, und in seinem ursprünglichem Taufbecken (Battistero - kommt von Johannes Battista - dem Täufer) wurde schon Dante getauft.

Das Grab des Papstes Johannes XXIII.

Auf der rechten Seite der Chorkapelle befindet sich das Grabmal des außer den Borgia wohl verruchtesten Verbrechers auf dem Stuhl Petri, ein Gegenpapst namens Baldassare Coscia (141o), der auf dem von ihm einberufenen Konzil von Konstanz 1414 des Mordes, der Korruption, der Unzucht und der Sodomie angeklagt wurde. Er entzog sich dem Verfahren durch Flucht, wurde abgesetzt und starb fünf Jahre später.

Warum gerade er von den besten Künstlern seiner Zeit, Donatello und Michelozzo, mit einem derart kunstvollem Grabmal beehrt wurde, ist der Geschichtsschreibung nicht zu entnehmen. In der Aufzählung der Päpste erscheint er nicht mehr, und ein Nachfolger nahm 1958 nochmals seinen Papstnamen an.

ÖSTLICHES TOR

In der dem Dom gegenüberliegenden Seite befanden sich die vergoldeten Bronzetüren von Lorenzo Ghiberti, die Michelangelo "Paradiestüren" nannte, und die zu den schönsten Kunstwerken Italiens zählen. Sie sind nach ihrer Restaurierung im Dom-Museum zu bewundern.

An ihrer Stelle befinden sich am Osttor des Baptisteriums jetzt Repliken.

Linker Flügel von oben nach unten:

1) Erschaffung Adam und Evas Vertreibung aus dem Paradies
2) Geschichte Noahs
3) Geschichte von Esau und Jakob
Zwischen 3) u. 4), rechts an der Leiste: Selbstportrait Ghibertis!
4) Moses erhält die Gesetztafeln
5) David besiegt Goliath

Rechter Flügel von oben nach unten:

1) Kain und Abel
2) Opfer Isaaks
3) Joseph wird nach Ägypten verkauft
4) Das jüdische Volk überquert den Jordan
5) Salomon und Königin von Saba

NÖRDLICHES TOR

Ebenfalls von Ghiberti, allerdings nicht vergoldet. 2o Felder mit Geschichten des neuen Testaments, darunter: 8 Tafeln mit Evangelisten und Kirchenvätern. Langfristige Planung wie beim östlichen Tor!

DAS SÜDPORTAL

Auf der Seite des Campanile, gleichzeitig Eingang. Diese Bronzearbeit des Andrea Pisano zeigt auf den oberen 2o Feldern das Leben Johannes des Täufers, auf den unteren 8 Tafeln stellt er die theologischen Tugenden dar.

INNERES

Byzantinische Kuppelmosaike aus dem 13. Jahrhundert. Der Pantokrator und Szenen aus der Schöpfung, aus dem Leben Christi, Mariens und Johannes des Täufers, des Schutzpatrons von Florenz.

Piazza San Lorenzo

Umgeben von ungezwungenem, lebhaftem Markttreiben (vor allem Lederwaren-Stände) steht in unerschütterlicher Ruhe, in dem warmen Rotbraun ihres naturbelassenen Gesteins, die altehrwürdige:

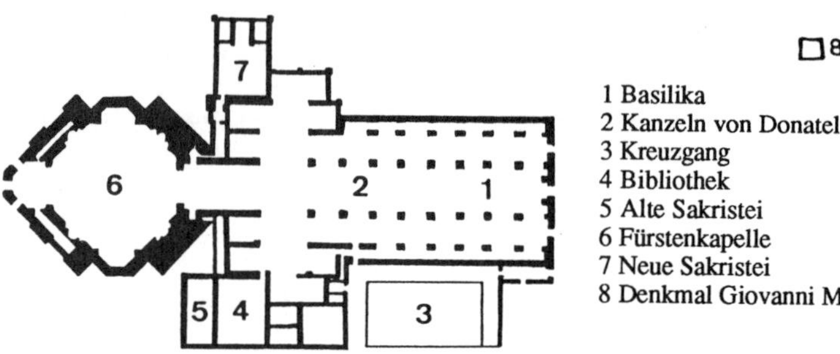

1 Basilika
2 Kanzeln von Donatello
3 Kreuzgang
4 Bibliothek
5 Alte Sakristei
6 Fürstenkapelle
7 Neue Sakristei
8 Denkmal Giovanni Medici

BASILIKA SAN LORENZO

Diese Kirche hat zwei Besonderheiten aufzuweisen: Außen ist sie "nackt" - sie ist die einzige nicht mit Marmor verkleidete größere Kirche von Florenz - innen ist sie ein wunderschönes Beispiel reiner Renaissance.

Gebaut wurde sie von keinem Geringeren als Brunelleschi. Vor der Hauptkapelle die beiden Kanzeln Donatellos, vor dem Altar: Grabplatten von Cosimo Il Vecchio (Pater Patriae - siehe Geschichte der Medici) und Donatello.

Links neben der Kirche ist der Eingang zu dem, mit seinen zierlichen, strengen Arkaden und der Grünanlage fast etwas spanisch anmutenden, Kreuzgang. Vom oberen Rundgang aus sieht man die Domkuppel und den

Glockenturm vor dem leuchtenden florentinischen Himmel und ist tief beglückt so einen wundervollen stillen Winkel, mitten im Trubel der Stadt gefunden zu haben, wo man ein wenig verweilen und seine Eindrücke verarbeiten kann.

Von hier aus betritt man dann:

BIBLIOTECA LAURENZIANA (9 bis 13 Uhr, So. zu, Eintritt frei)

Sowohl die dreiteilige Treppe, die schon barocke Vorzeichen trägt, als auch die prachtvolle Bibliothek sind Schöpfungen Michelangelos. In den beiden Reihen altertümlicher Pulte kann man - unter Glas - griechische und lateinische Manuskripte des 6. und 16. Jh. studieren.

Ebenso: Manuskripte von Dante, Petrarca, Boccaccio, Justinian u.a.

Da man dabei wie in einem Kirchengestühl sitzen kann, möchte man stundenlang die bunten, wundersamen Miniatur-Malereien in den aufgeschlagen daliegenden alten Büchern bestaunen. Auf der Rückseite der Basilika ist der Eingang zu den

CAPELLE MEDICEE (9-14 Uhr, feiertags 9-13 Uhr, Mo. zu)

Die Alte Sakristei Ein niedriger Gewölberaum von Bruneschelli mit den Sarkophagen einiger derer von Medici. Über eine schmale Treppe (WC auf halber Höhe!) in die

CAPELLA DEI PRINCIPI

Die Fürsten-Kapelle. Neoklassizismus von 1604. Dieses pompöse Monstrum hat sich die unbedeutende Nachlese des Medici-Geschlechtes bauen lassen. Es ist immer das gleiche in der Weltgeschichte. Je größer die Nieten, desto bombastischer der Rahmen um sie herum.

Trotzdem: Die Marmoreinlegearbeiten im Boden und an den Wänden sind großartig. Und die 15 Wappen der Florenz untergebenen toskanischen Städte an den Pilastern sind die schönsten Steinintarsien (zum Teil aus Halbedelsteinen) nach jenen im Dom von Siena.

DIE NEUE SAKRISTEI

Welch eine Wohltat nach dem Monsterschinken der Fürstenkapelle. Dieser Raum atmet ganz und gar, in Architektur und Skulptur, den Geist Michelangelos und der Hochrenaissance. Es ist der schönste Raum von Florenz. Sage ich. Und nachdem ich dort schon so oft viele Touristen ratlos in ihren Führern blättern sah und auch von ihnen gefragt wurde: "Welches ist denn nun eigentlich die Dämmerung?". Auf der nächsten Seite ein "Lageplan":

Grab v. Lorenzo Il
Magnifico und Bruder
Giuliano
Maria mit Kind

1 La Vigilanza
der Wachsame
Giuliano, Herzog v.
Nemours Sohn v.
Lorenzo Il Magnifico
2 La Notte
die Nacht
3 Il Giorno
der Tag

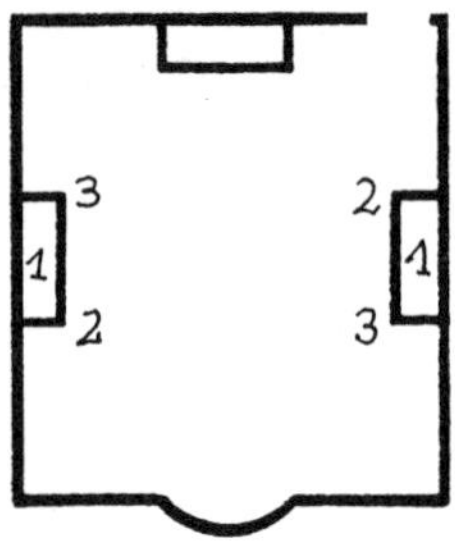

1 Il Pensieroso
-der Denker-
Lorenzo II, Herzog von
Urbino, Enkel Lorenzos
2 Crepusculo
Abend-Dämmerung
3 Aurora (La Mattina)
Morgen-Dämmerung

Da Michelangelo diese Figuren in seinem reiferen Alter "aus dem Marmor befreite" (siehe Kapitel Michelangelo), liegt in ihren Gesichtern und ihrer Haltung diese Mischung aus Verklärtheit, Lebenserfahrung und Melancholie. Von den leidvollen Gesichtszügen und den abgearbeiteten Händen der Skulptur "Abend" sagt man sogar, sie sei eine Art Selbstportät Michelangelos, nicht im Sinne einer naturgetreuen Abbildung seines Gesichts, sondern im Sinne einer Allegorie. Auch alle anderen Figuren, selbst die von Giuliano und Lorenzo haben eher den Charakter des Sinnbildes. Giuliano, "der Wachsame", ihm zugesellt der "Tag", ein wohlgebauter männlicher Körper mit aufmerksamen Blick und die "Nacht", eine junge, begehrenswerte Frau mit festen Brüsten. Die Gruppe in ihrer Gesamtheit ist das Symbol der Jugend, der Kraft und der Konzentration auf die Zukunft, der Frau vor der Mutterschaft.

Wie ganz anders wirkt die Gruppe gegenüber! Lorenzo der "Denker", der Blick nach innen und zurück; die "Abend-Dämmerung": der Übergang vom Licht ins Dunkel, der Mensch am Ende des Lebens, nach Arbeit, Schmerz und Kampf; auch bei der "Morgen-Dämmerung" hat die Mühsal des Lebens ihre Spuren in das Gesicht gezeichnet, der Körper ist von der Geburt geschwächt, müde und erschöpft. Ist der Tod nicht die Hoffnung auf den ewigen Tag? So ist vielleicht auch die Madonna mit Kind an der Stirnseite des Raumes ein Symbol? Das der Zeitlosigkeit, der Beständigkeit, der ewig währenden Geistigkeit nach der Zerstörung des Fleisches, der Materie?

Die beiden Statuen links und rechts der Jungfrau Maria, S. Cosma und S. Damiano, sind nicht von Michelangelo, sondern von seinen Schülern.

Außerhalb, um die Kirche herum, ist ständig ein buntes Markttreiben mit Lederwaren, Wollsachen, Kleidern und Souvenirs. Über alldem sitzt Giovanni delle Bande Nere, Vater Cosimos I., auf seinem Sockel.

Und hinter ihm, nur durch eine hohe schlichte Eckmauer vom lärmenden Getriebe getrennt - sicher ging es auch im Mittelalter hier sehr lebhaft zu - liegt der:

PALAZZO MEDICI-RICARDI

Dieser herrliche Renaissancepalast wurde für Cosimo Il Vecchio von Michelozzo 144o erbaut. Caterina von Medici, Königin von Frankreich, wohnte hier, und Karl V. - und vor allem Lorenzo Magnifico mit seiner aus dem römischen Orsini-Geschlecht stammenden Frau Carive. Der Name Ricardi kommt von einer Familie, die später hier lebte. Im 1. Stock: Die Medici-Kapelle mit den wunderschönen Fresken von Benozzo Gozzoli, auf denen auch einige Medici dargestellt sind.

In der großen Galerie über dem Innenhof kann man von einem der Stühle aus in den Himmel sehen: Ein großes Deckengemälde - unten ein fröhliches, nacktes Treiben barocker Rundungen, in hellen Farben in den Himmel übergehend, wo einer seinen Garten gießt, ein anderer sich eine schöne Nackte schnappt, ein Putto reitet auf einem Ziegenbock und aus den Brüsten einer durch den Himmel Schwebenden spritzt Milch ins helle Blau.

Von den Fenstern der Galerie sieht man hinunter in den schönen Innengarten mit seinen Brunnen und weißen Figuren und hinüber zu San Lorenzo. Wer Lust hat, die Phantasie schweifen zu lassen, vermeint da unten "Il Magnifico" auf und ab gehen zu sehen - umgeben von seinen Freunden, den Mitgliedern und Mitbegründern der "Platonischen Akademie", diskutierend und philosophierend, oder sich dem Knaben Michelangelo zuwendend, der als Kunstschüler im Palazzo wohnte.

Ja, hier ist wirklich alles noch so wie vor Jahrhunderten! Bis zu Cosimo I. lebten Generationen von Medici hier - auch Nebenlinien - bis Cosimo 1659 in den Palazzo Vecchio einzog, und die Ricardi hier. Diese Familie ließ dann auch die erwähnte üppige Barock-Galerie erbauen. Sie ist im ersten Stock.

Im Erdgeschoß sind die Gemächer Lorenzos zu besichtigen - wenngleich der Palazzo jetzt Sitz der Präfektur geworden ist. Für mich ist der graue, formvollendete erste Innenhof, gleich beim Eingangsportal, allerdings das Schönste hier, wenn vereinzelte Sonnenlichter auf resedafarbene Blütenstöcke fallen. Über dieser Impression des Lebens vergaß ich, die im Hause aufbewahrte Totenmaske Lorenzos zu besichtigen.
Wochentags 9-12.3o, 15-17 Uhr, Mi. zu. So. 9-12 Uhr, Eintritt frei.

Piazza della Santissima Annunziata

Von Touristen nicht ganz so überlaufen wie andere Plätze.
Ringsum die schönen Renaissance-Loggien von Brunelleschi, zwei Brunnen und ein Denkmal (Ferdinand I. von Giambologna) in der Mitte, ein Café auf der einen Seite, die Säulenvorhalle der Kirche S.S. Annunziata auf der anderen. Der erste im Stil der Renaissance erbaute Platz.

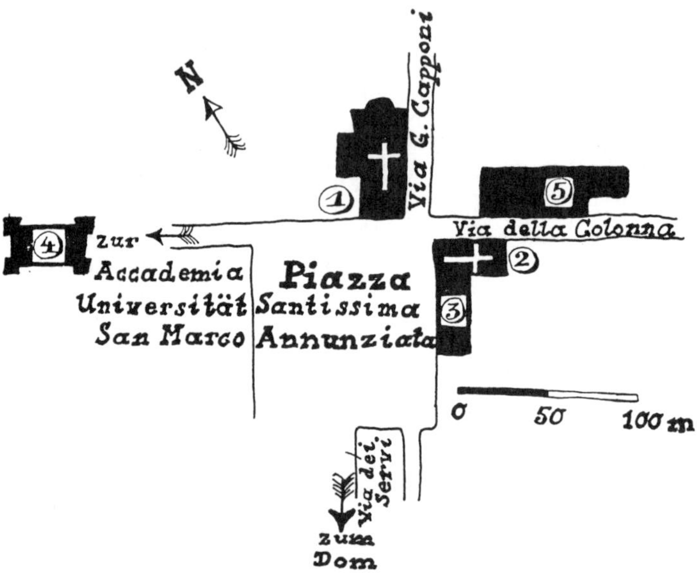

DIE KIRCHE S.S. ANNUNZIATA 1

Innen eine Reihe von Fresken bekannter Künstler: R. Fiorentino, A. del Sarto und Pontormo. Links der Kirche liegt der eigenartige Chiostro dei Morti (Kreuzgang der Toten), wo der Boden bedeckt ist von Grabplatten.

DAS SPITAL DER UNSCHULDIGEN 3 + 2

Kinder sind gemeint. Hinter der Brunelleschi-Fassade wurde 1421 die erste Institution dieser Art gegründet:
Auf einem drehbaren Rad neben der Tür konnten nachts unglückliche oder gewissenlose Mütter ihre Neugeborenen ablegen. Dann läuteten sie ein Glöckchen, verschwanden um die Ecke, und schwupp - das Rad drehte sich nach innen und:

"Dei, dei, dei - was haben wir denn da für einen süßen, kleinen, goldigen ...Madonna! Schon wieder ein Mädchen!"

Außen, in den Zwickeln der Bogen, sind die hübschen Terrakotta-Medaillons von Andrea della Robbia mit den Wickelkindern.

ARCHÄOLOGISCHES MUSEUM 5

Neben der Villa Giuglia in Rom ist das die größte Sammlung etruskischer Kultur Italiens. Da liegen sie alle, halb aufgerichtet - lässig auf den linken Arm gestützt - ihre Opferschale in der Rechten, wie ich sie im Kapitel

"Etrusker" beschrieben habe.

Alle die Funde aus Sovana, Roselle und Vetulonia, Volterra und Populonia, Arezzo und Cortona liegen hier; allein die Funde aus Chiusi belegen vier Säle!

In Saal 14 steht die berühmte Chimäre aus Arezzo: der Bronze-Löwe, dem der Kopf eines Ziegenbocks aus dem Rücken wächst und dessen Schweif eine Schlange ist. Und in Saal 12 macht die winzige kleine Bronzefigur Nr. 486 einen vorbildlichen Handstand.

Im Garten sind teils echte, teils nachgebaute etruskische Gräber aufgebaut worden.

Nota bene: In diesem Museum ist auch eine reiche Sammlung ägyptischer, römischer und griechischer Kunst. Alles sehr schön und edel und - ohne Handstand! Auf derart unheroische Posen kamen offenbar nur die guten alten Etrusker!

DIE AKADEMIE 4

Auf dem Weg von der Piazza S.S. Annunziata zur Piazza S. Marco sah ich ein Schild mit dem Pfeil: "David, Nr. 60". Nicht etwa "Accademia".

Als ob dort nichts anderes wäre. Gehen wir hinein und geradewegs darauf los. Da steht er, im Licht einer glasüberdeckten Kuppel, im makellosen Weiß, der 180 Zentner schwere Bursche mit den zu großen Händen. Der echte. Die anderen beiden, vor dem Palazzo Vecchio und auf der Piazzale Michelangelo, sind Kopien.

Aber er ist so schön, daß mir beim Anblick seiner etwas zu großen Hände die Anekdote von Max Liebermann einfällt: Er bewunderte ein Modigliani-Frauen-Bildnis. Auf die Kritik eines Freundes, der Arm der Frau sei doch viel zu lang, sagte Liebermann: "Der ist so schön gemalt, der kann gar nicht lang genug sein." Michelangelo meißelte den "David" im Alter von 26 Jahren.

In der Galerie, die zur Kuppel führt, stehen die vier unvollendeten, noch halb im Steinblock gefangenen "Gefangenen". Sie heißen so - "Prigioni". In den Sälen links und rechts der Galerie: Florentinische und byzantinische Malerei.

Für Ihren späteren Besuch im Bargello: Die Person des David hat außer Michelangelo auch noch andere Künstler beschäftigt:

1) Ganz im Geiste der Frührenaissance entstanden ist Donatellos David. Die Bronzestatue im Bargello, noch eine weitere Davidplastik aus Marmor - zeigt einen nackten, jugendlichen, gerade der Pubertät entschlüpften Schönling, der den linken Fuß so lässig auf des Riesen abgeschlagenen Kopf stellt, als habe er gerade mal nur eine Fliege erschlagen und denke schon wieder an etwas ganz anderes.

2) Verrocchios bronzener David - auch im Bargello - ganz anders: Noch in Spannung, seines Sieges bewußt, als wolle er sagen: "Hat noch jemand Lust?"

3) Viel menschlicher, und damit noch mehr im Stil der Renaissance hat Michelangelo ihn gestaltet: Vor dem Kampf. Und dem Gesicht Davids ist die Skepsis, eine Mischung aus Neugier, Abschätzung des Gegners und wohl auch etwas Furcht anzumerken. Und noch etwas wird an dieser Skulptur deutlich sichtbar: Die Ergebnisse von Michelangelos nächtlichen Körperstudien beim Sezieren der Leichen.

Piazza San Marco

Sie ist nicht mehr ganz im Zentrum gelegen - von allen Seiten wächst Grünes herein; hier war einmal der Kunstgarten Lorenzo Medicis, als Michelangelo Schüler des Ghirlandaio war. Über die Gartenmauern und neben der Kirchen- und Klosterfassade strecken sich Zweige, und die in einem einfachen Barockstil erbaute Vorderfront kommt dadurch besonders gut zur Geltung.

KIRCHE UND KLOSTER SAN MARCO

Ein Ort der Kontraste: In der Kirche, an der linken Seitenwand sitzt eine lebensgroße und lebensechte Bronzefigur und blickt unter der Kapuze ernst und furchterregend ins Dunkel der Kirche - der Bußprediger der Renaissance: Savonarola.

Man muß eine Zeitlang nahe vor ihm stehen, bis sich das Auge an die Dunkelheit gewöhnt hat und man den Ausdruck des Gesichts ganz erkennen kann.

Im 1. Kreuzgang, gleich rechts, im ehemaligen Pilgerhospiz, tritt man ins Licht der lebendigen Farben auf Fra Beato Angelicos herrlichen Bildern. Hier begreift selbst der nicht Kunstverständige das "Wertvolle" in der Kunst. Überquert man den Kreuzgang mit seiner riesigen Libanon-Zeder, erwartet einen im Kapitelsaal das große Fresco Fra Angelicos "Kreuzigung".

Neben dem Kapitelsaal führt ein Flur zum kleinen Refektorium. Wenn nicht gerade viele Besucher hier sind, und das ist in S. Marco seltener der Fall, kann man hier auf einem Renaissance-Stuhl sitzend, in aller Ruhe zwei Werke berühmter Florentiner Künstler betrachten: an der gegenüberliegenden Wand das große Fresko Ghirlandaios "Abendmahl" und, rechts an der Wand, eine blau-weiße Terrakotta von Luca della Robbia mit einer vielfarbigen Pflanzen- und Früchtegirlande ringsherum.

Im 1. Stock ist gleich gegenüber der Treppe eines der berühmtesten und schönsten Fresken Fra Angelicos zu sehen: Die Verkündigung. Hinten rechts in diesem Flur sind die zwei Zellen, in die sich Cosimo Il Vecchio oft zur Meditation zurückzog.

In rund 3o Zellen dieser Etage findet man überall weitere Fresken des Dominikanermönchs, so z.B. in der Zelle des Hl. Antonius oder in der Zelle Nr. 7, wo unter dem Thema "Verhöhnung Christi" die Malerei des Surrealismus um ein halbes Jahrtausend vorweggenommen wurde.

Statt der Peiniger, wie sie Christus auf allen Bildern dieser Art umstehen, schwirren nur Folterwerkzeuge, Hände mit Peitschen und speiende Gesichter wie böse Insekten um die Gestalt des Dulders herum.

Am Ende des Korridors liegen die zwei Zellen, die Savonarola als Gefängnis dienten. Auf einem Tisch liegt noch sein Rosenkranz.

Achten Sie auf zwei Kleinigkeiten, die fast nicht beachtet werden: An dem Eisengitter vor dem Fenster der einen Zelle ist in der Mitte ein kleiner Teufelskopf angebracht, nur etwa 4 cm groß, an dem des anderen Fensters ein ebenso großer Mönchskopf.

Mönch gegen Teufel? Savonarola selbst ließ die Gitter mit ihrem Emblemen hier anbringen. Und dabei ist der Blick von diesen Fenstern in den Kreuzgang mit seiner Libanon-Zeder so besonders schön!

Piazza Santa Maria Novella

Die freundliche Piazza hat zwar nicht die homogene Architektur ringsum wie andere Plätze, aber sie ist großzügig und breit angelegt, von den Cafés hat man die schöne Fassade der Kirche vor Augen und der Tourist aus dem kalten Norden genießt hier gleich nach seiner Ankunft die südliche lebendige und heitere Atmosphäre einer italienischen Stadt.

Der blumengeschmückte Rasen in seiner Mitte ist ständig "belegt" von Rucksacktouristen und von jungen Florentinern, die den Rucksacktouristen den ersten Italienisch-Unterricht geben.

Trotzdem Vorsicht: Unter den Sprachgewandten gibt es leider auch Finger-Gewandte!

Wenn man aus dem Bahnhof von Florenz tritt, dessen große Bahnsteige- und Schalterhallen mit Marmor belegt sind, und hinunter geht zur Piazza S.M. Novella, auf der anderen Seite der Kirche, fällt gleich ein typisches Merkmal fast aller Florentiner-Kirchen auf: Nur die der Piazza zugekehrte Seite ist mit Marmor verziert, inkrustiert, wie die Fachleute sagen würden. Die anderen Seiten sind aus schlichtem, ockerfarbenem oder grauem Gestein.

DIE KIRCHE S. MARIA NOVELLA

(7-11.3o, 15.3o-18 Uhr, feiertags 15.3o-17 Uhr)
Die Fassade mit weiß-grünem Marmor ist typisch florentinisch, d.h. man weiß nicht so recht, ob man gotisch oder romanisch sagen soll. Eher letzteres. Im Inneren, von der Architektur zwar gotisch, befinden sich viele Kunstwerke der Renaissance. Grundriss siehe nächste Seite.

1) Alter Friedhof

2) Zwischen der 2. und 3. Säule links, an der Wand die "Hl. Dreieinigkeit" von Masaccio. Im rechten Querschiff,

3) der Capella Rucellai, eine Seltenheit: eine lächelnde Madonna von Nino Pisano,

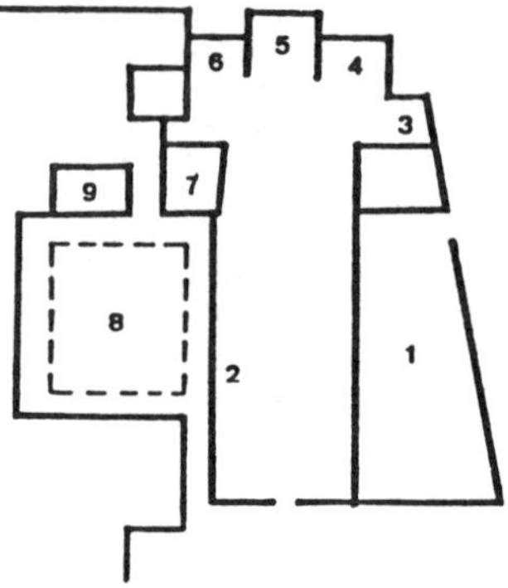

1 Alter Friedhof
2 S. Trinità von Masaccio
3 Capella Rucellai
4 Capella Strozzi
5 Hauptchor
6 Capella Gondi
7 Sakristei
8 Kreuzgang
9 Kapitelsaal

4) in der Strozzi-Kapelle: Fresken von Filippino Lippi. Die bekanntesten Kunstwerke der Kirche sind

5) die in der Hauptchor-Kapelle folgenden Fresken Ghirlandaios. Ein junger Lehrling namens Michelangelo, damals noch völlig unbekannt, war in der Schar seiner Gehilfen. Auf diesen Fresken wurden zum erstenmal Szenen aus der Kirchengeschichte mit Gesichtern und Gewändern Florentiner Zeitgenossen gezeichnet. So z.B. an der linken Wand unten die Auftraggeber, die Familie Tornabuoni, unten an der rechten Wand mit den Szenen aus dem Leben Johannes d. Täufers die Portraits von Humanisten wie Angelo Polizano und Marsillio Ficino.

6) In der Capella Gondi hängt jenes Holzkruzifix, mit dem Brunelleschi Donatello zeigen wollte, wie ein Kruzifix wirklich aussehen sollte. Donatellos Kruzifix ist in Santa Croce, wenn Sie es vergleichen wollen.

7) In der Sakristei: ein gemaltes Kruzifix von Giotto

8) Die Wände des Kreuzganges zieren Fresken von Paolo Uccelo

9) und im Kapitelsaal malte Andrea da Firenze al fresco.

Piazza della Repubblica

Sehr großstädtisch - fällt überraschend aus dem Rahmen des einheitlichen Bildes von Florenz. Früher waren hier der "Alte Markt", das mittelalterliche Wirtschafts-Zentrum, das 1985 abgebrochen wurde. Vor dem Hotel "Savoia" steht auf einer Säule die Statue des "Überflußes", deren Original sich jahrhundertelang an gleicher Stelle befunden hatte. Jetzt ist hier alles imposant. Wie die Fürsten-Kapelle in S. Lorenzo. Aber das ist selbstverständlich eine Frage des persönlichen Geschmacks. Für mich ist dieser Platz etwas zu groß. Nicht in den Ausmaßen. Es gibt noch größere Plätze, die trotzdem schön sind. Die Place de la Concorde in Paris, der Petersplatz in Rom. Sagen wir: zu großspurig, dieses neoklassizistische Monstrum von Triumphbogen, oder was es sonst sein soll. Die zu hohen Arkaden.

Rundum allerdings einige schöne, durch niedrige Taxushecken abgeschirmte Cafés, von deren Gartenstühlen aus man den ganzen Trubel beobachten kann.

Vielleicht ist meine Abneigung auch ein wenig von der Umgebung beeinflußt. Die "First-class"-Geschäfte der Via de Calzaiuoli wo das "ganze schmalschuhige Raubpack" (Gottfried Benn) einkaufen geht, nein, "shopping" ist das bessere Wort.

Für "Modebewußte" zeigt ein Schaufensterbummel hier allerdings viel von der lebensfrohen, italienischen Eleganz. Die Via Calzaiuoli führt in nördlicher Richtung zum Dom und südlich zum Palazzo Vecchio. Wer letzteren Weg einschlägt, kommt bald zur

KIRCHE OR SAN MICHELE

Für die 14 Außennischen an den Säulen ließen die Handwerkszünfte von den besten Künstlern ihre Schutzpatrone bosseln.

1- Ghiberti Joh. d. Täufer
2- Donatello ungläub. Thomas
3- Giambologna S. Luca
4- Donatello S. Pietro
5- Nanni di Banco S. Filippo
6- N.d. Banco Quatro Coronati
7- Donatello S. Giorgio (Kopie)
8- Ghiberti San Malteo
9- Ghiberti Santo Stefano
1o- N. d. Banco S. Egidio
11- Donatello San Marco
12- Lambertini S. Jacopo
13- unbekannt Madonna
14- Montelupo S. Giovanni Ev.

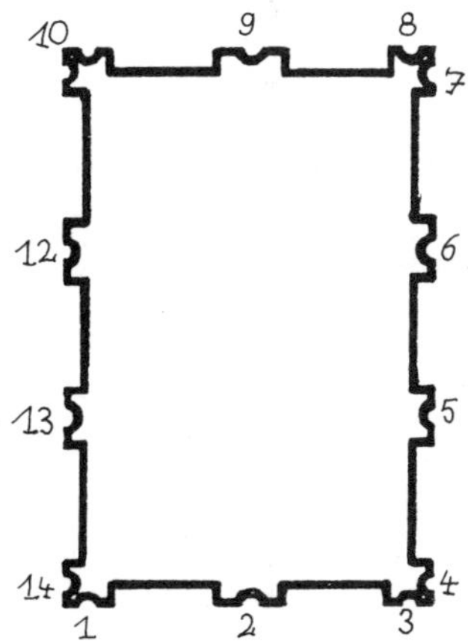

Via de' Calzaiuoli

Eine ungewöhnliche und in ihrer Entstehungsgeschichte einmalige Kirche. Ursprünglich hatte Arnolfo di Cambio, der erste Dombaumeister, 124o dort eine Markthalle für die Getreidehändler errichtet. Das Bild einer wundertätigen Madonna aus einer früher hier gestandenen Kapelle gab den Anlaß für den ungewöhnlichen Umbau:

Die Bogen der Arkaden wurden geschlossen und im Inneren eine Kirche eingerichtet. Oben darauf setzte man noch 2 Stockwerke, die für weitere 4 Jahrhunderte als Getreidespeicher benutzt wurden. Das steingewordene Postulat: "Der Mensch lebt nicht vom Brot allein."

Im Inneren ist vor allem der marmorne Tabernakel von Orcagna sehenswert. Für Besichtigung (Vorhang) und Beleuchtung wende man sich an den Custode.

Piazza San Firenze

Kein sehr großer, aber ein - in Richtung "Florentinisches Mittelalter" hin - sehr stimmungsvoller Platz! Die Cafés an seiner Seite sind eine willkommene Ruhepause für die müden Beine, die man sich im Bargello-Palast geholt hat. Aber wie gesagt - erst nachher, gell!

BARGELLO (9-14 Uhr, sonntags 9-13 Uhr. Mo. zu)

Zu deutsch: Polizeihauptmann. So hieß aber auch der Chef der Scharfrichter. Der gotisch strenge Bau mit seinem Turm und seinen Zinnen aus dem Jahre 1255 (Beginn) war das erste Rathaus der Stadt und Sitz des Capitano del Popolo. Später diente es als Gerichtsgebäude, dann als Gefängnis, Folterkammer und Richtstätte.

Und heute: Wer sich für Skulpturen im allgemeinen und für die der Renaissance im besonderen interessiert, ist hier an der richtigen Stelle.

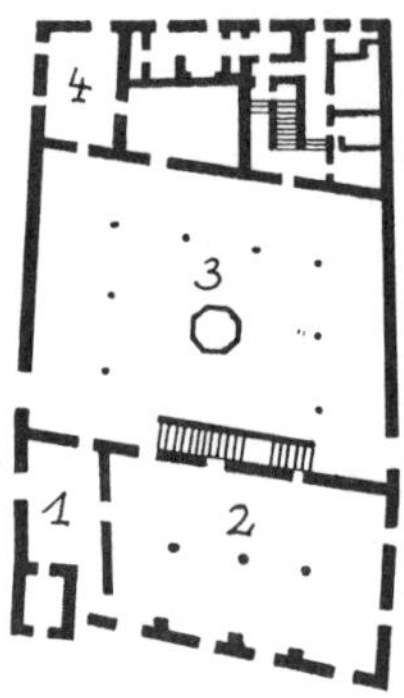

1- Eingang
2- Michelangelo-Saal
3- Innenhof
4- Saal des 14. Jh.

Als erstes betritt man den an drei Seiten von Arkaden umstandenen Innenhof, der schon nicht mehr den strengen Eindruck vermittelt wie das Palast-Äußere.

Über acht Säulen mit feinziselierten Kapitellen wölben sich runde Bogen, und eine Freitreppe führt zu den Loggien des ersten Stocks. Unter den rechten Arkaden liegt ein im wahrsten Sinne "heiliges Kanonenrohr", die Kanone von San Paolo mit dem bärtigen Kopf des Heiligen.

MICHELANGELO-SAAL

Man muß weder Kunstkenner noch Kunstfanatiker sein, um spätestens hier zu erkennen, was Meister aus Stein oder Bronze formen können, wenn man vor dem betrunkenen Bacchus von Michelangelo steht. Die von Alkohol schlaffen und etwas aus der Kontrolle geratenen Glieder, die lasche Muskulatur, die Haltung und vor allem: die leichte Verblödung im Gesicht und der leere Blick.

Oder weiter hinten: Die Leda mit dem Schwan von Ammannati. Welch ein genüßlich-hingebungsvolles Gesicht, die Augen in wollüstiger Ekstase nach innen verdreht. Die Büste Cosimos I. von Cellini (an der Wand rechts vom Eingang) habe ich in meinen Betrachtungen über die Medici schon "gewürdigt".

ERSTER STOCK

1- Verone
2- Saal des hohen Rates
3- Saal der Goldschmiede
4- Majolika-Saal
5- Elfenbein-Saal
6- Bürgermeister-Kapelle
7- dito.-Saal
8- Turmsaal

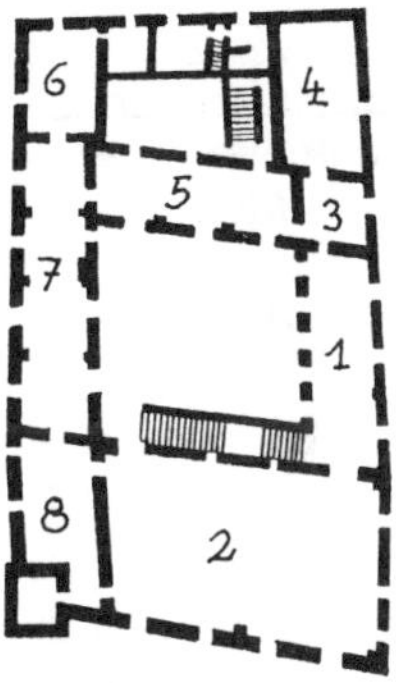

1) Loggia Verone
Tiersammlung von Giambologna
2) Saal des Hohen Rates
Luca della Robbia: u.a. die wunderschöne Madonna mit den weißen Rosen.
Michelozzos Marmor-Madonna.
Donatello, der größte Bildhauer der Frührenaissance: Das Original des Hl. Georg von Or San Michele, 2 Kreuzigungen in Bronze und der Marzocco, der Löwe von Florenz.

7) Saal des Bürgermeisters
Deutsche und französische Kleinplastiken des 12. - 13. Jh.
6) Kapelle des Bürgermeisters
Fresken von Giotto. Teilweise beschädigt.
5) Elfenbein-Saal
Elfenbeinarbeiten aus allen Teilen Europas und aus vielen Jahrhunderten.
4) Majolika-Saal
Majolika-Sammlung von Florenz und Faenza

ZWEITER STOCK

1) Saal Giovanni della Robbia
4) Saal Andrea della Robbia
3) Verrocchio Saal
Der Bronze-David, den ich bei der "Accademia" schon erwähnte
2) Waffen-Saal
Nun ja - eben Waffen, Panzerhemden, Armbrüste und sonstige Waffen, Waffen, Waffen.
5- Bronze-Saal

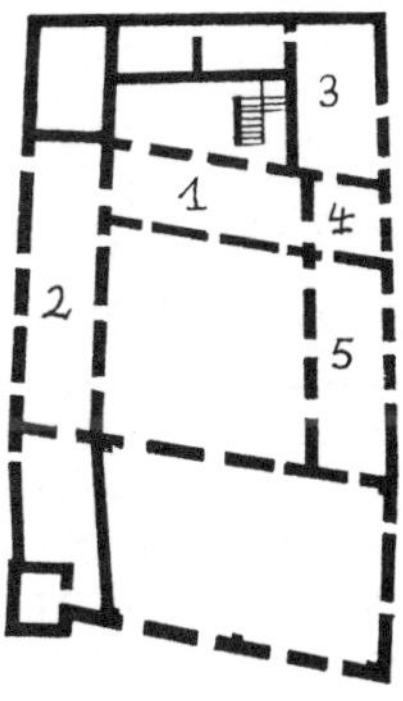

Das Dante-Haus und Dante Alighieri

Das Haus liegt in einem versteckten Winkel, in der Nähe der Badia-Kirche. Damit Sie nicht so lange suchen müssen wie ich: Wenn sie aus dem Bargello kommen: Rechts Via Proconsolo, erste links Via Dante Alighieri, zweite rechts.

Damals wollten sie wenig wissen von ihm, die Florentiner. Sie jagten ihn sogar aus der Stadt, weil er zu den "Weißen" gehörte. Daß er in Ravenna starb, und sie später nicht einmal seine Leiche bekamen, weil die Franziskaner-Mönche sie versteckt hatten, das können sie heute noch nicht verschmerzen. So stellten sie wenigstens einen leeren Sarg in die Kirche von Santa Croce. Er war der Goethe und Luther Italiens, wegen seiner Bedeutung als Dichter und weil er der Begründer der modernen italienischen Sprache war.

Vor ihm sprachen die Vornehmen Latein, die Gewöhnlichen das "Volgare", ein fürchterliches Küchenlatein, aus dem heraus er allerdings das "Neu-Hoch-Italienisch" schuf.

Als er 1265 geboren wurde, war Florenz eine noch sehr mittelalterliche Stadt mit offenliegenden Kloaken, eng, finster, Ziegen und Schweine und Hühner trieben sich auf den Straßen herum. Die Reichen lebten "oberhalb" in ihren Wohntürmen. Die Damen zeigten öffentlich, was sie hatten, aus weit ausgeschnittenen Kleidern leuchtete ihr Busen "mit den milchigen Kuppen" (Dante).

Das heutige Dante-Haus, ein Museum mit Dokumenten und Erinnerungsstücken, ist eine Rekonstruktion. Aber wer es betritt, wird im Handumdrehen um 7oo Jahre zurückversetzt. In den kleinen, hohen, das frühe Mittelalter widerspiegelnden Räumen kann man sich die damaligen Lebensgewohnheiten leicht vorstellen.

An der Wand hängt ein Miniatur-Druck der "Göttlichen Komödie" in der ganzen Länge der Dichtung, den man natürlich nur mit einer stark vergrößernden Lupe, die daneben befestigt ist, entziffern kann.

Von der strengen Loggia im Obergeschoß sieht man mit den Augen Dantes über ein fast unverändertes Stadtviertel zum Palazzo Vecchio hinüber, von dem ihm seinerzeit so viele Schwierigkeiten kamen.

DANTE * 1265 in Florenz † 1321 in Ravenna

Als 12-jähriger wird Dante mit der 9-jährigen Gemma Donati verlobt - solche Familieninteressen waren damals durchaus üblich - heiratete sie aber erst 3o-jährig.

Mit 9 Jahren sah er zum erstenmal die 8-jährige Beatrice. Dann erst wieder mit 18 Jahren. Er schrieb seine erste Sonette und verherrlichte Beatrice in seiner "Vita Nuova". Seine "donna ideale" heiratete mit 2o und starb bereits im 24. Lebensjahr.

POLITISCHE SITUATION: Zeit der Kämpfe zwischen Kaiser- und Papsttum.

Parteien: Ghibellinen: Waiblinger, Staufer, Kaisertreue, "Weiße". Guelfen: Welfen, Papsttreue, "Schwarze". Später: Schwarze Guelfen: Papsttreu, unterstützt durch französische Könige (Neapel und Sizilien). Weiße Guelfen: Sympathie zu Ghibellinen, DANTE.

Dante war also "weiß-guelfisch". Er bekämpfte die weltliche Macht des Papstes. Auf unsere Gegenwart bezogen könnte man sagen: linker Flügel der CDU. In Florenz herrschten mal die weißen, mal die schwarzen Guelfen. Dante wurde zu einer Zeit der Macht der schwarzen Guelfen zu 5.000 Florentiner Gulden und zu zwei Jahren Verbannung verurteilt. Da er zu zahlen nicht bereit war, blieb er für den Rest seines Lebens im Exil.

Die Stationen seines 18-jährigen Exils:

Verona, Lucca, die Malaspina - Burgen Fosdinovo und Castelnuovo, die Guidi - Burgen Romena und Poppi, zum Schluß: Ravenna. Dort starb er am 14. September 1321 an Malaria.

GEISTIGE SITUTATION SEINER ZEIT: Das Mittelalter hatte noch nicht aufgehört, die Renaissance noch nicht begonnen. Die Bezugspunkte dieses Übergangs waren:

- griechisches und römisches Altertum
- das Mittelalter mit seiner Zerrissenheit zwischen "Gott und Welt", Kaiser und Papst. Franz von Assisi lebte nur etwas mehr als eine Generation vor ihm!
- die ersten Anfänge des Humanismus.

DIE COMMEDIA DIVINA

Commedia: Dante benutzte diese Bezeichnung "weil sie furchtbar beginnt und gut endet". Divina: Dieser Zusatz erschien erst in der Venezianer Ausgabe von 1555. Sprache: Volgare, italienische Volkssprache. Die Commedia, Wanderung des Dichters durch die drei Reiche des Jenseits, ist die Auseinandersetzung des Individuums mit der geistigen und ethischen Situation seiner Zeit. In den jeweils 33 Gesängen der Verdammnis (Hölle) und der Läuterung (Fegefeuer) begleitet ihn VERGIL als Geist des Altertums, zugleich als Verkörperung der Ratio, der menschlichen Lebensvernunft und als Meister der Dichtung. Durch das Paradies (die 33 Gesänge der Seligkeit) begleitet ihn BEATRICE als Allegorie der göttlichen Gnade, der emporziehenden Liebesmacht, der vergöttlichten Liebe. Die Commedia ist und war dreierlei:

- ein Glaubensbekenntnis; die Suche des Menschen nach Glück und Erlösung
- eine Geschichtsquelle; reich an Beschreibungen von Personen, Orten und Begebenheiten jener Zeit
- eine persönliche Abrechnung Dantes mit seiner Vaterstadt und seinen Gegnern

WEITERE WERKE DANTES:

- "Vita Nuova": die Geschichte seiner Liebe zu Beatrice mit verbindenden Texten und eigenen Interpretationen. Ein Höhepunkt mittelalterlicher Liebeslyrik.
- "Über die Monarchie": sein politisches Bekenntnis.
- "Über die Volkssprache"
- "Gastmahl": unvollendete wissenschaftliche Abhandlungen.

3 DICHTER UND 3 FRAUEN

BOCCACCIO UND FIAMMETTA (siehe auch Certaldo)
Eine Frau hohen Standes, für Boccaccio wegen seiner bürgerlichen Abstammung zunächst unerreichbar. Er schrieb sehr viel für sie und um ihr zu imponieren, ihr näher zu kommen. Verehrung, unerfüllte Liebe, erotische Sehnsucht. Kurze Erfüllung seiner Sehnsucht, danach tiefe Enttäuschung.

PETRARCA UND LAURA (siehe auch: Arezzo)
Petrarca war selbst von hohem Stande, Philosoph, angesehener Literat und gefragter Diplomat. Seine Liebe und Verehrung gegenüber Laura suchte weniger die sinnliche Erfüllung als spirituelles Glück. Die "Sonette an Madonna Laura" gehören zu den schönsten Beispielen mittelalterlicher Liebeslyrik.

DANTE UND BEATRICE
Zwischen den beiden fanden nur wenige und kurze, öffentliche Begegnungen statt. Beatrice heiratete jung und starb nach wenigen Jahren der Ehe. Dante verherrlichte sie in der Liebeslyrik der "Vita Nuova". In der Commedia wurde Beatrice zur reinen Allegorie.

Sehr grob vereinfacht könnte man sagen: Boccaccio: Sexus; Petrarca: Eros; Dante: Agape (göttliche Liebe).

Piazza della Signoria

Mit seinen bekannten Skulpturen einer der meist besuchten Plätze der Welt. Jahrzehntelang wurde die Piazza vom Gummi der Autoreifen geschwärzt, nun ist sie Fußgängerzone und Millionen von Jeans-Hosenböden reiben das Pflaster wieder blank

Trotzdem, oder gerade deshalb gewinnt der Platz sein ursprüngliches Gesicht wieder zurück: Abends, wenn der Mond beim Palazzo Vecchio steht und Gruppen aus allen Ländern ihre Lieder singen, Gitarre spielen und tanzen. Es ist auch schon mal vorgekommen, daß eine Gruppe junger Mädchen stimmungsvoll "Der Mond ist aufgegangen" sang.

Links vor dem Palazzo Vecchio ist der Neptunbrunnen von Ammannato, den die Florentiner bespöttelt haben: "Ammannato, Ammannato, che bel marmo hai rovinato" (welch schönen Marmor hast du vergeudet). Weiter links die Bronze-Statue Cosimos I. von Giambologna. Zwischen Brunnen und Eingang: Der Löwe von Florenz "Il Marzocco", Kopie des Originals von Donatello im Bargello, und ebenfalls von Donatello die Bronzegruppen "Judith tötet Holofernes", links neben dem Eingang die David-Kopie, rechts daneben: Herkules und Cacus.

DIE LOGGIA DEI LANZI

Früher hieß sie Loggia della Signoria. Als Cosimo I. seine Wachen dort unterbrachte, die Lanzichenech (Verballhornung von "Landsknecht") erhielt sie ihren heutigen Namen.

Im übrigen diente sie als Vorbild für den Bau der Münchner Feldherrnhalle. Statuen: Perseus hält den abgeschlagenen Kopf der Medusa - Bronze von B. Cellini (linker Bogen). Der Raub der Sabinerinnen - Marmor von Giambologna (rechter Bogen). Dahinter, vom selben Künstler: Herkules erschlägt den Zentauren Nesus. Weiter links: Menelaos und Patroclos - Kopie einer klassischen Skulptur.

PALAZZO VECCHIO (9-19 Uhr, So. 8-13 Uhr, Do. zu)

Auch er hieß zuerst Palazzo della Signoria - womit seine Bedeutung ausgedrückt war: Sitz der Stadtregierung mit den Zunftmeistern - den Signori. Während ihrer nur 2-monatigen Amtszeit wohnten die Priori auch dort und durften ihn nur zu Amtszwecken verlassen.

Vorbild für den Bau (ca. 135o) war der Palazzo dei Priori von Volterra. Wer Florenz von Giottos Campanile noch nicht von oben gesehen hat, kann es von diesem Turm aus nachholen. Im Innenhof (von Michelozzo) mit seinen reich ziselierten Säulen und Fresken steht in der Mitte der Brunnen mit dem Bronze - Putto von A. del Verrocchio.

1. Stock: "Saal der Fünfhundert". Gemeint war die Bürgerversammlung. An den Wänden unter der prachtvollen Kassettendecke hängen 4 riesengroße Schlachtenschinken: die Siege (was denn sonst) Cosimos I.

Sechs Herkules-Variationen in Marmor von V. de. Rossi. Der Ringer-Griff bei der Gruppe "Herkules und Diomedes" ist schon sehr "freier Stil"!

Und weil hier alles unter den Fragen: Sieg oder nicht Sieg steht: Michelangelos "Victoria" steht auch hier. Hier allerdings ein Sieg der Tugend über das Laster. Eine Tür führt zu dem geheimen Studio "Tesoretto" von Cosimo I. und zum Studierzimmer von Francesco I.

Auf der gegenüber liegenden Seite gelangt man zum "Saal der Zweihundert" mit Gobelins nach Entwürfen von Bronzino und Pontormo. Vom Vorderraum des Saales der Fünfhundert führt ein Aufzug in den:

2. Stock in die Abteilung "Der Elemente"

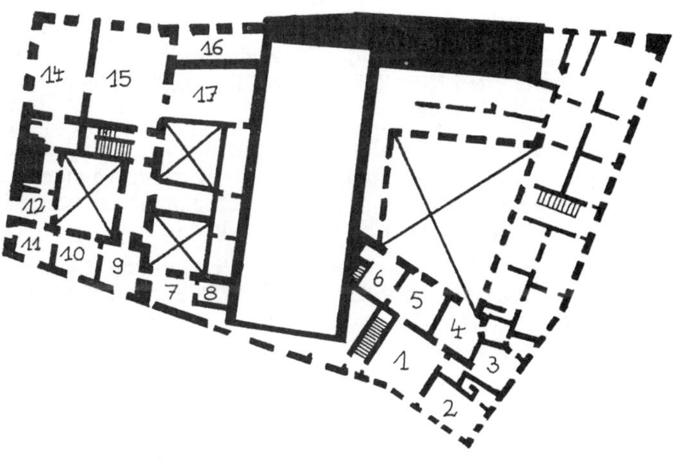

1) Saal der Elemente: Feuer, Wasser, Erde von Vasari
2) Terrasse des Saturn: "Il Diavolino" von Giambologna
3) Herkules-Saal: Name sagt alles, ebenso von Giambologna
4) Jupiter-Saal
5) Cibele-Saal: Cibele und die 4 Jahreszeiten
6) Saal der Ceres: Nach Motiven der Deckengemälde. Florentiner Wandteppiche.

Auf der dem Platz zugekehrten Seite des 2. Stocks ist die Abteilung der Prioren. Säle 7 bis 12. Grüner Saal (7) mit Studio der Elenora (8).

Vom Saal 7 beginnt der lange Gang (geschlossen) der sich durch die Uffizien, über die Ponte Vecchio bis zum Pitti-Palast hinzieht.

9) Saal der Sabinerinnen
1o) Speisesaal
11) Zimmer der Penelope
12) Schlafzimmer Elenoras - der Ehefrau von Cosimo.
13) Kapelle
14) Audienz-Saal. Hier wurde Savonarola verurteilt.
15) Lilien-Saal, Fresken von Ghirlandaio
16) Alte Kanzlei (Machiavellis Büro!)
17) Garderobe

Piazzale degli Uffizi u. Uffizien

(9-19 Uhr, sonntags 9-13 Uhr, montags zu)
In dem ehemaligen zentralen Verwaltungsgebäude (ufficio = Büro) von Vasari, 156o-158o für Cosimo I. gebaut, ist heute eines der größten und berühmtesten Museen der Welt untergebracht.

Ein Besuch zeigt, auch wenn man nicht alles betrachtet, die Entwicklung der Malerei (siehe auch Florenz - Kunstgeschichte) vom zentralen Motiv Christi, Mariens und der Heiligen zur Verbindung derselben mit Darstellungen des Menschen und der Landschaft, dann reines Portrait oder Landschaft.

Übrigens: An den Arkadensäulen der Piazzale degli Uffizi stehen die Skulpturen aller berühmten Künstler - Maler, Bildhauer, Dichter, Philosophen von Florenz und Toskana.

Am Ende dieser steinernen Allee der großen Toten - dort wo der Arno im Lichterglanz fließt - toben die lebendigen Kunstjünger ihre Talente an den Touristen aus. Und manchen von ihnen gelingen ganz interessante Portraitstudien. Vielleicht liegts an der Florentiner Luft!

Wer alles sehen will, muß sich das im Museum erhältliche Buch kaufen (auch in Deutsch). Hier ein Übersichtsplan der Säle mit einer Auswahl bekannter Namen:

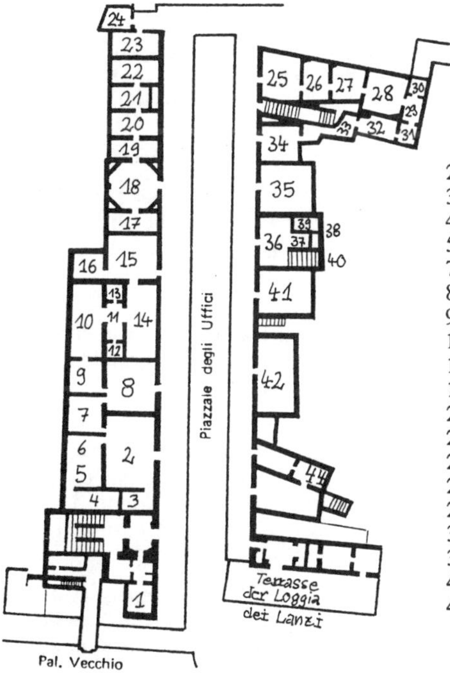

2- Giotto, Cimabue
3- senesische Maler, S. Martini
4- Florentinisch, 14. Jh.
5-6- Gotik
7- Renaissance, Ucello, Masaccio
8- F. Lippi
9 + 1o- Botticelli (teilw. in 11)
12-14-15. Jahrhundert
15- Leonardo da Vinci, Signorelli
19- Perugino
2o- Dürer u.a. Deutsche
22- Flämische u. deutsche maler
25- Michelangelo
26- Andrea del Sarto + Raffael
28- Tiziano
35- Tintoretto
34- Veronese
41- Rubens
44- Rembrandt

Unter den Arkadengängen der Uffizien kann man tagsüber fast alles, was in Florenz an Kunst zu sehen ist, als Kopie und Andenkenware in allen Größen und Preislagen erstehen. Mitbringsel en gros.

PONTE VECCHIO

Die einzige erhaltene mittelalterliche Brücke. Und die einzige, die noch ihre kleinen Häuser trägt. Seit dem 13. Jh. "bewohnt". Sie stammt wohl schon aus der Etruskerzeit. Der römischen Via Cassia diente sie als Flußübergang. Da später viele Jahrhunderte hindurch hier die Metzger ihre Läden hatten, baute man für die feinen Damen den geschlossenen Gang vom Palazzo Vecchio bis zum Palazzo Pitti, um ihre Näschen vor dem Geruch zu verschonen. Tagsüber eine bunte Mischung von Touristen, die in den Goldschmiedeläden ihre Devisen verschleudern, und von jungem Volk - barfüßig, mit Stirnband und Rucksack bewaffnet. Abends ist die Gesellschaft homogener - da beherrschen letztere die Szene. Dazwischen spielt einer auf der Querflöte Boccherini, andere malen, der Rest liegt herum.

Auf der anderen Seite biegt rechts die sehr lebendige enge Via Borgo S. Jacopo ab. Eine bunte Palette von Galerien, Modeboutiquen, Puppengeschäften, Spirituosenläden und typischen Florentiner Restaurants (siehe dort).

An dem Turm in ihrer Mitte ist in etwa 3 m Höhe (!) die Markierung des Hochwassers von 1966 zu sehen, das so viel Schaden anrichtete. Ein Stück weiter ist der Konzert- und Theatersaal "Il Punto" in der Kirche Consacrata, wo die romanischen Säulen noch in den Barocksäulen stehen.

Piazza Santa Croce

Dieser rechteckige Platz ist umgeben von alten Palästen. Der eindrucksvollste ist der große Palazzo Antella (1619) - übervoll mit herrlichen Fresken von Sangiovanni verziert, die in 2o Tagen vollendet wurden.

SANTA CROCE

Sie ist die an Kunstwerken reichste Kirche v. Florenz. Was für Paris das Pantheon, ist für Florenz S. Croce: Ruhmestempel "Aux Grandes Hommes", Gräber mit großen Namen. Michelangelo, Dante, Galileo Galilei, Macchiavelli, Rossini und andere.

Die Grundsteinlegung zur dreischiffigen gotischen Basilika der Franziskaner erfolgte am 3.5.1294; ihr Grundriß zeigt das franziskanische T; ihre bekanntesten Bauherren: Arnolfo di Cambio, Gesamtplanung 13. Jh., Giorgio Vasari, Umbauten 16. Jh.; ihre Fassadenverkleidung mit Marmor und ihren Campanile erhielt Sta. Croce erst im Jahre 1863.

In Sta. Croce hat das Hochwasser vom 4.11.1966 (eine Inschrift neben dem rechten Portal an der Innenfassade zeigt den damaligen Wasserstand) schwere Schäden angerichtet, u.a. an dem berühmten Cimabue-Kreuz. Die Glasfenster stammen aus dem 14. Jh.

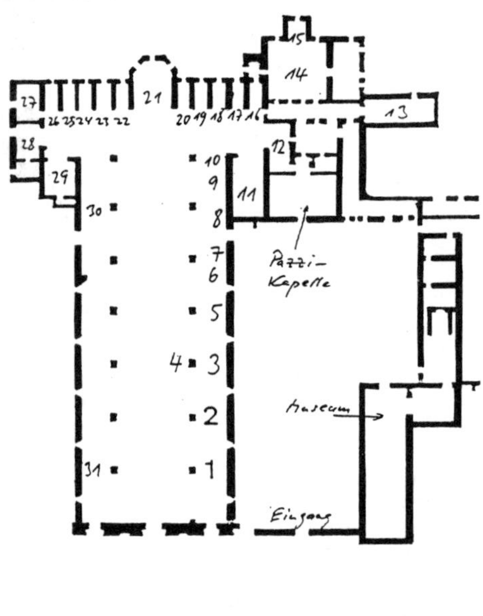

Die Gräber und Monumente:

Rechtes Seitenschiff (siehe Numerierung im Plan)

1) Grabmal Michelangelos: auf dem Sarkophag eine Büste des Künstlers. Die drei Frauen am Sockel symbolisieren die Architektur (rechts), die Skulptur (Mitte) und die Malerei (links).

2) Kenotaph Dantes: auf dem leeren Sarkophag (Dantes sterbliche Überreste ruhen in der Kirche S. Francesco in Ravenna) sitzt der "größte Dichter", wie es die linke Figur der Italia Turrita verkündet, in nachdenklicher Pose, während die Muse der Dichtkunst zur rechten Seite seinen Tod beweint.

3) Grab des Vittorio Alfieri (1749-18o3), eines bedeutenden Dramatikers.

4) Kanzel des Benedetto da Maiano: aus weißem Marmor, eines der schönsten Kunstwerke in Sta. Croce. Es zeigt auf fünf Tafeln Reliefs von Szenen aus dem Leben des hl. Franziskus: die Bestätigung seiner Ordensregel, die Feuerprobe vor dem Sultan, die Stigmatisierung, Tod und Martyrium seiner Ordensbrüder.

5) Grab von Nicolo Machiavelli (1469-1527); Politiker, Philosoph und Historiker. Von ihm stammt der berühmte und berüchtigte Spruch: "Der Zweck heiligt die Mittel." Das Medaillon, das die Allegorie der Politik in der Hand hält, zeigt seine Büste.

6) Grab von Luigi Lanzi, Jesuit und Kunsthistoriker (gestorben 181o).

7) Die Verkündigung: ein Meisterwerk von Donatello (1493), Hochrelief aus teilweise vergoldetem Sandstein)

8) Grab von Leonardo Bruni, Kanzler der Republik Florenz (gestorben 1444), ein schönes Beispiel eines Renaissance-Grabes.

9) Grab von Gioachino Rossini (1792-1868), dem berühmten Komponisten.

1o) Grab von Ugo Foscolo, dem Dichter, der Sta. Croce "Tempel italienischen Ruhmes" nannte.

3o) Grabmal von Carlo Marsuppini, humanistischer Philosoph, von Desiderio da Settignano. Im Boden des linken Seitenschiffes befinden sich auch die Grabplatten von Lorenzo Ghiberti, dem Schöpfer der Paradiestür am Baptisterium und von Giorgio Vasari, dem Maler, Architekten und Historiker aus Arezzo.

31) Grabmal des Galileo Galilei (1564-1642), des großen Physikers, Mathematikers und Astronomen "... und sie bewegt sich doch". In der Mitte die Büste des Galileo, rechts und links die Allegorien der Astronomie und Geometrie. Das Monument bedeckt einen Teil der Wandfresken aus dem 14. Jh.

Die Kapellen

In der Beschreibung der Kapellen erfolgt hier nur eine in Stichworten gefaßte Auswahl berühmter Künstler.

11) Capella Castellani: Fresken von Agnolo Gaddi (u.a. Versuchung des hl. Antonius), Statuen der Heiligen Franziskus und Domenikus von Della Robbia, Marmortabernakel von Mino da Fiesole.

12) C. Baroncelli: Fresken von Taddeo Gaddi (125o-1366), einem Schüler Giottos. Von Giotto selbst die Krönung Mariens. Die Fresken der rechten Wand sind von Mainardi, einem Schüler Ghirlandaios.

13) C. Medici: in der Altarnische eine besonders schöne Della Robbia Terrakotta: Madonna mit Kind, Engeln und Heiligen.

14) Die Sakristei: in den Schränken: Meßbücher des 16. Jh. und einige Stücke der Kutte des hl. Franziskus. Das große Kreuzigungsfresko malte Taddeo Gaddi.

15) C. Rinuccini: Fresken von G. da Milano und M. di Pacino (14. Jh.).

16) C. Velluti: Szenen aus dem Leben des hl. Michael von Jacopo del Casentino (14. Jh.).

17) C. Ricardi: Szenen aus dem Leben der heiligen Petrus und Andreas von Giovanni Mannozzi.

18) C. Bonaparte: Malereien vermutlich von Giotto. Grabmal von Charlotte Bonaparte, einer Nichte Napoleons.

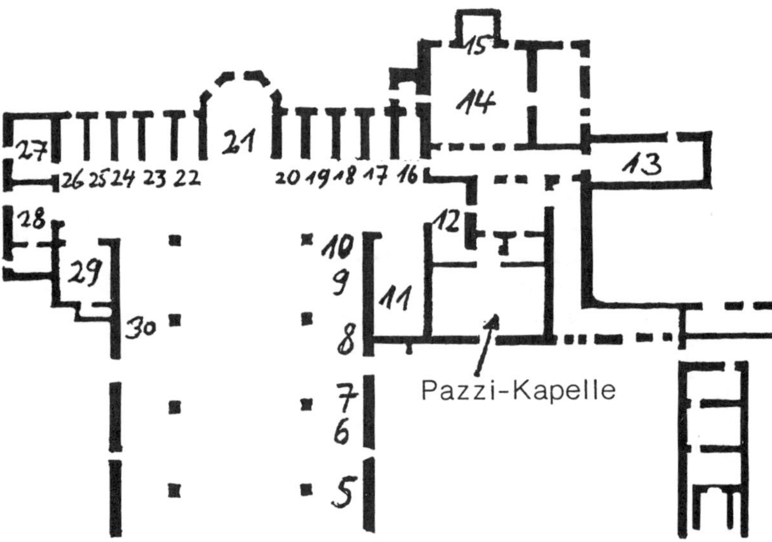

Kapellen (Capella)

11 C. Castellani	2o C. Bardi
12 C. Baroncelli	21 C. Maggiore
13 C. Medici	22C.Spinelli
14 Sakristei	23 C. Capponi
15 C. Rinucini	24 C. Ricasoli
16 C. Velluti	25 C. Pulciden
17 C. Ricardi	27 C. Niccolini
18 C. Bonaparte	28 C. Bardi
19 C. Peruzzi	29 C. San Lorenzo

19)+2o) C. Peruzzi und C. Bardi: diese beiden zählen zu den schönsten und bedeutendsten Kapellen in Sta. Croce, zeigen sie doch Giottos Kunst auf ihrem Höhepunkt. In der C. Peruzzi erzählen die Fresken Begebenheiten aus dem Leben der Heiligen Johannes des Täufers und Johannes des Evangelisten.

Die Fresken in der Bardi-Kapelle, aus dem Leben des hl. Franziskus erzählend, bilden den Höhepunkt des Besuches von Sta. Croce. Die bemalte Holztafel über dem Altar zeigt ebenfalls Franziskus und Szenen aus seinem Leben (Luccheser Schule, 12. Jh.).

21) C. Maggiore, Hauptkapelle: Agnolo Gaddi erzählt in seinen Fresken die Geschichte des Kreuzes, die in ihrer Gliederung den Fresken von Piero della Francesca in Arezzo gleicht.

22) Die Kapellen Spinelli, 23) Capponi und 24) Ricasoli weisen keine großen Namen auf.

25) C. Pulci: Die Malerei stammt von Bernardo Daddi, dem bekanntesten Schüler Giottos. Die Altarterrakotta ist ein Werk von Andrea della Robbia.

26) C. Bardi di Vernio: die Fresken von Maso di Banco (ebenfalls Schüler Giottos) erzählen aus dem Leben des Papstes Silvester, Kaiser Konstantins und anderer Heiliger.

27) C. Niccolini: Baukunst des 16. Jh.

28) C. Bardi: hier befindet sich das berühmte Kruzifix Donatellos, dem in einem Streitgespräch von Brunelleschi vorgeworfen wurde, es gleiche eher einem Bauern als Christus.

29) C. San Lorenzo: 2 besonders schöne Grabmäler: das der Gräfin Zamovska und das des Grafen Luigi de Cambray-Digny, beide von Lorenzo Bartolini.

MUSEUM UND PAZZI-KAPELLE

Der Eingang (Eintrittskarten) befindet sich an der Piazza Sta. Croce. Durch den Kreuzgang hindurch gelangt man zur Pazzi-Kapelle, die neben der Neuen Sakristei von San Lorenzo das schönste und stilreinste Beispiel der Renaissance-Architektur darstellt, und von keinem Geringeren als von Brunelleschi stammt. Salvini spricht zurecht von einer "vollkommenen Raumharmonie". Die Medaillons mit den Aposteln und Evangelisten schuf Luca della Robbia.

MUSEUM: Im ehemaligen Refektorium hängt beim Eingang rechts das Cimabue-Kruzifix nach vielen Jahren der Restaurierung wegen der Schäden der Hochwasserkatastrophe. Die Stirnseite des Museums ist mit der großen Freskomalerei "Baum des Lebens" von Taddeo Gaddi verziert. Das Museum beherbergt in 6 Sälen viele Werke berühmter Künstler wie Andrea Orcagna, Donatello, Veneziano, Aretino, Della Robbia, Tino da Camaino und viele andere.

CASA BUONARROTI

Wenn man auf der nördlichen Seite der Kirche, etwa in der Mitte des Langhauses, die Via Pinzocherre ein paar Schritte geht, stößt man in der Via Ghibellina auf das Haus, das Michelangelo für seinen Neffen kaufte, und in dem heute ein Museum untergebracht ist. Dort sieht man seine erste Skulptur, "Madonna an der Treppe". Dieses Flachrelief schuf er mit 16 Jahren. Das Hochrelief "Kentauren-Schlacht" war vermutlich sein zweites Werk.

Sein Kruzifix von S. Spirito ist aus drei Gründen eine Besonderheit: 1) Es ist eine seiner wenigen Holzarbeiten. 2) Es ist eines der wenigen ganz nackten Kruzifixe und es hat 3) die von Michelangelo erfundene und später oft nachgemachte Contraposto-Haltung: der Winkel der Beine ist entgegengesetzt zur Neigung des Kopfes. Sagte ich aus drei Gründen? Aus vier: Es ist besonders schön.

Außer halbfertigen Skulpturen und Modellen von Michelangelo kann man über einer Tür ein kleines Gemälde sehen, das den Sturz seiner Mutter vom Pferd zeigt (siehe Kapitel Michelangelo). Ansonsten: Portraits, Sammlungen etruskischer und römischer Plastiken.

Michelangelo

* 6.3.1475, †18.2.1564

"Il Divino" (der Göttliche), auch "Il Maestro del Mondo" (Meister der Welt) wurde er schon zu Lebzeiten genannt. Zu Recht. Als er vom Papst Julius II. den Auftrag für die Sixtina bekam, war seine Antwort: "Ich bin kein Maler." Das Ergebnis: das schönste Fresko der Welt. Als er in hohem Alter mit dem Bau von St. Peter beauftragt wurde, war seine Antwort: "Ich bin kein Architekt." Das Ergebnis: die schönste Kirche der Christenheit.

Er war das hervorragende Genie, seit die Erde von Menschen bevölkert ist.

Als Bildhauer, als Maler und als Architekt war er einmalig. Und die Vorsehung stellte ihn in eine Zeit, die durch ihre geistigen Horizonte Großes zu erschaffen geeignet war: die Zeit der Renaissance und des Humanismus. Ein wunderbarer Dreiklang machte diesen Mann unsterblich: sein Genie, seine Hinwendung vom mittelalterlichen Dunkel strenger Gotik zur lichten Klarheit der Darstellung menschlicher Würde und sein Fleiß.

Seine Auftraggeber waren abwechselnd die Medici, einige Päpste, die Stadt Florenz und private Kunstsammler aus Adel, Finanz- und Geschäftswelt. Bis etwa zu seinem 5o. Lebensjahr war er trotzdem immer in Geldnot, da sein Vater und mehr noch seine vier Brüder, alle unfähig, für ihren Lebensunterhalt selbst zu sorgen, ihm in schmarotzerischer Weise jeden übrigen Gulden abknöpften.

Doch lebte er auch in späteren Jahren, als bestbezahlter Künstler seiner Zeit, einfach und bescheiden wie ein Steinmetzgeselle, arbeitete täglich bis zum Umfallen, legte sich in Kleidern schlafen und zog seine Stiefel oft nach vielen Tagen erst aus, so daß die Haut dabei mit abging.

Er lebte bedingungslos für seine Kunst. Weder hochmütig noch sentimental, weder stolz noch eingebildet. Sie waren es für ihn und sie sollten es für uns sein, die wir vor seinen Werken stehen: "Meine Kunst ist mein Weib..., und meine Kinder sind die Werke, die ich hinterlasse", sagte er selbst einmal.

Die von ihm selbst sein Leben lang bevorzugte Ausdrucksform der Kunst war die Bildhauerei. Oft suchte er monatelang in den Brüchen von Carrara nach dem geeigneten Marmor.

Sein langes und erfülltes Leben sei hier nur in ein paar Skizzen umrissen. Seine Mutter stürzte im 7. Monat der Schwangerschaft vom Pferd und hatte hierbei eine Vision des Erzengels Michaels (Archangelo Michele), und weil Mutter und Kind den Sturz unbeschadet überstanden hatten, nannte man den Knaben Michelangelo. Am 6. März 1475 wurde er in Caprese, einem verlorenen Nest im Casentino östlich von Florenz, als Sohn des dorthin versetzten Dorfrichters Lodovico Buonarroti geboren.

Kurz nach seiner Geburt zogen die Eltern nach Florenz zurück, und er wurde von einer Amme gesäugt, deren Mann Steinmetz war. Den Staub des Steins bekam er also schon mit der Muttermilch zu spüren.

Mit 15 Jahren war er bereits Lehrling der Freskenmalerei Ghirlandaios, wurde dann als Schützling von Lorenzo Il Magnifico Schüler dessen Bildhauerschule, wohnte bei ihm und war dadurch auch ständiger Gast der Platonischen Akademie. Sein erstes Marmorrelief "Kampf der Kentauren" steht heute in der Casa Buonarroti in Florenz. Nachts seziert er Leichen in der Totenkammer des Konvents Santo Spirito, um die Anatomie des Menschen zu studieren.

Ein Mitschüler namens Torrigiani erlangte nur dadurch Berühmtheit, daß er Michelangelo bei einer Diskussion über Kunst das Nasenbein zerschlug. Als Michelangelo 17 war, starb Lorenzo. Die Jahrzehnte danach waren unruhige Zeiten.

Während der 89 Jahre seines Lebens bestiegen 13 Päpste den Stuhl Petri zu Rom, wobei Papst Julius II., der mehr Zeit im Harnisch als im Ornat verbrachte, sein Auftraggeber für die Sixtinische Kapelle wurde. In Florenz rissen die Machtkämpfe zwischen den Medici und der Signoraia (der Zünftevertretung im Rathaus) nicht ab, zwischendurch regierte Fanatismus, Haß und Intoleranz unter dem Eiferer Savonarola, zweimal treten die Franzosen auf die Bühne, auch Karl V., Kaiser des Hl. Römischen Reiches, hatte seine Hände im Spiel. Dann ein Sohn des Mediceer-Papstes Clemens, der völlig unfähige und verhaßte Alessandro.

Dieser so wirren und veränderlichen Zeit schenkte Michelangelo die Gelassenheit und Unvergänglichkeit seiner Kunst. Der Gigant der Renaissance!

Bei der Arbeit ließ er sich von seinen Auftraggebern niemals zur Eile drängen. Als Papst Julius II. während der Ausmalung der Sixtinischen Kapelle die häufige Frage stellte: "Wann ist es endlich fertig?", war seine Antwort: "Wenn es fertig ist."

Vor der Skulptur "Die Nacht" für die Sakristei von San Lorenzo fragte ihn ein vornehm gekleideter Edelmann: "Wie brachten Sie nur diese erstaunliche Figur fertig?" Seine Antwort: "Ich hatte einen Marmorblock, in dem jene Figur verborgen war. Die einzige Schwierigkeit bestand darin, das bißchen Marmor wegzunehen, das um sie herum war."

Im Unterschied zu seinem Zeitgenossen Leoardo da Vinci, der die Fülle seiner genialen Einfälle am liebsten allesamt gleichzeitig verwirklicht hätte - und dadurch vieles unvollendet ließ - arbeitete Michelangelo stetig, unbeirrt und besessen, bis sein Werk seiner Kritik standhielt.

Drei Frauen spielten in seinem Leben eine Rolle. Da war zunächst, von seiner Jugend an, Contessina, jüngste Tochter von Lorenzo II Magnifico. Eine heimliche, platonische und uneingestandene Liebe, da es zur damaligen Zeit für eine Medici-Tochter unmöglich war, einen Steinmetzgesellen zu lieben oder gar zu heiraten. Sie wurde standesgemäß verheiratet und erst auf ihrem Totenbett gestanden sie sich ihre Liebe.

Während seiner Zeit in Bologna lernte er die schöne und sinnenfreudige Clarissa kennen und erlebte mit ihr eine kurze und sehr beglückende Körperlichkeit. Die Beziehung scheiterte an ihrer beider Erkenntnis, daß für ihn seine Arbeit wichtiger war.

Die dritte und späte Liebe seines Lebens begegnete ihm in Rom in Gestalt der Vittoria de Colonna, einer Frau von Geist, Schönheit und Adel, die sich jedoch nach einer kurzen und unerfüllten Ehe mit einem liederlichen Grafen ins geistige Fahrwasser des religiösen Fanatikers Girolamo Savonarola stürzte und sich jeder weiteren Beziehung entzog.

Als er am 18. Februar 1564 starb, wurde seine Leiche heimlich, in einen Sack genäht, nach Florenz gebracht, um in der Kirche Santa Croce begraben zu werden, seinem Wunsch entsprechend. Die Römer wollten ihn nämlich in Sankt Peter begraben.

Eine Auswahl seiner wichtigsten Werke, das Jahr des Beginns und deren Standorte:

1492 Kentaurenschlacht, Casa Buonaroti/Florenz
1495 St. Petronius, St. Proculus, San Domenico/Bologna
1497 Bacchus, Bargello/Florenz
1498 Pietà, Peterskirche/Rom
15o1 David, Accademia/Florenz
15o2 David, Bargello/Florenz
15o4 Pitti-Madonna, Bargello/Florenz
15o5 St. Matthäus, Accademia/Florenz
Julius-Grabmal+Moses, St. Pietro in Vincoli/Rom
15o6 Sixtinische Kapelle (Decke)/Vatikan
152o Mediceer Kapelle, S. Lorenzo/Florenz
Biblioteca Laurenziana/Florenz
1536 Sixtinische Kapelle (Jüngstes Gericht)/Vatikan
1539 Brutus, Bargello/Florenz
1547-64 Petruskirche/Rom
Porta Pia/Rom
Santa Maria degli Angeli/Rom
Kapitol/Rom
1548 Pietà (Kreuzabnahme), Dom-Museum/Florenz
155o Pietà Palestrina (Grablegung), Accademia/Florenz

Piazza dei Pitti

"Jenseits" des Arno - ein weiter, leicht abschüssiger, formvollendeter Platz. Die Breitseite nimmt der antik-römisch inspirierte Rustica-Bau, der Palazzo Pitti, mit seinen bräunlichen naturbelassenen Quaderstein-Mauern ein, vor dem grünen Hintergrund der berühmten Boboli-Gärten.

PALAZZO PITTI /PITTI MUSEUM

Brunelleschi entwarf nach römischen Vorbildern diesen Palast für die Familie Pitti, die mit diesem riesigen Bau den Medici mal zeigen wollten, was ein Palast ist. Die Medici ihrerseits zeigten den Pitti, was eine Harke ist und kauften das Ding, nachdem die Pitti pleite waren. Entschuldigen Sie die "sachliche" Kaufmanns-Sprache.

Cosimo I. erstand mit dem Geld seiner Frau Elenora von Toledo den Repräsentationsbau der Pitti und erteilte auch gleich seinem Architekten Vasari den Auftrag, den Palast mit dem Palazzo Vecchio über die Ponte Vecchio hinweg zu verbinden.

Das MUSEUM, das heute darin untergebracht ist (gegründet von Cosimo I.), besteht aus vier riesigen Abteilungen:

Die Königlichen Gemächer, ein Rausch in Farben - Thronsaal in rosa, Tanzsaal weiß mit Stuck verziert - grüner Saal, blauer Saal, gelber Saal, Papageiensaal (wegen des Musters der Brokattapete), Schlafgemächer, Fresken von Volterra, Benevenuti, Sodoma etc.

Die Galerie Palatina im 1. Stock, eine reiche Sammlung alter Gemälde, 16. und 17. Jh. In äußerst prunkvollen Räumen, nicht chronologisch, sondern dekorativ angeordnet: Raffael, Tizian, Tintoretto, Murillo, Rubens u.a., so daß es hier unmöglich ist, eine kurze Übersicht zu geben. Es ist auch wegen der Vielfalt der Kunstwerke zu empfehlen einen Führungsprospekt zu erstehen; alle Werke sind auch gut sichtbar beschriftet.

Die Galerie der "Modernen Kunst" - die Anführungszeichen besagen daß die Sammlung eigentlich im 19. Jh endet - hat allerdings auch Werke von Giorgo de Chirico, diesem eigenwilligen, italienischen "Dali" und wird laufend durch Neuanschaffungen erweitert. (Bisher Di. zu.)
Der Eingang ist durch das Hauptportal des Palazzo Pitti, die Ausstellungsräume befinden sich im 2. Stock und bieten aus den Fenstern einen hinreißenden Ausblick auf die Stadt und die Hügel.

Das Silbermuseum, in 1o Sälen mit herrlichen Wandmalereien kann man hier Schmuck, Porzellan und andere kostbare Kleinigkeiten bewundern. Nur Mo., Mi. und Fr.

BOBOLI-GÄRTEN

Diese klassische Gartenpark-Anlage im Stil der Spätrenaissance (155o), die sich bis zur Festung Belvedere hinaufzieht, wurde für Cosimos I. Frau Eleonora de Toledo angelegt. Rasen, Baumgruppen, Grotten und Brunnen die Fülle! Die berühmteste Grotte ist die des Buonarotti (1533-1588) mit Figuren des Apollo, der Cerces, der Venus von Giambologna und Kopien der "Sklaven" von Michelangelo.

Im Amphitheater, gleich hinter dem Schloß, schlug die Geburtsstunde der Oper, in glanzvollen Freilicht-Aufführungen. Am Eingang zu den Gärten, links, reitet der berühmte Bacchino auf seiner Schildkröte. Der Hofzwerg Cosimos I. stand Modell für dieses fette Männlein, dessen Bauch und ... schon ganz abgegriffen ist. Das soll Glück bringen.

Durch die 45.000 qm großen Gärten kann man hinaufsteigen bis zur

FORTEZZA BELVEDERE

jener mustergültig angelegten Festung aus der Renaissance. Sie wurde vermutlich von Michelangelo entworfen, diente jedoch niemals einem kriegerischen Zweck. Der Blick von oben ist unbeschreiblich, er geht über die Stadt und die blühenden Hänge des in leuchtender Ferne gegenüberliegenden Fiesole bis in die Weite der florentinischen Landschaft. Hinter der schönen "Michelangelo-Villa" das selbe Bild, nur in der anderen Richtung.

Und hier schlängelt sich nun das liebenswerte Sträßlein von Florenz die Festungsmauer entlang - begleitet von Bienengesumm, Grillengezirpe, friedlich dösenden Katzen und über alte Mauern hängenden silber-flirrenden Ölbaumzweigen: die Via di Belvedere.

Man kann sie hinuntergehen bis zur Porta San Miniato, von dort an führt der Weg über den Hügel von San Miniato hinüber zur:

Piazzale Michelangelo

Da steht er auch wieder. Der David. Und viele Omnibusse und Autos und viele Touristen (Wohnmobile bleiben meistens gleich da!). Und viele Andenken- und Kitschverkäufer und Straßenmaler und ... wir.

Es ist nun eben der schönste Blick auf Florenz. Sagt man. Ich weiß einen noch schöneren. Und einen viel ruhigeren: oben bei der

KIRCHE SAN MINIATO AL MONTE

Hier saß schon der junge Michelangelo, hoch oben auf der Kirchentreppe - hörte das Rauschen der Bäume ringsum, bewunderte den ehrwürdigen Bau - es war sein Lieblingsplatz. Und mich fasziniert der Gedanke, daß diese Kirche schon vor ihm, der später soviele Baudenkmäler schuf, da war.

Hinter dem großen Terrassen-Restaurant an der Piazzale Michelangelo, durch einen Park mit alten Bäumen und Zypressen, oder über eine große Treppe (von der Straße her), gelangt man vor diese schönste romanische Marmorfassade von Florenz. Das Innere der Kirche strahlt die der Romanik eigene Harmonie aus. Im Chorraum blickt ein stark byzantinisch beeinflußter Pantokrator auf den Besucher herab. Unter dem erhöhten Chor liegen in der nur halb unterirdischen Krypta die Gebeine des hl. Minias, eines syrischen Christen, der im 3. Jh. in Florenz als Märtyrer starb, und nach dem die Kirche benannt ist. Vor der Treppe zur Krypta steht ein

Marmortabernakel von Michelozzo mit Terrakotta-Kassetten von Lucca della Robbia. Weiter beachtenswerte Kunstwerke sind die romanische Marmorkanzel und die Fresken in der Sakristei (14. Jh.) mit Darstellungen aus dem Leben des hl. Benedikt.

PIAZZA SANTA TRINITA

Wieder unten in der Stadt. Bei der Ponte S. Trinita. Hier ist Gelegenheit, zwei Florentiner Palazzi zu sehen, die jeder für sich unverfälschte Beispiele ihrer Kunstepoche darstellen: Der fast rein gotisch-mittelalterliche Palazzo Ferroni und der Renaissance-Palast Strozzi. Auf der dorischen Säule in der Mitte steht die Statue der Gerechtigkeit.

KIRCHE SANTA TRINITA

An der Piazza und bei der Brücke gleichen Namens. Der kleine Umweg lohnt sich nur der Fresken wegen, die Domenico Ghirlandaio in die zweite Kapelle rechts neben den Hauptaltar malte. Auch hier hat er, wie in Santa Maria Novella, in Darstellungen der Bibel oder Szenen um das Leben Heiliger, hier der hl. Franziskus, Ansichten von Florenz und Bürger der Stadt eingefügt: Auf der Szene "der Papst bestätigt die Ordensregeln des Franziskus" erkennt man im linken Hintergrund den Palazzo Vecchio, rechts Lorenzo de Medici, unschwer zu erkennen an seiner Entenschnabel-Nase, neben ihm der Auftraggeber der Fresken: der Bankier Sassetti; auf einer Treppe: Angelo Poliziano (Plato-Akademie) mit den Söhnen Lorenzos.

MERCATO NUOVO

Zwischen dem Besuch von Palazzo Vecchio und Uffizien ganz in der Nähe, sozusagen als Erholung: der Strohmarkt in der Renaissance-Loggia von B. del Tasso, wo es Strohhüte, Lederwaren, Souvenirs u.a. gibt. Das Bronze-Wildschwein "Il Porcellino" (eine Kopie des Marmororiginals aus den Uffizien) hat einen ganz glänzenden Rüssel und .... Das Anfassen soll Glück bringen. In der Mitte ist eine Marmorplatte, wo Konkurs-Rittern aufs nackte Hinterteil geschlagen wurden. Wie schade, daß so herrliche Bräuche ausgestorben sind.

PIAZZA SANTO SPIRITO

Vom Hauptportal des Palazzos Pitti aus, geradeaus über den Platz und die gegenüberliegende Gasse kann man schnell diese nette Piazza erreichen. Auf dem fast ländlich anmutenden Platz sitzt es sich schön am Rand des schlichten Brunnens, im Schatten der Bäume und im Anblick einer fast dörflich einfachen Kirche. Dieses klarlinige Bauwerk, das aussieht wie eine schöne Dorfkirche, ist jedoch die letzte große Schöpfung Brunelleschis (1444). Es ist die:

KIRCHE SANTO SPIRITO

Hier soll der junge Michelangelo wochenlang Nacht für Nacht heimlich in die damaligen Leichenhaus-Keller hinabgestiegen sein, um seine Sezier-Versuche zu machen, mit Hilfe derer er in die Geheimnisse der menschlichen Anatomie einzudringen versuchte.

Das Kircheninnere birgt viele Kunstwerke. 38 kleine Kapellennischen enthalten u.a. Malereien von Filippo Lippi und Andrea Sansovino.
An der vorderen Ecke der Piazza Santo Spirito rechts in die Via Santa Monica einbiegend, die Via dei Serragli überquerend - gelangt man zur Piazza del Carmine. Hier steht ein Gotteshaus, in dem sich viele der größten bildenden Künstler der florentinischen Glanz-Epoche des öfteren trafen, um eine neue Malweise zu bestaunen und zu studieren. Es ist die

KIRCHE VON S. MARIA DEL CARMINE

In dieser außen schlichten Kirche ohne Marmorfassade ist rechts vorne die Brancacci-Kapelle ein Juwel der Renaissance-Malerei! (Offen: werktags 1o-17, So. 13-17 Uhr, Di. zu.)

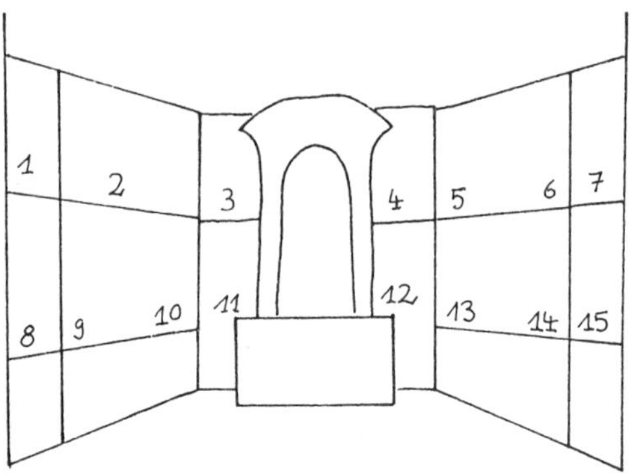

Die Fresken der
Capella Brancacci:
Massaccio: 1-2-4-5-10-11-12
Masolino: 3-6-7
Lippi (Filippino): 8-9-13-14
Bronzino: 15

<u>Masaccio</u>, "der Tölpel" (14o1-1428), Schüler von Masolino da Panicale, hat in diesen Fresken der Petrus-Geschichte einen neuen Stil geschaffen und mit diesem am deutlichsten den Beginn des Rinascimento gezeigt (siehe Einleitung zu Florenz): Christus steht - auf dem Bild "der Zinsgroschen" - als Primus inter pares bei seinen Jüngern, die Gesichter sind realistisch gezeichnet, Landschaft, Licht und Schatten und die Architektur erhöhen die Dramatik des Geschehens.

1 Vertreibung aus dem Paradies
2 Der Zinsgroschen
3 Predigt des Petrus
4 Petrus tauft neue Gläubige
5 Petrus (mit Johannes) heilt einen Krüppel und
6 erweckt Tabita
7 Versuchung von Adam und Eva

8 Petrus wird von Paulus im Gefängnis besucht
9 Petrus erweckt Theophilus
10 Die Predigt des thronenden Petrus
11 Petrus (mit Johannes) heilt Kranke
12 Petrus und Johannes verteilen Almosen
13 Kreuzigung Petri
14 Petrus und Paulus disputieren vor Nero
15 Ein Engel befreit Petrus aus dem Gefängnis

Vor diesen Fresken fand - eine Vermutung unter anderen - die Debatte zwischen Torrighiani und Michelangelo über das Thema Kunst statt, wo sich dieser - der ein Bewunderer Masaccios war - ein eingeschlagenes Nasenbein einhandelte, und damit seine lebenslange Entstellung.

1984-199o restauriert, verblüffen die Fresken in ihrer ursprünglichen Farbenpracht ähnlich wie die Michelangelos in der Sixtinischen Kapelle. Neue Details tauchten unter Ruß und Schmutz oder unter den im 17. Jh. über die Körper von Adam und Eva gemalten Feigenblättern auf. Eine Luftreinigungsanlage und eine auf 2o Minuten begrenzte Besuchszeit pro Gruppe sorgen dafür, daß den Fresken nun nichts mehr geschieht - kosteten doch die Restaurierungsarbeiten immerhin 2,7 Mio. DM.

Feste

Die Florentiner feiern zwei große Feste im Jahr:

Scoppio del Carro: Kirchliches und Heidnisches sind hier am Ostersonntag miteinander verknüpft - mit einem dünnen Draht. Dieser führt aus der Kirche heraus zu einem Karren mit hohen Aufbauten, der vorher von weißen Valdichiana-Ochsen zwischen Dom und Baptisterium gezogen wurde, und ringsum bestückt ist mit Feuerwerkskörpern. Beim "Gloria in excelsis" gleitet an dem Draht eine Taube aus dem Dom, prallt an den Karren und das Feuerwerk geht los. Im selben Moment fangen die Osterglocken an zu läuten: Christus ist erstanden - soweit der kirchliche Teil des Festes.

Knallt der Kasten auch richtig? - das ist die heidnische Frage dabei. Wenn es nämlich richtig schön kracht und zischt und prasselt, gibt es ein gutes Jahr. Ein Stab von tüchtigen Pyrotechnikern sorgt dafür. Vermutlich geht der "Flug" der Taube und das Blitzen und Krachen sogar auf etruskische Ursprünge zurück:

Die Kunst der Auguren und Fulgurientes, aus dem Flug der Vögel und der Richtung des Blitzes die Zukunft vorherzusagen. Einheimische und Touristen können ja anschließend beim Festschmaus die Tradition fortsetzen und aus den Fegatini alla Fiorentina (Leber auf Florentiner Art) sich nach dem Vorbild der Haruspizes (siehe Kapitel Etrusker) ihre eigene Zukunft deuten.

Calcio in Costume: Auf der Piazza Santa Croce findet am 24. Juni (Fest des Stadtpatrons S. Giovanni) eine Riesenrauferei statt. Anders kann man dieses Mittelding aus Fußball und hartem Rugby nicht nennen.

Das Spiel geht auf das 16. Jh. zurück, als die Truppen Karls des V. die Stadt belagerten und auszuhungern versuchten. In einer Verbindung aus Trotz und Galgenhumor reagierten die Florentiner sich ab, indem sie am 17. Februar 153o eine grandiose Fußball-Gaudi feierten.

In Erinnerung an diese Zeit und als Hommage an den Stadtpatron wird das Spiel in Kostümen jener Zeit heute noch gespielt. Es beginnt mit einem farbenfrohen Umzug in mittelalterlichen Kostümen um 16.3o Uhr von Piazza Sta. Maria Novella über Via dei Banchi, Via Rondinelli, Via Tornabuoni, Via Strozzi, Piazza della Repubblica, Via Calzaiuoli, Piazza della Signoria, Via dei Neri, Via de Benci zur Piazza Santa Croce, wo um 17 Uhr das Spiel beginnt. Vier Stadtteile kämpfen gegeneinander: Blaue, Weiße, Rote und Grüne. Am 24. Juni kämpfen zwei Parteien, am 26. Juni die anderen zwei und am 3. Juli ist das Endspiel. Am Ende der Rauferei und Rangelei, die ein Schiedsrichter mehr der Form halber beaufsichtigt, humpeln die Spieler mit zerrissenen Wämsern vom Platz.

Lokale in Florenz

Da sind zunächst einmal Jet-Set-Restaurants wie Sabatini und Lorenzaccio.

Eleganz, exklusiver Stil und die Höhe der Rechnung lassen für die Küchenkunst zuviel erwarten. Was serviert wird, ist gut bürgerliche Küche in vergoldetem Rahmen.

"SABATINI": 5 Min. vom Bahnhof, Via de Panzani 9, kleine Tür wie zu einem Juwelierladen. Traditionell sind Name und Küche. Teuer. Montags und 1.-15. Juli zu.

"LORENZACCIO": Via Rucelai 1. Für meinen Geschmack etwas zu pompös-elegant. Es grenzt direkt, nur durch eine niedrige Hecke getrennt, an Liegewiese, Park und Swimmingpool des Nobelhotels "Villa Medici", die Gäste kommen meistenteils von dort durch eine spezielle Hintertür. Teuer.

Restaurants und Rosticcerie in Dom-Nähe

"IL BOTEGONE": Rosticceria an der Nordseite des Domes, schräg gegenüber dem Baptisterium. "Kurz und gut", große Auswahl, gängige Preise.

"BUCA DI SAN GIOVANNI", Piazza S. Giovanni, gegenüber des Nordportals des Baptisteriums befinden sich die gemütlich eingerichteten Kellergewölbe dieses Restaurants mit empfehlenswerter Küche. Die Bistecca Fiorentina zählt zu den besten, die ich in Florenz aß. Di zu. Tel. 287 612.

"BUCA NICCOLINI", Via Ricasoli 5-7, beim Dom. Einfache Küche bei mäßigen Preisen und angenehmer Atmosphäre. Auch von Italienern bevorzugt. Für Pizza-Liebhaber steht ein großer Pizzaofen ständig "unter

Feuer".

Weitere Lokale im Zentrum

"BIRRERIA CENTRALE", Piazza Cimatori 2. Am kleinen Plätzchen zwischen Dom und Palazzo Vecchio, wo an einer Ecke der bekannte Kuttelstand (zum Mitnehmen oder dort essen) von Palmino steht, laden ein paar Tische im Vorgarten zum Verweilen. Das hier und im Lokal selbst Gebotene ist ungewöhnlich: Hefeweizen und Pils vom Faß aus der Kaufbeurer Rosenbrauerei, kleine Gerichte wie Original Meraner Speck und Weißwürste, gemischte bayerische Fleisch-Platten und mediterrane Fisch-Kombinationen. Ein Lokal zum Wohlfühlen. Sonntag zu.

"CANTINETTA ANTINORI", an der Piazza und im Palazzo gleichen Namens. Im Durchgang zum säulenbestandenen Innenhof das Ristorante ein sehr schöner Renaissance-Raum, ein wenig an ein Refektorium erinnernd - wo man anhand der Degustazione, dem Probieren vieler Weinsorten, das Geschäft der alten Adelsfamilie Antinori errät, die im oberen Stock des Palastes wohnt: Weinhandel in aller Welt. In der rückwärtigen, dem Garten zugewandten Seite des Palazzos, sind auch die Geschäftsräume, wo man einige Kisten nachhause "beordern" kann. (Mittel.) Rest.: 12.3o-14.3o und 19-22.3o Uhr. So u. Feiert. zu. Im Mai, Juni, Juli und Sept. auch Sa. abends zu - in den anderen Monaten Do. abends zu.

Im selben Gebäude, Eingang rechts um die Ecke, i.d. Via Trebbio 1 r., gelangt man zur Treppe in die gewölbten Kellerräume des "RISTORANTE BUCA LAPI", ein an den Wänden und Decken voll mit Plakaten aus aller Welt beklebtes, ungemein gemütliches, freundliches Lokal. In der lustigbunten Pracht kann das Auge von Rio über Sidney bis Bethlehem reisen. Große Auswahl von Antipasti, gute Küche; Spezialität: Lombatina di Vitella alla Lapi. Preise erschwinglich. (Mittel.) 12-14.3o Uhr, und 19.3o-22.3o Uhr. So. zu. Tel. 213768.

Ebenfalls im Keller eines Palastes, des Palazzo Pucci: "LE CANTINE", Via dei Pucci 4. Die Scaloppina all'Etruska war zwar gut, doch etwas versalzen, und wurde mir sofort neu zubereitet. Die Preise allerdings sind vergleichsweise hoch, teilweise sogar höher als im Mamma Gina, Celestino u.a. (Mittel.) Tel. 298 879.

"DA POLDO", Chiasso degli Armagnati 2 r. Ein typisches Florentiner Restaurant, in der kleinen Zugangsgasse zur Piazza Signoria, dem Palazzo Vecchio gegenüber. Man kann auch in einer freien überdeckten Passage sitzen, was des nachts sehr romantisch ist. Mäßige Preise bei recht guter Küche. Mit wem es sich aber wohl vergleicht, wenn es auf der Karte von sich selbst behauptet: "La Cucina Migliore" - die beste Küche? (Mittel.) Di. zu.

"GIUBBE ROSSE", an der Piazza Republica 5 r. Ein Grand-Café des alten Stils, mit hohen Räumen, stattlicher Fassade, Jugendstil-Ornamenten in den Fenstern, große, überdachte Terrasse mit dem feudalen, pompösen, verkehrsreichen Platz, von Büschen umgeben. Auch guter Schnellimbiss. (Mittel.) So. zu.

"LA GROTTA GUELFA", Via Pellicceria 5 r. Wer an einem warmen Sommerabend unter einer alten Loggia sitzen möchte, vor sich das malerische Plätzchen mit dem Palazzo Guelfa, zehn Schritte vom Mercado Nuovo entfernt, nahe dem Palazzo Vecchio, sollte dieses alteingeführte Restaurant besuchen. (Mittel.) So. zu.

Die Lokale rund um die Piazza Signoria zu erwähnen, würde sich eigentlich erübrigen, denn sie sind seit eh und je da - unübersehbar und unvermeidlich. Stets gedeckt, sind die Tische für die internationalen Touristen bereit. Und man sitzt eben auch gar zu schön hier - im Anblick der vielen weltberühmten Skulpturen und der Loggia dei Lanzi, 4-5 dieser "Vorgärten" gehören zu größeren Restaurants, die anderen sind Pizzerias.

Das berühmte Café "RIVOIRE": große Tradition und große Preise.

Drei bekannte Restaurants in der **Borgo Sant Jacopo**:

Als erstes probierte ich "CAMILLO" aus, Borgo Sant Jacopo 57 r. Die Scaloppina capricciosa war so kapriziös nicht, die Erbsen kamen aus der Büchse, das Noce di vitello war ein wenig zu natürlich, der Wein wurde als gewöhnlicher Tafelwein in der Karaffe serviert, und als wir den Nachtisch bestellen wollten, war die Vitrine schon leergeräumt und wir bekamen gerade noch eine Creme caramel. Ein abgeräumtes Tischtuch flog über diese hinweg auf die Theke, und die Rechnung erschien mir für das Gebotene entschieden zu hoch. Das Lokal ist urig, gemütlich, seine Küche passabel und wäre empfehlenswert, wenn es weniger kosten würde. Teuer. Mi. und Do., 1.-2.8. und Januar zu. Tel. 212427.

Als nächstes war ich im "MAMMA GINA", Borgo Sant Jacopo 37 r. Auch dies nennt sich, wie das Camillo, "typische toskanische Trattoria". Es hat dasselbe familiäre Ambiente wie das Camillo, ist ebenso chronisch überfüllt, hat allerdings mehr und größere Räume, so daß eventuelle Wartezeiten geringer werden. Die Preise sind eher etwas niedriger, aber: die Küche ist besser und die Bedienung freundlicher. Empfehlenswert. (Mittel.) So. und August zu.

"CINGHIALE BLANCO", Borgo Sant'Jacopo 43 r. Toskanische und Florentiner Spezialitäten. Empfehlenswert Cinghiale con polenta (Wildschwein mit Polenta) oder Tripa fiorentina (Kutteln Florentiner Art). Sehr angenehme Atmosphäre. Man spricht deutsch. Dienstag und Mittwoch zu.

Im "CELESTINO", Piazza Santa Felicita, habe ich nicht gespeist. Ich erwähne es aber deshalb, weil es von den Einheimischen des linken Ufers gelobt wird. (Mittel.)

Restaurants in Richtung Santa Croce

"LEO" in Santa Croce, Via Torta 7 r., 1o Schritte von der Piazza S. Croce, der Kirchenfassade gegenüber. Ein gemütliches Haus, freundliche Bedienung, der Chef selbst, Leo Bossolini, ist meist in der Küche - wacht über Topf und Pfanne, steckt ab und zu seinen weißen Schopf und sein gutmütiges Gesicht durch die Verbindungstür, kommt gelegentlich seine Gäste begrüßen und strahlt, wenn es ihnen schmeckt. Er kocht hervorragend. Seine Tagliatelle alla Giotto oder Taglierini della Casa schmecken himmlisch und das Filetto al grosso pepe verde sind einen Umweg und eine gewisse Wartezeit wert. Leos Wahlspruch: "La fretta e nemica della buona cucina - die Eile ist die Feindin der guten Küche". Viele Preise und Ehrentafeln an den Wänden. Empfehlenswert! (Mittel.) Mo. u. Juli zu. Tel. 21o 829.

"ENOTECA": Via Ghibellina 87. Wer 16o.ooo Lit. für ein Menü oder für eine Vorspeise ca. 6o.ooo und für einen Hauptgang zwischen 6o.ooo und 1oo.ooo Lit. ausgeben kann und will, ist hier bestens bedient. Im Palazzo Scoffi, wo dieses Restaurant Keller, Erdgeschoß und Innenhof belegt, stimmt einfach alles. Die Räume sind behaglich eingerichtet, aber nicht pompös, die Tische freizügig gestellt und geschmackvoll gedeckt. An jedem Platz aufgereiht mehrere Weingläser. Der Innenhof mit einer authentischen römischen Marmorstatue ist durchaus palastartig.

Die Lieblingsbeschäftigung von Giorgio Pinchiorri, dem Patrone, ist es, in Italien und Frankreich von privaten Weingütern die besten Flaschen für seine Sammlung einzukaufen. In vielen und weitläufigen Kellergewölben mit ständig gleichbleibender Temperatur lagern, nach Anbaugebiet, Sorten und Qualitäten geordnet, einige -zigtausende von Flaschen. Über jede wird Buch geführt, und im "Tresor", in der französischen Abteilung, liegen alle großen, ehrwürdigen Namen der Regionen Burgund, Bordeaux und Champagne. (Mittel - Teuer.)

Wenn gerade nicht viel Betrieb herrscht, und der Patrone oder seine Frau Zeit haben, können Sie diese unterirdische Pracht bewundern. Seine Frau, Madame Annie Feolde, eine junge, charmante Nicoise und der gute Geist des Hauses, führt Regie in der Küche, und was auf schön dekorierten Tellern und Platten vor den Gast kommt, ist phantasievolle und delikate Nouvelle-Cuisine, oder beste Cucina fiorentina. Sehr empfehlenswert. So, Mo. und August zu. Mittags: 12.3o-13.3o Uhr, abends: 2o-22.3o Uhr (Bestellzeiten, nicht Öffnungszeiten!). Tel.: 263653.

Eine sehr lohnenswerte Ecke für diejenigen, die weniger Wert auf Silber, Kristall und Bordeaux-Weine, sondern mehr auf nette Atmosphäre, sehr gute Gaumenfreuden und christliche Preise legen: PIAZZA GHIBERTI. Da steht zunächst einmal in der Mitte des Platzes die Markthalle "Mercato di St. Ambrogio" mit allen Köstlichkeiten, ferner innen eine Bar und gegenüber die Rosticceria "da Rocco". Täglich außer So. 7-14 Uhr.

In der nordwestlichen Ecke der Piazza liegt eine besondere Adresse, "CIBREIO". Fabio Picchi schuf vor einigen Jahren hier vier erstaunliche und wahrhaft empfehlenswerte Etablissements:

Im Gebäude an der Ecke Via dei Macci, Nr. 118 r und Via A.d. Verrocchio ein Restaurant (So. und Mo. zu).

Im selben Gebäude, durch die Küche davon getrennt, die TRATTORIA. Im Unterschied zum Restaurant sitzt man hier etwas eng auf Holzbänken und in einem gekachelten kleinen Raum (nur 4 Tische), bekommt jedoch die gleichen Gerichte, allerdings merklich billiger. Mein Nachspeisen-Tip: Torta di Formaggio. (So. und Mo. zu.)

In der Vorderfront des Hauses: "Alimentari", ein Geschäft mit Leckerbissen: Würste, Schinken, Käse, Wein, Öl etc.

Auf der gegenüberliegenden Seite: Café, fast ein Wiener Kaffeehaus: gemütliche Sitzgruppen, Holztäfelung und Spiegel an den Wänden, bemalte Holzbalkendecke und ein kleiner Vorgarten.

AUßERHALB DER STADT

Ein Restaurant, dessen erstes Attribut die Schönheit seiner Lage ist: "LA LOGGIA", oberhalb der Piazzale Michelangelo. In einem villenartigen Gebäude, seitlich und rückwärts umgeben von den schönen, hohen Nadelbäumen des Parks, der wie schon erwähnt, zum Kloster San Miniato hinaufführt, mit großer Loggia davor und noch einer großen Terrasse, mit niedrigen Hecken zwischen den Tischgruppen. Direkt im Blickfeld vor sich hat man die weltberühmte Piazzale mit Michelangelos David - und von jedem Sitzplatz aus sieht man über ganz Florenz, über die herrliche Weite bis hinüber zu den Hügeln von Fisole - ohne sich erheben zu müssen. Küche passabel, Preise etwas über Durchschnitt. Alles in allem sehr empfehlenswert. Essensbestellung 12-14 und 17-22.3o Uhr. Mi. zu. (Mittel.)

Einen noch weitaus höheren Standpunkt und umfassenden Rundblick bietet das Ristorante "LA CARSERMETTA", in einem Seitenflügel des Forte Belvedere (Michelangelo). Selbst wenn man nicht oben essen will, so empfehle ich jedenfalls - vielleicht nach der Anstrengung des Aufstiegs durch die Boboli-Gärten auf einen Aperitif in die, unter dem Dach gelegene Panorama-Bar zu gehen. Mo. zu. (Mittel.)

Eine nette TRATTORIA ist an der Rückseite des Dom-Kuppelbaues. Am gegenüberliegenden Trottoir, durch Lorbeerhecken vom Verkehr etwas abgeschirmt, kann man sich bei freundlicher Bedienung und italienischen Schmankerln erholen.

Eine südliche Stadt - von der Größe und der unvergeßlichen Ausstrahlung von Florenz, hält seine gastronomisch-gastlichen Arme an so vielen Stellen offen, daß man mit geringer Mühe überall Cafeterias, Pizzerias oder Restaurants findet. Meine Auswahl will ihnen nur helfen - getreu dem Untertitel des Buches "die Toskana der Gegenwart zu genießen".

BARS

Skorpione, Via Castello d'Altafronte 14r (hinter Palazzo Vecchio). Disco-Bar und Video-Musik.

KGB-Club, Borgo degli Albizi 9 r. Von 22.3o Uhr bis tief in die Nacht.

Dublin-Pub, Via Faenza 27. Guiness-Bier vom Faß.

Jazz-Club, Via Nuova Caccini 3. Jede Nacht Live-Jazz.

DISCOS

Yab-Yum, Via Sassetti 5 (Nähe Piazza Repubblica).

Full Up, Via della Vigna Vecchia 21 r (Nähe Piazza della Repubblica).

Einkaufen

Typische Erzeugnisse des Florentiner Kunsthandwerks: Schmuck-, Silber- und Goldarbeiten, Mosaiken und Keramik, Stickereien, Textiles, Leder, Stroh und Holz.

Textiles

Garbo: Origineller Großmutterstil - Kleider, Schirme und sonstige Accecoirs. Borgognissanti 2.

Mary's Boutique: Spezielle italienische Kreationen, sehr phantasievoll und originell. Hier macht sogar Männern das Dabeisein Spaß.
Borgo S. Jacopo 24, nach der Ponte Vecchio rechts.

David: Bekleidung und Sonstiges in Leder. Via Roma 11-13.

Exquisites

House of Florence: Lungarno Corsini 2 und via Tornabuoni 6. Taschen, Krawatten, Seidenschals, Gürtel usw. Qualität hat ihren Preis.

Kunsthandwerk, Kunst und Galerien

Nicol: Via dei Fossi 38, Kunsthandwerk, Batik, Malerei, Dekorationsartikel.

G. Till: Via dei Servi 14, zwischen Dom und Piazza S.S. Annunziata. Originelle Mitbringsel: Briefpapier, Visitenkarten, Spielkarten usw. mit Florentiner Blumenmustern.

Bruno Baldini: Piazza Duomo 29, an der Nordseite des Domplatzes. In einer rußigen alten Schmiede im Keller des Hauses hämmert Bruno aus Blech und Draht phantasievoll verschnörkelte Pflanzenelemente zu Wand- und Deckenlampen, Kerzenleuchter und Rosen in allen Größen und Formen. Im Erdgeschoß des Hauses verkauft seine Frau diese gar nicht so teueren, bronzierten- oder eisernen Kunstschmiedearbeiten.

Melloni Mosaici: Via Guiccardini 29 r. Nähe Pal. Pitti. Schmuck,

Souvenirs, Kunsthandwerk, Mosaiken. Auch hier die frivolen, herrlich kitschigen, aber doch originellen Capodimonte-Porzellanfiguren.

Gallerie Librarte: Via Ghibellina 141, Kunst - Bücher - Mappen - Plakate - Poster und Originalgrafik. Arkadengang der Uffizien: Kopien, Andenken, Mitbringsel, in überwältigender Fülle!!

Leder

Viele Verkaufsstände bei San Lorenzo, viele Geschäfte rund um die Piazza Santa Croce; in der "Scuola del Cuoio" Nr. 16 auch mit persönlichen Initialen.

Schmuck, Silber und Gold

Auf der Ponte Vecchio sind links und rechts unzählige kleine Goldschmiedeläden, deren Auswahl von wertvollstem Kunsthandwerk bis zu Souvenirkitsch reicht.

Il Poliziano: Via dei Servi 49 r, auf Silber spezialisiert. Schmuck und allerlei Gebrauchsgegenständen.

Mineral Shop: Via dei Servi 12o, kurz vor der Piazza S.S. Annunziata. Toskanische und überseeische Mineralien, Halbedelsteine etc.

("Il Gianduitto": Via Rondinelli 24. Wer sich zwischen den Einkäufen in die Qual einer großen Auswahl von hervorragendem Eis und großen Früchtebechern stürzen will, ist hier richtig.)

Antiquitäten

Auf der "Pitti-Seite" des Arno (Süden) findet man die meisten Antiquitätengeschäfte in drei Straßen: Via Santo Spirito, Via Maggio und Borgo S. Jacopo.

Piazza dei Ciompi: In der Mitte eine Halle mit Büchern, drumherum Flohmarkt, in den angrenzenden Straßen: Antiquitätengeschäfte.

Bücher

Piazza dei Cimompi: Markthalle mit antiquarischen Büchern.

Alinari: Via della Vigna Nuova 46 (Nähe Piazza della Repubblica). Große Sammlung alter Fotos aus Florenz und verschiedenen Gegenden Italiens, alte und neue Bildbände.

Ein besonderer Leckerbissen für Bibliophile zum Schluß:

Franco Maria Ricci, Via delle belle Donne 41 r. Ricci kaufte eine Reihe von Originalen seltener Künstler und Erstausgaben alter Bücher und stellte bibliophile Neudrucke mit jeweils nur 3.ooo nummerierten Kopien her, so z.B. die "Encyclopedie" von Diderot und d'Alembert, des "Bestiarium" von Aloys Zötl (1831-87), Ligabue, ein "Theatrum Sanitatis", Ex-Voto-Tafeln, fernöstliche Liebespositionen, Arcimboldo u.v.a.

Keramik

Viele Geschäfte am Arno-Ufer, Lungarno Acciainoli, bei Ponte Vecchio.

Klaus Monreal, Borgo dei Greci 4o r (bei Palazzo Vecchio und Piazza San Firenze): Geschenke, Souvenirs, Karten, Masken, Posters, Drucke, Dias, Glaswaren usw. Herr Monreal (Deutscher) gibt auch die Zeitschrift "Florenz-Aktuell" heraus und leitet die "Mitfahr-Zentrale". Mo.-Sa. 1o-19, So. 15-19 Uhr. Tel. o55/28o 626.

UMGEBUNG VON FLORENZ

Fiesole

Fiesole! - Dieser Name klingt wie eine Verbindung aus Blumen und Sonne. Und genauso wirkt auch dieser kleine Ort hoch über Florenz. An Beliebtheit steht er der großen Schwester im Tal nicht nach. Das beweisen die Autos und Omnibusse, die ständig hinaufdrängen. In ganz alter Zeit war es sogar so, daß es hier oben weit schöner und gesünder war, als im damals sumpfigen Tal. Und deshalb wurde es 1125 kurzerhand einkassiert.

Von der Stadt aus gut beschildert, fährt man (mit Bus-Nr. 7 vom Bahnhof oder Dom) durch Olivenhaine und vorbei an Zypressen und alten Villen in schönen Gärten hinauf zu der Etruskergründung FAESULA (8oo v. Chr.). Parkmöglichkeiten auf der zentralen Piazza Mino, wo sich auf einem großen Denkmalsockel Vittorio Emanuele und Garibaldi zu Pferde begegnen.

Von diesem Platz gelangt man, an der Kirche mit ihrem schlanken Festungsturm vorbei, zu dem Park, wo gleich nach dem Eingang etruskische Gräber, und unterhalb das römische Amphitheater, römische Thermalbäder und Tempelreste zwischen alten Ölbäumen liegen.

Auf der nördlichen Seite der Piazza führt eine steile Straße hinauf zum alten FRANZISKANERKLOSTER. Kurz vorher bietet sich von einer Terrasse aus ein herrlicher Blick über Florenz und das Arnotal. Im Kloster, um den wunderschönen Kreuzgang herum, hat man Mönchszellen mit alten Stühlen, Betpulten, Büchern und diversen Gegenständen mönchischen Lebens museal hergerichtet. Es hat eigentlich etwas Peinliches, wie man durch die Gitter in die Zellen blickt. Als würde man vor der Höhle eines Neandertalers stehen: "Aha, so haben die gelebt." Die Zellen von S. Marco in Florenz sind etwas anderes. Dort werden einfach die Fresken des Fra Angelico gezeigt.

KATHEDRALE S. ROMOLO: Die zur Zeit der Romanik erbaute Kirche erfuhr in späterer Zeit einige Um- und Anbauten sowie eine etwas zu glatte Restaurierung. Trotzdem zeigt das Innere mit seiner dreischiffigen Gliederung, den Säulen und Kapitellen immer noch ein Bild romanischer Harmonie. Eine Della-Robbia-Statue über dem Eingang stellt den heiligen Romolo dar. 8-17 Uhr.

Der schlanke, weithin sichtbare Glockenturm, das Wahrzeichen Fiesoles, stammt aus der Zeit der Gotik (13. Jh.). Der Zinnenkranz, den man erst im Jahre 1738 draufsetzte, ist zwar ein Stilbruch, wirkt aber sehr toskanisch, da viele der Schlösser, Villen und Burgen der Toskana ähnliche Türme haben.

ABTEI VON FIESOLE: Die romanische Fassade der Abteikirche ist mit grün-weißen Marmorinkrustationen verziert, die ein wenig an S. Miniato al Monte in Florenz erinnert. Die Abtei ist heute von der Europäischen Universität gemietet.

DAS ARCHÄOLOGISCHE GELÄNDE: Man sollte seinen Florenz-Besuch eigentlich hier beginnen, der geschichtlichen Reihenfolge wegen. Denn bevor Florenz von den Römern gegründet wurde, gab es auf dem Hügel von Fiesole bereits eine etruskische Stadt. Die der Brunnenbaukunst mächtigen Etrusker konnten sich immer erlauben, auf Bergen zu bauen, während die Römer, die diese Kunst später erst von den Etruskern übernahmen, immer auf den Fluß im Tal angewiesen waren. Tägl. 9-19 Uhr.

DER TEMPEL: zeigt deutlich den Übergang zwischen der etruskischen und der römischen Epoche in einem Gebäude: die großen, mörtellos und exakt zusammengefügten Quadermauern der Etrusker (3. Jh.) und die aus kleineren Steinen gemauerten Teile römischen Urspungs (1. Jh.). Der große Steintisch vor dem Tempel diente den Etruskern als Opferaltar.

DIE ETRUSKISCHEN STADTMAUERN: Von einer kleinen Terrasse am nördlichen Rand des archäologischen Geländes aus sieht man die noch erhaltene Stadtmauer, für die ebenfalls die mächtigen Steinblöcke (Zyklopenmauern) charakteristisch sind.

DAS RÖMISCHE THEATER: Es wurde im 1. Jh. v. Chr. erbaut und bietet mit seinen 34 Metern Durchmesser 2.5oo Personen Platz. Im Sommer finden gelegentlich Freilichtaufführungen statt. Vom oberen Halbrund der Sitzreihen eröffnet sich ein umfassender, reizvoller Blick über die lieblichen Hügel und Berge des Mugello.

DIE RÖMISCHEN THERMEN: Die Ruinen zeigen noch deutlich die Öfen, das unter dem Heißwasserbecken befindliche Heißluft-System sowie die Becken für warme und kalte Bäder.

DAS ARCHÄOLOGISCHE MUSEUM: Es zeigt überwiegend die Funde aus etruskischer und römischer Zeit aus Fiesole und Umgebung. Vor dem Eingang rechts befindet sich eine Steintafel mit etruskischer Schrift. In der ersten Halle sind bemerkenswert: das Fragment der "Lupa", der römischen

Wölfin aus Bronze und die Vitrinen mit den kleinen etruskischen Bronzefiguren. Im 2. Saal (der Führungslinie folgend): römische Grabsteine, verschiedene Gebrauchsgegenstände und die "Cista", ein römischer Flüssigkeitsbehälter aus Blei. Im 3. und 4. Saal: besonders schöne Marmorreliefs und Skulpturen aus dem römischen Theater und Tempel. Saal 5: Langobardische Gräber, Krüge aus dem 12. Jh. Saal 6: die etruskische Totenstele und Sarkophage. Saal 7: Bucchero-Keramik (schwarze Keramik der Etrusker) und römische Münzensammlung. Saal 8: ohne Namen und Details zu nennen, kann man hier deutlich den Unterschied der Skulpturen erkennen: die idealisierten und ach so schönen der Römer und die realistischeren und eben deshalb menschlicheren der Etrusker.

DAS BANDINI-MUSEUM: Am Eingang zum archäologischen Gelände zeigt das Museum Skulptur und Malerei Florentiner und Seneser Schule, hauptsächlich vom 14. bis 16. Jh.

DIE PIAZZA MINO DA FIESOLE: Erster und letzter Eindruck von Fiesole ist dieser harmonisch angelegte, leicht ansteigende Platz, begrenzt im Westen vom Seminar und dem Bischofspalast, im Norden von der Kathedrale und einer Reihe von Geschäften und Cafés, im Osten vom Rathaus mit Loggia (14. Jh.) und dem Kirchlein S. Maria Primerana und im Süden von Privathäusern, dem Touristenbüro und dem Albergo Aurora.

Im oberen Teil des Platzes steht das Reiterdenkmal der historischen Begegnung von Garibaldi und König Vittorio Emanuele in Teano.

Ich empfehle meinen Lesern, des Morgens vor dem Eintreffen der Touristenbusse oder besser noch abends, wenn das Tal sie wieder verschluckt hat, in einem der Cafés an der Piazza einen Martini zu trinken und am Übergang vom Tag in die Nacht ein paar Schritte die Via Giuseppe Verdi hinaufzugehen und zu erleben, wie Florenz die Lichter anzündet und wie ein funkelnder Teppich im Tal des Arno liegt. Hier beginnt auch eine wunderschöne Wald- und Aussichts-Wanderung, die im Wanderteil am Ende des Buches beschrieben ist.

Certosa (Kartause) von Galluzzo

Vier Kilometer vor der Porta Romana, im Südwesten von Florenz, liegt auf dem Monte Santo von Galluzzo (kurz nach der Autobahnausfahrt "Certosa") das festungsähnliche Kartäuserkloster aus dem Jahre 1395, in dem heute Zisterziensermönche leben und den Besucher herumführen. Sommer: 9-12/15-18 Uhr; Winter 9-12/14.3o-17 Uhr. Montag zu.

Der alten Tradition folgend destillieren die Mönche auch heute noch Kräuterliköre und Parfums, die in der alten Klosterapotheke verkauft werden.

Viele Teile des Klosters, Kirchenfassade, Kirchenvorplatz, Kapellenkorridor und Kreuzgang der Laienbrüder zeigen eine schöne Renaissance-Architektur. Im Inneren der Kirche ist in der Zeit des Barock viel dazugekommen. Am Chorgestühl befinden sich beachtenswert schöne Holzintarsien und - Schnitzereien.

Im großen Kreuzgang besteht in der kirchenseitigen Ecke des Südflügels die Möglichkeit, eine Klausur zu besichtigen. Bei den Kartäusern bewohnte jeder Mönch eine in sich abgeschlossene Klausur, hier sind es insgesamt 18 an drei Seiten des Kreuzganges, bestehend aus Flur, Wohn- und Studierraum, Schlafraum, "Naßzelle", Vorratsraum und Garten.

Eine Besonderheit des Kreuzganges sind die 66 Terrakottabüsten des Giovanni della Robbia von 1523. Im Nordflügel zeigt eine von ihnen Jakobus den Älteren mit der Pilgermuschel der Wallfahrt nach Santiago de Compostela (siehe: Kunst- und Reiseführer "Der Jakobsweg" von Hansjörg Sing).

Poggio a Caiano

Ca. 2o km nordwestlich von Florenz, an der Landstraße nach Pistoia (nicht über Prato!). Lorenzo Il Magnifico ließ sich von Sangallo 148o die schöne Renaissance-Villa dort bauen, und empfing hier seine Freunde (Platonische Akademie). Sie ist seit längerer Zeit in Restauration und der Beginn neuer Besuchsmöglichkeiten ist ungewiß. Der Garten ist offen. Schöner Ausblick ins Land.

ETRUSKERNEKROPOLEN UM FLORENZ

QUINTO FIORENTINO: Neben der Landstraße Florenz-Prato ein gut erhaltener Grabhügel (Tumulus) mit 7o Meter Durchmesser "La Montagnola".

COMEANA: Rechts der Landstraße Florenz-Empoli. Drei mehr oder weniger gut erhaltene Grabhügel. Wer in seine Toskana-Reise Populonia eingeplant hat, kann sich Quinto Fiorentino und Comeana (beide westlich von Florenz) sparen, da er dort zahlreiche und gut erhaltene Tumulus-Gräber antrifft.

DAS MUGELLO

Der nördlichste Teil der Provinz Florenz und der Toskana. Auf der Autobahn Bologna - Florenz ist von der Überquerung des Apeninnischen Gebirges nicht viel zu spüren, nur daß der leichte Steigungswinkel der Brücken und Tunnels sich fast übergangslos nach Süden zu neigen beginnt. Links der Autobahn erstreckt sich jetzt das Mugello.

Jene liebliche, von Norden durch das Gebirge geschützte und von der südlichen Sonne milde gestimmte Landschaft mit ausgewogener Beschaffenheit. Keine schroffe Gebirgsgegend, sondern eine harmonische Mittelgebirgslandschaft, deren Bergrücken mit Mischwald oder Macchia bedeckt sind, an deren Hängen Weinstöcke stehen und deren Flußtäler bedeckt sind mit Getreidefeldern und Weidegrund.

An den Ufern von Sieve, Levisone, Faltona und Carza liegen kleine Bauerndörfer und hübsche, mittelalterliche Städtchen wie Barberino, S. Piero a Sieve, Borgo S. Lorenzo, Vicchio, Vaglia, Pratolino und viele andere.

Die Familie der Medici stammt aus dieser Gegend und Künstler wie Cimabue und Giotto wurden hier geboren.

Es wird nur noch wenige Toskana-Fahrer geben, die von Bologna nach Florenz auf der Landstraße den Futa-Paß überqueren. Wer allerdings ein wenig mehr Zeit als nur für eine "Toskana-in-3-Tagen-inklusive-Florenz"-Tour hat, sollte wenigstens bei der Ausfahrt Barbarino die Autobahn verlassen, um durch die Landschaft des Mugello zu fahren, wo die Paßhöhen in südlicher Richtung nach Fiesole - Florenz sanft auslaufen.

Caffaggiolo

Ca. 6 km südlich von Barbarino, in einem flachen, breiten Tal mit sanften, bewaldeten Hängen liegt rechts der Straße das Schloß von Cosimo Il Vecchio. Es ist eher ein burgartig ausgebautes Landgut, mit seinem niedrigen und klotzigen Turm, den kleinen Fenstern und den vorspringenden Pechnasen ringsrum, was Michelozzo hier für "den Alten" baute. Von Zypressen und ausladenden Zedern überragt, steht es breit in freier Landschaft. Wenn gerade kein Auto vorbeifährt (es ist nicht viel Verkehr dort hinten) hört man nur das Rauschen des Windes in den Bäumen und zwischen dem Gemäuer hallen die Schreie von Schwalben und Käuzchen.

Scarperia

Wem das Heulen hochtouriger Motoren lieblicher klingt, kann 8 km weiter nördlich, 1 km außerhalb von Scarperia ein Autorennen auf dem neu angelegten "Auto dromo del Mugello" (ausgeschildert) besuchen.

Scarperia hat außenherum Industrie, innen aber einen gemütlichen, mittelalterlichen Kern. Das Rathaus ist eine Miniaturausgabe des Palazzo Vecchio.

1 km nach Caffaggiolo erhebt sich auf einem Berg das Castello di Trebbio. Ein 2 km langer, staubiger und steiler Weg führt zu diesem, auch von Michelozzo erbauten Medici-Schloß. Aber auch das ist im Privatbesitz, und die fingerdicke Staubschicht auf dem Auto lohnt die Fahrt nicht.

Kurz danach kommt eine Kreuzung, wo man die Qual der Wahl hat: Entweder nach Süden, direkt nach Florenz, oder zuerst nach Osten, über

Borgo S. Lorenzo

einer Stadt mit mittelalterlicher Architektur und Atmosphäre. Auf dem Weg nach Vicchio, dem Geburtsort Beato Angelicos, liegt linkerhand, bei dem kleinen Ort Vespignano die Brücke über die Ensa, wo eine Steintafel die Inschrift trägt: "Der Maler Cimabue sah hier im Vorübergehen eine reizende Kindergestalt, wie sie ein Schaf auf eine Steintafel malte." Das reizende Kind war Giotto, der Verfasser des Textes Ghiberti und die Brücke der denkwürdige Ort der ersten Begegnung von Cimabue und Giotto.

Von hier aus ist es gleich weit nach Florenz, entweder das Tal der Sieve entlang, oder, zurück über Borgo S. Lorenzo, die andere Straße. Ich bin geneigt, diese zu empfehlen, denn das Sieve-Tal ist weiter unten ziemlich industrialisiert.

Man fährt das liebliche Tal der Carza hinauf, rechts und links gesäumt von Kastanien- und Eichenwäldern, Hänge mit Buschwerk und Ginster, ab und zu schon die Vorboten toskanischer Landschaft - Zypressen und Wein.

Kleine Ortschaften, wo man noch fast ausschließlich von der Landschaft lebt. Eine pastorale Landschaft, ohne die Vornehmheit der florentinischen Peripherie, die dann peu à peu erscheint! Große Gärten mit den Sommervillen der Florentiner, die in der Villa La Pietra, gegenüber von Fiesole ihren Superlativ erfahren.

Aber vorher sollte man in PRATOLINO Station machen. Dort wartet etwas einmaliges. Wenn man von Norden kommt, nach dem Ort, links der Straße (Parkplatz rechts der Straße), liegt die aus dem 16. Jh. stammende Villa Francesco I.de'Medici. Heute nennt man sie Villa Demidoff, 1.5.-25.9. 1o-2o Uhr, Do. bis So.

Im Park (Kasse ca. 1oo m nach dem Eingang, dort gibt es auch einen Übersichtsplan) befinden sich diverse Wirtschaftgebäude, die Medici-Villa, Denkmäler, eine Cafeteria, und an einem smaragdgrünen See, an dessen Ufern Frösche quaken, sitzt die durch ihre Größe und Aussagekraft überraschende und beeindruckende Skulptur von Giambologna (158o): der etwa 5-6 m hohe "Colosso dell'Appennino", die Allegorie des Gebirgszuges in Gestalt eines muskulösen, kraftvollen, sitzenden Mannes mit lang herabwallendem Bart, geneigten Hauptes und sinnenden Blickes. Früher waren im Fels unter ihm Grotten mit Fresken und Wasserspielen. Von der Eingangsallee aus sieht man an klaren Tagen den zinnenbewehrten Kirchturm von Fiesole am südlichen Horizont.

Camping "Mugello Verde" in S. Piero a Sieve, Tel. 84 85 11.
"Il Sergente", 2,5 km südlich des Futa-Passes an der alten Staatsstraße Bologna - Florenz. Ganzjährig geöffnet.
Tel. 842 3o 18.

DEN ARNO ENTLANG

Von Florenz führen drei Wege nach Westen:
Die Autobahn über Prato, Pistoia und Lucca nach Pisa.
Die Landstraße in derselben Richtung. Oder die Landstraße an den Windungen des Arno entlang, die zwar landschaftlich reizvoll, aber sehr befahren ist. Nach ca. 32 km kommt man nach:

Empoli

Ein verschlafenes Provinzstädtchen, das jedoch in einem Kranz der schönsten Toscana-Orte liegt und im Notfall als Ausgangspunkt dienen kann. (Nach Vinci, San Gimignano, Volterra, San Miniato oder auch Florenz. Unter genügend anderen, ist auch ein besonders nettes Hotel da: "Maggino", siehe Hotels.)

Im Zentrum liegt die sehr reizvolle Piazza Farinata degli Uberti. Ringsum Arkadengänge, ein Brunnen in der Mitte, Palazzo Ghibellino und Pretorio und die marmorverkleidete Fassade der Collegiata di S. Andrea.

DIE PINACOTECA S. ANDREA, um die Ecke, ist natürlich nach Florenz ein rührend bescheidenes Museum, hat aber ein paar bemerkenswerte Stücke: Ein Altar von Botticini, Arbeiten von Bernardo Rosselino, darunter die Statue des S. Sebastiano aus einem Marmor, der wie Perlmutt schimmert. Das Erstaunlichste jedoch ist die Holzskulptur der Maddalena eines unbekannten Meisters - mehr darüber in der Beschreibung des Dom-Museums von Florenz!

*** "Il Sole", am Bahnhof, genügend Parkplätze, das empfehlenswerte Hotel in Empoli. Tel. 0571/737 79.

*** "Tazza d'Oro", Via G. del Papa 46. Nur wenn das "Il Sole" schon"completo" ist. Tel. 0571/721 29.

*** "Commercio", Neubau am Arnoufer. Tel. 0571/772 47.

RESTAURANT IL GALEONE, Via Curtatone e Montanara 67. Drei Minuten vom Bahnhof. Die beste Adresse von Empoli. Mittlere Preiskategorie.

Vinci

sind's nur 12 km. Im Ort selbst ist im mittelalterlichen Schloß der Grafen Guidi das LEONARDO-MUSEUM mit Kopien von Zeichnungen und Entwürfen des Universalgenies sowie 55 nach seinen Plänen nachgebaute Apparate und Kriegsmaschinen, so z.B. der erste Kampfpanzer. Das Ding sieht aus wie ein Taubenschlag.

Viel beeindruckender und viel weniger besucht ist Leonardos Geburtshaus

(Casa Natale), 9.3o-13/14.3o-17 Uhr. Durch hellsilbergrau schimmernde Ölbaumhaine schlängelt sich eine kleine Straße hinauf nach Ancchiano: das ist kein Ort, sondern ein paar weit verstreut liegende Bauernhäuser.

Eines davon (vom Parkplatz wieder 2oo m zurück) liegt einsam auf einem Hügel, von Ölbäumen umstanden und mit Blick ins Arnotal hinab, ein einfaches Haus aus grauen Quadersteinen und mit 3 Räumen im Inneren, nicht unähnlich Michelangelos Geburtshaus in Caprese. Es ist ergreifend, aus welch einfachen, stillen und abgelegenen Winkeln der Toskana ihre beiden größten Genies kamen.

Neu ist die große, runde Steinplatte auf der Terrasse in Windrosenform, die Stationen im Leben Leonardos mit Jahreszahlen anzeigt.

Rundwanderung: siehe Wanderteil am Ende des Buches.

MUSEO LEONARDIANO (9.3o-19 Uhr)

Staunend steht man hier vor der Fülle ingeniöser Einfälle. Nach den genauen Zeichnungen und Beschreibungen Leonardos wurden Modelle der Apparate, Geräte und Maschinen angefertigt. Welche schon zu Lebzeiten Leonardos gebaut wurden, ist ungewiß. Nachweislich hat er erste Flugversuche am Monte Ceceri bei Fiosle (siehe Wanderungen) mit selbstangefertigten Fluggeräten unternommen.

Die Modelle im Parterre:

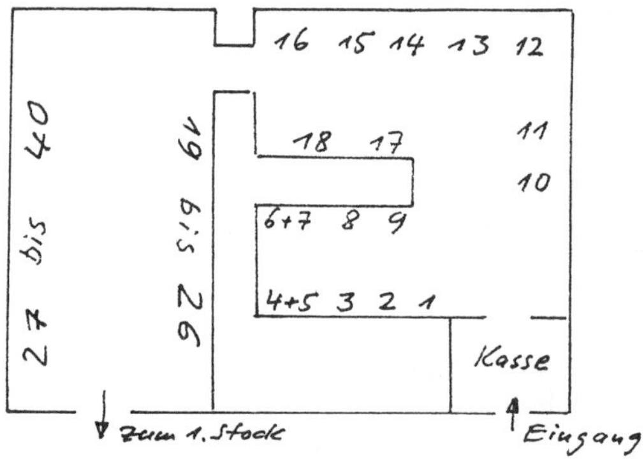

1 Schwenkbarer Kran: kann durch horizontale Schrauben seitlich bewegt werden.

2..Schraubenwinde: Kurbel mit Endlosschraube und Kugellager zur Verringerung der Reibung.

3..Aufzug: drehbarer Kran für horizontale und vertikale Bewegung. Brunelleschi benutzte diese Art Aufzug zum Bau der Kuppel des Florentiner Doms.

4 + 5 Winden, die in Zusammenarbeit mit Ghiberti und Brunelleschi entwickelt wurden.

6 + 7 Flügelmodelle mit Gelenken: Federmechanismen drücken die gebogenen Flügel automatisch in die Grundstellung zurück.

8 Modell einer Flugmaschine: der schrägliegende Pilot betätigt über die Fußpedale den Flügelmechanismus.

9 Luftschraube: die Grundidee zum Hubschrauber. Die Drehung wird durch ein um den Schaft gewickeltes Seil erreicht.

1o Uhrenmechanismus mit Regulierbarkeit der Geschwindigkeit.

11 Uhr von Chiaravalle mit Anzeige von Minuten, Stunden und Mondphasen.

12 Maschinengewehr zur Steigerung der Schußfolge.

13 Dampfdruck-Kanone: in das von einem Kohlebecken erhitzte Kanonenrohr wird Wasser gegossen; der sofort entstehende Dampfdruck schleudert die Kugel hinaus.

14 Panzer: der schwere Wagen in Schildkrötenform konnte mittels eines Zahnradgetriebes in alle Richtungen bewegt werden und nach allen Seiten feuern.

15 Kanone: fahr- und richtbar.

16 bewegliche Treppe: rund 5oo Jahre vor Magirus in Ulm hat Leonardo hier bereits eine ausfahrbare und nach allen Richtungen schwenkbare Leiter konsturiert.

17 Notfallbrücke: aus zerlegbaren Einzelteilen bestehend, kann diese Brücke in kurzer Zeit auf- und abgebaut werden.

18 Schleuse: das Prinzip der Klapptorschleuse, wie sie heute noch überall anzutreffen ist.

19 Spindelmaschine: die rotierende und gleichzeitig auf- und abbewegte Spindel erlaubte ein regelmäßiges Aufwickeln von Fäden.

2o Webstuhl: auch bei dieser Konstruktion hat sich in ihrem Prinzip bis heute nichts verändert.

21 Olivenpresse: leicht überschaubare Mechanik aus Gewinden und Hebeln.

22 Schleifmaschine: die Schleifscheibe mit 2 Rotationsebenen diente vor allem der Glättung von Spiegelglas.

23 Walze für Zinnbleche

24 Schmelzofen mit indirekter Beheizung

25 Mühlstein mit Vorrichtungen zum Trennen von Spelzen und Mehl

26 Horizontale Bohrmaschine: zur Aushölung von Baumstämmen, die als Wasserleitungen dienten.

27 Transformation: zur Übertragung von Wechsel- in Kreisbewegung.

28 Aufzug: platzsparender Mechanismus zum Aufziehen von Kirchturmuhren.

29 Kugellager-Modelle

3o Neigungsmesser: ein Pendel, in einer Glasglocke vor Wind geschützt, diente zur Lenkung von Flugapparaten.

31 Luftfeuchtigkeitsmesser: auf der einen Seite der Waage befindet sich Wachs, das keinerlei Feuchtigkeit aufnimmt, auf der anderen Seite watteähnliches Material, das besonders gut Feuchtigkeit aufnimmt.

32 Windmeßgerät

33 Wind- oder Wassergeschwindigkeitsmesser

34 Getriebe zur Regulierung der Geschwindigkeit von Werkzeugmaschinen oder Fahrzeugen.

35 Scheinwerfer: das Prinzip Lichtquelle (Kerze), Kasten und Linse ist heute noch gültig.

36 Stabilisator für Uhrwerke: ein Ausgleichsgetriebe für konstante Geschwindigkeit.

37 Spannmechanismus

38 Hebevorrichtung mit Hammerwerk

39 Ventilator

4o Hebegerät für lange Lasten

Über eine Treppe im Innenhof, über welchem sich ein großes Modell eines Fallschirmes wölbt, erreicht man den 1. Stock.

Die Modelle im 1. Stock:

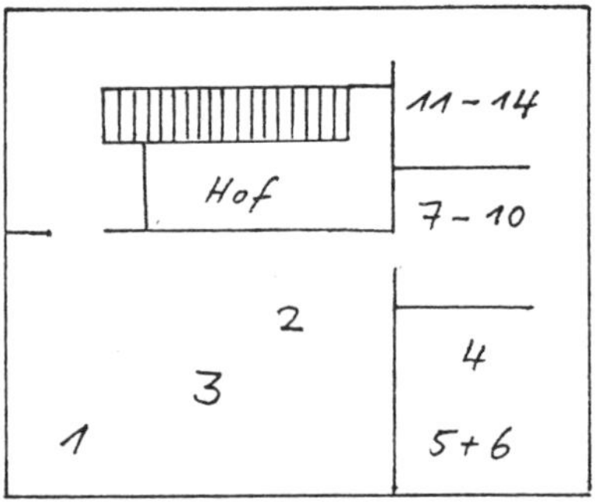

1 Automobil: die Energie eines Armbrust-Feder-Mechanismus wird über Zahnradgetriebe auf die Räder übertragen.
2 Schaufelrad-Boot
3 Flugmaschine: das große Modell hängt unter der Decke und hat möglicherweise auch den Schneider von Ulm inspiriert.
4 Fahrrad: welche erstaunliche Ähnlichkeit mit unseren modernen Zweirädern. Besonders beachtenswert: der Kettenantrieb!
5+6 Karren, einer nur zum ziehen, der andere mit Antrieb und Lenkung.
7 Dreigangschaltung
8 Getriebe zur Umwandlung von kreisförmiger in geradlinige Bewegung, z.B. Fahrstuhl.
9 Lenk-Getriebe: auch dieses Getriebe ist erstaunlich "modern".
1o Getriebe zur Reduzierung der Geschwindigkeit
11 Wasser-Skier: ermöglichen das Gehen auf dem Wasser
12 Atemgerät für Taucher
13 Schwimmflossen
14 Rettungsring

3. Stock (im Turm)

"Sala didattica" mit geometrischen Studien Leonardos. Hier können Gruppen ab etwa 8 Personen die Video-Schau "Leonardo, Leben und Legende" von Thilo Koch sehen (in deutscher Sprache, Dauer: 87 Minuten).

Leonardo da Vinci *15.4.1452 † 2.5.1519

Am 15. April 1452 gebar ein Mädchen namens Caterina ein uneheliches Kind. Der Vater des Knaben war der Notar Ser Piero. Dieser heiratete aber, als der kleine Leonardo 5 Jahre alt war, die 16-jährige Albiera Amadore, die den kleinen "Bastard" sehr ins Herz schloß, weil sie selbst keine Kinder bekam.

Da Leonardo schon als Junge alles zeichnete, was er sah, gab ihn sein Vater, 14-jährig, zu dem Florentiner Maler Verrocchio in die Lehre. Der Kunsthistoriker Vasari erzählt, er habe den Engel mit der rot-gelben Schärpe (Uffizien: "Taufe Christi" von Verrocchio) besser gemalt als der Meister selbst, worauf dieser den Pinsel weglegte.

Leonardo seinerseits malte zwar zunächst fleißig, legte aber auch oft den Pinsel weg, aber aus anderen Gründen:

Ihn interessierte alles, was um ihn herum geschah. Eines Tages fing er Fliegen, sperrte sie in eine Kiste und studierte an ihrem Summen die Tonhöhe der Flügel. Durch Bestreichen mit Honig verringerte er Frequenz und die Tonhöhe, durch Beschneiden der Flügel erhöhte er die Frequenz und die Tonhöhe.

Seine Versuche auf dem Gebiet der Optik brachten ihn zur Erkenntnis: "Die Dinge in Licht tauchen, heißt, sie ins Unendliche tauchen" und zu seiner berühmten Maltechnik des "Chiaroscuro" - die golden schimmernde Locke eines Engels vor einem dunklen Hintergrund - und das "Sfumato" - etwa der irreale Landschaftshintergrund der Mona Lisa: Berge und Gewässer mit fließenden Konturen, nebelhaft verwischt.

Nach seinem "Abendmahl", an dem er 3 Jahre arbeitete, beschäftigte er sich mit den Konstruktionen von Maschinen und Stadtplänen, studierte den Vogelflug, war Regisseur und Bühnenbildner - es gab kaum etwas, das seiner Neugier, Schaffenskraft und Erfindungsgabe entging, und das war eigentlich sein wesentlicher Charakterzug, der es aber notgedrungen mit sich brachte, daß er etwas anfing und oft unvollendet liegen ließ, weil etwas anderes seine Neugier erweckte.

Zwischendurch schrieb er ein paar Fabeln, meist sehr kurz und prägnant:

Eine Zeder hielt sich für so schön, daß sie keine anderen
Pflanzen neben sich dulden wollte und alle ausreißen ließ.
Der Wind verwehte den ungeschützten Boden
und entwurzelte die Zeder.

Dann wieder stürzte er sich auf Mathematik und Physik, konstruierte Linsensysteme, bewies die Unmöglichkeit eines Perpetuum mobile, skizzierte Pumpwerke und Schleusen und den ersten Rettungsring.

Für seine medizinischen Studien zur Anatomie sezierte er über 3o Leichen. Die Seele des Menschen ist es vielleicht, die er in dem geheimnisvollen Lächeln seiner Portraits ausdrückt - in dem der Mona Lisa oder des Johannes des Täufers (Bild im Louvre in Paris).

1517 folgte er einer Einladung Franz I. nach Frankreich - inszenierte phantastische Feste und entwarf Schloßpläne (Chambord). Er lebte noch zwei Jahre im Schloß Cloux bei Amboise an der Loire, wo er am 2. Mai 1519 starb. Dort ist er auch begraben.

MUSEO IDEALE LEONARDO DA VINCI

via Montalbano, unterhalb des Burgberges, bei den Parkplätzen. Der Historiker und Leonardo-Forscher Allessandro Vezzosi hat hier 1993 ein

Museum besonderer Art in ehemaligen Weinkellern eingerichtet: die Heimat und die Kunst Leonardo da Vincis. Erstaunlich ist die reichhaltige Sammlung authentischer Gegenstände aus der Zeit Leonardos, ebenso Gemälde, Stiche und Skulpturen, Ein Video- und Computerraum sowie ein Weinverkaufsstand runden die Sache ab. Bei der Kasse gibt es einen Wegweiser, auch in deutscher Sprache.

In der Nähe des Museo Leonardiano, auf dem Burgberg, liegt in der malerischen Via delle Torre das Ristorante LA TORRETTA, auch "DA PIPPO", wo man ganz gut essen kann, bei mittlerer Preislage. Grillspezialitäten. Mo. zu.

Von Vinci führt eine Straße nach Cerreto Guidi, gleich außerhalb von Vinci liegt linker Hand das:

Landgasthaus *** "Gina", ein modernes Hotel, mit Restaurant im ländlichen Stil, geräumig und gemütlich. Freundliche Führung. Sept. zu. Tel. o571/56o 57.

Camping Barco Reale: genau zwischen Vinci und Pistoia in San Baronto auf einem Bergrücken des Monte Albano mit Blick auf Pistoia im Norden und das Arnotal im Süden. Neue Anlage mit guten Sanitäranlagen und elektrischen Anschlüssen. Offen: 1.4.-1o.1o.

Cerreto Guidi

Dort gibt es ein Ristorante Adriano mit guter toskanischer Küche (Mittel). Die Villa Medicea thront wie eine Gluckhenne über dem kleinen Ort.

Über eine Freitreppe gelangt man zu dem ehemaligen Landhaus Cosimo I., das von Buontalenti formschön erbaut wurde und worin eine fast lückenlose Portraitsammlung der Familie Medici hängt.

In der südwestlichen Ecke der Provinz Florenz, auf halber Strecke von Florenz nach Arezzo, liegt im Elsatal: CASTELFIORENTINO, das römischen Ursprungs ist und den Eindruck einer lebhaften Kreisstadt macht. Die neuere Unterstadt ist uninteressant; am Hügel ein paar alte Häuser und Mauern.

Certaldo

Auch hier gibt es zunächst eine weniger reizvolle Unterstadt. Eine enge Straße führt steil zum mittelalterlichen Teil der oberen Stadt, der rein erhalten ist. Häuser- und Straßenbelag aus Ziegelsteinen, links dann eine glatte Fassade und ein Turm: Das "BOCCACCIO-HAUS". 9-12/15-18 Uhr.

Im Lebensmittelladen nebenan oder: Via delle Mura 1 ist die Signora mit den Schlüsseln, der Eintritt kostet nichts (Trinkgeld nicht vergessen). Wertvolle Erstausgaben, Sonderdrucke, und Illustrationen des "Decamerone" im unverfälschten Interieur eines mittelalterlichen Hauses und dessen

Atmosphäre. Die enge, strenge Umgebung steht in krassem Gegensatz zu Boccaccios buntschillernden Geschichten aus dem "Decamerone".

Boccaccio *1313 in Paris (toskan. Eltern), † 1375 in Certaldo

Nach dem Studium der Rechte: Geisteswissenschaften. Eine Generation nach Dante (1265-1321). Später: Dante Biograph "Vita di Dante" und Lehrstuhl in Florenz für die Deutung der göttlichen Komödie. Über Dante: "Ein Mann mit dunklem Barte, den raunende Distanz umgab."

Boccaccio und Fiammetta

Er war bürgerlicher Abstammung, sie eine Dame der Aristokratie, also führte kein "normaler" Weg zu ihr. Boccaccio litt unter seiner Herkunft, seine Liebe zu Fiammetta zieht ihn empor zur Aristokratie des Geistes. Er kompensiert den Mangel seiner Abstammung mit dem Adel der Dichtung und schreibt für sie Liebesepen, -Hymnen und -Lyrik.

Im Gegensatz zu DANTE ist das Ziel seiner Wünsche aber mehr diesseitiger Natur (siehe: DANTE - Drei Dichter und drei Frauen). Nach kurzem Glück mit Fiammetta und anschließender tiefer Enttäuschung - sie betrog ihn - widmete er sich den mehr geistigen Themen wie beispielsweise der Dante-Forschung.

Das DEKAMERON (Zehntagewerk):

"Wenige Bücher stehen in einem so schlechten Ruf - wenige Bücher sind so viel gelesen wie das Dekameron."

Im Pestjahr 1348 flüchten sieben junge Damen und drei junge Herren aus Florenz in ein Landgut und erzählen sich täglich Geschichten: 1o mal 1o. Die Inhalte sind teilweise von Boccaccio erfunden, teilweise greifen sie aber auch zurück auf Überlieferungen aus der Antike, auf die Troubadour-Lyrik Südfrankreichs, auf mittelalterliche Legenden, Anekdoten und Chroniken. Ein Viertel der Geschichten sind frivolsexueller Natur, die anderen jedoch ernsthafte oder tragische Liebesgeschichten oder "merkwürdige Begebenheiten" wie Goethe sie nannte und wie er auch diese neue Art Literatur definierte, die Boccaccio damit geschaffen hatte: die Novelle.

Nebenan in einem Turmhaus gleichen Stils, war der berühmte Staatsmann MACHIAVELLI zeitweise sein Nachbar.

Am oberen Ende der ansteigenden Gasse steht der **Palazzo Pretorio**, der mit seiner wappengeschmückten Fassade sehenswert ist.

RESTAURANTS

Die bekannte "OSTERIA DEL VICARO" befindet sich gleich nebenan. (Teuer.) Vielleicht ist sie schon etwas zu bekannt! Die arrogante, deutschsprechende Wirtin wies uns bereits um 21.3o Uhr ab und beantwortete die Frage nach einen anderen Restaurant höhnisch, es gäbe kein anderes. Gab es aber:

Im Albergo und Ristorante "LA STECCAIA" wurden wir freundlichst bedient, hatten noch die ganze Karte zur Auswahl, und das Essen war sehr gut. An der Straße nach S. Gimignano. (Mittel.) Ristorante Mo. zu. Tel. o577/944 758.

IM CHIANTI-GEBIET

"Siete nel mondo del Gallo Nero", sieht man des öfteren auf Plakaten am Straßenrand. "Sie sind im Land des Schwarzen Hahnes."

Dieses Land liegt zwischen Florenz und Siena, östlich der Superstrada und gehört zu beiden Provinzen.

Nur Geschäftsleute und Eilschritt-Touristen nehmen die Superstrada. Wer Zeit hat, verlasse Florenz auf der sogenannten "Chiantigiana" - der Chianti-Weinstraße, sollte aber gleich, wenn er die Autobahn Florenz - Rom unterquert hat, in Grassina einen kleinen Umweg fahren, über Impruneta.

Impruneta

Es gehört zwar nicht zum Chianti-Gebiet, welches 2 km südlich davon anfängt, aber es ist ein reizendes Städtchen mit einer Wallfahrtskirche, die außer einem zinnengekrönten Turm, einer zierlichen Arkadenfassade auch einen Kreuzgang aus dem 12. Jh. und einige schöne "Robbiani" hat (Luca della Robbia). Am 18. Oktober feiert man das Fest von San Luca mit einem großen Kirchweihmarkt (Keramik).

Auf der weiteren Fahrt ist man nun ständig umgeben von der lieblichen Landschaft des Chianti. Flache Hügel und breite Täler, Kastanienwälder und Hänge voll Ginster, auf jedem Hügel eine kleine Ortschaft, ein Schloß, eine Trattoria, ein Weingut, oder ein kleines Gehöft. Zypressengesäumte Feldstraßen führen zu ihnen hoch, das leuchtende Rot des Mohns, das zarte Blau der Lilien und das Silbergrau der Ölbäume im Licht der Sonne vor dem dunklen Hintergrund eines schattigen Tales - das ist es, das Chiaroscuro Leonardos.

Und dann natürlich die Weinberge - von einem Horizont zum anderen.

Greve

Ist sozusagen die Zentrale, die Hauptstadt des Chianti. Von hier aus kann man herrliche Ausflüge ins Land machen.

Die Beschreibungen und Pläne von zwei schönen Chianti-Wanderungen finden Sie im Wanderteil am Ende des Buches.

PIAZZA G. MATTEOTTI

Der dreieckige Platz, von Arkadengängen mit darüberliegenden Terrassen umgeben, wirkt in seiner harmonischen Geschlossenheit wie ein großer Raum und erweckt wohl in jedem, der ihn zum ersten Mal betritt, den Wunsch, einige Zeit darin zu verweilen.

In der Mitte steht das Denkmal von Giovanni da Verrazzano, einem Seefahrer, der mit Amerigo Vespucci (Montefioralle - siehe Wanderung von Greve nach Panzano) Amerika bereiste.

Ihm schräg gegenüber liegt das gemütliche Hotel gleichen Namens, wo man warme Abende auf der Terrasse über den Arkaden bei gutem Essen und Wein genießt.

Antica Macelleria Falorni

Und wenn man nur die Nase kurz reinhält in dieses traditionsreiche, berühmte Haus, ist das schon ein Erlebnis. Schinken diverser Art, viele Salami-Variationenen, darunter Wildschwein-Salami und die "Finocchiona" (mit Fenchel-Samen) und viele andere Köstlichkeiten. Zum wahnsinnig werden gut ist die Porchetta.

In einem der Cafés an der Piazza wartete ich lange und vergeblich auf eine offene Tür der "Gabinetti" (WC). Auf meine Frage "Chiuso o completo?" (geschlossen oder besetzt?) an die Besitzerin, die gerade die Räumlichkeiten säuberte, stellte sie den Besen an die Wand, blickte durchs Schlüsselloch und sagte lakonisch: "Completo!"

*** "Giovanni da Verrazzano", ein empfehlenswertes Hotel. Restaurant So. abends und Mo zu. Tel. o55/85 31 89.

*** "Albergo del Chianti", Piazza G. Matteotti, kein Restaurant, die etwas ungemütliche Frühstückshalle wird durch einen Garten mit Schwimmbad wettgemacht. Tel. o55/85 37 63.

Kurz vor der Kirche ist rechts das CONSORZIO ENOTECA DEL CHIANTI CLASSICO. In einigen Kellern liegen wohlgeordnet nach Lagen und Jahrgängen die lieblichen Fläschchen, die dann das Auto so hinterlastig machen.

Übrigens: Die besten Jahrgänge sind 1969, '74, '77, '78, '83, '85, '88, '9o.

Ortschaften um Greve herum mit guten Restaurants: Lucolena (östlich) Ristorante Le Gemelle, Chiochio (nördlich) Ristorante Da Gano.

Camping Girasole, an der Straße von Greve nach Figline, am Ortsende von Dudda rechts abbiegen.

Dazugehörig Villa Norcenni Residenz, über 4o Einzel- und Doppelferienwohnungen in ländlicher Ruhe. Reitmöglichkeit. Tel. o55/959 666.

Panzáno

Der reizvolle Teil von Panzáno ist die Oberstadt mit Burg, Kirche, engen Gäßchen und schönen Aussichten. Sie ist vor allem einer Adresse wegen einen Umweg wert:

RISTORANTE IL VESCOVINO, Via Ciampolo da Panzáno, Die. u. Mittw., Januar und Februar zu. Tel. o55/852464. Beschreibung im Wanderteil "Von Greve nach Panzáno".

*** "Hotel und Ristorante Villa Sangiovese", Piazza Bucciarelli, in der Unterstadt, Restaurant Mittwoch zu. Tel. o55/852 461.

Südlich von Greve, mit besonders schöner Landschaft, beginnt die Provinz Siena, aber immer noch "Siete nel mondo del Gallo Nero", weshalb die folgenden fünf Orte hier beschrieben werden.

Castellina in Chianti

Etwas außerhalb gibt's außer Wein mal wieder etwas für Etrusker-Liebhaber: Eines der größten Hügelgräber mit vier Grabkammern in den vier Himmelsrichtungen.

Wenn man jetzt die Chiantigiana nach Osten verläßt, kommt man nach

Radda

Vorsicht vor der "berühmten" Trattoria in Villa am Ortsrand - das Essen dort war ein miserabler Hundefraß und teuer dazu. Manchem imponiert vielleicht das gespielt rustikale Gehabe der Wirtsleute.

Sparen Sie ihren Appetit auf für

Badia Coltibuono

es lohnt sich! An der Hauptstraße unten ist die Fattoria, wo man einen der besten Chianti-Weine bekommt, dann geht es hinauf zur alten Abtei - und dahinter, am Waldrand liegt idyllisch und ruhig eine Foresteria:

"RISTORANTE BADIA COLTIBUONO". Diese Küche ist einen Umweg wert! Gemütliches Inneres, freundliche Bewirtung, im Sommer Gartenbetrieb bei alten, hohen Bäumen. (Mittel.) Montags zu.

Man kann von hier aus über GAIOLE nach Siena fahren. Dieser kleine, an einem Flüßchen liegende Ort gilt als der älteste in Chianti.

Oberhalb ist ein reizendes "Hotel Garni Cavarchione Toscanum". Es ist mit viel Liebe und Geschmack eingerichtet, hat nur wenige Zimmer, liegt aber paradiesisch schön in einem großen Garten. Der junge Besitzer ist Deutscher. Sein Motto: Man kommt als Fremder und geht als Freund. Allerdings, Gutes war immer schon etwas teurer. Im Winter (ca. Okt. bis März) zu. Tel. o577/74 95 5o.

Castello di Spaltenna

Ehemals Kloster, später Burg, heute Hotel mit Restaurant. Es wurde mit viel Aufwand restauriert, strahlt aber trotz altem Gemäuer eine eher kühle Eleganz aus.

Castello di Brolio

Dieses imposante Schloß ist von drei Seiten von tiefer Waldeinsamkeit umgeben und an der vierten von endlosen Weinhängen. Es ist das größte Weingut im Chianti, und wenn man die Fattoria am Fuß des gewaltigen Burghügels in ca. 2 Stunden "durchlaufen" hat, schwört man Stein und Bein, sie sei die größte Europas.

In riesigen Fiberglastanks (zur Fermentation) und in 65o Holzfäßern lagern - in kathedralen-großen Räumen 2o Millionen Liter Wein!! Prost!

Nun wieder hinauf zum Schloß: Obwohl der letzte Sproß derer von Ricasoli hier residiert, kann man den Waffensaal, bzw. Speisesaal besuchen. Für die klapprigen Ritterrüstungen ist hier festlich gedeckt. Für uns bleibt nur der Augenschmaus - der allerdings angesichts all der herrlichen Gobelins und anderen Kostbarkeiten beträchtlich ist.

Seit 1141 waren hier die glanzvollsten Persönlichkeiten zu Gast. Selbst Lorenzo Il Magnifico hob im 15. Jahrhundert hier öfters mal einen. Vielleicht braute man damals schon den süffigen "Vinsanto". Das ist ein interessanter, bei uns fast unbekannter Wein:

Die Trauben werden, ähnlich wie Tabakblätter, im Januar auf Schnüren aufgehängt. In Holzfässern, die über der Erde in einem ständig offenen Raum liegen, ist der Wein dann 3-5 Jahre der Hitze des Sommers und der Kälte des Winters ausgesetzt, und hat am Ende 15 % Alkohol. Er hat eine große Ähnlichkeit mit dem Jerez-Wein, ist aber nicht so trocken wie ein Fino, sondern eher wie ein Jerez-Amontillado.

Schloßbesuch: 9-12 und 15-18 Uhr. Fattoria: 8-12 und 13-17 Uhr.

Rundwanderung: siehe Wanderteil am Ende des Buches.

Prato

Im Gegensatz zu allen anderen toskanischen Städten ist Prato keine sehr alte Stadt. Seit 165o erst Stadtrecht, doch immerhin: Das Castello stammt aus der Stauferzeit (es erinnert auch ein wenig an die Krone Apuliens, das Castell del Monte). Und im Dom malte Filippo Lippi seine schönsten Fresken.

Außerhalb des mittelalterlichen Stadtkerns mit seiner Mauer summt und rasselt ein gutes Hundert von Spinnereien und Webereien. Es ist das größte Textilzentrum der Welt, wie mir Pietro Romanini, Prokurist einer dieser Firmen versicherte. (Ein Kompliment an dieser Stelle an seine Frau für ihre ausgezeichnete toskanische Küche!)

Innerhalb der Mauern ist man nach so vielen Industrie- und Wohnvorstädten überrascht, was für eine schöne toskanische Altstadt man vorfindet.

Das CASTELLO DELL'IMPERATORE (Kaiserburg), 1248 von Friedrich II. gebaut, als Zwischenstation nach Süditalien und Sizilien.

Daneben SANTE MARIA DELLE CARCERI, Zentralbau der Hochrenaissance. Im Inneren: Hauptaltar von Giuliano da Sangallo (1492). Die Marmorballustrade davor von Buontalenti (1588). An den vier Ecken: Terrakotten der vier Evangelisten von Andrea della Robbia (1491).

PALAZZO PRETORIO: mit städtischen Gemäldegalerien (Museo Civico, 9.3o-12.3o/15-18.3o). An den unterschiedlichen Mauern und Fensterebenen erkennt man den früheren Wohnturm in der Ecke und den späteren Palast der Prioren und der Justiz.

1. Stock: Tabernakel - Saal mit Fresko "Madonna del Cambo" von Filippino Lippi
2. Stock: Madonna del Ceppo v. Fra Filippo Lippi. Dieser Mönch Fra Filippo Lippi hat sich beim Malen einer Madonna recht unmönchlich in sein Modell, eine junge Nonne, verliebt. Cosimo di Medici hat beim Papst die Erlaubnis zur Heirat bewerkstelligt, denn das Söhnchen Filippino Lippi war schon unterwegs. Zum Zeitpunkt der Geburt war Filippo schon 5o Jahre alt; er starb 12 Jahre später.

Des weiteren: Fresken von Fra Bartolommeo und ein Rundbild von Luca Signorelli.

DOM SANTO STEFANO: An der grün-weiß gestreiften, romanisch-gotischen Marmorfassade fällt die Außenkanzel auf; von ihr wird an fünf Feiertagen die Reliquie des Domes, der berühmte Gürtel der Muttergottes gezeigt. Diesen Gürtel, den Maria vor ihrer Himmelfahrt dem Apostel Thomas verehrte, bekam ein Kaufmann aus Prato zur Mitgift, als er eine Maid aus Jerusalem heiratete. So sagt die Legende. Vor seinem Tode vermachte er ihn der Kirche und der Stadt gleichermaßen, und deshalb haben beide Institutionen einen Schlüssel zu dem Reliquienschrein, und wird der Gürtel an weltlichen (1. Mai und Ferragosto - 15. August, 8. September) und kirchlichen (Ostern und Weihnachten) Feiertagen gezeigt.
Im Hauptchor des Domes erzählen die Fresken von Fra Filippo Lippi Szenen aus dem Leben des Hl. Stefan und Joh. des Täufers. Nach dem Eingang links ist die Kapelle des Hl. Gürtels.

Im MUSEO DEL OPERA neben dem Dom sind die Original-Reliefs der Kanzel von Donatello aufbewahrt. Offen: 9.3o-12.3o, 15-18.3o.

Auf dem Weg von der Altstadt zur Autobahn, in der Viale Repubblica 9 ist ein interessantes TEXTIL-MUSEUM mit 1.5oo verschiedenen Stoffen aus der ganzen Welt vom 5. Jh. bis heute und Maschinen zur Stoffherstellung zu besichtigen. Nach Prato kommen jährlich etwa 2o.ooo Besucher als Geschäftsleute, nicht als Touristen. Und noch eine Zahl: ca. 6o- 7o % der Textilien gehen nach Deutschland.

Außerhalb der Stadt, an der alten Landstraße nach Florenz, Viale della Repubblica, liegt das CENTRO PER L'ARTE CONTEMPORANEA LUIGI PECCI. Es ist kein Museum moderner Kunst, wie es in verschiedenen Reisebüchern fälschlicherweise dargestellt wird, sondern ein Zentrum zeitgenössischer Kunst, wo in unregelmäßiger Folge Ausstellungen, Konzerte, Theater und Dokumentationen der visuellen Kunst stattfinden. (Ich sah z.B. eine reizvolle Kostümschau aus Fellini-Film-Klassikern.) Der futuristisch gedachte Gebäudekomplex, umgeben von Grünflächen und einigen Monumentalplastiken, wirkt eher ein wenig provinziell.

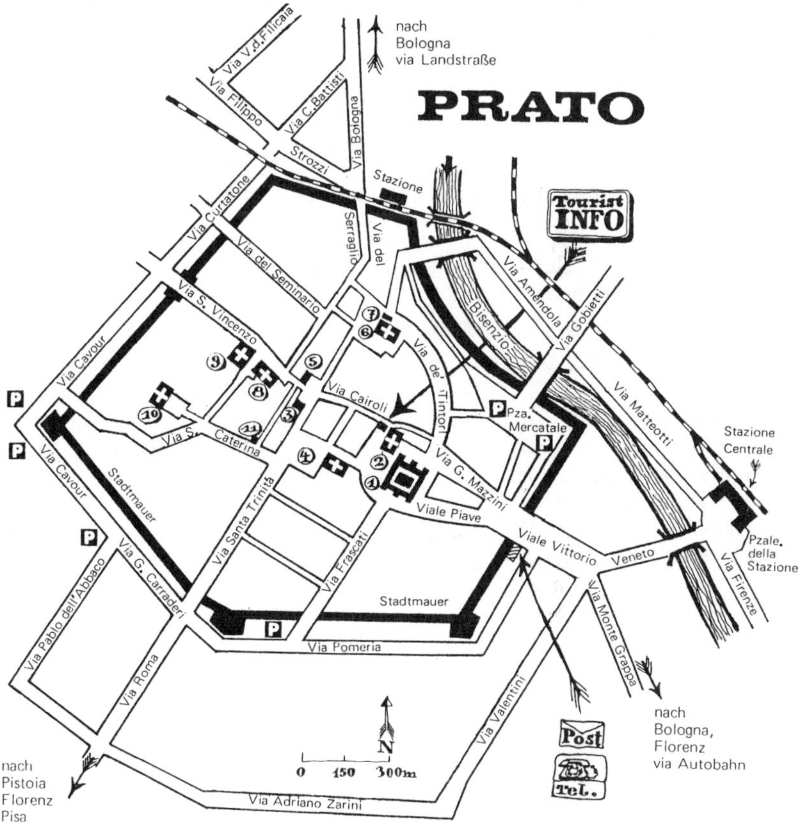

1 Castello dellmperatore
2 Kirche Sta. Maria d. Carceri
3 Palazzo Pretorio mit städt. Galerie
4 Piazza San Francesco
5 Pal. del Comune und Piazza del Comune, Museo Civico
6 Dom S. Stefano
7 Dom Museum und Bischofspalast
8 Museo di Pittura Murale und Chiesa di S. Domenico
9 Basilica di S. Vincenzo e S. Caterina deRicci
10 Monastero di S. Niccolo
11 Palazzo Datini (Staatsarchiv) Via Porcellatico

In der Stadt:

*** "**Hotel Flora**", zwischen Castello und Rathausplatz, in der Via Cairoli 31, Tel. o574/2oo 21 und 335 21.

** "**Stella d'Italia**", Piazza Duomo, Tel. o574/279 1o.

Für Geschäftsleute außerhalb der Stadt zwei moderne Großhotels:

**** "**President**", Via Simintendi 2o, Tel. o574/302 51. **** "**Palace**", Via P.d. Francesca 71, Tel. o574/5671.

Das beste ist 3 km außerhalb, im Nordosten, im Ortsteil Filettole, auf den Hügeln jenseits des Flusses, (etwas schwierig zu finden). "LOGLI" - der Umweg lohnt sich. Mo. abends und dienstags zu. Spezialität: Minestra di pane.

In der Stadt:

"STELLA D'ITALIA" - am Domplatz. "DA TONIO" - Fischspezialitäten, P. Mercatale, So. und Mo. mittags zu.

"BAGHINO" - Via dell Accademia 9, So. und Mo. bis Mittag zu. "OSVALDO BARONCELLI" - Via Fra' Bartolomeo 13. So., Mi. abends und August zu.

Wer in einer ländlichen Villa mit schönem Garten mit Terrasse und Freitreppe wohnen und essen möchte: "VILLA SANTA CHRISTINA", Via Poggio Secco, So. abends u. Mo. zu. Tel. o574/59 59 51.

APT: Via Cairoli 48. Tel. o574/241 12.

USL: Viale della Repubblica 24o. Tel. 579 7o o1.

Die Provinz Pistoia

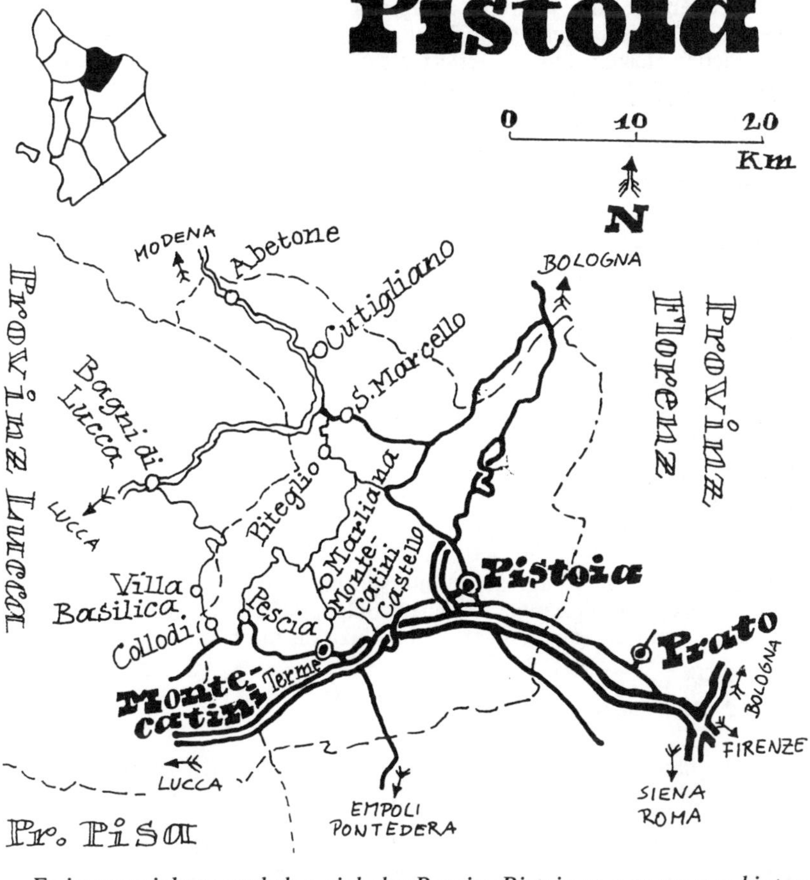

Es ist gar nicht so verkehrt, sich der Provinz Pistoia sozusagen von hinten zu nähern, also von den Bergen her, denn die Provinz besteht, bis auf einen kleinen Teil um die Hauptstadt herum, aus bergiger, ja sogar gebirgiger Landschaft des Apennin. Dort oben ist im Sommer ein herrliches Wandergebiet und, was hier zulande nur wenige wissen, im Winter das Skigebiet außerhalb der Alpen.

Im FLACHLAND liegen, außer der Hauptstadt, einige bekannte Thermalbäder: Montecatini Terme und Monsummano Terme.

Bleiben wir also zunächst noch in der Montagna Pistoiese. Hinter BAGNI DI LUCCA windet sich die Straße durch das bewaldete TAL DES LIMA, dann hinauf in vielen Kurven, durch steile Abhänge, oberhalb der Straße kleben kleine Dörfer wie Schwalbennester über schluchtartigen Tälern und Wildbächen. Bei der Weg-Gabelung in La Lima geht's rechts über San Marcello Pistoiese nach PISTOIA hinunter - auf dieser Strecke kommen wir wieder zurück - links klettert die Straße das Tal des Lima weiter hinauf, und man gelangt zu den Sommer- und Wintersportzentren:

Cutigliano (900 m)

Mit seinem schönen, wappengeschmückten Rathaus "Palazzo dei Capitani della Montagna" (Kapitän der Berge).

Eine Kabinenbahn fährt nach Doganaccia hoch (1.600 m), wo man im Sommer wandern kann, im Winter laufen Kabinenbahnen und Schlepplifte für Skifahrer.

*** "**Italia**" - Tel. 0573/680 08, ** "**Lo Scoiattolo**" - Tel. 0573/680 94, ** "**Roma**" - Pension, Tel. 0573/681 21.

Restaurant "FAGIOLINO" ist das, was sich die Pistoesi gegenseitig empfehlen.

APT - Tel. 0573/680 29.

Abetone (1.388 m)

Am Ende des Tales liegt der Wintersportort, wo eine Kabinenbahn, 5 Sessel-Lifte, 5 größere und 7 kleinere Schlepplifte, 4 offene Gondellifte das Gebiet im Winter zum regelrechten Skizirkus machen.

Tourist INFO Pläne darüber anfordern beim: AAST - Via Brennero, 510 21 Abetone, Tel. 0573/602 32.

Abetone hat 22 Hotels, 3 davon sind: *** "**Excelsior** - Tel. 0573/600 10. *** "**Miramonti**" - Tel. 0573/6 0017. ** "**Da Tosca**" - Tel. 0573/603 17.

Camping: "Il Pinguino" in Pian di Novello und "Neve e Sole" in Pianosinalico, beide zw.Cutigliano und Abetone.

San Marcello Pistoiese (623 m)

Das Distrikt-Städtchen dieser alpinen Gegend. Rund um die große Piazza liegen eine Vielzahl Restaurants, Pizzerias, Bars und Cafés. Im Café Bottegone ist Yoska der Patron, ein ungarischer Emigrant, der in Paris ein Restaurant hatte und nun hier am Busen der Natur Fett ansetzt.

San Marcello ist ein sehr lebendiges Städtchen, und es ist absolut nicht langweilig, abends so eine kleine Lokal-Platz-Runde zu drehen.

Hotel und Restaurant: Empfehlungswerte Küche (der Chef kocht selbst!) im "IL POGGIOLO" - ganzjährig offen. Tel. o573/63o 153.

AAST: Via Marconi 28, Tel. o573/63 o1 45.

Von S. Marcello kann man nun direkt nach Pistoia hinunterfahren, oder auf Umwegen durch eine ganz ruhige Gegend und vorbei an oder durch so hübsche Städtchen wie Piteglio und Marliana nach Montecatini Terme fahren.

Pistoia

Die Hauptstadt - oder sollte man sagen, das Hauptstädtchen - der kleinsten Provinz der Toskana, vom benachbarten, größeren Prato immer ein wenig beneidet.

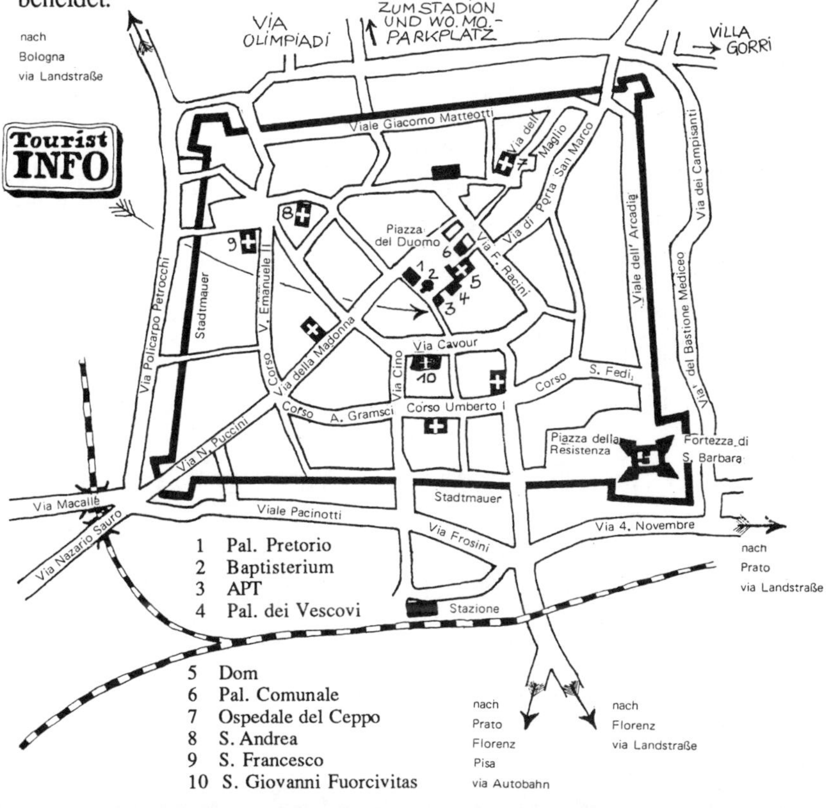

Florenz mit der ganzen Wucht seiner Bedeutung liegt zu nahe, als daß die meisten Touristen einen Besuch Pistoias in ihr Programm aufnehmen würden; nicht wissend, wie unrecht sie dieser kleinen, ruhigen aber sehr reizvollen und überschaubaren Stadt damit tun.

Den DOMPLATZ zähle ich zu den schönsten Plätzen der Toskana. Nur schade, daß man diese herrliche Piazza nicht von einem Café aus genießen kann.

Nicht nur geographisch, sondern auch künstlerisch liegt Pistoia zwischen Florenz und Pisa: die Pisanische Romantik des Domes und die Florentiner Renaissance der Stadtpaläste.

Die drei schönsten Dinge in Pistoia:

1. Die KANZEL von Giovanni Pisano (1300) in der hohen, dunklen romanischen Kirche SANT' ANDREA. Ich erinnere an den Dom von Pisa, dort steht auch eine Kanzel von Giovanni Pisano. Hier kann man so ein Kunstwerk in Ruhe betrachten. An der Wand daneben ist ein Kasten, wo man für 100 Lire Licht machen kann. Fünf wunderschöne Marmorhochreliefs mit Szenen des Neuen Testaments: Christi Geburt, Heilige Drei Könige, der Kindermord des Herodes, die Kreuzigung, das große Weltgericht. An den Ecken die vier Evangelisten. Eine Tür neben dem Lichtkasten führt in einen Gang, wo man auf vielen großen Fotos die Gesichtsausdrücke besser sehen kann! Übrigens ist an der Wand gegenüber der Kanzel, hinter dickem Glas, ein ergreifend schönes Holzkruzifix, auch von Giovanni Pisano. Erwähnenswert an dieser Kirche sind noch die über der Tür an der Außenfassade befindlichen romanischen Reliefs von Gruamonte (Hl. Drei Könige) von 1166.

2. DER TERRAKOTTA - FRIES über den Kolonnaden des Ospedale del Ceppo. Die Medaillons aus dem Leben Marias sind von Benedetto Buglioni, die Szenen der menschlichen Barmherzigkeit von Giovanni della Robbia. Zwischen den Szenen allegorische Gestalten.

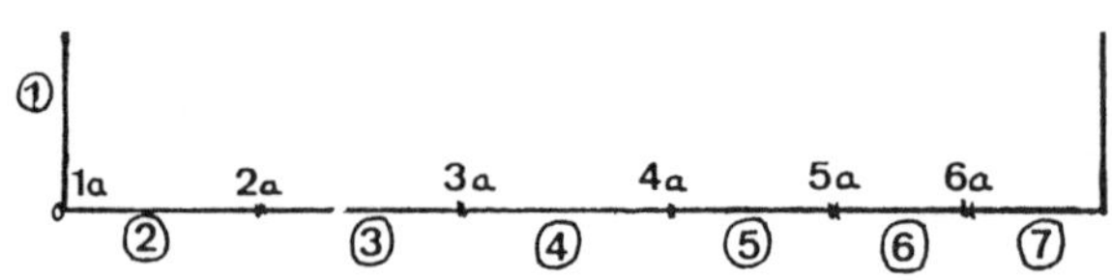

1)Die Nackten bekleiden
1a: Sphinx an der Ecke
2) Den Pilgern Unterkunft geben
2a: Die Allegorie der Klugheit
3) Kranke betreuen
3a: Die Treue
4) Gefangene besuchen
4a: Barmherzigkeit
5) Die Toten bestatten
5a: Die Hoffnung
6) Hungrige speisen
6a: Die Gerechtigkeit
7) Durstige tränken

Die letzte dieser sehr realistischen Szenen stammt von Lorenzo Paladini (1585). Es fällt auf, daß hier die leuchtenden Farben fehlen. Er besaß nicht das Geheimnis der Farbzusammenstellung und -bearbeitung der Della-Robbia-Brüder, die dieses Geheimnis mit ins Grab nahmen.

3. Der berühmte <u>SILBERALTAR</u> in der rechten Seitenkapelle (Capella di San Jacopo) des Domes San Zeno, einer der bedeutendsten Arbeiten der Silberschmiede Italiens, an dem viele Künstler 2oo Jahre arbeiteten. U.a. hat auch Brunelleschi, der Erbauer des Florentiner Doms, 2 Tafeln geschaffen. Zur Besichtigung den Custode holen. 7-12, 16-19 Uhr. So. 7-13/16-19 Uhr.

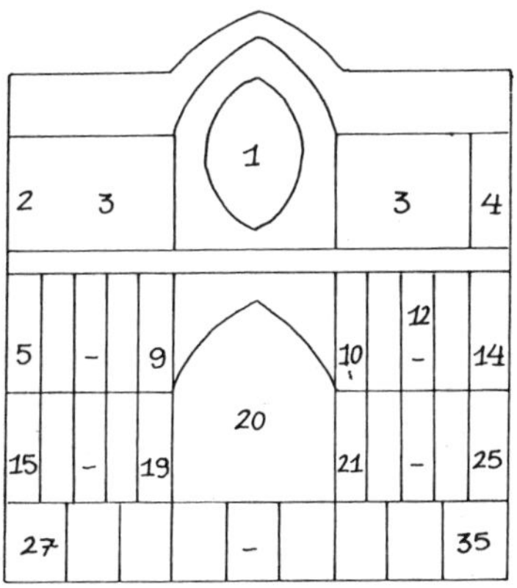

1 Christus
2 Stephanus
3 Engels-Chöre
4 Antonius
5-9 Heilige und Apostel
1o-14 Apostel
12 Jakobus mit Muschel
15-19 Bischöfe und Apostel
21-25 Bischöfe und Apostel
27-35 Heilige und Apostel
2o Hl. Jakobus

1 Matthäus
2 St. Leonhard
3 Kirchenlehrer
4 Bischof
5 Daniel und David
6 Erschaffung von Adam und Eva
7 Der Sündenfall
8 Kain
9 Arche Noah
1o Opfer Isaaks
11 Moses u. die Gesetzestafeln
12 Krönung Davids
13 Geburt Mariens
14 Hochzeit Mariens

1 Lukas
2 Augustinus
3 Gregor
4 Hieronymus
5 Jeremias und Isaias (Brunelleschi)
6 Berufung des Jakobus

7 Jakobus und Johannes mit ihrer Mutter
8 Mission des Jakobus
9 Predigt des Jakobus
1o Gefangennahme des Jakobus
11 Verurteilung des Jakobus

12 Jakob. tauft einen Gelehrten
13 Martyrium des Jakobus
14 "Translatio" - Überführung seines Leichnams nach Nord-Spanien

1	2	3	4	5	6	7
8	9	10	11	12	13	14
15	16	17	18	19	20	21

1 David
2 Verkündigung
3 Geburt Christi
4 Christus zwischen Maria und Jakob
5 Reise der drei Könige
6 Anbetung der drei Könige
7 + 8 Propheten
9 Kindermord von Bethlehem
1o Judaskuß
11 Kreuzigung
12 Frauen beim Grabe
13 Ungläubiger Thomas
14 + 15 Propheten
16 Himmelfahrt Christi
17 Darstellung im Tempel
18 Predigt des hl. Jakobus
19 Verurteilung des hl. Jakobus
2o Martyrium des hl. Jakobus
21 Prophet

Pistoia war eine wichtige Station der italienischen Pilger des Mittelalters nach Santiago de Compostela in Nordwestspanien, worauf auch die Reliquie des hl. Jakobus im Bischofspalast hinweist.

> Wer sich für den hl. Jakobus und den Pilgerweg durch Frankreich und Nordspanien interessiert: "Der Jakobsweg" vom Autor dieses Buches, Via Verlag, Postfach 3625, 89o26 Ulm.

Was an der Außenseite über dem Portal noch als Preziose auffällt: Andrea della Robbias Terrakotta-Kassetten im Bogen, und sein herrliches Marienmedaillon.

Was ist außerdem noch schön in Pistoia?

Die große, vom Autoverkehr befreite PIAZZA mit dem DOM SAN ZENO an der südlichen Seite, dem Campanile mit seinen Loggien zur Rechten, anschließend der Bischofspalast (Palazzo Vescovile), dann das BAPTISTERIUM SAN GIOVANNI (nach Entwürfen von Andrea Pisano), graziler als das von Florenz, die Westseite wird abgeschlossen durch den PALAZZO DEL PODESTÀ, früher Sitz des Stadthalters, heute Gerichtsgebäude. Diesem gegenüber der Palazzo del Comune, der Stadtpalast, mit seinen Medici-Kugeln in der Mitte und an den Ecken (die mittleren haben noch als Zugabe Tiara und Petrusschlüssel des Medici-Papstes Leo X.).

An der Via Cavour, nur ca. 6o m von der Piazza, am Baptisterium vorbei hinunter, dann etwas rechts, die grün-weiß-gestreifte, pisanisch-romanische Seitenfassade der Kirche S. GIOVANNI FUORCIVITAS. Über der Türe ebenfalls ein Relief von Gruamonte, im Inneren eine sehr schöne weiße Terrakotta-Gruppe vor blauem Hintergrund (Mariae Heimsuchung) von Andrea della Robbia.

BISCHOFSPALAST (Palazzo dei Vescovi) Außer einer Sammlung sakraler Gegenstände und lithurgischer Paramente ist eine Besonderheit den Besuch wert: In einem Reliquiar vom berühmten Florentiner Künstler Lorenzo Ghiberti (Florenz: Türen des Baptisteriums) wird als Reliquie ein Kieferknochen des hl. Jakobus von Santiago de Compostela verwahrt.

Di., Do., Fr. 1o-11.3o und 15.3o-17 Uhr.

MUSEO DIOCESANO - etwas für Liebhaber sakraler Kunst.

MUSEO CIVICO im Palazzo Communale. Tafelbilder und Gemälde der Kunstgeschichte Pistoias von der Romanik bis zum 19. Jh.

Pistoia ist eine sympathische Stadt für den Individualisten, in der man sich nicht gegenseitig auf die Füße tritt. Sie ist der Ausgangspunkt ins schöne, pistoiesische Wald- und Bergland.

Markt: Hinter dem Baptisterium liegen zwischen alten Häusern und kleinen Gassen der Fischmarkt und der Lebensmittelmarkt.

Jedes zweite Wochenende ist in der Via Pacinotti ein Antiquitäten-Markt (mercato Antiquario). 8-14 Uhr.

La Giostra dell'Orso (Bärenturnier): Die ganze Welt spricht vom Palio in Siena. Fast unbekannt, aber genauso spektakulär ist dieses Turnier am 25. Juli. Der Wettkampf geht auf das 14. Jh. zurück, wurde jährlich bis 1666 gefeiert, dann erst wieder ab 1947, auf der Piazza del Duomo.

Umzug: Die Wappen der Dörfer und Städte, des Handwerks und der Künste und der Pistoieser Stadtviertel: Der Löwe, der Hirsch, der Drache, der Greif.

Wettkampf: 12 Pferde, je 3 aus jedem Viertel, galoppieren immer zu zweit über die Bahn und müssen mit ihren Lanzen eine stilisierte Bärenfigur treffen. Die beste Zeit und die meisten Punkte ergeben den Sieger, der den Titel "Ritter der goldenen Sporen von Pistoia und seiner Grafschaft" erhält.

*** "**Hotel Leon Bianco**", Via Panciatichi 2, drei Minuten vom Dom, die Via Cavour überqueren. Parkplatz (bewacht) hinter S. Francesco. Tel. o573/266 75/6.

** "**Hotel Firenze**", Via Curtatone e Montanara 42, zwischen Dom und San Francesco. Tel. o573/231 41.

Tourist INFO

APT: Piazza Duomo, Tel. o573/216 22

USL: Viale Matteotti 35, Tel. o573/3721

RESTAURANTS

RISTORANTE "LA BUSSOLA" (da Tonino), Corso Gramsci 159. Es hat zwar eine deutschsprachige Speisekarte, wird aber auch von Italienern gern besucht.

Vorteil: Ohne Menü-Zwang kann man auch nur Kleinigkeiten essen. Gute Teigwaren, Bedienung schnell und freundlich, angenehmes Ambiente. Mo. zu.

"IL DUOMO", Via Bracciolini 5. 2o Schritte vom Domplatz, Bar Pizzeria (abends), Spaghetteria.

Villa Gorri: Man verläßt Pistoia in der nordwestlichen Ecke Richtung Montale, nach ca. 5-6 km steht links der Straße eine moderne Skulptur. Dort ist der Eingang zur Villa Gorri, die allerdings in erst 1,5 km nach dem Tor erscheint. In einem riesigen Park stehen auf Wiesen, unter Bäumen und an Weihern moderne Skulpturen. Telefonische Anmeldung für Führungen: o573/479 9o7. Ohne Führung kann man, wenn der Pförtner gerade da ist, auch allein herumgehen.

An der Landstraße zwischen Lucca und Pistoia liegt das Baden-Baden der Toscana:

Montecatini Terme

Internationales Thermalbad für Leber, Magen und Darm. Sieht aus, wie eben Bade- und Kurorte so aussehen. Ich habe selten so viele Mercedes' mit römischen und mailändischen Kennzeichen auf einem Haufen gesehen. Deutsche keine. Wer unbedingt dort kuren will, wende sich an:

APT: 51o16 Montecatini Terme, Viale Verdi 66, Tel. o572/772 244, oder an:

Ufficio Inf. della Società delle Terme: Viale Verdi 41, Tel. o572/7781.

Für Hotelbuchung und Info: Promozione Albergatori Montecatini-PAM, Piazza Italia 6, Tel. o572/75365.

USL: Via San Marco, Tel. o572/2844.

Lohnender ist aber ein kurzer Abstecher hinauf nach MONTECATINI CASTELLO (od. Alto). Übrigens geht von Montecatini auch eine Zahnradbahn (= Funicolare) hinauf.

Von der Höhenstraße und vom Ort schöne Aussicht übers Land. Im Ort eine malerische Piazza: PIAZZA GIUSTI.

RESTAURANTS

Wie ein großer Saal, ca. 1oo m lang, 3o m breit, leicht ansteigend, rechts und links von den gedeckten Tischen der Restaurants flankiert, wo überall Schilder aushängen: Fettunta- unbedingt mal versuchen! - in Olivenöl geröstetes Brot mit Knoblauch; Panna con fragole: Erdbeeren mit Schlagsahne. Mangio e Bevi: Mischung aus Früchten, Eis und Schlagsahne.

In der "GELATERIA BERGHINI", am unteren Ende des Platzes habe ich zum ersten und einzigen Mal "Spaghetti di Gelato" gegessen, versuchen Sie's mal! Oder wie wärs mit Pizza nach Art des Hauses? Ich verrate nicht, was das ist - lassen Sie sich überraschen!!

Gehen Sie spätnachmittags hin, denn abends kommen alle Kurgäste mit ihren Schatten aus Montecatini herauf!!! Ein letztes Glas auf der Terrasse von ALEX'S BAR am Ortseingang (Montag zu), von hier sieht man die Lichter der Ebene unter sich glitzern. Ebenso schön ist der Blick vom Kirchlein oberhalb der Piazza. Den Umweg über Montecatini Castello wird man nicht bereuen!

Für Zoo-Freunde: 5 km westlich von Pistoia ist der Zoo "Città di Pistoia" auf 66.000 qm. Die Tierhaltung läßt da und dort zu wünschen übrig. Ganzjährig von 9 Uhr bis zur Dämmerung offen. Tel. 0573/57 12 80.

Collodi

Zwischen Montecatini-Terme und Lucca liegt in einem Seitental, nur 2 km von der Landstraße entfernt Collodi, wo zwei interessante Dinge zu sehen sind:

Für Kinder: das SPIELZEUGLAND DES PINOCCHIO "Abasso la scuola" (Nieder mit der Schule) steht auf dem Mosaik des Pinocchio-Dorfes (ganzjährig geöffnet). Der Autor und Erfinder des kleinen Bengels, dessen Nase bei jeder Lüge länger wird, wohnte und lebte hier, nannte sich, nach dem netten Ort: Collodi und wurde weltberühmt. Inzwischen kommen mehr Leute seines Pinocchios wegen hierher, als wegen des einstmals sicher sensationellen Schloßparks.

Für Kinder und Erwachsene: SCHLOSS UND GARTENANLAGEN DER GARZONI. Dieser steil ansteigende Barockgarten mit seinen tönernen Statuen (ganz oben sogar eine 4 m hohe Jagdgöttin), Schäferinnen und galanten Kavalieren erinnert in seiner Mischung aus Kitsch und Gartenbaukunst an die Isola Bella im Lago Maggiore. Für Kinder ist das Labyrinth oberhalb des Bambuswaldes sicher ganz lustig.

Im Garten ganz unten rechts kann man in der Cantina Antica Fattoria noch ein Glas Collodi Schloßgewächs trinken und auch Flaschen davon kaufen. Das Eintrittsgeld für das Schloß kann man sich eigentlich sparen. Es gibt keine besonderen Kunstschätze, aber dafür eine schöne Aussicht aus den großen Fenstern des Napoleonzimmers oder eine originelle Einsicht in eine gemütlich-ländliche Schloßkirche des 18. Jh.

Das wirklich Originelle an diesem Städtchen ist aber der bebaute Bergrücken bis in enorme Höhen. Denn jetzt, hinter dem Schloß, das man schnaubend erklommen hat, beginnt erst eine Altstadt-Gasse bis zu einer Burg hinan.

Von Collodi aus weiter in die Berge hinein, am Rande der Provinz Pistoia, eigentlich schon nach Lucca gehörig, ein Abstecher für individuelle Liebhaber stiller Schönheit:

Villa Basilica

Von Collodi in dic Berge hinein. Ein in den steilen Hang gebautes Bergstädtchen, wo sich das Ziegelrot der alten Dächer abhebt vom dunklen Grün der gegenüberliegenden Wälder.

Am kleinen Platz vor der schlichten Fassade der wunderschönen romanischen Basilika sitzt sich's im Café schattig und angenehm neben einem alten Brunnen. Dieser Ort ist weder berühmt, noch wichtig. Er wird nirgends erwähnt. Inwieweit er nun etwas Besonderes ist, hängt einzig von der Aufnahmebereitschaft des Beschauers ab.

Die Provinz Massa-Carrara

Sie ist nicht gerade das, was man sich unter der Toscana vorstellt.

Nicht die "wogende Anmut der Hügel", wie Carducci, der Dichter der südlichen Toscana, sagt. Der alles beherrschende mächtige Gebirgsstock der Apuanischen Alpen ragt von der Null-Ebene des schmalen Küstenstreifens auf 2ooo m hoch.

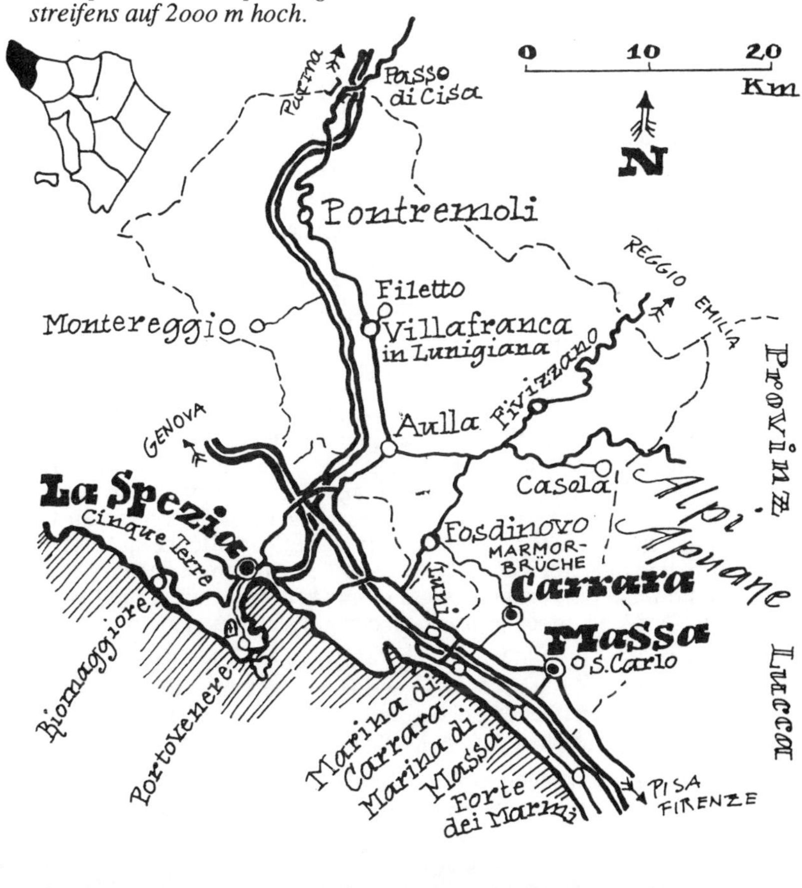

Die Täler der Magra - das sogenannte Lunigiana - und des Serchio, das zur Provinz Lucca gehört, das sogenannte Garfagnana - haben durchaus ihr Alpines.

Aber denken Sie jetzt nicht an Eisack oder Pustertal - dies hier ist trotzdem anders. Südlich alpin. Auch hier sind Zypressen und Ölbäume, Wein, hübsche Städte und die Heiterkeit des Südens.

Übrigens: So wie man in der Provinz Grosseto überall auf Burgen und Schlösser der Aldobrandeschi stößt, so findet man hier allerorts die der Malaspina, die größte oberhalb von Massa, weitere in Fosdinovo und Caniparola.

Fantiscritti - ein Besuch in den "Cave"

"Cava" (pl. cave) heißt ein Marmorbruch. Zu einigen kann man mit dem Auto hinfahren, zumindest in die Nähe. Und selbstverständlich auf eigenes Risiko.

Am bergseitigen Ende von Carrara zweigen ein paar zwar asphaltierte, aber enge und sehr kurvenreiche Straßen zu den "CAVE DI MARMO", wie es auf den Schildern heißt. Die früher allgemeingültige Empfehlung, in Italien vor Kurven zu hupen, habe ich 15 Jahre mißachtet. Hier sollte man! Der Bus, der zu kleinen Arbeiterdörfern in den Bergen verkehrt, tut's auch.

Wenn der, oder gar ein Marmor-LKW, entgegenkommt, heißt's unweigerlich rückwärtsfahren. Für ungeübte Fahrer ist es nicht immer einfach. Vor allem den Wagen stehen lassen, wenn die Straßen zur Schotterpiste werden, und zu Fuß weitergehen! Aber trotz allem: Ein paar Stunden da oben werden zum unvergeßlichen Erlebnis.

Tief unter einem die Schluchten und Täler, Carrara am Übergang zum schmalen Küstenstreifen und das Meer.

Um einen herum riesige Schutthalden und die steilen Wände der Berge, alle irgendwo angeschnitten und zersägt. Über einem der helle Himmel und alles im blendenden Weiß von Stein und Staub. Licht und Hitze werden von allen Seiten reflektiert. Man hört nur noch die typischen Geräusche der riesigen Steinsägen, die die mächtigen Blöcke quadratisch schneiden, und die Arbeit der "Riquadratori" übernommen haben. Schwere LKW's dröhnen im ersten Gang die Spitzkehren herunter, und braungebrannte Burschen turnen grinsend an den großen Steuerrädern herum.

Die ganze Gegend ist durchzogen von einem chaotisch wirkenden Wirrwarr von Schneidedrähten. Von irgendwoher hört man die Detonation einer Sprengung, vielfaches Echo kommt von den Wänden ringsum und kurz darauf steigt aus einer der Schluchten weißer Staub auf.

Bei der großen Blocksäge geht ein 2 km langer Stollen in den Berg zum unterirdischen Abbau, an anderen Stellen sieht man hinunter in die tiefliegenden Gruben des Tagebaus. In den 3o oder 4o m Tiefe stehen die Maschinen, rings umgeben von senkrechten Wänden.

An den Schnittkanten entlang klettern die Arbeiter horizontal und vertikal auf schmalen Gesimsen und über Eisenleitern in die Tiefe, über sich nur noch ein viereckiges Stück Himmel und den Schwenkarm des Hebekranes. Die Tecchiaioli hängen in den Wänden und sorgen dafür, daß denen unten kein Stein auf den Kopf fällt.

An all das sollte man eigentlich auch einmal denken, wenn man in Florenz den David auf Kodachrom mit Blende 5,6 ablichtet.

Weitere Cave di Marmo: Campocecina, Ravvaccione, Colonnata, alle in der Gegend von Carrara.

Carrara

Auf der ganzen Erde ist dieses Wort gleichbedeutend mit - Marmor!

Dieser weltbekannte Name ließ mich eigentlich etwas Besonders erwarten. Ich war deshalb zunächst etwas enttäuscht über das, was ich vorfand.

Eine relativ kleine Provinzhauptstadt, die diese Eigenschaft sogar noch mit einer zweiten Stadt - Massa - teilen muß. Auf den Besucher wirkt sie sehr ruhig und zurückhaltend.

Ich empfehle einen kleinen Spaziergang durch die Gassen der Altstadt, um den Dom herum. Der Verputz der Häuser ist von undefinierbarer Farbe, ocker manchmal, und blättert ein wenig ab in die engen, hohen verwinkelten Gassen und Straßen. Aus den Kellern riecht es moderig, Wäsche flattert über die Straßen und alles ist voller Leben.

DER DOM: außen mit weiß-grünem Marmor inkrustiert, uralt und schön ungepflegt. Die Witterung von Jahrhunderten hat Grün und Weiß miteinander vermischt, eine kräftige Patina hat sich drübergelegt. Innen ist er spätromanisch schlicht und einfach. Draußen auf den alten Marmortreppen saßen, wie so oft in der Toskana, die Einheimischen. Alte und Junge nebeneinander.

In dem nahen Palmenpark liegt das schöne Gebäude der KUNST-AKADEMIE. Ein empfehlenswertes Restaurant, gleichzeitig Hotel, mit 13 Zimmern:

** "**Da Roberto**", Via Apuana 5, direkt neben dem weißen Fluß. Der Inhaber, A. Ribolini, ist Mitglied der Academia intern. Buongustal. Hotel ganzjährig offen. Freitag zu. Tel. o585/7o634.

Das zweite der Hotels von Carrara (mehr hat es tatsächlich nicht):

*** "**Albergo Michelangelo**", Corso Rosselli 3. Neuerbautes Haus mit modernem Komfort und Restaurant. Viele Zimmer. Tel. o585/777161/2/3.

Jugendherberge: Marina di Massa, Via delle Pinete, Tel. o585/78o o34.

EINKAUFEN: Marmor Souvenirs

Man muß generell unterschciden:

1) Gegenstände aus ganzem Marmor: Schalen, Vasen, Schachbretter, Tischplatten etc.

2) Gegenstände aus gebundenem Marmorstaub, der bei der Verarbeitung tonnenweise anfällt. Der Staub ist mit Bindemittel vermischt, in Formen gegossen, anschließend oberflächenverarbeitet. Aber immerhin: es ist Marmor! Ich kaufte eine Beethovenbüste aus diesem Material.

Sie ziert jetzt unser Klavier und ist aus dem Geschäft von Prof. Walter Ribani, Largo delle Poste 27, der Post gegenüber, die übrigens ganz mit Marmor verkleidet ist. Prof. Ribani ist selbst Bildhauer, ein wenig exzentrisch, hat aber in seinem Laden eine riesige Auswahl von sehr schönen, allerdings auch kitschigen Dingen. Lionello Passani, Via Ghibellina 1, beim Dom. In diesem, mit großer Ambition geführten, kleinen Laden, kann man noch wirklich Wertvolles und Rares finden. Stiche und Bilder in großer Auswahl.

APT, Piazza 2, Giugno, Tel. o585/769o. USL, Via Don Minzoni, bei der Ausfahrt nach Massa, Tel. 7671.

Das Lunigiana

Es gibt drei Anreisewege in die Toscana:

Küstenautobahn Genua - La Spezia
Autobahn Parma - La Spezia
Autobahn Bologna - Firenze

Wer die Richtung Parma - La Spezia fährt, eine herrliche Autobahnstrecke, kann nach der Überquerung des Apennin in das Tal der Magra hinunter einen Ziegelstein aufs Gaspedal legen, und ist im Nu an der Küste. Wer Zeit hat, sollte das nicht tun.

Es lohnt sich wahrhaftig, diese schöne Gegend zu durchstreifen. Eine Vielzahl von ruhigen, hübschen Ortschaften, stillen Seitentälern, Schlössern auf fast jedem Bergrücken - Bäche und Flüsse mit klarem Wasser und herrliche Wälder, Aussichtsstraßen und ein mildes Klima machen das Gebiet zu einem Ferienerlebnis für Individualisten.

In PONTREMOLI fällt die erste Malaspina-Burg ins Auge (nicht wörtlich nehmen). Aus dieser Bücher-Stadt stammen die fahrenden Buchhändler, die "Bancarelle" - es gibt auch einen gleichnamigen Literaturpreis - auf die angeblich die Pariser Bouquinisten zurückgehen, was ich jedoch bezweifle, denn diese haben auch schon eine lange Tradition.

Im Schloß der Malaspina ist ein Museum, wo man die in der Lunigiana gefundenen prähistorischen Stele-Statuen sehen kann. Sie haben gewisse Ähnlichkeiten mit Menhiren. Besonders lustig: Hinkelsteine mit Busen.

In MONTEREGGIO einem Nest südwestlich von Pontremoli, gibt es ein Marmorrelief für die "bancarelle".

Ein Stück außerhalb von Villa Franca liegt das in seiner Anlage einmalige Dorf FILETTO.

Etwas weiter abseits, ca. 18 km links der Straße (von Norden): FIVIZZANO, genannt das Florenz der Lunigiana. Innerhalb seiner Stadtmauern aus dem 16. Jh. ist so mancher vornehme Palazzo, und stattliche Denkmäler schmücken die Plätze.

Trinken Sie einen Espresso in der Bar Elvetia, an der Piazza Medicea, und schauen Sie hinüber zu dem Brunnen mit den vier auf die Schnauze gefallenen Fischen.

[USL Fivizzano: Via del popolo 23, Tel. 92359.]

In der Nähe von Fivizzano liegt Dorf und Schloß VERRUCOLA. Ein paar alte Häuser ducken sich zu Füßen einer hochaufragenden Märchenburg, deren etwas abseits und erhöht stehender, quadratischer Turm einen wuchtigen Kontrapunkt zum Pizzicato der ihn umstehenden Zypressen setzt.

In CASOLA, südöstlich von Fivizzano, aber schwer zu erreichen auf einer kurvenreichen Bergstraße, wird im Sommer noch ein alter Brauch zelebriert: der Canto di Maggio (Maisingen).

FOSDINOVO - 15 km nordwestlich von Carrara, ist ein altes, länglich auf einem Bergrücken gelegenes Städtchen, hat als Abschluß am höchsten Punkt ein Malaspina-Castell - eine der Stationen von Dantes Exil.

LUNI: Nun verlassen wir die weißhäuptigen Marmorberge und begeben uns von Carrara hinunter ans Meer, auf der S.S.1 rechts bis zur Ortschaft Dogana. Bei der Ampel links, Richtung Meer, liegt, auf schmaler Straße mit kleinen Hinweisschildchen erreichbar, inmitten von duftenden Sommerwiesen, von Bäumen umstanden und ein wenig aus dem Grün herausragend, das römische Amphitheater von Luni - nach dem übrigens die ganze Gegend des Lunigiana benannt ist.

Es ist teilweise bis zu halber Höhe erhalten. Es muß ein schönes, nicht allzu großes Theater gewesen sein. An diesem verträumten Ort, beim Summen der Bienen, läßt es sich gut sein!

DIE KÜSTE

MARINA DI CARRARA: Sehenswert - der Marmorhafen. Strand: der übliche italienische Sonnen-Strand-Massenbetrieb.

APT: Piazza Menconi 5, Tel. o585/632 218.

MARINA DI MASSA: Kein Haar anders. Es reiht sich allerdings Campingplatz an Campingplatz.

APT: Viale Vespucci 24, Tel. 0585/240 063.

[Jugendherberge: Marina di Massa, Via delle Pinete, Tel. 780 034.]

Massa

Die Stadt ist nicht so ursprünglich wie Carrara, sie ist größer, moderner, "sauberer". Ein Spaziergang allerdings zum hoch über der Stadt thronenden Castell Malaspina belohnt zum einen durch den schönen, langen (und heißen) Weg dorthin - mit Ausblicken über Stadt, Land und Meer und durch den Besuch einer ausgedehnten Befestigungsanlage.

Vorsicht: Wenn mit Auto, dann nur mit kleinerem, wendigem.

Rechts des Weges dort hinauf ist ein Kuriosum: Von einem Kirchturm knackt es plötzlich, dann setzt Glockengeläute ein. Nur, daß keine Glocke da ist. Der Turm ist zu alt für die Schwingungen, so hat man sein Geläute eines Tages auf Band aufgenommen und strahlt es nun per Lautsprecher aus.

3 km hinter Massa, ein paar Kurven hoch, liegt SAN CARLO TERME. Das lohnt sich aus zwei Gründen: der herrlichen Aussicht wegen und vor allem wegen des Ristorantes:

RESTAURANTS

"BELLA VISTA" mit der "besten Küche der Provinz", wie mir Baffo, der schnauzbärtige Cafetier an der Piazza Aranci in Massa versicherte. Das Essen war vorzüglich. Das Lokal ist 300 m rechts von der Piazza.

Marmor

Calcit-Kristalle, die aus gewöhnlichen Kalk entstanden sind, entweder durch Regionalmetamorphose, das heißt sehr hohe Drucke wie zum Beispiel bei dem apuanischen Marmor von Carrara, oder durch Kontaktmetamorphose, das heißt sehr hohe Temperaturen wie zum Beispiel beim parischen Marmor von der Insel Paros. So sagt der Geologe. Ich möchte es lieber mit Victor Auburtin sagen: "Über solche italienischen Marmortreppen geht es sich edel und gut. Man wird größer und besser, wenn man über Marmor schreitet. Die Seele, des ewigen Pflastertretens müde, streckt sich aus, reckt unsichtbare Organe und läßt kühle Palastluft in sich einziehen."

Marmor und Toskana, zwei Begriffe, die zusammengehören wie - Schmuck und Frau. In der nordwestlichen Ecke der Toskana, bei Carrara, bringt man ihn aus den hohen apuanischen Alpen zu Tal, die größten Künstler haben ihn geformt, allen voran Michelangelo, der oft hinaufstieg, um sich selbst einen Block auszusuchen, unzählige Kirchen und Paläste sind mit allen Farben und Mustern dieses Gesteins dekoriert, und wer mit dem Zug in Florenz ankommt, hat in den verschiedenen Hallen des ansonsten nicht überwältigend schönen Bahnhofs erste Gelegenheit zu spüren, wie weich es sich auf Marmor geht.

Eine kleine Auswahl einiger Arten: der weiße Marmor, der Statuario aus Carrara, ist der reinste. Mit grau-schattierten Adern heißt er Bianchi Venati; mit grauen arabeskenhaften Zeichnungen Arabescati. Marmore, die weiß, aber nicht rein sind und Fremdmineralien enthalten, heißen Cipollini (Zwiebeln). Je nach den Fremdmineralien ändert sich die

Farbe, so zum Beispiel beim gelben Giallo di Siena, beim Rosa del Portogallo, oder beim schwarzen Portoro di la Spezia, bis hin zum Broccatello di Spagna, der so heißt, weil er Farbe und Aussehen von Brokatstoff hat. Wer die Vielfalt an Farben, Arten, Tönungen und Bearbeitungsmöglichkeiten in überwältigender Schönheit sehen will, gehe einmal aufmerksam durch die Fürstenkapelle der Medici in Florenz, mit ihrem marmornen Boden- und Wandschmuck, und beachte vor allem die Intarsienarbeiten aus Marmor, Edel- und Halbedelsteinen in den 16 Wappen der toskanischen Städte.

Der Abbau von Marmor

Nach Probebohrungen und dem Wegräumen des Schuttes beginnt das Herausbrechen einer "Bank". Für diese Tätigkeit gab es im Laufe der Geschichte vier Verfahren:

Im Altertum: die KEILSPRENGUNG. Man verwendete dazu entweder Holzkeile zwischen Metallplatten oder Stahlkeile (die Technitès im alten Griechenland waren in dieser Technik Spezialisten) oder: trockene Holzkeile, die befeuchtet wurden und dann auseinanderquollen.

Aus dem 18. Jahrhundert: SPRENGUNG MIT SCHWARZPULVER. Nachteil: riesige Halden mit Schutt und Abfall, Risse in den Blöcken.

Ab Mitte 19. Jahrhundert: DRAHTSEIL-SÄGEVERFAHREN. Ein Verfahren, nach einem belgischen Patent, 1869 bei der Pariser Weltausstellung vorgestellt. In Carrara seit 1895 gebräuchlich. Ein langes Drahtseil geht vom Antriebsrad über Umlenk-Rollen zu den Schneidrollen. Diese selbstschneidenden Rollen "Monticolo" sind dünner als das umlaufende Seil und werden in einer vorher gebohrten runden Öffnung abgelassen. Die Bank wird an den Flanken und an der bergseitigen Wand abgesägt und dann von der Basis her durch Herausschneiden eines Keiles auf eine Schuttlage auf dem Vorplatz gekippt.

DAS BOHRLOCH-FEDERKEILVERFAHREN: mit Presslufthämmern bohrt man Rundlöcher, in die dann Federkeile eingetrieben werden. Marmor wird entweder im Tagebau durch Stufenabbau gewonnen, wie man es in den apuanischen Alpen teilweise noch sehen kann, oder, wo der Marmor tiefer liegt bzw. der Tagebau erschöpft ist, unterirdisch, so wie zum Beispiel schon in der Antike der "Lychnites", der parische Marmor, der im Schein von Öllampen abgebaut wurde oder in der Gegenwart der "Statuario" in den apuanischen Alpen.

Die dritte Art des Abbaus ist der TIEFLIEGENDE TAGEBAU, der nur mit modernen Maschinen, schweren Kränen, Pumpen und Räumfahrzeugen bewerkstelligt werden kann. Die Arbeit in den Marmorbrüchen ist auch heute noch schwer und gefährlich. Steinschlag, Staub, schwere körperliche Arbeit trotz moderner Maschinen und Hitze, die durch Reflexion vom hellen Gestein noch verstärkt wird.

Die Arbeiter sind hierarchisch geordnet:

Der "CAPO CAVA": wählt die Blöcke und deren Schnitte und dirigiert den technischen Ablauf.

Der "TECCHIAIOLO" (tecchia=Dach) hat im Tagebau die schwere und gefährliche Arbeit, lose Brocken aus den Wänden zu lösen.

Der "FILISTA" ist der Drahtseilspezialist.

Der "RIQUADRATORE" bearbeitet die herausgebrochenen Blöcke. Er ist ein hochspezialisierter Kenner der Materie und schon bei den Römern als "Quadratarius" bekannt.

Der "GALEOTTO" ist der Handlanger, der Hilfsarbeiter. Trotz aller Mechanisierung erfordert Marmor nach wie vor erfahrene Spezialisten.

Der Transport des Marmors

Die einfachste Methode: Auf Schutthalden läßt man die Blöcke einfach ablaufen. Das Risiko der Beschädigung ist hierbei natürlich groß.

Das übliche und Jahrhunderte alte Verfahren war die "Lizzatura": Auf präparierten Bahnen (sogenannte Lizza) werden die Blöcke zu Tal gebracht. Links und rechts der Trassen waren die "Piri": Pflöcke, um die die Bremsseile geschlungen wurden.

Die "Lizzatori" haben ständig die Rundhölzer hinter dem Schlitten hervorgeholt, um sie vorne wieder unterzulegen. Dies war eine der gefährlichsten Arbeiten, die viele Unfälle und Todesopfer forderte. Im Tal wurden sie dann von den Verladerampen auf Marmorkarren geladen. Kleinere Ladungen, die von einem Ochsenpaar gezogen werden konnten, nannte man "Carrata" und wurden später ein Maß für Zoll, Löhne und Verkauf. Für einen Block von ca. 15 Tonnen brauchte man 15-2o Ochsenpaare.

Später wurde die Lizzatura abgelöst durch Schrägaufzüge (= mechanische Lizzature) auf Schienen und mit Drahtseilen. Seilbahnen: dies waren allerdings aufwendige teuere Konstruktionen. Dampftraktoren und Dieseltraktoren.

Heute sind Lizzatura, Schrägaufzüge, Ochsen oder Traktoren abgelöst durch schwere LKWs, die die schwindelerregenden Spitzkehren hinaufdröhnen, in steilen Felswänden oder auf alten Schutthalden, um später langsam und ächzend unter der Last von 1o-2o Tonnen schweren Blöcken von geübten Fahrern zu Tal gesteuert zu werden. Trotz der wahrhaft artistischen Leistung dieser Fahrer kommt es auch hierbei noch manchmal zu Abstürzen.

Verarbeitung

Früher wurde Marmor hauptsächlich für Skulpturen, Säulen und Mauern, Tempel und Paläste verwendet. Erst die technischen Möglichkeiten leistungsfähiger Gesteinssägen und Oberflächenbearbeitungsmaschinen erlauben heute auch dem Prokuristen Müller, dem Oberlehrer Mayer und dem Lagerverwalter Schulze, sein Bad mit Marmorplatten zu belegen. Solche "Crustae" konnten sich im alten Rom nur schwerreiche Patrizier erlauben. Wenn Sie einmal hinauffahren sollten in die apuanischen Alpen, dann denken Sie nicht nur an eine eventuelle Verschönerung ihrer heimischen Naßzelle, sondern versuchen Sie sich vorzustellen, wie Michelangelo hier herauf kam, in den Steinbruch von Polvaccio, um einen gewaltigen Block des weißen Statuario auszusuchen, wie dieser von Menschenhand aus dem Berg gebrochen wurde, wie die Lizzatori ihn zu Tal brachten, die Ochsen ihn zum Hafen zogen, wo ein Schiff ihn aufnahm. Wie er, wieder auf Ochsenkarren, nach Florenz gebracht wurde, und wie der Meister seine Pietà aus ihm herausmeißelte.

Die Provinz Lucca

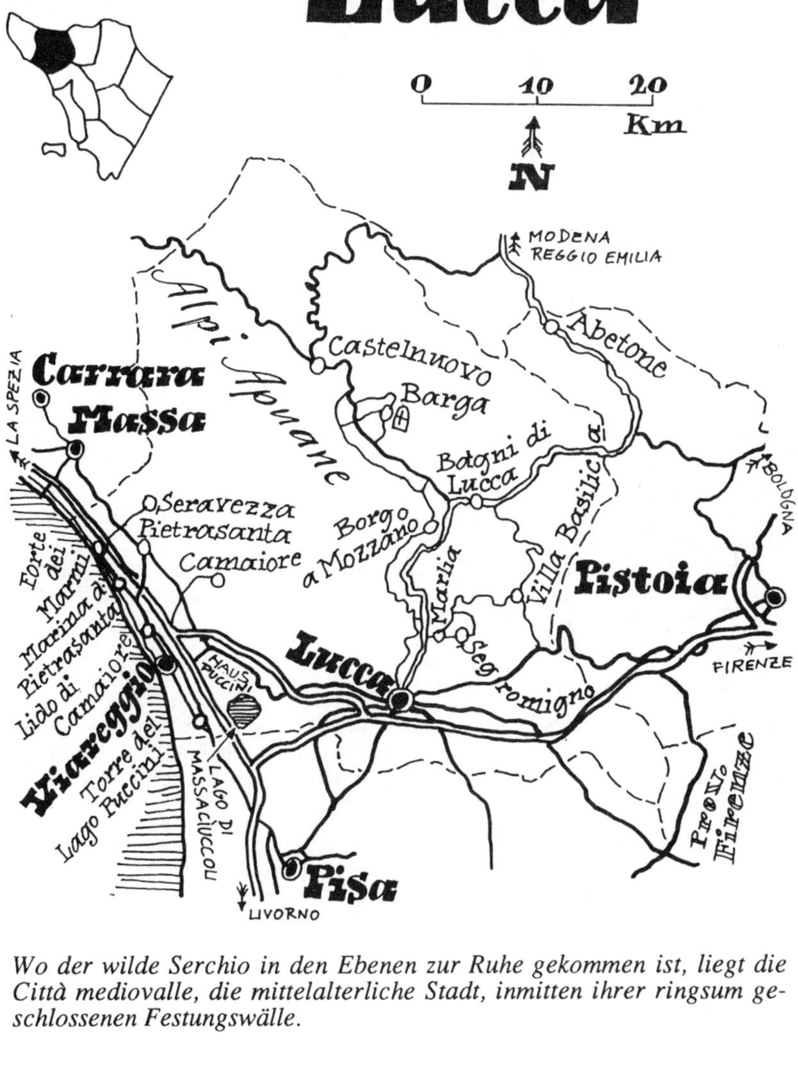

Wo der wilde Serchio in den Ebenen zur Ruhe gekommen ist, liegt die Città mediovalle, die mittelalterliche Stadt, inmitten ihrer ringsum geschlossenen Festungswälle.

Lucca

Die gesamte Altstadt ist von einem 4,5 km langen Befestigungwall umgeben: 4o m breite Erdwälle, außen von einer 12 m hohen Mauer begrenzt, mit 11 vorgeschobenen Bastionen, oben eine um die ganze Stadt führende Straße (allerdings nicht durchgehend mit dem Auto befahrbar), die beiderseits gesäumt und überdacht ist von riesigen Platanen.

Innerhalb dieses Mauerrings hat sich in rund 1.ooo Jahren eine organisch gewachsene Stadt gebildet mit einer harmonischen Architektur der Häuser und Paläste, mit rund 3o Kirchen, die überwiegend im Stil der pisanischen Romanik gebaut wurden.

Viele kleine Plätzchen, meist schmale, aber quadratisch angelegte Straßen, elegante Geschäfte wie etwa in der Via Fillungo, drei größere Plätze, die zentrale Piazza S. Michele, die Piazza S. Martino beim Dom und die größte Platzanlage, die von Platanen umstandene Piazza Napoleone.

Lucca ist eine schöne, gemächliche Stadt. Es darf einen nicht stören, wenn man ab und zu die Fährte eines Engländers kreuzt, die haben nämlich in Barga oben noch so eine Art Kolonie.

Lucca ist klein. Man gelangt in ca. 15 min. gemütlich von einem Tor bis zum gegenüberliegenden. Deshalb die Empfehlung: Einfach herumschlendern, man stößt überall auf Sehenswertes, ohne es suchen zu müssen.

Die PIAZZA NAPOLEONE. Nein, nicht nach Napoleon benannt. Nach seiner Schwester Elisa, die in Lucca vom großen Bruder als Fürstin eingesetzt war. Der schöne, große, an drei Seiten von hohen Platanen umstandene Platz dient hauptsächlich als Busbahnhof und Parkplatz (1 Stunde mit Parkscheibe). Seine Hauptfront nimmt der, der florentinischen Renaissance nachgebildete Herzogspalast ein.

Die PIAZZA SAN MICHELE. Hier schlägt der Puls der Stadt. Hier ist die Piazza - der Treffpunkt, hier sieht man und wird gesehen.

Den südlichen Teil des Platzes beherrscht der Palazzo Pretorio (149o) mit seiner offenen Säulenhalle, an der westlichen und östlichen Seite laden die Tische und Stühle der Cafés zu einem beschaulichen Gläschen, und nach Norden erhebt sich Turm und Schiff der Kirche.

SAN MICHELE: Die 4 Säulenreihen der romanischen Fassade lassen erkennen, wie die Fassade des Domes St. Martin geplant war. Auch hier gleicht kaum eine Säule der anderen: ornamental die eine, figürlich andere, verknotete und spiralig verdrehte. Über den Kapitellen rätselhafte Fratzen und Gesichter, worunter u.a. die von Garibaldi, Vittorio Emanuele II. und Pius IX. zu erkennen sind, und über den Gurtbögen allerlei Jagd-, Fabel- und Untiere. Ganz oben steht die Figur des hl. Michael mit einem etwas zu groß geratenen Kopf.

1 Dom S. Martino
2 Palazzo Pretorio
3 Kirche S. Michele
4 Palazzo Guinigi
5 Kirche S. Frediano
6 Palazzo Pfanner mit Garten

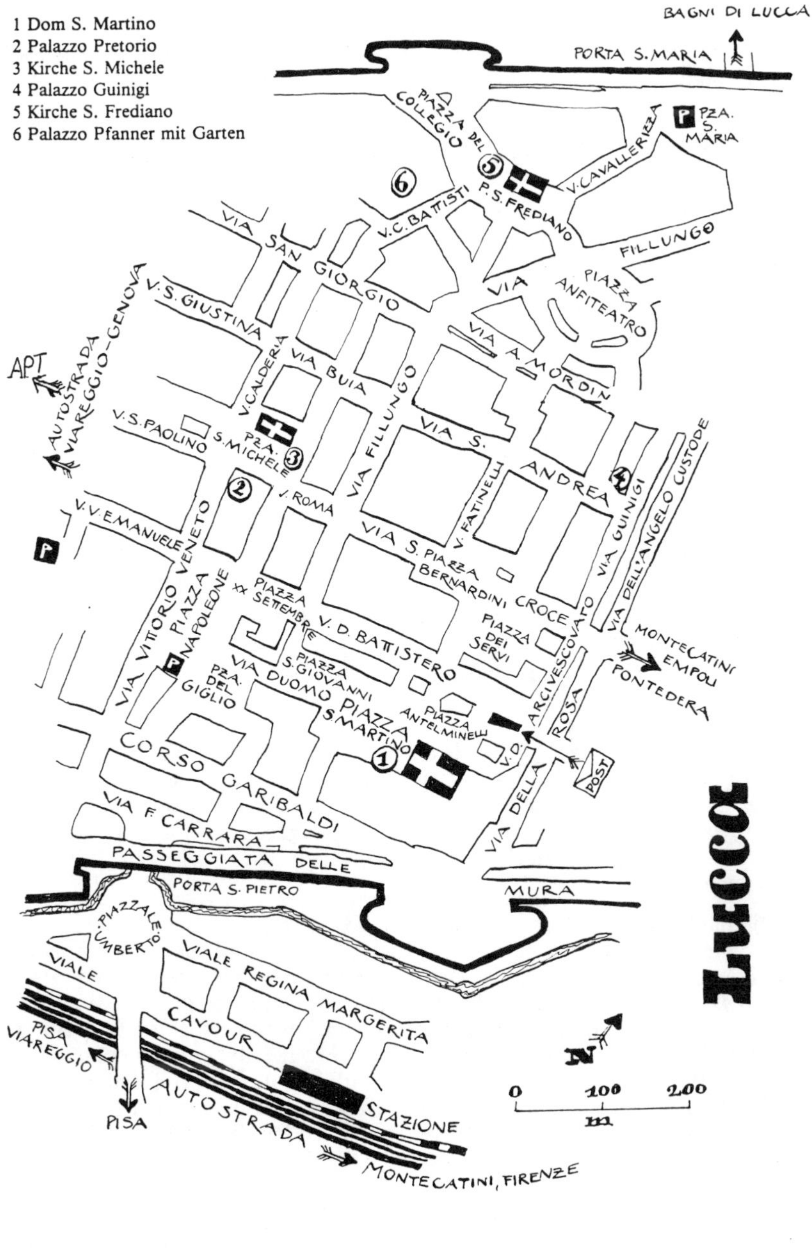

LUCCA

Im Inneren der Kirche hat sich bis auf die im 16. Jh. eingesetzte Gewölbedecke der romanische Baustil bewahrt. Außer einem Gemälde von Filippino Lippi im linken Querschiff sind keine nennenswerten Kunstwerke vorhanden.

Von S. Michele zur Piazza Anfiteatro und zur Kirche S. Frediano geht man am besten durch die VIA FILLUNGO, eine der belebtesten Geschäftsstraßen Luccas.

Etwas ganz Besonderes und Einmaliges ist die PIAZZA ANFITEATRO: In einer exakten Ellipse stehen die malerischen alten Häuser mit ihrem vielfarbigen Putz und ihrer individuellen Architektur auf den Grundmauern eines ehemaligen römischen Amphitheaters, einer Arena. Die frühere Kampfstätte, die Arena, ist heute der Platz selbst, auch er wird zur Kampfstätte im täglichen Markttreiben, wo der Kampf der heisernen Stimmen um die Gunst der Käufer ausgefochten wird.

Nur ein paar Schritte von diesem Platz entfernt ist die große **Markthalle** mit ihren verschiedenen Hallen: Gemüse und Obst, Lebensmittel, Fleisch, Fisch. Nur einfach gemütlich durchzugehen macht schon Spaß, oder in einer der Marktkneipen etwas zu trinken.

Außerhalb, unter freiem Himmel - links erhebt sich der baumbestandene Turm des Palazzo Guinigi (besteigbar) - ist über viele Gassen, Straßen und Plätzchen verteilt der Markt mit Kleidern, Schuhen, Hausrat, Lederwaren, Kitsch und Pleureusen.

Der Hallenmarkt ist Mo. bis Sa. 8-13 und 17-19.3o Uhr, der Straßenmarkt nur samstags 8-13 Uhr.

Der DOM SAN MARTINO wie auch die KIRCHE S. MICHELE erinnern stark an den Dom von Pisa und sind auch in der Pisaner Romanik erbaut. Der Unterschied besteht eigentlich nur in der Vorhalle. Innen kam später einiges Gotische dazu. Vor allem die hochgezogene Fassade von San Michele mit ihren zierlichen Säulenreihen wirkt wie ein filigranes Wunderwerk.

Die Fassade: Obwohl unvollendet, weil die letzte Säulenreihe fehlt, ist sie der älteste Teil der Kirche und, von der Vorhalle abgesehen, ein besonders schönes und reines Beispiel pisanischer Romanik. Eigenwillig und rätselhaft ist die Anpassung der Fassade an den Turm: die um je zwei Joche gekürzte Säulengalerie und der verkleinerte rechte Bogen des Atriums. Beachtlich ist die Variation der Säulen: keine gleicht der anderen, und ihre Kapitelle sind, wie in der Romanik üblich mit allerlei Fabelwesen, Untieren, Drachen, Sirenen und dekorativen Pflanzenelementen verziert. Zusammengeknotete oder überkreuzte Säulen hatten die Aufgabe, Dämonen fernzuhalten.

DAS ATRIUM: Im Tympanon über dem Mittelportal thront Christus in der Mandorla, flankiert von zwei Engeln, und über der Tür befinden sich die 12 Apostel mit Christus in ihrer Mitte. In den Tympana der Seitenportale: links Verkündigung, Geburt Christi, die drei Könige und Kreuzabnahme (von Nicola Pisano), rechts das Martyrium des hl. Regulus. Zwischen den Portalen: Geschichten aus dem Leben des hl. Martin und Allegorien der Monate mit Tierkreiszeichen. Im turmseitigen Pfeilerbündel ist ein geheimnisvolles Labyrinth eingraviert.

DAS INNERE: Nach dem Eingang rechts das Marmor-Original "St. Martin und der Bettler", das an der Stelle stand, wo sich heute eine Replik befindet: über den Bogengängen des Atriums. In der Mitte des rechten Seitenschiffes: ein großes Gemälde von Tintoretto (um 159o), das letzte Abendmahl. In der anschließenden Sakristei sind beachtenswert: Kapitellplastiken über den Halbpfeilern von Jacopo della Quercia und das Altarbild - Madonna mit 4 Heiligen von D. Ghirlandaio. Im rechten Querschiff zeigt sich wieder einmal, daß auch weniger bekannte Künstler wie hier der Luccheser Bildhauer Matteo Civitali Schönes und Wertvolles zu schaffen in der Lage waren: 2 Grabmäler (West- und Südseite) und 2 anbetende Engel in der anschließenden Sakramentskapelle. In der Mitte des linken Querschiffes steht das berühmte Grabmal der Ilaria del Caretto (ca. 14oo) - der jung verstorbenen Frau des Luccheser Ratsherrn Paolo Guinigi. Nein, sie ist nicht mit ihrem Hund begraben worden, wie ich schon verschiedentlich an ihrem Grab hörte. Der Hund zu ihren Füßen soll ihre Ergebenheit zu Paulchen signifizieren. Der Meister dieser Marmorfigur ist kein Geringerer als Sienas Berühmtester: Jacopo della Quercia.

IM LINKEN QUERSCHIFF befindet sich das noch berühmtere Volto Santo im achteckigen Marmorbau (Tempietto) des Luccheser Bildhauers und Architekten Matteo Civitali. Nach einer in vielen Variationen erzählten Legende soll dieses Holzkreuz (ca. 11. Jh.) mit einem steuerlosen Schiff bei Marina di Massa gelandet sein. Man lud es auf Ochsenkarren und überließ das Gespann ohne Lenker seiner eigenen Richtung - in Lucca blieb es stehen.

KIRCHE SAN FREDIANO: Trotz vieler An- und Umbauten ist auch sie ein Beispiel Luccheser Romanik. Abgesehen von dem schönen vielfarbigen Mosaik im byzantinischen Stil auf goldenem Grund an der vorderen Fassade möchte ich hier einmal auf ein toskanisches Bauelement der Glockentürme, Campanile, aufmerksam machen, was hier besonders deutlich zu sehen ist: Die Zahl der Fenster nimmt mit jeden Abschnitt zu: 1-2-3-3-4-4, auch bei San Martino: 1-2-3-4-4 (siehe auch Massa Marittima u.v.a.).

Das gibt den Türmen zum einen etwas Graziles, zum anderen erwecken sie damit nicht den Eindruck, sich in höheren Regionen zu verlieren. Sie haben dadurch eine stärkere Beziehung zur Piazza, zu uns. Besonders sehenswert im Inneren der Kirche ist der romanische Taufbrunnen: das große Becken zeigt auf 4 Reliefplatten die Geschichte Moses, u.a. den Zug durchs Rote Meer (von einem lombardischen Meister). Zwei weitere (von einem Meister Robertus) beinhalten den guten Hirten und 6 Propheten. Am oberen Deckel befinden sich Apostel und Monatssymbole.

PALAZZO PFANNER: im Palast selbst sind Wechselausstellungen und eine Dauerausstellung von Gewändern. Sehenswert ist der Garten: mit Lilien im Vordergrund ein schöner Blick auf die Wallmauern und auf den Campanile von San Frediano. An den Wegen und Brunnen: 16 allegorische Marmorstatuen, deren Gesichtsausdrücke ein genaueres Betrachten wert sind: der vollendete Ausdruck "schöner Verblödung" oder "verblödeter Schönheit". Wie man's nimmt. Öffnungszeiten: 9.3o-13 und 15-19 Uhr, Mo. zu.

Einkaufen: Lucca hat viele gute und elegante Geschäfte - viele Schuhgeschäfte, die Via Fillungo ist die Straße des kostbaren Schmucks, reiche Auswahl an Parfums - "Pucci auf Nr. 83, Venus auf Nr. 66", oder Geschenke - "Serra, Nr. 73".

Bei der Pretura ist ein idyllisches kleines Plätzchen, wo die Herren in Ruhe einen Martini trinken können, während die Damen bei "Venus" fachmännisch bestäubt werden.

Malutensilien: Cartoleria Dante, Via Vit. Veneto 62. Nähe P. Napoleone.

P. San Martino: Jedes 3. Wochenende im Monat Antiquitätenmarkt!

Zwei Namen mit gutem Klang und guter Küche: "BUCA DI SANT ANTONIO". In der Buca in Lucca hat man bei aufmerksamen Service in 2 Etagen, ebenerdig und in alten Gewölbe-Kellern eine delikate Auswahl toskanischer oder italienischer Gerichte. Spezialitäten: Risotto alla Buca, Capretto nostrano (Ziegenkitz). (Teuer.) So. abends u. Mo. zu.

"DA SERGIO", an der Piazza Bernardini. (Mittel bis teuer.) Mo. ab 12 und Di. zu.

Ein traditionelles Ristorante "ANTICO CAFFE DELLE MURA" auf dem Stadtwall, genauer auf der Bastion Vittorio Emanuele bei dem Stadttor: Porta S. Pietro. (Mittel.) Im Winter speist man in dem hübschen Pavillon, im Sommer draußen im Schatten der hohen Bäume. Dienstag Ruhetag (Nov. geschlossen).

"RISTORANTE GIGLIO", unter der Regie der Buca di Sant'Antonio. An der Piazza del Giglio, neben Hotel Universo. Die Küche entspricht in der Qualität derjenigen der Buca. An warmen Abenden kann man auf der Terrasse vor dem Lokal essen. Dienstag abends und Mittwoch zu.

An der Piazza Puccini 1 liegt das Hotel *** "**Universo**" , 72 Zimmer mit TV. Tel. o583/493 678.

** "**Ilaria**", Hotel 3. Kat., Via del Fosso 2o, am Stadtkanal in ruhiger Gegend. Tel. o583/475 58.

Jugendherberge: Im Ortsteil Salicchi im Norden der Stadt, Via del Brennero 673, Tel. o583/95 36 86.

APT: Piazzale G. Verdi, Tel. o583/419 689.

Busbahnhof: Piazzale G. Verdi.

USL: Ortsteil Montesanquirico, Tel. 97o1.

Parkplatz für Caravans und WoMo: Via G. Luporini, wenn man am westlichen Festungswall die Stadt bei der Piazzale G. Verdi (APT und Busse) verläßt, gelangt man geradewegs in die Via G. Luporini; am Parkplatz gibt es auch WC und Wasser.

Disco Casina Rossa, 4 km westlich von Lucca im Ortsteil Ponte San Pietro. Super-Disco mit Wasserpark, Schwimmbad, Rutschbahn etc. Mo. und Di. zu.

HINTERLAND

Von Lucca aus nach Norden, im Tal des Serchio entlang, kann man rechts der Straße, bei Marlia und Segromigno zwei oder drei der berühmten Luccheser Villen besuchen.

Die VILLA MANSI BEI SEGROMIGNO hat aufgehört Museum zu sein, seit ein geschäftstüchtiger Unternehmer dort eine Massenabfütterungsstelle für Gruppen nicht unter 2o Personen eingerichtet hat. Am liebsten 3oo! Der Park ist sehr schön, kostet aber auch Eintritt.

Als typisch in Anlage, Bau und Gartenarchitektur empfehle ich die VILLA TORRIGIANI BEI CAMIGLIANA. Möbel und Kunstgegenstände des 17. Jh.

In der VILLA REALE IN MARLIA - die um 1811 die Residenz von Napoleons Schwester Elisa war - findet in der ersten Augusthälfte ein internationales Festival statt: Oper, Ballett und Konzert. Mo. zu.

Wenn man den Serchio entlang das Tal weiter hinauffährt, taucht bei Borgo a Mozzano plötzlich über dem hier sehr breiten Fluß die atemberaubend schöne PONTE DELLA MADDALENA (14.Jh.; auch Ponte del Diavolo = Teufelsbrücke) auf, eine Fußgängerbrücke, die den Serchio mit drei kleinen und einem sehr großen Bogen überspannt, asymmetrisch zwar, aber gerade deswegen so ausgewogen harmonisch.

Kurz nach Borgo a Mozzano gabelt sich die Straße: Das Tal des Serchio geht links ab in das landschaftlich schöne Tal, das sogenannte GARFAGNANA mit den Orten Barga und Castellnuovo di Garfagnana.

Rechts beginnt das Tal des Lima, wo man nach 4 km nach Bagni di Lucca Stazzione kommt. Dieser an der Straße unten gelegene Teil ist nicht sonderlich schön. Links über die Brücke, durch den Ort und hinauf ins eigentliche BAGNI DI LUCCA VILLA, wo es das 54° C warme und radioaktive Schwefelwasser zu Bade- und Heilzwecken gibt. Das Ganze wirkt wie ein Bad Gastein im kleinen. Der Ort ist recht hübsch, die Luft ist auch im Hochsommer erfrischend. Es gibt ein Warmwasserfreibad mit 3o° C.

Wer es, so wie ich, nicht so sehr mit dem Schwefelwasser hält, sondern eine Trinkkur aus Eichenfässern und eine Magentherapie mit glatten Saucen und saftigen Braten vorzieht, der gehe mit mir ins:

"RISTORANTE CIRCOLO FORESTERI": An der Stirnseite eines Platzes, der von den höchsten Platanen umstanden und überdacht wird, die ich je sah, und dadurch wie ein riesiger Saal wirkt, steht ein hoher Prunk-Pavillon mit einer großen Säulen-Loggia davor - dort liegt dieses Restaurant, wo man vorzüglich ißt. Nach der anderen Seite öffnet sich das Lokal zu einer Terrasse, von wo aus man hinunter auf den Fluß und hinüber zu den bewaldeten Hängen blickt. Ganzjährig geöffnet. Mo. zu.

Im Ort ist noch das im "Stile Napoleone" erbaute, gemütliche 1-Stern-Hotel und Restaurant "ROMA", mit einem schönen, üppig bewachsenen Garten, auf den der alte, freundliche Besitzer sehr stolz ist. Hotel ganzjährig, Restaurant Mai bis Sept. Tel. o583/87 27 78.

La Grotta del Vento (Höhle des Windes): Eine der größten Tropfsteinhölen Europas. Mehrere Rundgänge mit unterschiedlicher Dauer (alle zusammen etwa 3 Stunden) zwischen 11 und 17 Uhr - tägliche Führungen (außer 1.1o.-15.1o.) - führen zu einem phantastischen Reich der Unterwelt mit Sälen und Gängen, Bächen und Seen und vielfältig geformten Stalagmiten und Stalagtiten; das Ganze bei 1o Grad und raffinierter Beleuchtung. Für Gruppen gibt es auch Führungen in deutscher Sprache. Von Lucca fährt man den Serchio aufwärts bis Barga (36 km), überquert den Fluß und gelangt auf einem wildromantischen Sträßlein von Gallicano nach Fornovolasco (14 km), Beschilderung: Grotta del Vento.

DIE KÜSTE - LA VERSILIA

Dieser nördliche Teil des Tyrrhenischen Meeres wird von einem gradlinigen, wetterbegünstigten breiten Küstenstreifen begleitet. Er ist nicht erst seit unserem Jahrhundert als die blühende "Apuanische Riviera" beliebt und bekannt.

Die Kette der Apuanischen Alpen hält rauhes oder trübes Wetter ab. Darum ist auch der weite Sandstrand allezeit bestens "belegt". Von Mai bis Oktober ist Badesaison.

Die alteingeführten Badeorte, wie Marina di Carrara und Marina di Massa (Provinz Carrara) - sowie Forte dei Marmi, Marina di Pietrasanta, Lido di Camaiore, (die gleichnamigen "Stammorte" sind parallel in den Bergen) - gehen alle lückenlos ineinander über und sind größtenteils fest in italienischer Hand. Das bedeutet: vermietete "Ufer-Plätze" in Zehner-Reihen!

Aber wir haben dennoch eine Stelle entdeckt, wo der erfris suchende Reisende ungehindert ins verhältnismäßig saubere Wass wenn er die alte Römerstraße Via Aurelia südlich von Marina di Massa nach rechts verläßt und am Meer entlang fährt: Vor dem nördlichen Ortsbeginn von Forte dei Marmi!

Dort gibt es einen ca. 5oo m langen freien Strand. Freundlicherweise existiert sogar eine Dusche. Man kommt daran vorbei, wenn man dem wartenden Wagen wieder zustrebt. Dieser Tip gilt sogar für Mitte August. Aber bitte kommt nicht alle auf einmal!

Forte dei Marmi

ist ohnedies ruhiger, und seine Ferienhäuser und Hotels liegen hübsch im Grünen versteckt (die Promhotel-Adresse für Bestellungen folgt unter Viareggio). Hier hört man auch deutsch. Und das ist das Faszinierende an der Versilia:

Man verläßt die Küste beispielsweise bei MARINA DI PIETRASANTA, fährt ein paar Minuten auf die Apuanischen Bergwände zu - verliebt sich in den kleinen Renaissance-Domplatz des schon höher liegenden Pietrasanta (auch hier Marmorverarbeitung) - und ist in kurzer Zeit im reizvollen SERAVEZZA. In diesen erholsamen Ort zog sich schon Michelangelo gerne zurück, wenn er zur Auswahl seiner Blöcke in den Marmorbrüchen war. Man sagt, er suchte manchmal jahrelang. Ein klares Flüßchen sprudelt mitten durch den Ort, vorbei an alten Zypressen und einem noch älteren Castello - und selbstverständlich kommt einem schon wieder der alte Cosimo in den Sinn. Man denkt ein wenig an die glanzvollen Zeiten der Renaissance - verspürt aber als echter Individualist bald den Drang, weiter in die marmorbunte Welt vorzudringen.

Man fährt in der entgegengesetzten Richtung aus dem Städtchen wieder hinaus und findet - mit etwas Glück - die wunderschöne kleine Pieve Santo Stefano. Sie ist eine der schönsten toskanischen Kapellen, nicht zuletzt wegen der gewaltigen Zypressen, die sie harmonisch umgeben. So steht sie seit fast einem Jahrtausend dicht am Abgrund zum gegenüberliegenden Marmorbruch.

Hier läßt sich's gut sein! Ungehindert schweifen die Blicke von einem Bergriesen zum anderen - alle sind mit den scharfen Zickzack-Kurven versehen, ganz rechts hinten ist ein Gipfel, auf dem man schemenhaft eine Auffahrt bis in den blauen Himmel hinein sieht.

Wer auf dem Rückweg nicht gleich in die Ebene will, kann in südlicher Richtung das kunsthistorisch ebenfalls interessante CAMAIORE besuchen und kommt dann bei LIDO DI CAMAIORE wieder ans Meer.

Der Blumenschmuck wird üppiger - ein 3 km langer Meeres-Korso führt durch das schon im vorigen Jahrhundert populär gewordene

Viareggio (Römisch - Viaregia)

Hier findet, ähnlich wie in Nizza, alljährlich ein berühmter Karneval statt, ein Literaturpreis wird vergeben, Festivals jeder Art finden statt. Jachthafen, Golf und Tennis, Wasserski-Schulen - alles da. Viel Gedränge und Betrieb.

Wem's gefällt: Assoziazione Albergatori, Via Leonardo da Vinci 1, Viareggio, Tel. 0584/483 85.

Ab FORTE DEI MARMI nordwärts reiht sich an der Küste ein Campingplatz an den anderen.

Mit Viareggio endet vorläufig die Kette der Strände. Die südlich angrenzende üppige Pineta ist Gott sei Dank noch nicht gerodet und wächst weit ins Land.

Kurz davor, beim Fischereihafen links ab, führt eine alte Lindenallee schnurgerade bis zum

Lago di Massacciucoli

Hier steht das PUCCINI-HAUS, in dem der in Lucca geborene Komponist an einem schlichten Piano viele seiner Opern geschrieben hat, er starb im Jahre 1924. Das Haus ist eine sehr persönliche Erinnerungsstätte, denn auch sein Grab ist in einem der Räume. Man muß erleben, wie ganz anders Italiener so einen Ort betreten: nicht auf Zehenspitzen und flüsternd, sondern natürlich, laut, herzlich und trotzdem voll Verehrung. Sie nennen einen Teil der Meeresküste Lago di Puccini.

Vor dem Haus, auf dem mit Blumen und Palmen bestandenen Platz, steht der Maestro der Cantilene auf einem Sockel in Hut und Mantel. Hinter ihm glitzert das Wasser des Binnensees Massacciucoli, der zwar nicht tief, aber trotzdem ein beliebtes Segelgewässer ist. Auch Regatten finden hier statt.

In einer Ecke des Platzes, am See, ist ein nettes großes Restaurant im Grünen. Von hier aus ist es nicht mehr weit nach Pisa.

Die Provinzen Pisa und Livorno

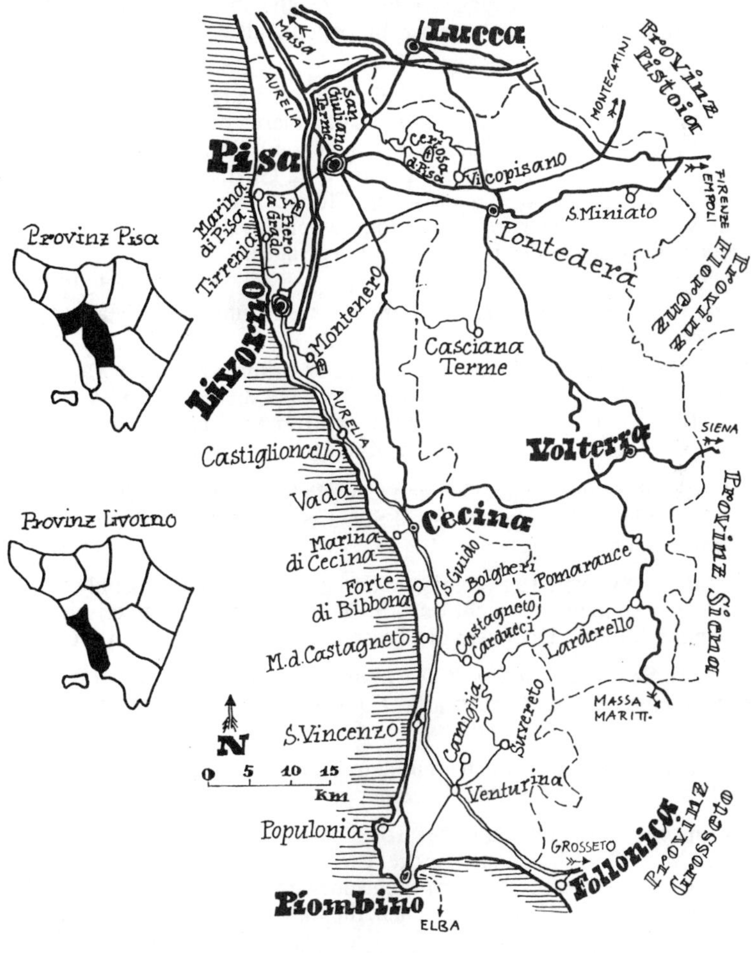

Die Provinz Pisa

Ein kleiner Anteil Strand: Marina di Pisa und Tirrenia, zwei kunsthistorisch bedeutende Städte: Pisa und Volterra, und viel Hinterland, wohin sich selten ein Tourist verirrt.

Pisa

Erinnern Sie sich an den Schlager "Ich fahr mit meiner Lisa zum Schiefen Turm nach Pisa"? Dieser Schlagertroubadour sollte aber seiner Lisa wenigstens sagen, daß Pisa neben Florenz die bedeutendste Stadt der Toskana ist.

Es gab eine Zeit, wo es mächtiger als Florenz war und als Seemacht selbst über Genua stand, was sich allerdings 1284 änderte, als die Genueser die gesamte Pisanische Flotte bei der Seeschlacht von Livorno versenkten. Der anschließend gewählte Podestà, Ugolino della Gherardesca, schloß mit dem ewig verfeindeten, weil guelfischen, Florenz Frieden und wurde deshalb als Verräter in den Turm an der Piazza dei Cavallieri gesperrt, wo er Hungers starb (siehe in der Beschreibung der Stadt).

Der Hunger spielte in der Geschichte Pisas noch einmal eine große Rolle: 1406 wurde die Stadt von den Florentinern ausgehungert und verlor ihre Selbständigkeit.

Wie bedeutend Pisa vorher war, wird aus einer kulturhistorischen Tatsache deutlich: Es gab nur zwei Städte in der Toskana die einen vollkommen eigenen Baustil entwickelten: Die Pisaner Romanik und die Florentiner Renaissance. Das sollte die Lisa auch wissen.

Die meisten Besucher sehen sich den CAMPO DEI MIRACOLI an, den Platz (oder Wiese) der Wunder, also: Schiefer Turm, Dom, Baptisterium und Campo Santo.

Dann fahren sie weiter. Tagestouristen. So unrecht haben die eigentlich gar nicht, sie wissen meist nur nicht warum. Das mag zunächst ketzerisch und banausenhaft klingen. Doch wer die Toscana kennt, versteht mich eher.

Was ist das Besondere an Pisa? Die einmalige pisanische Romanik, der Torre pendente (Schiefer Turm), die Künstlerfamilie Pisano und die berühmten Fresken des Campo Santo.

Ecco - all das findet der Besucher auf dem Campo dei Miracoli! Ich treibe, nur mal so spaßeshalber, meine Ketzerei noch etwas weiter:

Die pisanische Romanik findet der Toskana-Kenner auch in Lucca, Florenz oder Massa Marittima, um nur drei Beispiele zu nennen. Eine gotische Kanzel von Giovanni Pisano ziert nicht nur den pisanischen Dom: in S. Andrea zu Pistoia habe ich eine gesehen, die mindestens genau so schön

Pisa

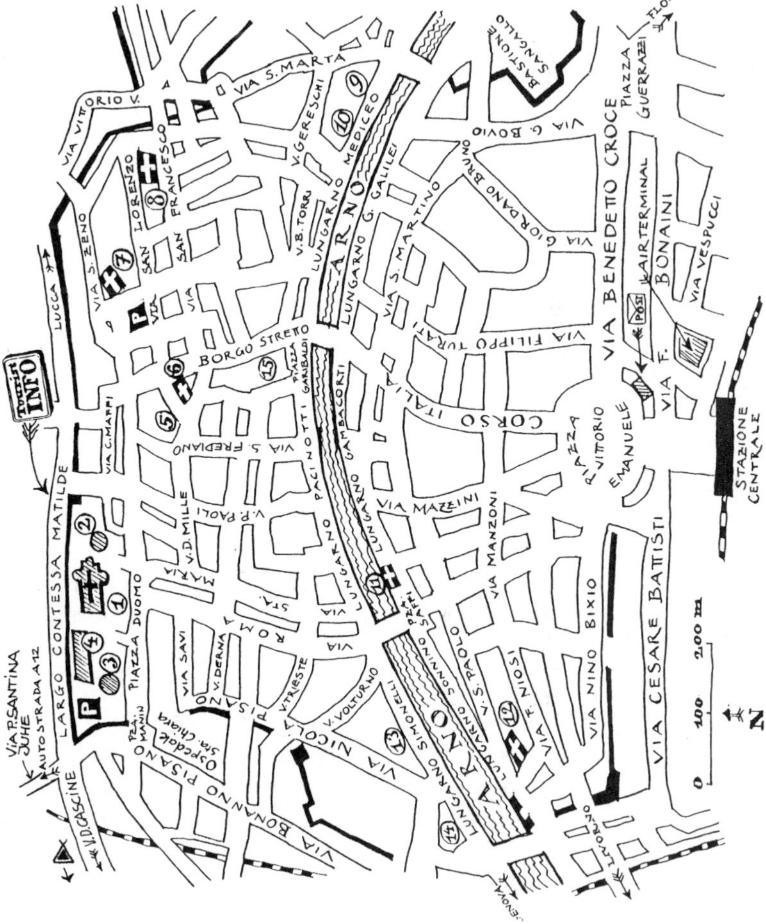

1 Dom Santa Maria
2 Campanile (der Turm)
3 Baptisterium
4 Campo Santo
5 Palazzo dei Cavalieri
6 Chiesa dei Cavalieri
7 Chiesa di Santa Caterina
8 Chiesa di S. Francesco
9 Chiesa di. S. Matteo und Nationalmuseum
1o Palazzo Medici
11 Chiesa della Spina
12 Chiesa di. S. Paolo a Ripadarno
13 Alte Schiffswerften (Arsenale delle Galee)
14 Cittadella
15 Markt

ist, aber noch einen großen Vorteil hat: man kann sie in aller Ruhe und allein betrachten. Dorthin kommt nur selten jemand. Werke von Ghirlandaio, Simone Martini oder Masaccio kann man auch in Florenz oder Siena bewundern.

Bevor mich nun Pisaner und Pisa-Liebhaber in die Hölle wünschen, mache ich Schluß mit dem schnöden Spaß.

Was man nämlich nirgends sonst sieht: die Harmonie dieses Platzes ist in der Welt einmalig, der schiefe Campanile ist nicht nur seines Neigungswinkels wegen sehenswert, und auch der Campo Santo hat seinesgleichen nicht!

Also: nach Pisa der Wiese der Wunder wegen? Das ist gar keine Frage! Und der Rest, die Stadt als "solche"? Wer genügend Zeit hat, sollte einen Gang durch die Straßen Pisas nicht versäumen. Begeben wir uns also dorthin, wo alle beginnen und fast alle aufhören:

CAMPO DEI MIRACOLI

auch schlicht Piazza del Duomo genannt.

Öffnungszeiten und Tickets auf dem Campo dei Miracoli:

1) Der Torre Pendente ist bis auf weiteres geschlossen.

2) Der Eintritt zum Dom ist frei.

3) Für Baptisterium (Battistero), Alter Friedhof (Campo Santo Vecchio), Dom-Museum (M. dell'opera del duomo), Sinopien-Museum (M. delle sinopie) gibt es Karten für zwei dieser Gebäude (8.ooo Lit.) oder für alle vier (12.ooo Lit.).

	Winter	Frühling/Herbst	Sommer
	Jan. Febr. Nov. Dez.	März, Oktober	April - Sept.
Dom	07.45 - 12.45 15.00 - 16.45	07.45 - 12.45 15.00 - 17.15	07.45 - 12.45 15.00 - 18.45
Baptisterioum Alter Friedhof Dom - Muaseum	09.00 - 16.40	09.00 - 17.40	08.00 - 19.40
Sinopien-Museum	09.00 - 12.40 15.00 - 16.40	09.00 - 12.40 15.00 - 17.40	08.00 - 19.40

DER SCHIEFE TURM

Torre pendente. Jeder, der noch nicht dort war, hat schon Fotos gesehen.

Die Überraschung (bei vielen tatsächlich der offene Mund) kommt, wenn man zum erstenmal davorsteht: kein Foto kann ihn merkwürdigerweise so schief zeigen, wie er wirklich ist.

Schon beim Bau der dritten Etage (Beginn 1173) begann er sich zu neigen. Trotz dem Spott der Nachbarstädte, oder vielleicht gerade deshalb, baute man weiter, versuchte dabei allerdings, durch eine gegenläufige Bauweise, die beim Ansatz der Glockenstube deutlich sichtbar ist, die Neigung etwas auszugleichen.

Diese beträgt inzwischen 4,26 Meter und nimmt pro Jahr um einen Milimeter zu. Galileo, ein Sohn der Stadt, studierte von oben die Gesetze des freien Falls. Er muß schwindelfrei gewesen sein, denn in den oberen Arkadengängen können nur absolut Schwindelfreie über den Rand in die Tiefe sehen. Das gilt auch für den obersten Umgang auf der luftigen Glockenstube.

Im Sommer 1993 hat sich der Turm um einen Zentimeter aufgerichtet. Der Grund: auf der nördlichen Seite hat man am Fuß des Bauwerkes Bleigewichte im Gesamtgewicht von 600 Tonnen angebracht. Ist das nun eine gute oder schlechte Nachricht? Für den Turm gut. Für die Zahl der Besucher wäre ein nicht mehr Schiefer Turm sicherlich von Nachteil.

DER DOM

Duomo Santa Maria. Mit den Bauarbeiten begann man zu einer Zeit, als Pisa die größte Seemacht des Mittelmeeres war. Mächtiger als Genua, was sich später allerdings änderte. Damals war Pisa Hafenstadt. Durch Anschwemmungen des Arno ist das Meer nun ca. 6 km weiter westlich.

Der Pisaner Architekt Buschetto setzte im Jahre 1064 die Grundmauern. Nun kann man Kirchen natürlich so beschreiben, wie in einem namhaften Kunstführer zu lesen ist: "Oberhalb der ausgeschiedenen Vierung erhebt sich auf Trompen und oktogonalem Tambour die ovale Kuppel...", kurz danach ist noch die Rede von "Biforienarkaden, Lichtgaden und Kompositkapitellen". Tutto chiaro - alles klar? Lassen wir das. Vergleichen Sie einfach alles, was Sie an romanischen Bauwerken in Deutschland oder Zentralfrankreich gesehen haben, mit der pisanischen Romanik, und Sie stellen den Unterschied auch ohne dieses Fach-Chinesisch fest: wie grazil, spielerisch, einfallsreich und trotzdem harmonisch diese hier ist!

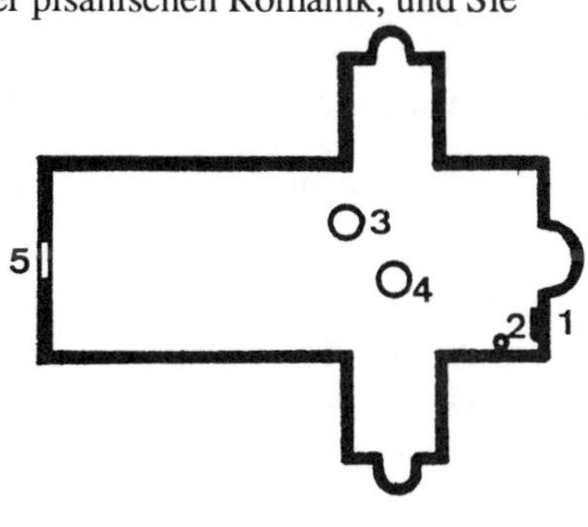

Beachtenswerte Details:

1) Die Eingangstür, Porta di San Ranieri, mit Bronzereliefs von Bonanno, Szenen aus dem Leben Christi und Mariä (1186).

5) Die drei Bronzetüren an der Hauptfassade, ebenfalls von Bonanno, wurden bei einem

Brand zerstört und später von der Werkstatt des Florentiner Bildhauers Giambologna erneuert.

2) Grabmal Heinrich VII. Die Figuren des Grabes stehen im Campo Santo.

3) Die Marmorkanzel von Giovanni Pisano, an der er 8 Jahre (13o2-131o) arbeitete. Ein geeignetes Beispiel, um zu sehen, wie auch die italienische Gotik so ganz anders war als die unsrige. Am deutlichsten zeigt sich der Unterschied in der Tafel "Christi Geburt": Maria halb liegend, den Oberkörper fast lässig auf den rechten Arm gestützt, in einer Haltung, die eher an Kleopatra erinnert. Eine so gelöst-legere Darstellung Mariens habe ich noch nirgends gesehen. Um sie herum ein fast barocker Wirbel von Hirten, Engeln und Schafen. Oder sehen Sie sich die Dynamik an, die in der Tafel mit dem Bethlehemischen Kindermord zum Ausdruck kommt!
Die Tafeln der Reihe nach:

Johannes der Täufer - Verkündigung - Geburt - Hl. Drei Könige
Jesus im Tempel - Flucht nach Ägypten - Kindermord
Judas' Verrat, Gefangennahme Christi
Kreuzigung - Jüngstes Gericht

4) In der Nähe dieser Kanzel hängt von der Decke herab der "Galileo-Leuchter", an dem Galileo die Pendelbewegungen studierte.

Was den Besuchern leider nicht zugänglich ist: die wunderschönen Holzintarsien im Chorgestühl, die nur noch vergleichbar sind mit den noch schöneren in Monte Oliveto Maggiore. Diese kann man sich in Ruhe anschauen.

DOM-MUSEUM

Skulpturen aus Pisas Blütezeit als Seerepublik (11.-13. Jh.), drei Räume mit Plastiken der berühmten Söhne der Stadt: Nicola und Giovanni Pisano, ferner das Original des islamischen Bronze-Greifs, dessen Kopie auf dem Dach des Domes sitzt, etruskische und römische Kunst (u.a. ein Cäsarenkopf) sowie interessante Holzmodelle des Domes und Turmes und viele sakrale Kunstwerke und -gegenstände.

DAS BAPTISTERIUM

Battistero. Die Taufkirche des Domes. So ein Battistero gibt es auch in Florenz, Pistoia und Volterra. Der Rundbau wurde 1152 begonnen und hauptsächlich von Giovanni und Nicola Pisano gestaltet. Von Nicola, dem Vater, ist auch die Kanzel im Inneren. Die Figuren darauf, ebenfalls das Leben Christi darstellend, sind etwas statuarischer, Maria erinnert an eine etruskische Sarkophag-Figur, und alles wirkt ein wenig griechisch-römisch. Angeblich soll Nicola an den Sarkophagen des Campo Santo seine Studien betrieben haben.

DER ALTE FRIEDHOF

Campo Santo. Eine hohe, weiße Marmorwand, die an Sommerabenden die Wärme des Tages widerstrahlt, umgibt diesen schönen Friedhof, der als letzter Teil des Prato dei Miracoli 1278 angelegt wurde.

Im Inneren: die gotische Strenge eines großen, hohen Kreuzganges. Vor der Kuppel des östlichen Querganges zeigen zwei dunkle Zypressen wie drohende Zeigefinger das "Memento mori" an. Aber sie zeigen nach oben, dahin, wo wir das bessere Jenseits erhoffen. Ihre Wurzeln sind verflochten in jener Erde, die Pisaner Schiffe im 13. Jh. aus dem Heiligen Land mitbrachten.

Der mit Holz abgedeckte Kreuzgang, wo viele römische und frühchristliche Sarkophage stehen, brannte im Zweiten Weltkrieg ab, wobei viele wertvolle Fresken zerstört wurden. Den stärksten Eindruck von diesen Malereien erhält man wohl von jenen, die in der "Salla degli Affreschi" zu sehen sind: die 4 Gemäldekomplexe "Triumph des Todes", "Jüngstes Gericht", "Hölle" und "Anachoreten". Der Maler ist unbekannt.

Die Wirkung des hier Dargestellten bleibt dem nur Vorbeigehenden verschlossen. Man muß länger davor stehen bleiben, um die Details zu entdecken: wie ein Teufel und ein Engel sich um die Seele eines Mönchleins raufen, die sie wie eine schwere Geburt aus seinem Munde ziehen.

Oder in der Hölle: Einer stiert mit heraushängendem Gedärm ins Leere, ein anderer wird durch den Hintern aufgespießt, der Spieß kommt zum Munde wieder heraus, verschwindet im Munde eines weiteren, um aus dessen Steiß wieder zu erscheinen. Ein grausig-infernalisches Menschen-Schaschlik. In der Mitte der Hölle grinst groß und tückisch Mephisto mit hämisch kalkulierendem Auge und platternarbiger Aschenhaut. Dann ist der Spuk vorbei - man steht plötzlich vor den Anachoreten, dem gottgefälligen, frommen und entsagungsvollen Leben der Heiligen und Einsiedler.

Und doch - wie war der Anfang des Spektakels: rauften da nicht ein Engel und ein Teufel um die Seele eines Mönches?

Gegenüber dem Campo Santo, drüben im Gebäude des alten Ospedale di S. Chiara, ist zwischen den vielen Andenken-Buden der Eingang zum SINOPIEN-MUSEUM. Wo man die nach dem Brand freigelegten Vorskizzen zu den Fresken ausgestellt hat.

Jetzt haben Sie sich eine größere Café-Pause verdient. Vor dem Stadtrundgang findet man eine Menge Cafés, Bars und Restaurants in der Via S. Maria, wenngleich natürlich die Massen, die hierher kommen, Qualität und Preise bestimmen.

Links abbiegen, durch die Via Mille zum

PALAZZO DEI CAVALIERI

einem schönen und stattlichen Renaissance-Palast, in dem seit 181o Schul-Luft weht und wo heute die italienische Elite-Universität, die Scuola Normale Superiore (vergleichbar in Frankreich: Ecole Normale Superieure in Paris) untergebracht ist.

Schon hier merkt man, wie ruhig Pisa eigentlich ist, wenn man den Campo verläßt. Übrigens das Denkmal vor dem Palazzo - der Herr mit dem kühnen Blick, dem rechten Fuß auf einem Delphin, die linke Hand lässig auf dem Schwertknauf - erkennen Sie ihn inzwischen? Na? Denken Sie an Florenz, ans Bargello-Museum. Richtig - Cosimo I.

Auf der anderen Seite des Platzes, ihm schräg gegenüber, verkündete eine Tafel, daß in dem Turm, der früher hier stand, der Graf Ugolino della Gherardesca mit seinen Kindern gefangen war und, vor Hunger schon wahnsinnig, seine bereits verhungerten Kinder aß. Nachzulesen bei Dante, Göttliche Komödie, 33. Höllengesang.

An der Kirche Santo Stefano dei Cavalieri vorbei - der Piazza fehlt eigentlich ein Café! - durch die Via Dini gelangt man zum BORGO STRETTO mit seinen dunklen Laubengängen. Auf halber Länge zum Fluß führen rechts ein paar Gäßchen zum alten Markt, wo heute noch jeden Vormittag reges Markttreiben herrscht. Der Borgo Stretto öffnet sich am Arno zur PIAZZA GARIBALDI, dem Zentrum der Stadt.

Die Kirchen ST. CATERINA und S. FRANCESCO muß man nicht unbedingt gesehen haben.

Einen kleinen Gang durch das

NATIONAL-MUSEUM SAN MATTEO

sollte man sich aber gönnen. Im ehemaligen Benediktinerkloster (9-13 Uhr) mit seinem schlichten, aber schönen Kreuzgang sind eine Reihe pisanischer Kunstwerke zu sehen, viele Malereien und Skulpturen der Pisanos, vor allem die in Weiß und Gold gehaltene "Madonna del Latte" (Mutter von der Milch) von Nino Pisano, eine der wenigen Maria-mit-Kind-Gruppen, wo der Knabe wohlig an der nackten Brust die Milch seiner mandeläugigen Mutter sucht. Der Palazzo dei Medici steht neben dem Museum.

Wer jetzt noch den langen Weg am Arno-Ufer zurückgehen möchte, über die Ponte di Mezzo, dann das linke Ufer entlang, steht vor der zweiten Originalität von Pisa: CHIESA DELLA SPINA. Ein kurioses Kirchlein, eher ein großer, rein gotischer Tabernakel mit einer Reliquie, einem Dorn (=Spina) aus Christi Dornenkrone. Die Kirche wurde 1323 direkt am Arno-Ufer erbaut, 187o wegen häufigen Hochwassers völlig abgebaut und weiter oben, an ihrem jetzigen Standort, wieder errichtet.

Da steht sie jetzt, schneeweiß, grazil, mit vielen Skulpturen verziert und ans Flußufer gedrängt wie ein Zeitungskiosk. Schräg gegenüber, am anderen Ufer, stehen noch ein paar mittelalterliche Schiffswerften (Arsenale delle Gallee).

**** "**Grand Hotel Duomo**", Via S. Maria, 15 Schritte vom Domplatz. Von außen abscheulich, innen zumindest komfortabel. Nun ja, bei den Preisen. Tel. o5o/5618 94.

*** "**Royal Victoria**", rechtes Arno-Ufer. Hotel alten Stils, renoviert. Tel. o5o/94o 111.

** "**Leon Bianco**", einfaches Hotel in einem Winkel der Piazza Garibaldi. Fl. Wasser. Gut geeignet, wenn man sein wohlbeschwertes Ränzlein aus dem "Da Sergio" schleppt. Tel. o5o/543 673.

* "**Giardino**", siehe unten bei Restaurants.

*** "**Roma**", Via Bonanno 111, 5 Fußminuten zum Domplatz. Straße stark befahren. Tel. 55 44 88.

Jugendherberge (Ostello della Gioventù) - vom Domplatz aus die Stadt in nördlicher Richtung verlassen auf der Via Pietrasantina, Nr. 15 (vom Domplatz 1 km) neben dem Bach Fossa 'Diretta.

An der Ecke zum Lungarno Pacinotti ist die beste Adresse für gute Küche in Pisa:

"RISTORANTE DA SERGIO". Es ist ein weiteres der "Ristorante del buon Ricordo", und das Gericht, mit dem man den bemalten Keramik-Teller bekommt, heißt Trippa alla Pisana (Kutteln pisanisch). Bei Signora und Signore Lorenzi hat man das sichere Gefühl, daß der Gast nicht nur als zahlender Kunde eines Geschäftshauses begrüßt und bedient wird. Ein klassisch-vornehmes, elegantes Restaurant ohne jeden Snobismus. Eine Stufe über der mittleren Preisklasse. So. bis Mo. mittags zu. 2. Julihälfte und Januar geschlossen. Tel. o5o/562 141.

"ANTICA TRATTORIA DA BRUNO" - Via L. Bianchi 12, 5 Gehminuten östlich des Schiefen Turms beim Sportplatz. Gute regionale Küche, angenehmes Lokal. Mo. abends, Di. und 1. Augusthälfte zu.

"RISTORANTE 77" - Via San Lorenzo 69, an der schönen Piazza Martiri d. Libertà. Passable Küche bei mäßigen Preisen. Mi. zu.

"GIARDINO": Piazza Manin, vor dem Tor, beim Domplatz. Tel. 562 1o1.

"IL NURAGHE" - Via Mazzini 58, im Zentrum, Straße zwischen Bahnhof und Arno, nähe Chiesa della Spina. Mo. und August zu. Empfehlenswerte Küche mit Schwerpunkt sardische Spezialitäten. Mittlere Preisklasse. Tel. 443 68.

Camping "Torre Pendente" - vom Domplatz aus die Stadt in westlicher Richtung auf der Viale delle Cascine verlassen, nach den zwei Bahnübergängen auf der rechten Seite. Keine Reservierungen. Möglichst früh am Tage einen Platz sichern! Tag und Nacht offen. Offen: Woche vor Ostern bis 15. Oktober. Tel. 56o 665.

ADRESSEN

USL - Via Zamenhof 1, Nähe P. Repubblica. Tel. 592 111.

APT - Campo dei Miracoli, hinter dem Schiefen Turm, in der Außenmauer des Camposanto. Tel. 56o 464.

Erste Hilfe - Tel. 5o1 1oo

Taxi - Tel. 58o ooo

Parkplatz für Caravans + WoMo - Folgen Sie den Schildern "Centro" und "Bus Turistico". Entsorgungsstelle und Wasser.

Lufthansa - Aeropuerto Galileo Galilei, Tel. 5o1 132

Alitalia - Via Corridoni, Via Puccini. Tel. 48o 27 - 5o1 57o

Hotelzimmer - Associazione Albergatori, Hotel Continental Pisa sul Mare, Tel. 37o 31.

Il Giocco del Ponte: Am letzten Sonntag im Juni findet das historische Spiel statt. Nach einem Aufmarsch entlang des Arno von Reitern, Trommlern, Fahnenschwingern und Rüstungsträgern findet der Kampf um die Brücke statt, der zwischen den sechs nörlichen (Tramontana) und den sechs südlichen Stadtvierteln (Mezzogiorno) ausgetragen wird.

DAS "HINTERLAND" DER PROVINZ PISA

Auf ruhigen, kaum befahrenen Landstraßen kommt man von Süden, von Massa Marittima herauf durch eine abwechslungsreiche Landschaft:

Zunächst die hohen COLLINE METALLIFERE, von wo aus man an klaren Tagen bis zur Insel Elba hinübersieht. Wenn der Tramontana, der kalte Wind an sonnenklaren Tagen aus dem Norden herunterbläst, werden die Farben intensiv, die Luft klar, die Kontraste stärker. Das Weiß der Maremma-Kühe leuchtet vor dem dunklen Grün der Eichenwälder, und ab und zu wirft er einen dürren Ast scheppernd aufs Wagendach.

Später werden die Hügel etwas flacher und plötzlich ist die ganze Gegend durchzogen von riesigen silbernen Rohrleitungen und dann tauchen Gebilde auf wie Kernreaktoren. Es sind jedoch keine. Wir sind im Gebiet von

LARDERELLO, im Valle del Diavolo, Tal des Teufels, wo überall heiße Dämpfe aus 1.5oo Meter Tiefe kommen, in Rohre gefaßt und zur Gewinnung elektrischer Energie genutzt werden. 3o solcher geothermischer Kraftwerke gibt es dort.

Ein französischer Graf namens Larderell hat hier die ersten Tiefbohrungen der Welt 1828 durchgeführt. In einem interessanten MUSEUM, das im Gelände der ENEL liegt, und nur nach Anmeldung besichtigt werden kann, ist die Geschichte dieser Entwicklung aus ursprünglich chemischen Kleinbetrieben zur heutigen Energiegewinnung an Modellen und Originalmaschinen zu sehen. Täglich 8-12.3o/13.3o-17 Uhr. Voranmeldung unter: Tel. o588/221 11 und 677 24.

Nach POMARANCE tauchen allmählich die ersten Balze auf, jene Erderosionen durch einen Untergrund von Kies und Lehm.

Volterra

"Vola terrae" - die hoch über dem Land Liegende, die Fliegende! Volterra in seinen luftigen 545 Meter Höhe zu besuchen lohnt sich aus mehreren Gründen:

der Etrusker wegen,
der herrlichen Aussichten nach allen Richtungen wegen,
des völlig homogenen Stadtbildes wegen,
des Alabasters wegen.

Die Geschichte der Stadt - von der aus man an klaren Tagen bis Korsika blicken kann - in aller Kürze und in ihren drei wesentlichen Abschnitten:

1) Das etruskische Velathri war eine der 12 Lukumonien (Königreiche). Eine Bergbefestigung mit einem 9 km langen Mauergürtel, der stellenweise noch zu sehen ist. Weitere Zeugnisse jener Epoche: die Porta all' Arco und viele Funde im Museum.

2) Etwa 25o v. Chr. wurde es von den Römern besetzt. Aus dieser Zeit: das Amphitheater vor der Porta Florentina.

3) Mittelalter: Volterra hat lang und oft gegen alle möglichen Invasoren gekämpft, bis schließlich Florenz und die Medici die "Oberhand" gewannen. Von ihnen stammt der mittelalterliche Stadtmauer-Ring mit seinen vielen Toren, und vor allem: die "Fortezza", die riesige Festung, die heute als Staatsgefängnis dient.

Volterra heute: Man sagt und liest oft, Volterra sei hart, düster, abweisend und gar nicht toskanisch. Wieso eigentlich? Weil die ganze Stadt aus mittelalterlichen Gebäuden besteht? Weil die Straßen eng, hoch und dunkel sind? Dann ist Siena genau so düster und wenig toskanisch, und viele andere Städte auch.

Zwei Dinge mögen die Assoziation des Düsteren rechtfertigen: die mächtige FORTEZZA, die zudem noch als Gefängnis dient, und die BALZE, jene Erdabbrüche im Südwesten, die schon große Teile der etruskischen Mauern und einen Teil des alten CAMALDULENSER-KLOSTERS in die Tiefe gerissen haben.

Zum Stadtbild:

PALAZZO DEI PRIORI

Dieser im 13. Jh. gebaute Amtssitz der Prioren und Florentiner "Gesandten" ist der älteste Stadtpalast der Toskana. An der Fassade: eiserne Fackel- und Fahnenhalter und Wappen der Florentiner Richter. An der rechten Ecke: der "Marzocco", der Florentiner Löwe.

Im Inneren: die Pinacoteca Comunale mit Tafelbildern der florentinischen und sienesischen Schule. Die "Verkündigung von Luca Signorelli", "Erlöser mit Heiligen" von Domenico Ghirlandaio, "Kreuzabnahme" von Rosso Fiorentino und andere.

Geöffnet: 9-13, 15-17.3o Uhr, Montag zu.

Rechts neben dem Palazzo dei Priori: der ehemalige BISCHOFSPALAST, früher eine offene Markthalle. Ihm gegenüber PALAZZO DEL PODESTÀ mit drei hohen gotischen Bogen, dem Torre del Podestà auch Torre dei Porcellino (Schweinchenturm) genannt, nach der Skulptur eines Schweinchens in der Fassade, war der Sitz des Capitano del Popolo.

DOM SANTA MARIA ASSUNTA: an den Palazzo dei Priori hinten drangebaut. Romanisch-Pisanisch, allerdings mit einer kleinen Täuschung: viele Marmorinkrustationen in den Fensterleibungen sind gar kein Marmor, sondern auf die Mauer gemalt! Auffallend ist die schöne Decke mit ihrem in Gold und Blau gehaltenen Schnitzwerk.

DAS BAPTISTERIUM

neben dem Dom, ein schmuckloser, achteckiger Bau, an einer Seite mit etwas Marmor verziert. Nicht vergleichbar mit der Anmut des pistoiesischen oder der Pracht des florentinischen oder gar pisanischen Battisteros.

DAS ETRUSKER-MUSEUM GUARNACCI

Via Don Minzoni. Reiche Auswahl an Aschen-Urnen, Reliefs und Statuen aus Tuff, Keramik und Alabaster. Geöffnet täglich: 16. März bis 2. Nov. 9.3o-13, 15-18.3o Uhr; 3. Nov. bis 15. März 9-14 Uhr.

Wer eine Prise "Römisches" genießen möchte: gleich links außerhalb der Porta Fiorentina liegt das RÖMISCHE AMPHITHEATER.

ALABASTER

Die Etrusker machten daraus bereits Särge, Aschen-Urnen und Skulpturen der Verstorbenen. Im Mittelalter wurde er nicht verwendet. Ab etwa 183o gibt es eine rege Alabaster-Industrie, genauer gesagt Manufaktur, mit ca. 6o handwerklichen Betrieben.

Arten: weißer Statuen-Alabaster: völlig rein, fast durchsichtig
Opal-Alabaster: schiefrig, mit schwarzer Streifung
Volterra-Alabaster- grau-braun gestreift
gelber Alabaster und
Marmor-Alabaster, der dem Marmor ähnlich sieht.

Verarbeitung: meist in Familienbetrieben, die aber inzwischen spezialisiert sind. Die einen machen Tiere, andere Köpfe und Statuetten, andere Vasen und Lampen, wieder andere Gebrauchsgegenstände wie Schachbretter und anderes. Seit 1895 gibt es eine "Società Cooperativa Artieri Alabastro", die ein großes Geschäft an der Piazza dei Priori hat.

Aber: es ist alles immer noch Handarbeit, und: zu erschwinglichen Preisen!

Ein Besuch in einer Werkstatt: Zunächst sah ich nur Weiß. Ich brauchte einige Zeit nach dem Eintritt in die kleine Werkstatt des Artiminio

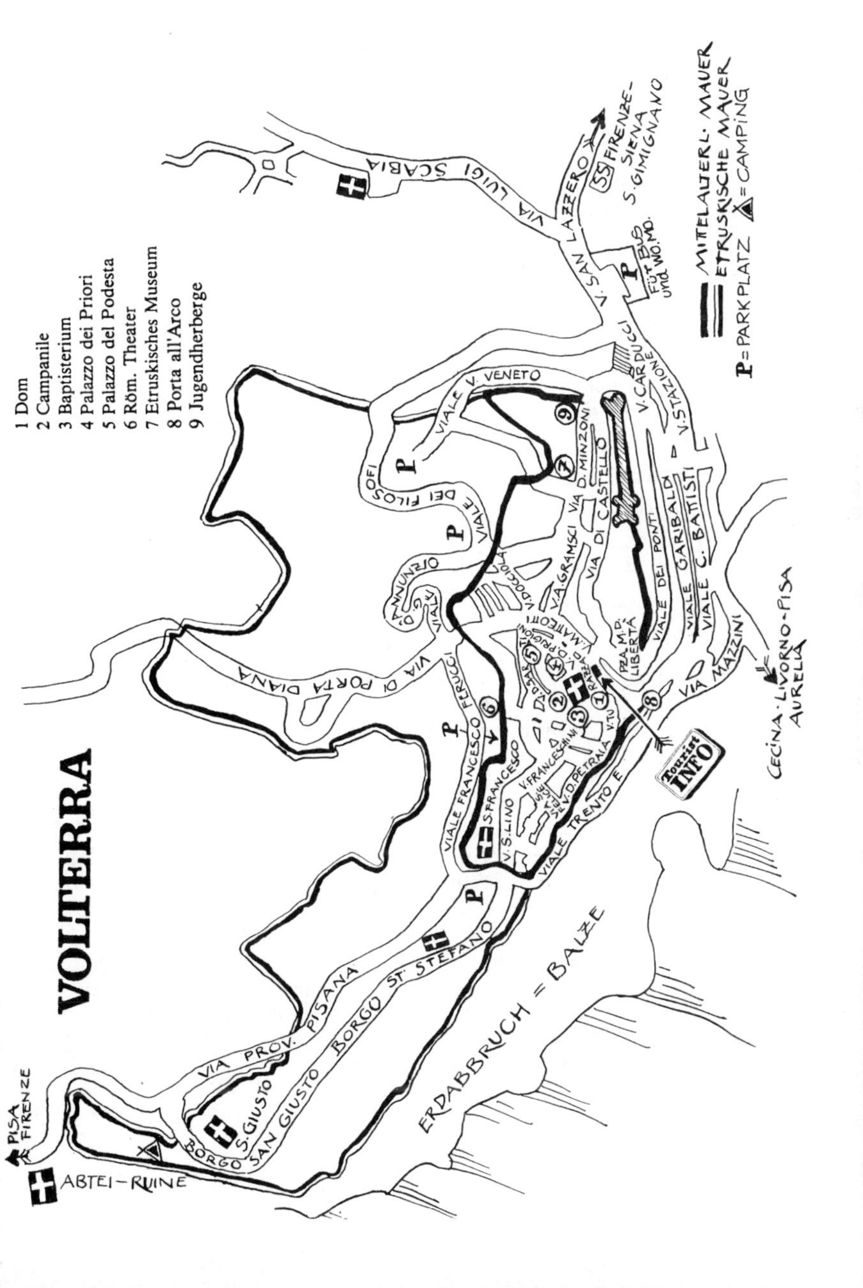
VOLTERRA
1 Dom
2 Campanile
3 Baptisterium
4 Palazzo dei Priori
5 Palazzo del Podesta
6 Röm. Theater
7 Etruskisches Museum
8 Porta all'Arco
9 Jugendherberge
MITTELALTERL. MAUER
ETRUSKISCHE MAUER
P = PARKPLATZ
= CAMPING
VIA LUIGI SCABIA
FIRENZE-SIENA
S. GIMIGNANO
55
V. SAN LAZZERO
FÜR BUS und WO.MO.
VIALE V. VENETO
V. CARDUCCI
V. STAZIONE
VIALE DEI FILOSOFI
VIA D. MINZONI
VIA DI CASTELLO
VIA A. GRAMSCI
VIALE DEI PONTI
VIALE GARIBALDI
VIALE C. BATTISTI
VIA MAZZINI
CECINA · LIVORNO · PISA
AUREL[IA]
VIALE D'ANNUNZIO
VIA DI PORTA DIANA
VIALE FRANCESCO FERRUCCI
V. MATTEOTTI
PZA M. D. LIBERTÀ
S. FRANCESCO
V. S. LINO
V. FRANCESCHINI
V. D. PETRAIA
VIALE TRENTO E
Tourist INFO
VIA PROV. PISANA
BORGO ST. STEFANO
BORGO SAN GIUSTO
S. GIUSTO
ERDABBRUCH = BALZE
PISA FIRENZE
ABTEI-RUINE

Giusti, um Unterschiede, mehr nach der Form, feststellen zu können: aha, ein Telefon, ein Kugelschreiber, ein Schnurknäuel, eine Flasche, eine Brille.

Etwas Weißes bewegte sich und sah mich an: zwei dunkle, lustige Augen inmitten von weißem Staub - der Maestro. Als wir uns die Hand schüttelten, staubte es. Als ich meine Kamera irgendwo hinlegte, staubte es.

Und so war verständlicherweise eine meiner ersten Fragen an den Meister: "Wie alt werdet Ihr mit eurer Staublunge maximal?"

Er lachte. Dabei staubte es sogar aus seinem Schnurrbart. Der Staub enthalte kein Silikon, erklärte er mir, und Silikose bekämen sie deshalb keine. Sie hätten andere Probleme, jetzt lächelte er verschmitzt: Hämorrhoiden vom ewigen Sitzen, und vielleicht auch Gastritis, auch vom Sitzen. An das hätte ich zuletzt gedacht.

Dann zeigte er mir, wie man ein Pferd macht - es ziert heute meinen Bücherschrank - vom Rohling an:

1) Mit einer Bandsäge schneidet er eine Scheibe aus dem Stein
2) Auf die Scheibe legt er eine Schablone und umreißt die Figur
3) Löcher für die Innensäge werden gebohrt
4) mit der Raspa, der groben Feile, gewinnt die Figur langsam Gestalt
5) Mit der Scuffina, der feinen Feile, entstehen die Details
6) Am Sandpapier wird geglättet
7) Am Schluß poliert.

Artiminio, der übrigens mit 9 Jahren anfing, wie die meisten hier, brauchte für das Pferd von ca. 18 cm Länge eineinhalb Stunden. Es war ein Meisterwerk. Ciao, Arminio e grazie! Unpoliert kostet es 2o.ooo Lit. (ca. 4o DM).

Einkaufen: Alabaster-Mitbringsel findet man in reicher Auswahl in dem vorher erwähnten Geschäft an der Piazza dei Priori, oder in der Via Guarnacci 33, beim Florentiner Tor, im Scali; dort gibt es sogar Schiller-Büsten aus Alabaster, und gar nicht so übel.

Volterra hat nur zwei Hotels, "darunter" das sehr empfehlenswerte:

*** "**Albergo Nazionale**": Via dei Marchesi 2, ganzjährig offen, in Sichtweite des Palazzo dei Priori 42 Zimmer mit geschmackvollen Nußbaum-Möbeln, die Badezimmer mit phantasievollen Kacheln verziert. Alles sehr sauber. Von den oberen Zimmern Blick auf Türme und Zinnen der Stadt und übers Land.
Die Küche ist, bei mäßigen Preisen, vorzüglich. Spezialitäten: Canneloni alla Nazionale, Pappardelle alle Lepre, Penne alla Campesina, Cinghiale Arrosto (Wildschwein, nach Jahreszeit). Tel. o588/862 84.

*** "**Albergo Etruria**": Kleines Hotel in Via Matteotto 32. Tel. 873 77.

Jugendherberge: Via Don Minzoni bei Via Firenzuola. Tel. 855 77.

An der Piazza dei Priori: "RISTORANTE ETRURIA": Das Lokal wird unter Feinschmeckern empfohlen. Do. zu. Tel. 86o 64.

APT: Im Palazzo dei Priori, Tel. 861 5o.

Camping "Le Balze", Via Mandringa (Straße nach Pisa). 1. April bis 3o. Sept. Tel. 878 8o.

STRECKE VON PISA NACH VOLTERRA

Zunächst geht es durch topfebene Ackerlandschaft bis weit über Pontedera hinaus, dann steigt es etwas an, wird leicht hügelig, rechts hinter ein paar Hügeln liegt das Thermal-Heilbad

Casciana Terme

Ein idyllisch gelegener, kleiner Ort mit modernen Heil- und Badeanlagen, schönen Gärten und seiner "Leopoldsquelle" einem Magen-Darm-Wässerchen. Die Straße steigt weiter an durch Olivenhaine, und ehe man sich's versieht, ist man in Volterra.
Da ist die Auffahrt von Süden her, von Larderello eindrucksvoller und dramatischer!

VON PISA ZUM MEER

Nach der Stadt fährt man durch eine schattige Platanenallee, unterquert die Autobahn und sieht unmittelbar danach links drüben die:

BASILIKA DI S. PIERO À GRADO: Die romanische Kirche aus dem 11.Jh. stand, als Pisa noch Hafenstadt war, auf einer Insel. Sie lohnt den Abstecher von ein paar 1oo Metern wegen einiger recht interessanter Details aus 3 Epochen: Außerhalb der Kirche, hinter der Apsis, sind Grundmauern römischer Hafenanlagen. Hier soll Petrus bei seinem Gang nach Rom gelandet sein und zum ersten Mal italienischen Boden betreten haben. Im Inneren, in der Apsis, hat man die Grundmauern der ersten Kirche aus dem 4. Jh.(!) freigelegt sowie weitere Grundmauern einer 2. Kirche aus dem 6.-7. Jh.

Am Ufer des Arno entlang, wo viele Sommerhäuschen der Pisaner und Florentiner stehen, sind es nur noch wenige Kilometer nach:

Marina di Pisa

Der Strand besteht aus riesigen aufgeschütteten Felsbrocken. wo die Menschen wie Krabben und Robben dazwischen und darauf liegen. Ca. 7o m weiter draußen nochmals so eine Steinbarriere, und in der Badewanne dazwischen tummeln sich Jung und Alt. Südlich von Marina di Pisa beginnt

Pineta und gelber Sandstrand; ein Campingplatz unter hohen schattigen Pinien: "Camp. Intern. Comune di Pisa", und wo der Strand wieder in seinen 1o-er-Schirm-Reihen anfängt, ist man schon in Tirrenia, einer Strand- und Badestadt wie Hunderte andere an dieser Küste. Nein, nicht ganz so, etwas vornehmer. Viele Villen und Pensionen in Gärten; Golfplatz, Segelschulen usw.

San Miniato

Exakt zwischen Florenz (42 km) und Pisa (42 km) und Pistoia (42 km) liegt die Bergstadt San Miniato al Tedesco, wie sie eigentlich heißt, und träumt ein wenig von ihrer staufischen Vergangenheit.

Otto I. baute dort 962 eine Kaiserburg, späterer Sitz der Landvögte und Zentrum der Rechtssprechung über die Toskana. Weitere deutsche Kaiser, die dort residierten; Friedrich Barbarossa, Friedrich II., der sie weiter ausbaute, Heinrich IV., Otto IV. Allerdings wurde in Miniato auch die Mathilde von Canossa geboren, zu deren Schloß Heinrich IV. dann später 1o77 pilgerte, um von Gregor VII. wieder gnädig in den Schoß der Kirche aufgenommen zu werden.

Von der Kaiserburg war noch ein Turm übriggeblieben, der TORRE DI FEDERIGO (Friedrichsturm) der (war es Zufall, Ironie des Schicksals oder Tumbheit?) 1944 von einem deutschen Nazioffizier gesprengt wurde. Man hat ihn wieder aufgebaut. Meinetwegen.

Ich habe etwas viel Schöneres in San Miniato gesehen: im winzig kleinen DIÖZESAN-MUSEUM, in den alten Sakristeiräumen der Kathedrale.

Da ist im 1. Stock oben, dem einzigen Tiepolo gegenüber, ein Bild eines unbekannten toskanischen Malers, dem ich hier ein bescheidenes Denkmal setzen möchte: Christus fällt unter dem Kreuz. Es ist das rührendste Christusgesicht, das ich je gesehen habe. Das Berührendste. Er blickt einen frontal an, zart, weiß, über sich und all dem Leid fast schon hinweggerückt, in den Augen stummes und klagloses Erstaunen. Das ist das Lamm, auf dem Weg nach Golgatha, qui tollit peccata mundi, das geduldig all das erträgt, was unser anderes Erbteil ist: Übermut und Hohn, Haß und Zerstörung. In der Nähe des Gesichtes steht ein Fuß - der Fuß des Siegers - dunkel und brutal. Ein Fuß wie aus Eisen.

Gibt es für uns, die wir vor dem Bild stehen, etwas zwischen dieser Gestalt und diesem Fuß? Das Reich des Geistes - heiter und tolerant - auf das wir lange warten können!

Aber es gibt Lichtblicke, Freunde, Ahnungen davon: Irgendein Abend in irgendeinem Landgasthaus, der Duft von Pappardelle alle Lepre kräuselt sich um die Nase, ein rubinroter Wein funkelt im Glas, vom Tisch gegenüber lächelt dir ein Kind zu, durchs offene Fenster hörst du eine Nachtigall schlagen, Duft von Blumen weht herein, und du erkennst, daß es Dinge gibt, die so schön sind, und so jenseits aller Abwägungen zwischen Gut und Böse, Richtig und Falsch, daß der heiter und friedlich wird, der sie wahrzunehmen weiß.

Von San Miniato aus sieht man ins Tal der Elsa bis nach Vinci.

STRECKE PISA - LUCCA

Über San Giuliano-Terme, einem "Bagno per i Lavori", wie ich irgendwo dort gelesen habe, kommt man über den nördlichen Ausläufer des Monte Pisano (917 m). Rings um diesen Berg, auf seinen Hängen und in seinen Tälern ist so manches Hübsche zu entdecken: Calci und die Kartause von Pisa, Buti, Vicopisano, Cascina mit seiner Stilmöbelfabrikation und anderes mehr.

Residence "La Capanne" bei 56o17 San Giuliano Terme. Auf den Hügeln östlich von Pisa, mit herrlichem Panoramablick, 11 km zum Meer. Aus einer alten Ölmühle und einigen landwirtschaftlichen Gebäuden wurde ein Ferienparadies mit Wohnungen verschiedener Größe, großem Schwimmbad, schönen Gärten mit vielen Bäumen und Palmen. Tel o5o/ 818 392.

Die Provinz Livorno

Eine längliche und schmale Küstenprovinz. Von Livorno, der Hauptstadt im Norden, zieht sich bis nach Piombino, dem Fährhafen nach Elba, die Riviera degli Etruschi hinab, so genannt nach den Spuren der Etrusker, die in Populonia eine ihrer bedeutendsten Siedlungen hatten, es war ihre einzige Hafenstadt in der Toskana.

Dazwischen reiht sich eine Kette von Seebädern aneinander: Cuercianella, Castiglioncello, Vada, Cecina, Forte di Bibbona, Marina di Castagneto, San Vincenco - von denen die meisten, genauso wie in der Versiglia, in den Provinzen Carrara oder Lucca, landeinwärts ihre gleichnamigen Bergorte haben.

Die Livornesi mögen mir nicht gram sein, wenn ich ihre Provinz als die uninteressanteste der Toskana bezeichne, zumindest was ihren nördlichen Teil anbelangt. Man muß das jedoch relativ sehen! Sie ist beileibe nicht unschön oder uninteressant, nur bieten eben alle acht anderen Provinzen noch mehr an Schönheit der Landschaft, der Stadt, an Kultur und Geschichte.

Die Hauptstadt ist im Krieg fast völlig zerstört worden und ist heute eben eine moderne Stadt, wenngleich nicht ohne Reize. Man kann sogar sagen - sie überrascht angenehm. Vor allem der Hafen. Es ist erstaunlich sauber hier und riecht schon nach Seefahrt, Meeresbrise, und dem Duft der Inseln des herrlichen Toskanischen Archipels: Elba, Gorgona, Capraia, Pianosa und Monte Christo.

Da haben wir's: Es gibt eben doch keine toskanische Provinz ohne Höhepunkt! Denn diese Eilande gehören zur Provinz Livorno.

LIVORNO selbst war sogar der erste Badeort Europas. Von hier aus wird auch Korsika, Sardinien und Sizilien angesteuert.

Die Küstenstraße in den südlichen Teil, hier oft in die Felsen ansteigend - bietet unvergeßliche Meer-Ausblicke. Dann und wann laden Terrassencafés, hoch über den, hier oft recht schäumenden Wellen, zum Rasten ein.

DIE BADEKÜSTE hat überwiegend lange, breite Sandstrände, ist im Sommer jedoch fest in italienischer Hand (Römer, Mailänder).

DAS HINTERLAND ist schmal, landwirtschaftlich genutzt, hat aber im Süden eine Reihe der hübschen, alten Bergstädtchen, wie sie der Toskana eigen sind - nur abgelegener und stiller.

Campingplätze gibt es hier genug.

DIE KÜCHE weist zwei leckere Besonderheiten auf: das Cacciucco, von dem man sagt, es sei das Vorbild für die südfranzösische Bouillabaisse gewesen, und die "Triglie alla Livornese" (gekochte Mittelmeerfische).

Cacciucco - Die Sauce: Je 1 gehackte Zwiebel und Knoblauchzehe mit Olivenöl und Paprika goldgelb anbraten, dann 1 Pfund geschälte und entkernte Tomaten, Petersilie, 1/2 l trockenen Weißwein und 1/2 l Wasser dazugeben, salzen, aufkochen, 1/2 Stunde kochen lassen. Dann Stücke von großen Fischen und ganze, kleinere Fische, Krabben, Langostinos, (Auswahl variabel!) hineingeben. Noch 1/4 Stunde auf kleiner Flamme köcheln lassen. In eine irdene Schüssel getoastetes Brot legen, das leicht mit Knoblauch bestrichen wird. Sauce und Fische darauf geben. Hinterher einen Livorneser Punsch "Bomba"!

Livorno

Obwohl dies eine neu aufgebaute Stadt ist und von Touristen meist nur wegen des Fährhafens zu den toskanischen Inseln angefahren wird: Die Stadt hat ein paar recht reizvolle Aspekte und zudem die Atmosphäre einer Hafenstadt. Sie war die Heimat von MODIGLIANI und PIETRO MASCAGNI.

Der Name stammt von dem dalmatischen Volk der Liturner, die mit ihren leichten und schnellen Schiffen, sogenannten "Liturnae" hier anlegten. Die Engländer haben sich eine barbarische Verballhornung einfallen lassen: Leghorn. Angeblich soll eine Hühnerrasse danach benannt sein.

Der MEDICI COSIMO I. hat eine fünfeckige Musterstadt auf dem alten Porto Pisano erbauen lassen.

Von der mittelalterlichen Bausubstanz ist trotz der Zerstörung noch einiges erhalten geblieben: Die Fortezza Vecchia, eine Befestigungsanlage aus dem Jahre 1534 im Hafen Porto Mediceo, und die Fortezza Nuova aus dem 16. Jh. in dem wegen seiner Kanäle "Venezia" genannten Stadtteil, was ich für stark übertrieben halte. Ein Mediceer ist es auch, der, in Marmor gehauen, auf dem Denkmal "Dei Quattro Mori" (der vier Neger) dargestellt, am Eingang zum PORTO MEDICEO steht.

Nach der Brücke zum Porto Mediceo, vorne am Hafenkai, ist links das Schiffahrtsbüro der Toremar, für die Fährschiffe nach Elba, rechts die Fremdenverkehrsbüros der Ente Provinciale per il Turismo.

RESTAURANTS

In einem flachen Gebäude zwischen Brücke und Kai kann man im Ristorante "L'ARAGOSTA" (Oktober und sonntags zu) eine sehr gute Cacciucco essen - die beste Art, Wartezeiten zu Schiffsabfahrten zu überbrücken. Man sitzt am offenen Fenster, durch das eine salzige Meeresbrise hereinströmt, das Tuckern der Fischerboote und die Sirenen der Fährschiffe geben die akustische Untermalung.

"RISTORANTE GENNARINO" in der Via S. Fortunata 2, eine Adresse für Feinschmecker. Wieder eines der Ristorante del Buon Ricordo, wo man bei einem bestimmten Gericht, hier die "Triglie alla Livornese", einen handbemalten Keramikteller mit dem Namen des Ristorante bekommt. Mittwochs und 1.-15. Juli zu.

Livorno hat übrigens viele gute und elegante Geschäfte, wo man gleich gut wie in Florenz einkauft, aber erheblich billiger

Etwas für Toskana-Liebhaber: Ca. 5 km südlich der Stadt liegt auf einem Hügel, wo auch eine Zahnradbahn hinauffährt, Santuario di Montenero mit der Madonna di Montenero, der Schutzpatronin der Toskana.

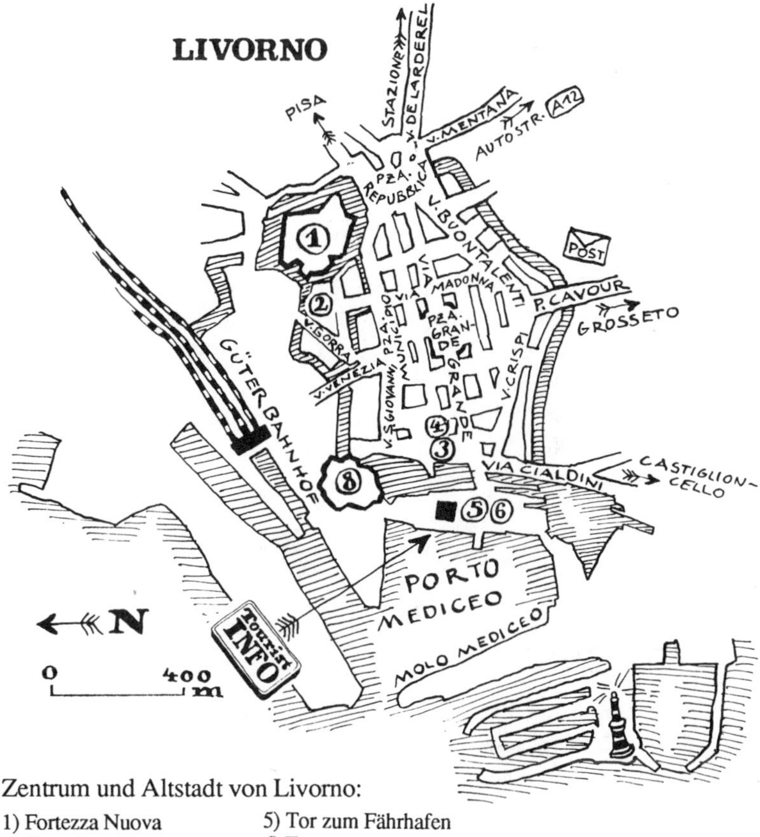

Zentrum und Altstadt von Livorno:

1) Fortezza Nuova
2) Venezia
3) Monumento dei 4 Mori
4) Hotel Granduca
5) Tor zum Fährhafen
6) Toremar
7) Fortezza Vechia

Am schönsten gelegen, mit Blick auf den alten Medici-Hafen:

*** "Hotel Gran Duca", 43 moderne und komfortable Zimmer. Ein ockerfarbenes Haus, das bis zum ersten Stock eine Wallmauer aus Ziegelsteinen wie bei der Fortezza Nuova hat, oben drauf eine schöne Loggia-Terrasse mit Blick über Hafen und Meer. Tel. o586/891 o24.

*** "Hotel Giappone", unter den Arkaden der Via Grande 65 im Zentrum der Stadt. Tel. o586/88o 241.

Einige preiswerte Hotels: * "Albergo Centro", Via dell' Angiolo 14, liegt sehr zentral (Seitenstraße zur Via Grande). Tel. o586/88 96 8o.

* "Ariston", P. della Repubblica 11, Tel. o586/88o 149. - ** "Pension Belmare", Viale Italia 1o9. An der schönen Strandstraße. Tel. o586/8o7 o4o. - * "Pensione Veneto", Via Grande 136, Tel. o586/89 43 93.

INFO

Toremar-Büro: Nur 8-12 Uhr offen!!! Tägliche Abfahrten von Fährschiffen nach Elba (direkt oder über Capraia). Via Calafati 6, Tel. o586/ 896 113.

Ente Provinciale per il Turismo:
Hauptbüro: Piazza Cavour 6, Tel. o586/898 111, und Molo Mediceo (im Hafen), Tel. 895 32o.
Capitaneria di Porto: Porto Mediceo, Tel. o586/893 362.

Feste: 13. Juni: Fest des Sant-Antonino. 22. Mai: Fest der S. Giulia

Deutsches Konsulat: Via S. Francesco 17, Tel. o586/38o o8

Autoverleih: Avis: Via Garibaldi 49, Tel. o586/374 4o. Hertz: Via Mastacchi 59, Tel. o586/41o515

Ospedale: Tel. o586/4o3 351

1. Hilfe: Tel. o586/421 398

USL: Via Calzabigi 1, Tel. o586/418 111

KÜSTENORTE

An der Küste zwischen Livorno und Piombino, der sogenannten "RIVIERA DEGLI ETRUSCHI" reihen sich etwa 4o Campingplätze aneinander, die meisten haben nur in der Hauptsaison geöffnet: Juni, Juli, August.

Für Elba-Fahrer: an der Via Flaminia, kurz vor dem Fährhafen Piombino:

- bei km 235: C. Pappasole, Tel. o565/2o42o
- bei km 238: C. Orizzonte, Tel. o565/28oo7

Castiglioncello

Nördliche Bucht mit steiler Küste, oben lockere Besiedlung mit Pensionen und Villen, zwischen viel Grün und Bäumen, unten eine kleine Bucht und Jachthafen.

*** "**Pensione Hotel-Martini**", Tel. o586/75 21 4o. - *** "**Hotel Atlantico**", Tel. o586/75 24 4o. - *** "**Residence San Domenico**", eine schöne alte Villa mit senesischer Küche. Tel. o586/75 21 16.

Südliche Bucht: Flacher, touristischer, trotzdem: 98 % italienische Gäste. Einziger Hafen, Ministrand mit grauem Lavagestein, künstlich aufgeschütteter, dunkelgrauer und grober Sand.

Vada

Ein touristisch aufstrebendes Städtchen, am Meer viele Zeltplätze, größtenteils unter schattiger Pineta. Sandstrand.
Die Rohrleitungen in der Landschaft führen zu Salinen. Unter den Badegästen hört man manchmal deutsch.

Marina di Cecina

Hier geht's wieder ganz und gar typisch italienisch zu: Am breiten, dunkelgrauen Sandstrand stehen in Zehnerreihen 2o m rote, 2o m blaue, 2o m grüne, 2o m gelbe Schirme, dann wieder rote etc. Zwischen den Liegestühlen ist kaum Platz für eine Zeitung. Bei S. Guido, südlich von Cecina zweigt links eine Straße ab, die wohl einmalig in der Welt ist: Eine 5 km lange, schnurgerade Straße, links und rechts von einer lückenlosen Zypressenallee flankiert. Sie führt zu einem hübschen kleinen Ort mit ein paar recht guten Restaurants.

Bolgheri

Der italienische Dichter Carducci lebte dort, geboren wurde er im benachbarten Bergstädtchen Castagneto Carducci. "I Cipressi che a Bolgheri alti e schietti van da San Guido in duplice filar ..." (Carducci).

Forte di Bibbona und Marina di Castagneto, südl. Cecina, ruhigere Strände, durch Stichsträßchen erreichbar.

San Vincenco: In Lage, Strand, Umgebung und Stadtbild beliebig austauschbar mit Marina di Cecina, Vada usw.

Eine Landstraße führt in der Nähe des Meeres nach Populonia. - Bucht von Baratti

Populonia (etr. Pupluna)

Der Etrusker und der schönen Bucht wegen. Am Sandstrand: Bademöglichkeiten in kristallklarem Wasser. Camping verboten, manchmal geduldet.

Oberhalb: 2 ganz gemütliche Restaurants, "LA PERLA" und "DEMOS" - beide mit schattigen Gärten, mit viel Bäumen und durchschnittlicher Küche.

"TRATTORIA LA PERGOLA": Ländliche Kneipe mit einfacher, aber guter Küche (Casalinga), Familienbetrieb. Spezialitäten: Fische, Gamberone, Scampi, Spaghetti alle Vongole u. oft auch Cacciucco.

"RISTORANTE CANESSA" liegt zwar schön am Meer, mit großer Terrasse, aber zu Stoßzeiten des Tourismus kommt aus der Küche der Geruch oft erhitzten Öles. Einige Zimmer, Tel. 295 3o.

Die Etrusker: Hatten eine einzige Stadt direkt am Meer (alle anderen Städte sind im Landesinneren), weil sie hierher das Erz von Elba schifften, um es zu schmelzen und zu verarbeiten. Die Römer haben diese Tätigkeit sehr intensiv fortgesetzt. Deshalb waren die etruskischen Nekropolen aus früherer Zeit unter hohen Schlackenschichten (= Scorie) verborgen, und viele Hügelgräber wurden dadurch eingedrückt. Die Temperaturen der holzbeheizten Öfen schmolzen nur etwa die Hälfte des Eisens aus dem Erz, so daß man in unserem Jahrhundert diese eisenhaltigen Schlacken erneut in die Hochöfen steckte.

Besichtigung: Sommer 9-12 und 16-2o Uhr. Winter: 1o-16 Uhr, Frühjahr und Herbst: 1o-13 und 14-16 Uhr. Jeweils Führung abwarten. Montag zu.

In der sehenswerten **Nekropole San Cerbone** kann man drei Grabarten (= Tombe) unterscheiden:

Das Hügelgrab (Tumulus): Das größte ist die beim Eingang liegende Tomba dei Carri (7. Jh.) 28 m ø, Grabkammer ca. 5 m ø (von den Schlacken eingedrückt, deshalb nach oben offen). Benannt nach zwei zweirädrigen Streitwagen, die man dort fand (Museo archeologico in Florenz). Vorsicht: Die Tür zu dem dunklen Gang (= Dromos) ist nur ca. 1 m hoch, und die Steinplatte über der Tür ist, wie der Custode lachend erklärte, von vielen Kopfstößen schon locker!

Neben der Tomba dei Carri ist die Tomba alla Rissidi Cilindriche (der runden Dosen), ca. 8 m ø. Die "Dosen", die man hier fand, sind im Archäologischen Museum in Florenz.

Tomba dei Letti Funebri (der Leichenbetten), 7. Jh. Die Totenlager haben zum Teil gedrechselte Steinpfosten.

Das Ädikula-Grab: In Form eines kleinen Hauses oder Tempelchens. Das einzige, mit Dach erhaltene ist hier die Tomba dell Bronzetto di Offerente (Grab der Bronzestatue eines Opfernden), 6. Jh. Ein Ädikula-Grab ohne Dach: Tomba delle Tazze Attiche, 5. Jh., wo man Vasen und Weinschalen mit griechischen Motiven fand.

Das einfache Kammergrab, die Tomba Cassone: ein Steinkistengrab, aus dicken Platten zusammengefügt. Viele davon liegen in der Gegend der Hausgräber.

Wie kam es zu diesen verschiedenen Arten? Das war meist eine Geldfrage. Ein Grabmal war immer schon etwas teurer als ein schlichtes Reihengrab.

Der Eintritt kostet übrigens nichts, doch der Custode, genannt Bruno oder auch der "Etrusker von Populonia", freut sich natürlich über ein Trinkgeld. Von der Höhe dieses Trinkgeldes wird es wohl auch ein wenig abhängen, ob er einem die Schlüssel zu einem abgeschlossenen Gelände auf der anderen Seite des Parkplatzes gibt, wo man außer zwei Hügelgräbern, der Tomba delle Perle d'Ambra, 7. Jh., und der Tomba dei Flabelli, 7. Jh., noch etwas Interessantes sehen kann: die Mauern und Fundamente einer etruskischen Erzverarbeitungsanlage. Dort sieht man gut die verschiedenen Schichten der "scorie", der Schlackenschichten.

Bei der Trattoria "la Pergola" zweigt eine geteerte, aber kurvenreiche Straße ab zum hoch über der Bucht gelegenen KASTELL POPULONIA ALTA (344 m). Ein paar Häuser, eine kleine Straße hinter dem Tor, einige Souvenirläden, eine Bar und der besteigbare Turm - sehr steile Treppe, eng und dunkel - von dessen Zinnen man einen herrlichen Blick über einen Teil der Bucht, zu den Inseln Elba und Korsika und bei klarem Wetter zu den kleinen Inseln des toskanischen Archipels hat.

Unterkunft in der Bucht von Baratti:

* "**Pensione und Ristorante Alba**", Nov./Dez. zu, Restaurant mittwochs zu. Tel. 29521. - ** "**Albergo Canessa**", Tel. 2953o (siehe bei Populonia).

Piombino

Die meisten Fremden kennen es nur als Fährhafen nach Elba. Eine Wartezeit bis zur nächsten Fähre kann durch einen Bummel in die Altstadt sinnvoller ausgenützt werden, als im Auto sitzen zu bleiben.

Man ist überrascht, was diese außenherum so häßliche Industriegegend für ein hübsches Zentrum hat. Vor allem der CORSO VITTORIO EMANUELE II. mit Blick auf das schöne gotische Rathaus mit seinem schlanken Zinnenturm und, nach der anderen Seite, zu der Festung aus dem 13. Jh. Auf der Terrasse bei der Altstadt phantastischer Blick übers Meer!

*** "**Collodi**", Via Collodi, Tel. 342 72. ** "**Pens. Italia**", Via XX. Settembre, Tel. 22o 922. ** "**Roma**", V.S. Francesco, Tel. 22o 165.

Bevor wir die Provinz Livorno verlassen, möchte ich noch einige Bergstädte erwähnen, die einen Abstecher durchaus wert sind, wenn man noch übrige Zeit hat:

Rosignano Marittimo mit seiner zinnengekrönten Medici-Burg.
Bolgheri und Campiglia Marittima mit den Stadtpalästen und Suvereto mit seinen malerischen Gassen und dem mittelalterlichen Palazzo Municipale.
Bibbona, still, abgelegen und sehr malerisch.

Die Provinz Siena

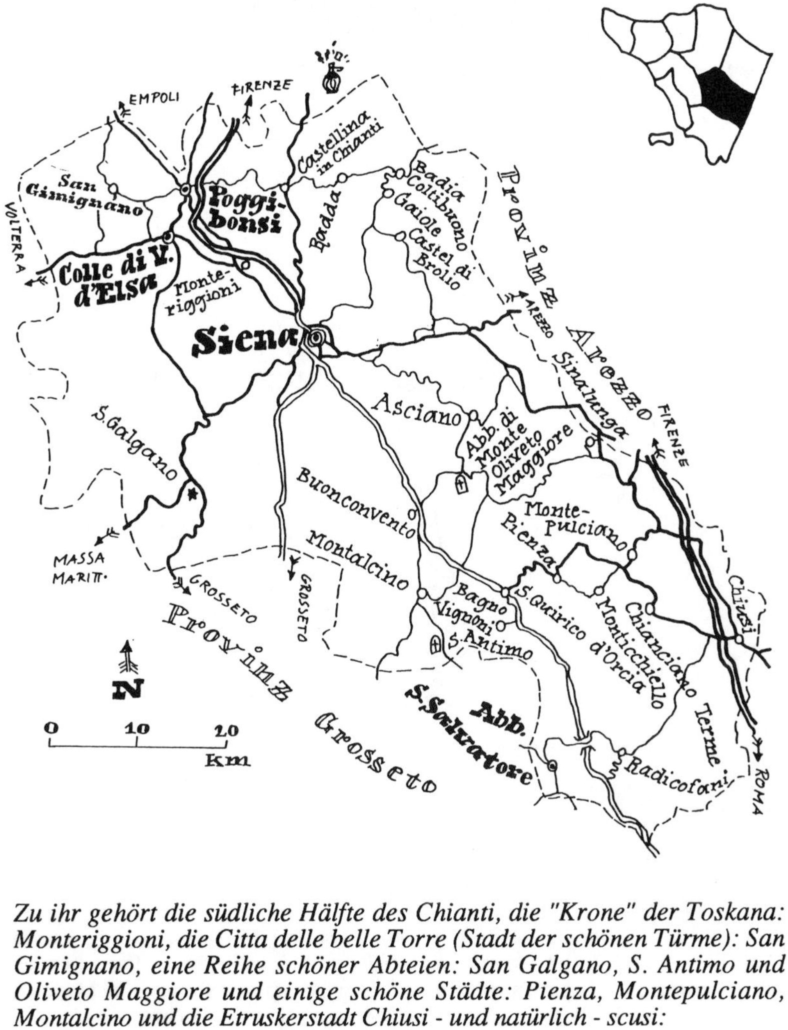

Zu ihr gehört die südliche Hälfte des Chianti, die "Krone" der Toskana: Monteriggioni, die Citta delle belle Torre (Stadt der schönen Türme): San Gimignano, eine Reihe schöner Abteien: San Galgano, S. Antimo und Oliveto Maggiore und einige schöne Städte: Pienza, Montepulciano, Montalcino und die Etruskerstadt Chiusi - und natürlich - scusi:

Siena

Die stolze, mit ihren Türmen weit in den toskanischen Himmel hineinragende, mittelalterliche Stadt zeigt die italienische Gotik in ihrer schönsten und strengsten Form.

Die Landschaft, aus der sie weithin sichtbar aufsteigt, ist die für die Toskana charakteristische - man fühlt, hier ist das Ziel, der Traum Toskana, wirklich erreicht. Auf den grünen, flachen Hügeln stehen vereinzelt Zypressen, es ist herb und feierlich.

Der Dom birgt unschätzbare Kunstwerke und das Rathaus die erste europäische Landschaftsmalerei.

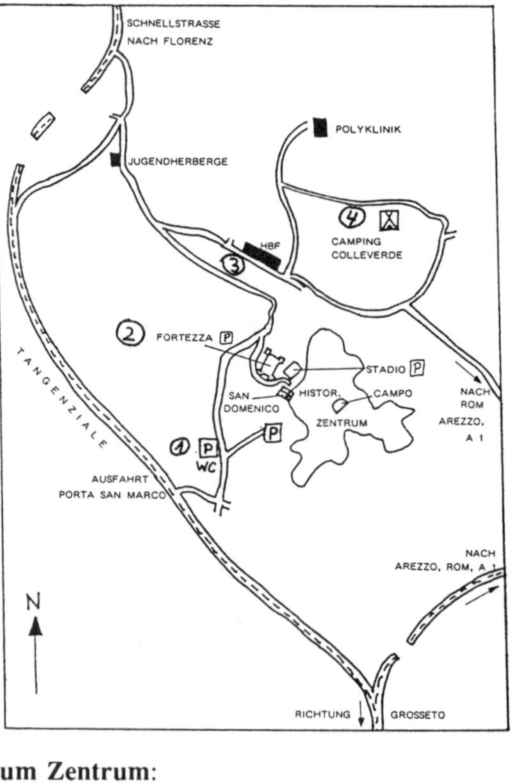

Der Weg zum Zentrum:

Ob man von Norden oder Süden kommt, befindet man sich zunächst auf der "Tangenziale", der Umgehungsstraße westlich der Stadt. Die kürzeste Verbindung ins Zentrum beginnt bei der Ausfahrt "Porta San Marco", dann 1. Ampel links den Schildern "Centro" folgen.

Parkplätze: rund um die Fortezza oder beim Stadio Comunale (Einfahrt schräg gegenüber S. Domenico, siehe Plan).

Für Caravans + WoMo:

1. an der Strada di Pescaia, bei der Ausfahrt nach der Tangenziale
2. bei Fortezza
3. beim Bahnhof, Viale Achille Sclavo
4. Camping Colleverde (Bahnhofsnähe, siehe Info-Teil, Siena

Die Legende von der Entstehung Sienas:
Nachdem Romulus, einer der beiden von der Wölfin gesäugten Begründer Roms, seinen Bruder Remus erschlagen hatte, trachtete er auch nach dem Leben der zwei Söhne des Remus, Senio und Aschio.

Diese flohen nach Norden, fingen unterwegs zwei wilde Pferde, ein weißes und ein schwarzes, daher stammen die Farben im Seneser Stadtwappen, sowie auch die säugende Wölfin in Siena häufig als Emblem zu sehen ist - und fanden Zuflucht in einer Siedlung von Schäfern und Bauern. Sie bauten dort einen Apollon-Tempel und ein Castell, die Anfänge Sienas.

Romulus schickte eine Reiterkohorte unter der Führung der Hauptleute Montonius und Camellius los mit dem Befehl, die Flüchtlinge tot oder lebendig nach Rom zurückzubringen. Statt diesen Befehl auszuführen, bauten die Capitanos ihrerseits zwei Burgen, das Castell Montone (das heutige Val di Montone) und das Castell Camellio (heute Camollia).

So standen 3 BURGEN auf den 3 Hügeln Sienas, in der Vertiefung zwischen diesen 3 Hügeln wurde später, der natürlichen Geländeform folgend, die PIAZZA DEL CAMPO, der heutige Rathausplatz, angelegt. Zum Rathaus hin leicht abfallend, wird er "oben" von dem weiten Halbrund der stolzen Häuserfronten fächerförmig umsäumt, was seinen Beinamen der "Muschelplatz" auf die schönste Weise rechtfertigt.

Wer einmal erleben möchte, was Gotik nicht nur im Langhaus einer Kathedrale heißt, sondern in einer ganzen Stadt, wer die Atmosphäre gotischen Mittelalters erfahren möchte, sollte an einem regnerischen Tag im Spätherbst durch Siena gehen.

Enge, gewundene Straßen und Gassen, dunkel und unübersichtlich, modrig riechend, ihre nassen Backstein-Fassaden, bei Sonne und Licht rostbraun, verwandeln sich in schmutziges Braungrau, das Leben hat sich hinter dicke Mauern zurückgezogen, und der Fremde geht fröstelnd seinen einsamen Gang, der PALAZZO PUBBLICO wird zu dem, was er einst war - das respekteinflößende Zentrum der Macht.

Aber trotzdem - es hat den Reiz des Authentischen. Wie anders wirkt alles im Sonnenlicht des Frühlings oder Sommers. Der Backstein bekommt ein warmes Leuchten, der Torre del Mangia steht hoch und rostrot in einem blauen Himmel, die Piazza del Campo und die Straßen sind voll Leben, und die Fonte Gaia trägt ihren Namen zurecht: Brunnen der Freude.

Geschichtlich nur so viel: Siena war ghibellinisch, dem Kaiser zugetan. Rührt daher die Vorliebe zu nördlicher Gotik? Mit dem guelfischen Florenz ständig im Streit, besiegte es dieses 1260 in der Schlacht bei Montaperti, unter der Mithilfe von Pisa, Cortona und deutschen Rittern. Daraufhin wurde die ganze Stadt vom Papst exkommuniziert, und die Senesen konnten sich ihres Sieges nicht so recht freuen, denn wer gibt einem "vogelfreien" Unternehmer noch Kredit?

1268 wurde Siena von Florenz in der Schlacht bei Monteriggioni geschlagen und einkassiert. Da erst begann die Blütezeit Sienas, was sich unter anderem dadurch zeigte, daß es beschloß, den größten Dom der Toskana zu bauen. Die Pest von 1348, die die Bevölkerung um 2/3 dezimierte, setzte dem Vorhaben ein Ende. Was man noch von ihm sieht, sind die Säulen und die Fassade des "Duomo Nuovo" des neuen Doms.

DOM (9-19 Uhr)

Die Ausführung der Vorderfassade geschah 1284-1297 unter der Leitung und nach den Plänen des Giovanni Pisano.

Vergleicht man diese Fassade mit der von Orvietos Dom (Umbrien, neben der Autobahn Florenz - Rom), bemerkt man die auffällige Ähnlichkeit: die untere Hälfte wird beherrscht von drei mit Rundbögen überwölbten Portalen mit daraufgesetzten Spitzgiebeln und abgeschlossen von einer Galerie; in der oberen Hälfte wiederholen sich die Spitzgiebel, und unter dem mittleren befindet sich ein figurenreiches Quadrat mit einer Fensterrosette.

Eine harmonische Geometrie bei beiden Kirchen aus Bogen, Kreis, Viereck und Rechteck, jedoch mit einem wahrhaftigen "Horror vacui", Angst vor der leeren Fläche, verschwenderisch ausgeschmückt mit Mosaiken, Ornamenten und Figuren. Das Dominnere ist das an Kunstschätzen reichste der Toskana.

Der Fußboden besteht aus 49 der schönsten Marmorintarsienbildern, die die Welt zu bieten hat. Diese Bilder sind entweder reine Marmoreinlegearbeiten wie die Nr. 2 mit dem Seneser Wappen und 12 Städtewappen drumherum, oder in Marmor eingeritzte und mit Teer gefüllte Linien oder beides zusammen.

Ein Bilderbuch für Analphabeten, könnte man sagen. In 49 Bildern werden Geschichten aus der Bibel erzählt, 1o Sibyllen verschiedener Provenienzen dargestellt (in den Seitenschiffen) das Glück oder die christlichen Tugenden in Allegorien verdeutlicht: (Plan auf folgender Seite)

I) Weihwasserbecken von Antonino Federighi.

II) Der Piccolomini-Altar von A. Bregno: Die beiden Statuen unten links - Paulus und rechts Petrus - sind Werke Michelangelos, die beiden darüber, P. Pius und P. Gregorius vermutlich von seinen Schülern. Die Muttergottes ist von Jacopo della Quercia, Sienas bedeutendstem Bildhauer. Aus der Piccolomini-Familie stammt der Papst Pius II., der Pienza erbauen ließ (siehe dort).

III) Johannes-Kapelle: Sie enthält eines von Donatellos reifsten Werken: "Johannes der Täufer." Die Fresken stammen von Pinturicchio.

IV) Kanzel von Nicola Pisano: Erinnern Sie sich an das Baptisterium von Pisa? Auch hier werden 7 Szenen des Evangeliums gezeigt. Von der Treppe im entgegengesetzten Uhrzeigersinn: 1) Geburt und Heimsuchung, 2) Hl. 3 Könige, 3) Vorstellung im Tempel, Flucht nach Ägypten, 4) Der Kindermord von Bethlehem, 5) Kreuzigung, 6) Jüngstes Gericht über die Auserwählten, 7) Jüngstes Gericht über die Verdammten. An der Basis der Mittelsäule: die 7 freien Künste. Die 8 Eckfiguren über den Säulen stellen die 8 christlichen Tugenden dar.

V) Grab des Kardinals Petroni: Eine Arbeit des Tino di Camaino.

VI) Die Votivkapelle: der Johanneskapelle gegenüber. Papst Alexander VII. aus der Seneser Familie Chigi ließ sie von dem Deutschen Johann Paul Schor bauen. Die Statuen des hl. Hieronymus und der Maria Magdalena (schon recht barock, die beiden). Die Kapelle ist ein Beispiel des italienischen Hochbarock.

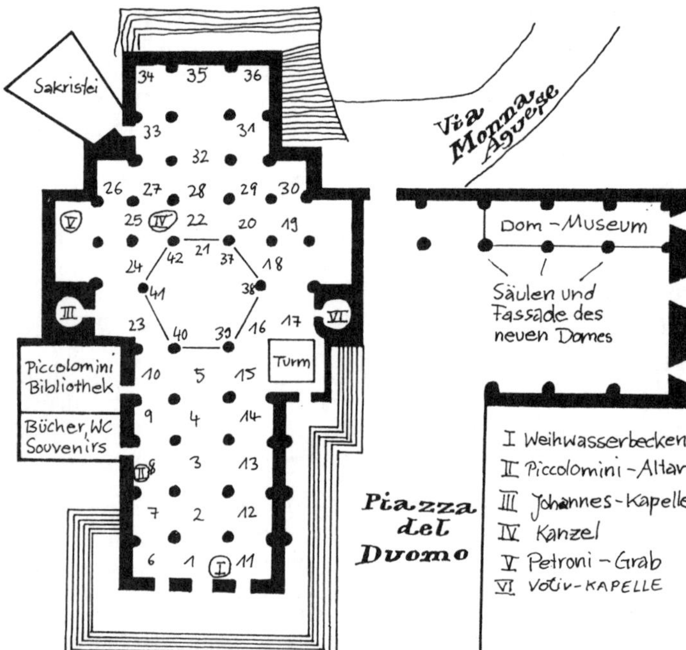

1.: Hermes Trismegisto
2.: Städtewappen
3.: Kaiserlicher Adler
4. + 5.: Allegorien der Fortuna
6. - 15.: Sibyllen
16.: Die 7 Alter des Menschen
17.: Glaube, Liebe, Hoffnung, Religion
19.: Tod Absaloms
21.: Moses und das Quellwunder
22.: Das Goldene Kalb
24.: Der Kindermord von Bethlehem
25.: Judith tötet Holofernes
28.: David und Goliath
29.: Moses
3o.: Samson besiegt die Philister
31. 33 - 36.: Die 5 Kardinal-Tugenden
Klugheit, Stärke, Gerechtigkeit, Barmherzigkeit, Mäßigkeit
32.: Opfer Abrahams
37. - 49.: Szenen aus dem Leben Elias von Domenico Beccafumi

Das hölzerne Chorgestühl: Über den 36 Sitzen sind herrliche Holzintarsien von Fra Giovanni da Verona (15o3). Es gibt in der Toskana noch eine Kirche, wo man traumhaft schöne Einlegearbeiten dieses bescheidenen Mönches sehen kann:

Monte Oliveto Maggiore. Ein Mönch von Oliveto M. erzählte mir aus überlieferten Geschichten des Fra Giovanni - er habe sein Leben lang nichts anderes gemacht, als zu beten und aus Hölzern aller Arten und Farben diese Kunstwerke zu schaffen. Diese Dinge sind es, um derentwillen man die Erde erhalten muß. Sie sollten über den Schreibtischen der Mächtigen hängen.

Die Libreria Piccolomini: Pinturicchio hat hier in 1o großen Fresken-Szenen aus dem Leben des Humanisten, Kardinals und Papstes Pius II., gemalt. In der Mitte die drei Grazien - eine römische Skulptur nach griechischem Vorbild. In den Glaskästen: Choralbücher mit sehr schönen Initialen und Miniaturen.

Im Gesims des Domes: 72 Terrakotta-Büsten der ersten Päpste, dazu 36 Büsten von Kaisern. Eng aneinandergereiht blicken sie in Scharen auf dich herab - so intensiv, daß nach geraumer Zeit die bange Frage in dir erwacht, ob du nicht vielleicht doch etwas auf dem Kerbholz hast.

Das Baptisterium (unter dem Hauptchor). Die Fresken sind im letzten Jahrhundert nachgemalt worden, und das Altarbild stammt aus dem 19. Jahrhundert. Hier gibt es nur ein Kunstwerk mit großem Namen: Am Taufbecken finden wir eine Koproduktion der bedeutendsten Bildhauer des 15. Jh., Jacopo della Quercia, Ghiberti und Donatello.

Das Dom-Museum:
Opera Metropolitana. Nov.-Febr. 9-14 Uhr, März-April und Okt. 9-13, 14.3o-17.3o Uhr, Juni-Sept. 9-13, 14.3o-18.3o Uhr.

Im Erdgeschoß: Skulpturen von Jacopo della Quercia; im 1. Stock: Duccios Maesta. Maesta bedeutet: Die Jungfrau Maria als zentrale thronende Figur in Pracht und Herrlichkeit. Das helle Rot und schöne tiefe Blau Duccios wiederholt sich in den 26 Bild-Tafeln, links vom Eingang, mit Szenen der Leidensgeschichte Christi.

Piazza del Campo und Palazzo Comunale: Der Campo, wie er kurz genannt wird, ist ohne Zweifel einer der schönsten Plätze Italiens. Mir gefällt er am besten abends, ganz kurz nach der Dämmerung, wenn das Rathaus unaufdringlich angestrahlt ist, die schmiedeeisernen Laternen ein warmes, gelbes Licht über den Platz und auf die Fassaden der alten Häuser und Paläste streuen und über den Dächern noch ein samtenes Dunkelblau liegt - das Blau Duccios.

Ist man während der Hauptreisezeit in Siena, muß man leider mit in Kauf nehmen, daß der Campo auch einer der meistbesuchten Plätze Italiens ist!

Der Figurenschmuck am Brunnen "Fonte Gaia" von Jacopo della Quercia

(14o9-1419) ist durch Kopien ersetzt worden. Die zum Teil verwitterten Originale befinden sich in einer Loggia an der Rückseite des Palazzo del Comune, bei der Piazza del Mercato.

Der Palazzo Comunale: April-Sept. 18.3o-19.3o Uhr, Oktober-März 8.3o-13.3o Uhr. Eigentlich sollte man mit einer Besteigung des Turms beginnen - auch wenn die Milchsäure mächtig in die Schenkel schießt.

Der Blick von oben über die Stadt lohnt sich. Ein Gewoge von rötlich-ockerfarbenen Dächern, von vielen Dachluken glänzt der Widerschein der reflektierten Sonne, da und dort öffnet sich die dunkle Schlucht einer Gasse, und ein Stück weiter drüben erhebt sich das schwarzweiße Streifenmuster des Doms. Der Wellengang der Colline Senesi, der Weinberghügel, schließt den Horizont ab.

Der Turm mit seinen 1o2 m heißt Torre del Mangia, nach dem Spitznamen des ersten Glöckners "Mangia Guadagni" (Verdienst-Esser).

Die Räume des Rathauses:

Sala V. Emanuele II.: Die Bedeutung dieser Fresken steht über ihrem ästhetischen Wert. Sie zeigen:

- Die Begegnung mit Radetzki
- Die Schlacht von San Martino
- Die Begegnung mit Garibaldi, dem großen Einiger Italiens

Sala dei Prior (Prioren-Saal): Fresken von Spinello Aretino mit Szenen aus dem Leben Alexander III. Sala dei Cardinali (Kardinals-Saal).

Fresken der Seneser Schule, Holzstatuen von Jacopo della Quercia (Schule).

Sala del Concistorio (Konsistoriums-Saal): Das dürfte das schönste Standesamt der Welt sein. Im Gewölbe Fresken von Domenico Beccafumi, Gobelins aus dem 18. Jh., die kleineren, florentinischen sind aus dem 16. Jahrhundert.

Vestibolo: Die Senesische Wölfin, mit Romulus und Remus. Ein Sohn des Remus soll Siena gegründet haben (siehe "Entstehung von Siena").

Anticappella (Vorkapelle): Großer Christoforo von Taddeo di Bartolo.

Cappella: 22 herrliche Holzmosaiken von Nicolo dei Cori. An Wänden und im Gewölbe: Fresken von Taddeo di Bartolo.

Von Sodoma ist das Altarbild der Heiligen Familie. Wir werden diesem Maler auch in der Kirche San Domenico und in der Abtei von Monte Oliveto Maggiore begegnen. Er konnte es auch hier nicht lassen: Mariens Anatomie ist ein wenig durchscheinend.

Sala dei Mappamondo (Saal der Weltkarte): Links die Maesta von Simone Martini, neu restauriert, gegenüber das große Fresko "Guidoriccio da Fogliano reitet zur Belagerung von Montemasse". Dieses Opus stellt zwei

Pioniertaten der damaligen Malerei vor: Profanes mit Landschaft. Es entstand 1328, gilt als die erste europäische Landschaftsmalerei und begründete die "Sienesische Schule", die tonangebend wurde.

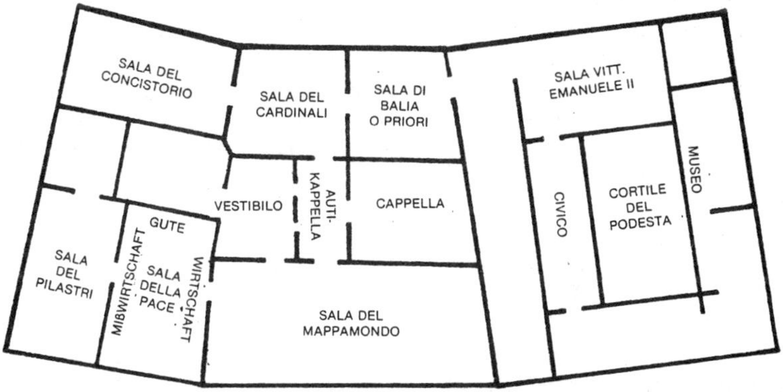

Sala della Pace (Friedens-Saal): Hier sind die beiden großen Fresken von Ambrogio Lorenzetti (1337), "Die gute Wirtschaft und deren Auswirkungen". Der König ist umgeben von den Allegorien der Großmut, Mäßigung und Gerechtigkeit links, und der Eintracht und nochmals der Gerechtigkeit rechts. In der Stadt ist Tanz, Handel und Gewerbe; vom Land treiben die Bauern ihre Schweine, Schafe und beladenen Esel zur Stadt. "Die Mißwirtschaft": Die Fresken sind leider durch den Zahn der Zeit zerstört, was man von der Realität der Mißwirtschaften leider nicht sagen kann. Der Regent hat Vampirzähne und Hörner, er ist umgeben von Allegorien der Grausamkeit, des Betrugs, der Täuschung, der Zwietracht und der Treulosigkeit.

Sala dei Pilastri (Pfeiler-Saal): Bilder der senesischen Schule, alte Geldschränke und die Glocke von St. Christoph.

Museo Civico: Portraits, Waffen, Münzen und Grafiken.

Hinter der Piazza del Campo ist die

Loggia della Mercanzia: die frühere Markthalle mit fünf Statuen von römischen Kaufleuten. Vom Campo führt eine Straße, Via di Fontebranda, hinab zum Brunnen "Fonte Branda", der ältesten Wasserstelle der Stadt. (11.-12. Jh.). Rechts vorbei kommt man zum Haus der

Heiligen Katharina: Caterina Benincasa (1347-138o), die Tochter eines Färbers (sie hatte noch 24 Geschwister) fiel als Kind in die Glut des Herdes, der noch zu sehen ist, und es geschah ein Wunder: Sie blieb unverletzt. Später trat sie dem Dominikanerorden bei und leistete in den 33

Jahren ihres Lebens Erstaunliches. Sie, die weder schreiben, noch lesen konnte, diktierte klare und unverblümte Briefe mit Überzeugungskraft, u.a. an den Papst Gregor XI., welcher daraufhin seinen Stuhl Petri von Avignon nach Rom schaffen ließ. Sie wurde die Schutzpatronin Italiens. Pius XII. sprach sie 1939 heilig, und Paul VI. ernannte sie 197o zum Doktor der Kirche.

Kirche S. Domenico: oberhalb des Hauses der Hl. Katharina, die Kirche ihrer Kindheit. In der bemerkenswert kahlen und riesigen Kirche befindet sich in einer rechten Seitenkapelle hinter einer Scheibe der mumifizierte Kopf der Caterina, in einer Vitrine rechts neben der Kapelle ihr Daumen.

Die Pinakothek: im spätgotischen Palazzo Buonsignori. Sienesische Malerei vom 13.-17. Jh. Duccio, Simone Martini, die Brüder Lorenzetti u.a. Werktags 8.3o-13.45 Uhr, sonntags 8.3o-13 Uhr, montags zu.

Staatsarchiv: Palazzo Piccolomini. Frührenaissance. Mo.-Fr. 9.3o-13 Uhr, Sa. 9.3o-12.3o Uhr. Sonntags zu.

Museo Archeologico Nazionale: Via della Sapienza 3. Neben Kunstwerken aus Mittelalter und Renaissance zeigt es auch etruskische Funde. 1o.3o-16 Uhr, So. 9-13 Uhr.

Palazzo Salimbeni: Das ehemalige Leihhaus Monte Dei Paschi Di Siena war die erste Bank der Welt, sagte mir ein sienesischer Geschäftsmann. Es wurde später von den Medici übernommen. Das Haus ist ein besonders schönes Beispiel gotischer Architektur, wenngleich es einigemale vergrößert und verändert wurde. "Paschi" heißt Weiden.

Palazzo Chigi: Accademia Chigiana. In dem gotischen Palast werden Meisterkurse für Musikstudenten abgehalten.

Enoteca Italica Permanente: In der Medici-Fortezza (Nordwesten) ist eine ständige Weinausstellung aller Weine Italiens. Probe und Verkauf.

FESTE

Der Palio: Am 2. Juli und am 16. August feiert Siena eines der berühmtesten Feste der Toskana. Die 17 Stadtviertel "Contrade" marschieren nach der Segnung ihrer Pferde in den jeweiligen Kirchen (wenn der Gaul vor den Altar äpfelt, ist das ein gutes Vorzeichen!) mit ihren Bannern und in mittelalterlichen Kostümen zur Piazza del Campo. Mit leichten Vollblutpferden galoppieren sie, wobei jede Behinderung der Gegner erlaubt ist, um den Platz. In den scharfen Kurven gibt es viele Stürze, wobei der Reiter unwichtig ist, denn das Pferd kann auch ohne Reiter gewinnen. Der Sieger bzw. sein Viertel, bekommt den Palio - das historische Banner der Hl. Jungfrau.

Diese Contraden sind solchermaßen in sich abgeschlossene Gemeinschaften mit eigenem Museum, eigener Kirche, eigenen Clubs usw., daß man fast sagen kann, Siena ist keine Stadt, sondern ein Nebeneinander von 17 Contraden.

Bei der Kirche S. Domenico ist das Büro der "Cooperativa Siena Hotels Promotion", Tel. o577/28o 29o. Nov. bis März 9-19 Uhr, April bis Ende Oktober 9-2o Uhr.

**** "Villa Scacciapensieri" - Straße gleichen Namens. Wohnen wie ein Fürst. Riesiger Garten mit Palmen und Kastanien, Tennis, Schwimmbad. Außerhalb der Stadt, (Nordosten) März bis November. Tel. o577/414 41.

*** "Castagneto" - Via d. Cappuccini. Außerhalb, im Westen der Stadt. Ruhig gelegene Villa mit Garten. Kein Restaurant. Einmaliger Blick auf die Stadt. Tel. o577/451 o3.

**** "Park-Hotel" - Via Marciano. Ein weiträumiges Hotel mit stilvoll eingerichteten Zimmern und feudalen Salons. Liegt außerhalb Sienas auf einem Hügel. Die meisten Zimmer blicken auf den schloßartigen Garten und hinüber auf die Silhouette der Stadt. Tel. o577/448 o3.

*** "Minerva" - 5 Gehminuten zum Campo. Tel. o577/284 474.

*** "Palazzo Ravizza" - Pian dei Montellini, 5 Min. vom Dom. Vorne der Platz, hinten schöner großer Garten mit Blick in die Landschaft. 17. Jh. Tel. o577/28 o4 62.

*** "Chiusarelli" - Viale Curtatone 15. Beim Stadion. Zimmer und andere Räume "Eisdielen-Stil". Nur wenn man nichts anderes findet. Tel. o577/28 o5 62.

** "Cannon d'Oro" - Via Montanini 28, Im Zentrum. Ein zwangloses altes Haus (13. Jh.) mit freundlicher Atmosphäre. Empfehlenswert! Tel. o577/443 21.

*** "La Toscana" - Via Angiolieri 12. In einem idyllischen Winkel, nur 2 Min. vom Campo, daneben das Ristorante "da Roberto". Tel. o577/46o 97.

* "Tre Donzelle" - Via Donzelle 5. Sehr einfaches Hotel gleich hinter dem Campo (Durchgang beim AAT). Tel. o577/28o3 58.

** "Albergo Centrale" - Via Cecco Angioliere 26. In der Nähe der beiden anderen. Kleiner, malerischer Platz. Tel. o577/28o3 79.

* "Albergo Bernini" - Via della Sapienza 15. Oberhalb des Hauses der Katharina. Einfach, aber sauber. Blick auf den Dom-Berg. Tel. o577/28 9o 47.

Jugendherberge: "Guidoriccio", Via Fiorentina, Ortsteil Stellino, Bus zur Stadt: Nr. 15 (Piazza Gramsci).

Die beiden bekannten Lokale "GUIDO" und "NELLO" sind sich ihrer Erwähnung im Michelin etwas zu sehr bewußt. Dabei haben sie nicht mal einen Stern. Am Vicolo Pier Pellegrini 8, Mo. zu. - Via del Porrione 28, Mo. zu.

"AL MARSILI" - Via del Castoro 3, Mo. zu. Auf dem Weg vom Campo zum Dom. Eine Adresse für diejenigen, die bereit sind, etwas mehr auszugeben, dafür aber unter den alten Backsteingewölben gute toskanische Küche serviert zu bekommen.

Rosticceria "MONTI" - Via Calzoleria 12, Fr. zu. Hinter dem Campo, etwa in Höhe des APT-Büros. Ein Kontrast zu "Al Marsili", gleichwohl empfehlenswert! Im Parterre eine Theke, wo man Schmackhaftes zum Mitnehmen kaufen kann. Im ersten Stock sind die zwei kleinen, kahlen Räume nicht gerade gemütlich, aber die Qualität der Küche ist lobenswert.

Drei empfehlenswerte Lokale in der Via del Porrione, der Straße, die von der nordöstlichen Ecke des Campo nach Osten führt:

"OSTERIA LE LOGGE" - Nr. 33, So. zu. Gute Qualität bei mittlerer Preislage, deshalb stets gut besucht.

"PIZZERIA SAN MARTINO" - Nr. 64, So. zu. Ungemütliches Lokal, wo man die köstlichen Pizze am besten im Stehen ißt.

"LA GROTTA DEL GALLO NERO" - Nr. 67, Mo. zu. Gute, dabei preiswerte toskanische Küche, angenehme Atmosphäre.

"CAFE NANNINI", Banchi Sopra 24. Eine Seneser Institution, wo es das berühmte Pan forte gibt. Über Geschmack läßt sich bekanntlich nicht streiten: eine süße, zähe und klebrige Sache, bestens geeignet, sich von schon leicht lockeren Plomben zu trennen.

Die Lokale am Campo:

Touristisch orientiert, Ausnahme: Rosticceria unterhalb der Treppe zum Platz. In der Mitte des Aufstiegs vom Campo zum Dom, ein ebenes Plätzchen, ein mit Glyzinien überwuchertes Eckhaus, das Ristorante "LE TRE CAMPANE". Groß, gemütlich, Balkendecke. Piazzetta Luigi Bonelli.

Parken: Meiden Sie das Zentrum! Wenig Parkplätze, enge Straßen, verstopft, meist einbahnig. Kostet Zeit und Nerven. Die Parkplätze sind zwar alle numeriert, und diese Nummern sind überall angeschlagen. Das ist gut gemeint, nützt dem Fremden aber wenig. Versuchen Sie, einen der im Plan angegebenen Plätze anzusteuern: Nr. 28 hinter dem Rathaus, Nr. 1 bei Francesco, Nr. 2 Piazza del Sale, Nr. 2o rund um das Stadion.

Camping, Jugendherberge und WoMo-Stellplatz: alle im Norden der Stadt, siehe Plan am Beginn des Teiles "Siena".

BUS-Linien: Piazza S. Domenico. Fahrkartenschalter in der Rückseite der Kirche. Dort in der Nähe auch: öffentliches WC; gegenüber, andere Straßenseite: Hotelbuchungszentrale.

Notarzt: 118

Krankenwagen: 28o o28

Taxi: 492 22

APT: 1) am Campo, Nr. 56, Tel. o577/28o 551. Winter: 9-13/15.3o-19 Uhr, So. zu. Sommer: 8.3o-19.3o, So. zu.

2) Via dei Citta, 43, Tel. o577/422 o9, 531oo Siena. Mo.-Fr. 9-

13/16-19 Uhr. Dort gibt es im Sommer stets aktuelle Listen "Affittacamere" - Adressen von Privatzimmern.

Camping "Colle Verde" - Via Scacciapensiere 47, im Nordosten der Stadt. 21.3.-1o.11. Busverbindung zur Stadt: Nr. 8, jede halbe Stunde. Um 22 Uhr fährt der letzte! Tel. 28 oo 44.

EINKAUFEN

A. Miccoli: Via di Città 95, toskanische "Feinkost": Schinken, Wildschweinwürste, Salami aller Arten, Käse usw.

Ricci - Belle Arti: Via Banchi di Sopra 14, Malutensilien und sonstiges "Künstlerisches".

Montalcino

Auf der Höhe eines Berges von 564 m liegt das Städtchen, von einer mittelalterlichen Mauer mit sechs Toren und Resten von ehedem 19 Wehrtürmen umgeben. Im Inneren, nochmals von Mauern umgeben, bot die Fortezza den Sieneser Flüchtlingen im Kampf gegen Florenz eine uneinnehmbare Zuflucht.

Das Stadtbild mit seinen auf- und absteigenden Straßen und seinen gotischen Häusern, dem wappengeschmückten Palazzo Priori und den Loggien strahlt etwas von gotischer Strenge aus.

DIE PIAZZA DEL POPOLO: Man sollte in Montalcino übernachten, im Giglio oder im Giardino (mehr gibt es nicht), was aus zwei Gründen zu empfehlen ist: zum einen ist man weit weg vom Massentourismus, zum anderen bietet sich die Gelegenheit, den Alltag eines toskanischen Kleinstädtchens zu erleben und, was besonders schön ist: an einem warmen Sommerabend vor einem der zwei Cafés zu sitzen und zu beobachten, wie Alt und Jung ihr Schwätzchen halten und ihren abendlichen Bummel machen, aus der Via Mazzini heraus, die sich trichterartig zur Piazza del Popolo erweitert, an deren breitester Stelle sich der gotische Rathausturm schlank und hoch vor dem Nachthimmel abzeichnet.

Das Café Fiaschetteria Italiana aus dem Jahre 1888 (offen von 7.3o Uhr bis Mitternacht) ist eine besondere Überraschung: für Italien unüblich bietet es das typische Bild eines Pariser Cafés: Tresen in der Mitte, an den Wänden Toulouse-Lautrec-Plakate und große Spiegel mit blinden Flecken, davor rote Samtpolsterbänke und ovale Marmortische mit Gußeisenfüßen. Im Raum hinter dem Café liegen zum Verkauf bereit die Brunello-Weine in wohlgeordneten Regalreihen.

Der Brunello di Montalcino gehört zu den Spitzenweinen Italiens. Das Anbaugebiet ist sehr klein, weshalb der Wein auch nicht ausgeführt wird und bei uns, im Gegensatz zum Chianti, unbekannt ist.

Was die Montalcinesi nicht selbst trinken, verkaufen sie in einigen Läden der Stadt. Der Brunello ist ein rubinroter, kräftiger Rotwein, bestens zu Fleisch und Wild passend, und wird prinzipiell in zwei Qualitätsstufen angeboten: einfache Weine als Vino da tavola und Lagenweine. Letztere fangen bei 15-2o DM erst an.

In einem kleinen ARCHÄOLOGISCHEN MUSEUM sind ein paar Steinzeit-Gegenstände und etruskische Funde untergebracht.

Am zweiten Sonntag im August findet ein TURNIER zur Eröffnung der Jagd in alten Kostümen statt, und am letzten Oktober feiert man das DROSSELFEST: Wettschießen mit Pfeil und Bogen und kulinarische Schmankerl - Pinci, Würste und Schinken und Drosseln.

Von der Panoramastraße oberhalb der Stadt hat man bei der KIRCHE S. AGOSTINO einen wunderbaren Blick über die waldreichen Höhen und Täler der südlichen Provinz. Besonders schön bei Sonnenuntergang. Die Höhenzüge in den verschiedenen Schattierungen des versinkenden Lichtes erinnern an die Wellen eines wogenden Meeres. Es ist einer der schönsten Blicke über die Weiten der südlichen Toskana.

** "**Albergo Giardino**" - Preiswertes Hotel mit einer sehr schönen Halle mit offenem Kamin. Restaurant gleichen Namens daneben. Tel. o577/84 82 57.

*** "**Albergo + Ristorante Giglio**" - Restaurant mit Panoramablick und großem Kamin mit Grillspieß. Valdichiana-Küche. Restaurant Montag zu. Tel. o577/84 81 67.

ABTEI SANT'ANTIMO: Winter: 11-12.3o/15-17 Uhr, Sommer: 1o.3o-12.3o/15-18 Uhr. 9 km südlich von Montalcino führt ein zypressengesäumtes Sträßlein hinunter in die Stille eines lieblichen Tales zu den Resten einer Benediktinerabtei, umgeben von Olivenbäumen, Wiesen und Feldern. Hier verwirklicht sich die Vorstellung vom Zauber toskanischer Landschaft auf unvergeßliche Weise.

Vom Kloster, um das Jahr 8oo angeblich von Karl dem Großen gegründet, sind die Reste des Kreuzganges und des Kapitelsaales erhalten. Das dunkle Ausrufungszeichen einer hohen Zypresse neben dem Kirchturm weist auf die Kirche hin, die zu den schönsten der italienischen Romanik zählt. Das Innere ist von makelloser Schlichtheit.

Der Einfluß der Zisterzienser in ihrer Architektur erinnert an Klöster der Provence. Seit neuerem sind französische Mönche hier eingezogen, haben den Klostertrakt restauriert und singen gelegentlich in der Kirche gregorianische Choräle.

Der Altar in der Krypta ist ein römischer Grabstein. Zwei Holzarbeiten sind beachtenswert: ein Kruzifix aus dem 13. Jh. und eine Gruppe

"Madonna mit Kind" aus dem 12. Jh.

Wanderung Montalcino - Sant'Antimo: siehe Wanderteil am Ende des Buches.

Die Zisterzienser-Abtei San Galgano

Links der Straße Siena-Massa Marittima liegt in Ruhe und Abgeschiedenheit die Ruine der ersten gotischen Kirche in Italien, gebaut von französischen Zisterzienser-Mönchen. In einem Seitentrakt der Kirche lebten bis vor einigen Jahren noch ein paar alte Nonnen. Eine 85jährige erzählte mir einige eigenartige Dinge über die Kirche. Von einem gestohlenen Kirchendach zum Beispiel. "Sie ist ein herzensguter Mensch, aber etwas....", sagte mir Vito Albergo, der Pfarrer der Gegend, später und tippte sich dabei an die Stirn.

Zur Zeit und bis auf weiteres ist in dem Klostergebäude eine Rehabilitationsstelle für Drogensüchtige untergebracht.

In der Kirche waren wir dann ganz allein. Der Boden ist ein grüner Rasenteppich und seine Intarsien sind Gänseblümchen. Wo die hohen gotischen Bogen sich schließen, wölbt sich als Decke der Himmel darüber, die Wolken sind ihre Fresken.

Auch das Orgelspiel hat die Natur übernommen: die hohen Säulen und das Gemäuer verstärken das Summen der Bienen, das Zwitschern der Vögel und die kurzen Schreie der Mauersegler und Dohlen. Vor dem Dunkel einer seitlichen Kapelle tanzen zwei Schmetterlinge im frühsommerlichen Licht.

Auf einem kleinen Hügel in der Nähe der Abtei steht die Rundkirche von MONTE SIEPI. Dort erzählen zwei Dinge aus dem Leben des heiligen Galgano, der 1148 im nahegelegenen Chiusdino zur Welt kam. In der Mitte der Kirche, die der einzige Kuppelbau der christlichen Architektur vor Brunelleschi war, steckt das Schwert des Heiligen in einem Felsblock.

GALGANO, ursprünglich ein Ritter, beschloß eines Tages nach einem Krieg, als frommer Einsiedler ein gottgefälliges Leben zu führen und verwandelte die Symbolik des Schwertes, das nach vorne gerichtet Kampf bedeutet, in das Zeichen des Kreuzes, indem er es in den Fels stieß, der wie durch ein Wunder nachgab.

In der Seitenkapelle bietet sich ein schauriger Anblick dar: zwei mumifizierte Hände. Es sind die Hände eines Bösewichtes, der die Einsiedelei des Heiligen Galgano anzünden wollte. Wölfe, Freunde des Mönches, zerrissen den Brandstifter.

Vito Albergo, der junge Pfarrer von Chiusdino, der ein Buch über San Galgano geschrieben hat (in der Sakristei auch in deutscher Sprache erhältlich), ist gelegentlich hier anzutreffen. Wenn er nicht da ist, wende man sich an die Bäuerin neben der Kirche. Sie verkauft in der Sakristei Honig, Kräuter und allerlei schöne Sachen.

Öffnungszeiten: Galgano: Sommer 8-2o Uhr, Winter 9-17 Uhr.
Montesiepi: Ähnlich, wenn jemand da ist.

Monticiano

Fast in Sichtweite von S. Galgano liegt dieses verträumte Städtchen, an dessen Ortsbeginn das Albergo da Vestro liegt: Aus einem ehemaligen Gutshof hat das deutsch-italienische Ehepaar Holzleiter-Barsotti eine ansprechende und gemütliche Unterkunft geschaffen. Ideal für "Kulturgestreßte" oder Jungverliebte, um sich ein paar Tage zurückzuziehen, im Restaurant gut zu essen (das Frühstück ist einmalig im Umkreis von 1oo km!) oder im traumhaft schönen, parkähnlichen Garten unter schattigen Bäumen zu entspannen. DZ ca. 4o DM. Restaurant: bei guter Qualität durchschnittliche Preise. Von hier aus sollte man nicht versäumen, einen Abstecher zu machen nach:

Terme di Petriolo

In einer Talsenke, unter alten, hohen Bäumen, sprudelt (bei Hochwasser unsichtbar) direkt neben und etwas über dem Flüßchen Farma schwefelhaltiges Wasser von ca. 4o° C aus der Erde. Ähnlich wie bei Saturnia riecht auch hier die ganze Gegend nach nicht mehr ganz frischen Eiern. Hinter der Brücke steht ein schönes, nicht mehr in Betrieb befindliches Renaissance-Badehaus. Vom 1. April bis Ende September kann man in den Bagni (neuere Badehäuser) Badekuren durchführen. Info: Tel. o577/ 757 1o4 und 757 o17.

Oberhalb einer Bauruine, die einmal ein modernes Badezentrum werden sollte, steht einladend das Hotel Locanda Terme di Petriolo, 1.4.-3o.9., Rest. Mo. zu. Große Liegewiesen und überdachte Terrasse. DZ 6o-7o DM. Tel. o577/757 o97.

Monte Oliveto Maggiore

Umgeben von Erderosionen. CRETE genannt, liegt auf einem großen, flachen Hügel der weitausladende Gebäudekomplex aus Backsteinen inmitten eines großen Zypressenwaldes. An der Brücke beim Eingang erhebt sich ein wuchtiger Turm mit großem Zinnenkranz, und über dem Tor begrüßt eine Terrakotta-Madonna von Luca della Robbia den Besucher. Die Wege zum Kloster, durch die Zypressen hindurch, sind ebenfalls mit Backsteinen belegt.

Das BENEDIKTINER KLOSTER wurde 1313 von dem Sieneser Rechtsgelehrten Giovanni Tolomei gegründet, der sich mit zwei Freunden in diese Einsamkeit zurückzog, um nach der Regel St. Benedikts zu leben: "Ora et labora." Im Pestjahr 1348 zog Beato Bernardo, wie er später genannt wurde, mit 8o seiner Brüder nach Siena, um den Pestkranken zu helfen, wobei er und viele seiner Brüder selbst Opfer der Krankheit wurden.

Im großen Kreuzgang ist in 35 Fresken von Luca Signorelli und Antonio Bazzi, bekannt unter dem Namen Sodoma die Lebensgeschichte des Heiligen Benedikts dargestellt.

Außer Michelangelos Arbeit in der Sixtinischen Kapelle ist das hier eine der größten und bedeutendsten Freskomalereien Italiens.

Wie Sankt Benedikt das Vaterhaus verläßt und sich zum Studium nach Rom begibt.
Wie B. die Schule von Rom verläßt.
Wie auf das Gebet Benedikts eine Knetmulde wieder zusammengefügt wird.
Wie der Mönch Romanus Benedikt den Eremitenhabit gibt.
Wie der Teufel das Glöckchen zerstört.
Wie ein Priester auf Gottes Eingebung hin Benedikt am Osterfest zu essen bringt.
Wie B. die Bauern in der göttlichen Lehre der Kirche unterweist.
Wie B. vom Geist der Unreinheit versucht wird und die Versuchung überwindet.
Wie B. auf die Bitte einiger Eremiter eingeht, ihr Abt zu sein.
Wie auf den Segen B. der gereichte Becher mit vergiftetem Wein zerbricht.
Wie B. die Errichtung von 12 Klöstern erfüllt.
Wie B. die beiden römischen Jünglinge Maurus und Placidus empfängt.
Wie B. einen vom Dämon besessenen Mönch befreit.
Wie B. auf die Bitte seiner Mönche hin eine Quelle auf dem Gipfel des Berges entspringen läßt.
Wie B. eine Axt, die auf den Grund des Sees fiel, an den Stiel zurückkehren ließ.
Wie B. Maurus Placidus rettet und dabei auf dem Wasser schreitet.
Wie B. eine Flasche Wein, die ein Junge verborgen gehalten hatte, in eine Schlange verwandelt.
Wie Florentinus (leichte) Mädchen zu B's Kloster schickt.
Wie Gott den Priester Florentinus bestraft.
Wie B. den Einwohnern von Monte Cassino das Evangelium lehrt.
Wie B. den Teufel von einem Bruchstein verjagt.
Wie B. den Mönch, der von einer Mauer begraben wurde, wieder zum Leben erweckt.
Wie B. den Mönchen sagt, wo und wann sie außerhalb des Klosters gegessen haben.
Wie B. den Bruder des Mönches Valerianus zurechtweist, weil dieser das Fasten gebrochen hatte.
Wie B. Toitilas Täuschung entdeckt.
Wie B. die Zerstörung von Monte Cassino vorhersagt. (Hier beginnt eine neue Serie von Sodomas Fresken.)
Wie B. Mehl erhält, und damit die Mönche speist.
Wie B zwei Mönchen erscheint und ihnen den Bau eines Klosters bezeichnet.
Wie B zwei fromme Frauen ausschließt (exkommuniziert) und nach ihrem Tode absolviert.
Wie B. einen toten Mönch, den die geweihte Erde nicht aufnehmen wollte, eine Hostie auflegen läßt.
Wie B. dem Mönch vergibt, der aus dem Kloster fliehen wollte und auf dem Wege einem Drachen begegnet.
Wie B. einen gefesselten Bauern durch einen einzigen Blick befreit.

Was mich in Oliveto Maggiore noch mehr beeindruckt hat als die Fresken, sind die 48 Holzintarsien-Arbeiten des Fra Giovanni da Verona im Chorgestühl der Kirche. Sie sind so traumhaft schön im Motiv, so hervorragend in der Verarbeitung der verschiedenen Hölzer und so exakt selbst im kleinsten Detail, daß ich zu ihrer Betrachtung mehr Zeit verbrachte als im großen Kreuzgang.

Vor allem: Es sind nicht, wie man in einer Kirche gemeinhin erwartet,

Szenen aus dem Alten oder Neuen Testament oder "Heiligenbildchen", sondern Musikinstrumente, Stilleben, getigerte Katzen, Vögel vor Landschaften, Blumen, Ornamente, Stadtansichten, bekannte Kirchen oder Bauwerke und vieles mehr.

Mit unerschöpflicher Phantasie, von raffinierter Licht- und Schattenzeichnung durch verschiedenartige Holzsorten bis zur Darstellung lichter Wölkchen hat Fra Giovanni hier ein Opus von einmaliger Schönheit geschaffen. (Lesen Sie über ihn auch in meiner Beschreibung des Sieneser Doms.)

An der Pforte gibt es übrigens den guten Kräuterschnaps "Tre Monti di Monte-Oliveto", der im Kloster gebrannt wird, und wie eine Sommerwiese duftet. Bevor Ihnen beim Verlassen des Klosters die Terrakottastatue des Beato Bernardo (auch von Luca della Robbia) den Segen erteilt, sollten Sie noch einen kleinen Haken nach rechts schlagen: Im 1. Stock des Turmes beim Ausgang finden Sie nämlich ein recht gutes Ristorante "La Torre" (Dienstag zu). Im Sommer stehen auch im Garten ein paar Tische.

San Gimignano

das steinerne Märchen der Toskana

Von welcher Seite man auch sich der Stadt nähert, immer sieht man von weiter Ferne die Silhouette der hohen, fensterlosen Geschlechtertürme wie eine Fata Morgana in den Himmel ragen. Über 7o waren es ursprünglich, 13 stehen noch und strahlen bei untergehender Sonne in hellem Ocker.

"Manhattan des Mittelalters" hört und liest man häufig, und von "Skyline" ist die Rede. Ich mag diese Begriffe nicht. "La Citta delle belle Torre - Stadt der schönen Türme ...", so nennen sie die Toskaner - das entspricht der Faszination, die von diesen bizarren Gebilden ausgeht, weit mehr.

Obwohl ich schon so oft dort war, ist der Anblick jedesmal ein neues Erlebnis, dessentwillen ich mit meinem Vorderrad auch schon einmal im Straßengraben war. Ich schreibe das zur Warnung!

Wenn man durch die PORTA SAN GIOVANNI die Stadt betritt, umgibt einen die Atmosphäre lebendig gebliebenen Mittelalters und von den ca. 7.ooo Einwohnern leben viele davon, den Touristen Souvenirs, Keramik, Wein und manchen Kitsch zu verkaufen.

Und gerade dieses Bild erhöht den Kontrast zu dem, was San Gimignano vor rund 8oo Jahren war. Eckart Peterich hat es in seinem Italien-Buch treffend formuliert: "Hader und Großmanns-Sucht haben diese Obeliske des Hasses gegen den Himmel getrieben." Als die Kämpfe der Guelfen gegen die Ghibellinen den Bürgern der Städte das Leben schwer und manchmal fast unerträglich machten, war San Gimignano ein besonders blutiges Schlachtfeld der Fehde der Adelsfamilien untereinander. Dante wurde als Botschafter der Guelfen dorthin geschickt.

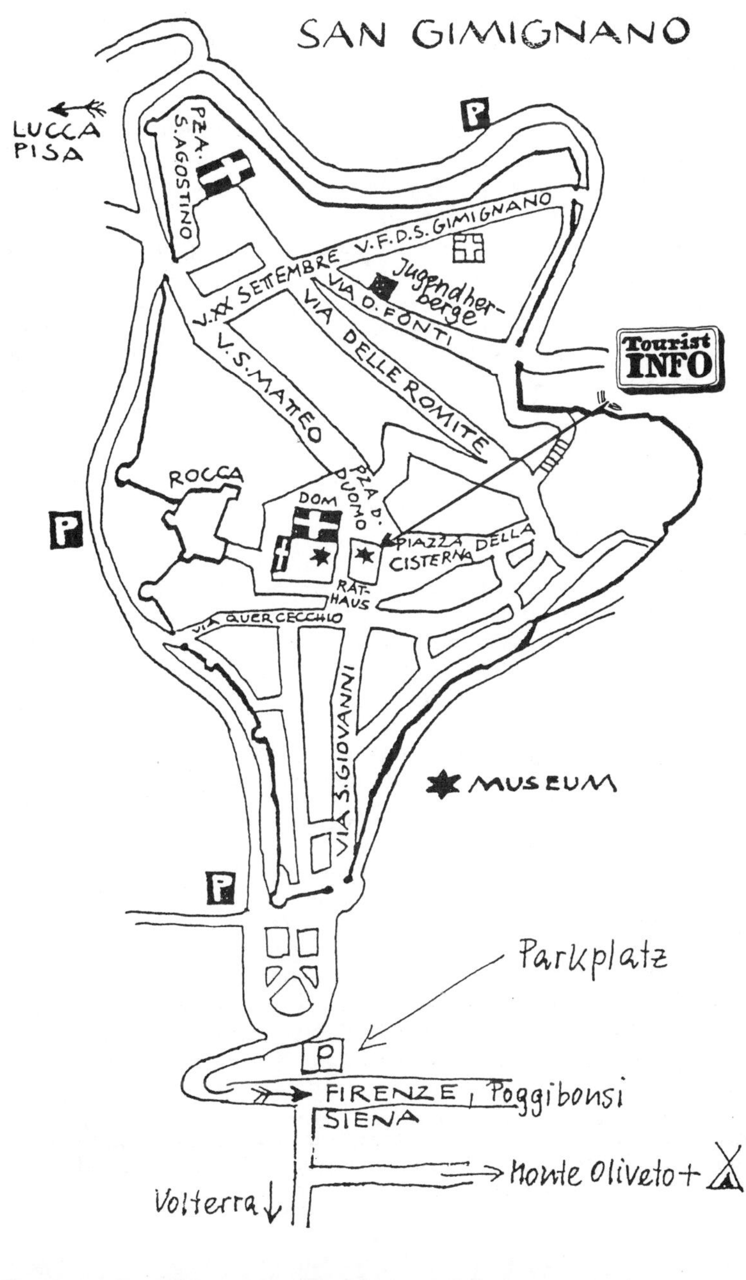
SAN GIMIGNANO
LUCCA
PISA
PZA. S. AGOSTINO
V. F. D. S. GIMIGNANO
V. XX SETTEMBRE
VIA D. FONTI
Jugendherberge
VIA DELLE ROMITE
V. S. MATTEO
Tourist INFO
ROCCA
DOM
PZA. D. DUOMO
PIAZZA DELLA CISTERNA
RATHAUS
VIA QUERCECCHIO
VIA S. GIOVANNI
MUSEUM
Parkplatz
FIRENZE, Poggibonsi
SIENA
Monte Oliveto +
Volterra

Von den ursprünglichen über 7o Türmen durfte keiner höher als der des Rathauses sein (53 m). Später kam die Stadt unter die Verwaltung von Florenz, die Türme wurden teilweise abgetragen, teilweise zerfielen sie von selbst. 13 stehen noch.

Heute sitzen wir auf der schönen PIAZZA DELLA CISTERNA mit ihrem alten Brunnen bei einem Glas "Vernaccia di S. Gimignano", sehen das Grau der Türme und das Ocker der Häuser vor dem Blau des Himmels und genießen die Wärme auf dem nördlichen Pelz.

Die schwarzen Vögel von San Gimignano kreisen um die hohen fensterlosen Türme, und das Echo ihrer kurzen, hellen Schreie hallt zwischen den Mauern. Wenn man in einer warmen Sommernacht vor die Tore der Stadt geht, wo die dunklen Olivenhaine sich ins Tal verlieren, schweben die rhythmisch leuchtenden Glühwürmchen zwischen den schwarzen Stämmen.

Wenn man anderntags die Fresken Ghirlandaios im Dom oder die von Benozzo Gozzoli im Kloster San Agostino anschaut, sollte man daran denken, daß auch sie aus jener Zeit stammten, als die "Schönen Türme" noch kriegerische Trutzburgen waren.

DOMPLATZ

In der Großen Loggia, gegenüber der Kirche, verkaufen die Bewohner und Weinbauern oft eine deftige Brotzeit, selbstgebackenes Brot. Würste, Käse und Wein. Hier und auf den anderen mittelalterlichen Plätzen musizieren junge Musiker auf stilvolle Weise.

DOM

IM LINKEN SEITENSCHIFF - die Fresken des Bartolo Fredi mit Szenen aus dem alten Testament. Eva entschlüpft gerade der Rippe Adams, Gott leistet Geburtshilfe. Rechtes Seitenschiff: Fresken mit Themen des Neuen Testaments von Barna da Siena.

IM MITTELSCHIFF -nach dem Eingang links oben: Fresken von Taddeo di Bartolo. Unter anderem Szenen aus der Hölle mit Darstellungen des Geizes, des Neides, der Unmäßigkeit, des Zorns, des Hochmuts und der Unkeuschheit. Erschröckliche Darstellungen abscheulicher Teufel mit Schlangenschwänzen, die sich um Haare und Kopf der unkeuschen Sünderin ringeln, während ihr ein anderer Teufel mit ausgemergelten Brüsten einen gedrechselten Spieß in die Schamlosigkeit bohrt.

Bei den Unmäßigen wird ein feister und nackter Pfaffe von einem Teufel an einen gedeckten Tisch geführt. Und während er lüstern auf die gefüllten Teller starrt, schwebt die Keule des Gehörnten über seiner Tonsur. Dem Hochmütigen sägt ein Teufel mit Schweinsohren den Kopf mit einer Zimmermannssäge ab.

Wie friedlich und lieblich sind dagegen die Fresken Ghirlandaios in der KAPELLE DER HEILIGEN FINA (vorne rechts). Die kleine Fina, geboren 1238, wurde mit zehn Jahren schwer krank und lag fünf Jahre auf einem von ihr gewählten Brett, als Zeichen der Ergebenheit in ihrem Leid und der Buße. Als sie 15jährig starb, so erzählt die Legende, haben die Glocken der Stadt von selbst angefangen zu läuten, und um ihr Brett herum sprossen Blumen. Santa Fina ist die Schutzpatronin der Stadt.

Einige der Fresken sind vom Schüler Ghirlandaios - Mainardi Sebastiano. Beim Eingang oben links ist eine Abbildung des hl. Gimignano mit dem Modell seiner Stadt auf einem Tablett. An der Portalwand stehen zwei Skulpturen von Jacopo della Quercia: links der Verkündigungsengel, rechts Maria. Der Besuch der Fina-Kapelle ist nur mit einem Kombinationsbillet möglich, das gleichzeitig auch für das Museo Civico im Palazzo del Popolo und für das Etrusker-Museum gilt.

DER PALAZZO DEL POPULO

(Rathaus) mit: Museo Civico (oder: Citadino) 1. April - 3o. September: 9.3o-12.3o/15-18 Uhr, 1. Oktober - 31. März: 9.3o-12.3o/14.3o-17.3o Uhr. Die Sala del Dante im 1. Stock erinnert an die Anwesenheit Dantes als Botschafter und beinhaltet u.a. eine Maesta von Lippo Memmi und Werke von Filippino Lippi und Bartolo dei Fredi. Im 2. Stock sind weitere Werke sakraler Kunst zu sehen, u.a. eine Darstellung des hl. Gimignano von Taddeo di Bartolo.

In der Camera del Podesta bietet sich die Gelegenheit, spätgotische Bade- und Liebesszenen zu sehen. Einige Steintreppen führen anschließend in den Turm, dann eine neue Eisentreppe mit 155 Stufen zur Aussichtsplattform, von wo aus man einen schönen Blick über das Land hat, über die Dächer der Stadt, in Gärten und Innenhöfe. Die Glocken, die unvermittelt zu läuten beginnen können, sind mit Dämpfungsmechanismen versehen, um die Übertragung allzu starker Schwingungen zu vermeiden.

DAS KLOSTER S. AGOSTINO

Außer einem zweistöckigen Kreuzgang mit Blumen, Palmen, Zypressen und einem Brunnen hat das Kloster als besondere Kostbarkeit die Fresken des Benozzo Gozzoli im Chor der Kirche. Sie stellen das Leben des heiligen Augustinus dar.

ROCCA

An der rechten Dom-Seite vorbei führt ein Fußweg zur Rocca, der Festung am höchsten Punkt über der Stadt. Am schönsten ist es dort oben bei Sonnenuntergang, wenn die Türme der Stadt ein warmes Leuchten reflektieren, oder wenn der Mond über Stadt und Landschaft steht. Günstiger Fotografier - Standpunkt!

MUSEO ETRUSCO UND MUSEO D'ARTE SACRE

Neben dem Dom. 1.4.-3o.9. 9.3o-12.3o/15-18 Uhr, 1.1o.-31.3. 9.3o-12.3o/14.3o-17 Uhr. Parterre und 1. Stock: kirchliche Kunst der Romanik und Gotik, Meßgewänder und liturgische Geräte, u.a. eine Darstellung des hl. Gimignano in Holzschnitzerei an einer Kanzel. 2. Stock: Etrusker-Vasen, Urnen und andere Funde.

*** "**Hotel La Cisterna**" und **Rist. Le Terrazze** - Hinter der schönsten gotischen Fassade der Piazza Cisterna betritt man eine Hotelhalle mit Travertinsäulen und hohem gotischem Gewölbe. Die Zimmer sind meist mit schmiedeeisernen Betten hübsch eingerichtet. Einige Zimmer liegen zum Innenhof (bei der Reservierung beachten!). Ganz oben, unter einem alten Holzbalkendach, ist das Restaurant mit guter Küche und fantastischem Panorama-Blick. Tel. o577/ 94 o3 28.

*** "**Hotel und Rist. Bel Soggiorno**" - Ca. 1oo Meter nach dem Stadttor San Giovanni, innerhalb der Stadt. Auch hier ißt man auf einer Aussichtsterrasse, noch besser als im "Le Terrazze". Tel. o577/94 o3 75.

*** "**Hotel Leon Bianco**" - Piazza della Cisterna. Auch hier ist bei der Zimmerbestellung zu beachten: Ein Teil der Zimmer liegt zum Lichtschacht. Tel. o577/94 12 94, Fax: 942 123.

*** "**Hotel Pescille**" - Ca. 4 km südlich von der Stadt. Landhaus in großem Garten mit Blick auf die Silhouette der Türme. Tel. o577/94 o1 86.

"**La Griglia**" - Via San Matteo 34/36. Bar, Brasserie und Restaurant mit kleiner Aussichtsterrasse. In der Brasserie bekommt man die gleichen Gerichte wie im Restaurant, allerdings billiger. Der zum Haus gehörige Turm ist der einzige noch bewohnte von S. Gimignano.

Jugendherberge: Via delle Fonti 1 (siehe Plan).

In der Via Giacomo Matteotti, erste Anhöhe vor der Stadt links, sind eine Reihe von Privatunterkünften, die meist nur ein Zimmer zu vermieten haben, aber recht billig sind. Gekennzeichnet durch Schilder.

Rundwanderung: siehe Wanderteil am Ende des Buches.

Camping: "Il Boschetto", ca. 1,5 km südlich der Stadt Richtung Monte Oliveto, Santa Lucia (Plan). Ostern bis 15.1o. Tel. o577-94 o3 52.

Bus-Verbindungen: 4 Busse täglich von und nach Florenz, ebenso nach Siena. Nach Poggibonsi jede Stunde.

Information: APT im Rathaus, o577/94o oo8.

Keramik: Nach dem Tor erste Gasse links: Ceramica "SG". Alles aus eigener Produktion.

Colle Val d'Elsa

Der Ort besteht eigentlich aus drei separaten Teilen: die uninteressante neuere Unterstadt (Il Piano) im Osten, hinter der stattlichen Porta Nuova beginnt "Il Borgo", das Dorf auf dem Hügel im Westen und im Anschluß daran, zwischen den beiden, betritt man durch das Tor des Palazzo Campana das Mittelalter, den Ortsteil "Il Castello". Durch die charakteristische Via delle Volte, gleich hinter dem Palast, gelangt man zur Piazza del Duomo mit der Kathedrale (17. Jh., im Innern: Kanzel von Giuliano da Maiano) und dem Rathaus, Palazzo del Pretorio, dem Sitz des kleinen Etrusker-Museums. Durch Gassen aus dem 13. Jh. erreicht man die Panoramastraße Via del Muro Lungo.

"Hotel und Restaurant Arnolfo", Piazza Sta. Caterina, im Ortsteil Borgo, Restaurant Di. zu. 18.-28. Juni zu. Das Hotel befindet sich in einem Palast aus dem 13. Jh., verfügt in seinem Innern jedoch über allen modernen Komfort und ist benannt nach Arnolfo di Cambio, dem Baumeister des Florentiner Domes. (Das Geburtshaus des berühmten Architekten ist im Ortsteil "Castello" zu sehen.) Tel. o577/922 o2o.

Zwei gute Adressen in der Unterstadt, beide in der Nähe der Piazza Arnolfo:

*** "Hotel + Restaurant La Vecchia Cariera", Via Oberdan 5-9. Restaurant So. zu. Tel. o577/921 1o7.

Restaurant "LA NINFEA", Via Mazzini 16. Elegant, exquisit und natürlich nicht billig. Mo. zu.

Ein Albergo der einfachen Kategorie, ebenfalls in der Unterstadt: * "Olimpia", Via Diaz, Tel. o577/921 662.

*** "Hotel Villa Belvedere" - 2 km außerhalb der Stadt. Stattliche Adelsvilla aus dem 17. Jh. mit schönem parkähnlichem Garten und Blick auf San Gimignano. Tel. o577/92 o9 66.

Poggibonsi

Ein völlig uninteressanter Ort. Industrie, Verkehrsknotenpunkt von Straße und Schiene. Als Station für das hotelarme Chiantiland geeignet. Zwei moderne aber leistungsstarke Hotels:

*** "Alcide" - Viale G. Marcone 67, Tel. o577/93 75 o1. - *** "Europa" - Via Senese, Tel. o577/93 34 o2.

Monteriggioni

Etwas Einmaliges! Ein Hügel, der eine Krone trägt - das ist alles. Im Zentrum ist nur ein Platz, rund um die Innenmauern ein grünes Gäßchen.
Die Krone der Toskana, wie es oft genannt wird, sieht man rechts oberhalb der Superstrada Florenz - Siena, liegen.

Es ist einzigartig!!! "...wie sich auf der Mauer Kreis Monteriggioni mit Türmen krönt." Dante im Canto XXXI des Inferno.

Im 13. Jh. war M. der "Nordwall" Sienas gegen Florenz. Heute verbirgt sich hinter den Ringmauern mit ihren 14 Türmen und mit einem Tor in Richtung Siena und einem in Richtung Florenz, ein friedliches kleines Dorf, ja eigentlich nur ein Platz.

An dieser Piazza del Castello (Roma) befindet sich hinter einer alten schlichten Steinfassade ein Schlemmerlokal, "IL POZZO". Für den Abend reservieren lassen, da viele Sieneser und Florentiner auch um die Qualität und den guten Service des Lokals wissen. Sonntag abends und Montags zu. 2o.o7.-2o.o8. geschlossen. (Teuer.) Tel. o577/3o4 127.

Neben dem "Il Pozzo":

"RISTORANTE IL CASTELLO", Via 1. Mai 1, Di. und Jan. zu. Gute toskanische Küche, hinter dem Restaurant eine teilweise überdachte Terrasse.

Ein paar Schritte weiter:

**** "**Hotel Monteriggioni**" - neu, in teilweise alten Gemäuern geschmackvoll untergebracht, aber exklusiv und teuer. Parkmöglichkeit. Januar zu. Tel. o577/3o5 oo9.

Einkaufen: Bei der Porta Roma (Süd-Tor): Wein und Spezialitäten der Gegend.

Feste: Mitte Juli feiern die Einwohner von Monteriggioni ein dreitägiges Fest in mittelalterlichen Kostümen, wobei Geschichten aus der Vergangenheit des Ortes dargestellt werden.

Campingplätze zwischen Florenz und Siena:

Monteriggioni (Castellina Scalo): Camping Piscina Luxor Quies, 4.6. bis 4.9. 2 km nördlich von Monteriggioni, neben der Landstraße N 2. Terrassenanlage im Eichenhain.

Barberino Val d'Elsa: Camping Semifonte, 15.3. bis 3o.1o. An der N 2 Siena-Florenz, 3 km südl. von Tavarnelle. Hanggelände mit Terrassen, Olivenbäumen und Blick ins Chiantiland.

Sovicille: Camping La Montagnola, Ostern bis Sept., 1o km südwestl. von Siena, neben der N 73. Eichenpark.

Pienza

Das zu besuchen ist fast eine Notwendigkeit. Um zu sehen, wie der Papst Pius II., Silvio Piccolomini 1459 aus seinem kleinen Geburtsort Corsignano auf dem Reißbrett eine Musterstadt, eine Perle der Renaissance entwerfen und dann bauen ließ. Pienza - Stadt des Pius. Sie liegt hoch über der wunderschönen Landschaft des Monte Amiata-Gebietes.

PIAZZA PIO II.: Der Platz mit der raffinierten Perspektive des umgekehrten Fluchtpunktes, der sich, wenn man bei der Loggia des Palazzo Comunale steht, hinter dem Betrachter befindet. Damit der Platz noch repräsentativer wurde, und die Baukosten damit für ihn geringer, "überredete" er ein paar hohe kirchliche Würdenträger, sich ebenfalls einen Palazzo zu bauen. Sein Freund, der spätere ziemlich skrupellose Borgia-Papst Alexander, baute neben ihm.

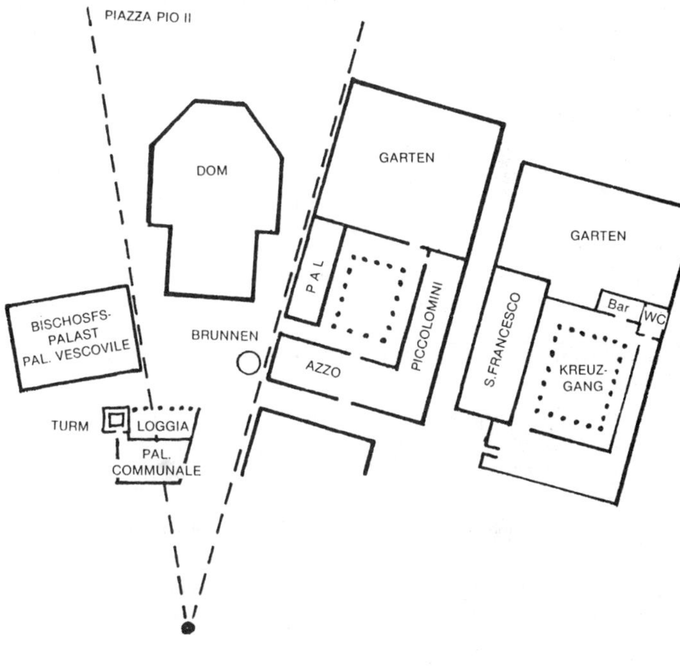

Im Kreuzgang der KIRCHE SAN FRANCESCO ist eine Bar! (rechts daneben ein WC), anschließend ein Garten, von wo aus man einen herrlichen Blick über das Tal der Orcia hinüber zum Monte Amiata hat.

Einer alten Tradition zufolge wird am ersten Sonntag im September die Fiera del cacio, die Käsemesse gefeiert, wo der Schafskäse der Gegend angeboten wird.

Vor den Toren der Stadt: *** "**Hotel Corsignano**". Moderner und ungemütlicher Eisdielenstil, mit Restaurant (Di. zu). Zum Essen empfehle ich "Il Prato" oder "Da Falco". Tel. o578/74 85 o1.

Bagno Vignoni

Zwischen S. Antimo und Quirico d'Orcia, bei der Brücke über die Orcia, o,5 km links den Berg hinauf. Das Zentrum bildet statt der gewohnten Piazza ein großes Bassin, ca. 8o x 6o Meter, mit 51° C warmem Schwefel-Thermalwasser.

Dampf liegt darüber und ein fader Geruch nach gekochten Eiern und Würsten zieht einem in die Nase. Die Mauern drumherum und die Treppen ins Wasser sind schon sehr alt.

Hier badeten schon Griechen und Etrusker, Römer, Katholiken und Humanisten. Papst Pius II. hatte einen Palast direkt daneben (heute das gepflegte Hotel "Le Terme)", und Lorenzo de'Medici kam mit seinen gichtigen Knochen hierher.

*** "Le Terme" - ganzjährig offen, moderner Komfort. Tel. o577/88 71 5o.

**** "Posta Marcucci" - Etwas unterhalb des Ortes. Modernes, trotzdem gemütliches und sympathisches Haus mit riesigem Schwimmbecken, worin ebenfalls das Thermalwasser dampft. Von Hotel und Garten Blick auf die tief unten fließende Orcia und auf den Berg gegenüber mit der Burgruine Rocca d'Orcia. 15.1. bis 15.2. zu. Tel. o577/887 112.

OSTERIA DEL LEONE - empfehlenswertes Haus mit guter Küche bei mäßigen Preisen. Casalinga. Publikum überwiegend Italiener.

San Quirico d'Orcia

liegt an der Kreuzung Siena - Chiusi und Siena Süden. Die Straße nach Süden schlängelt sich entlang der Trasse der alten Römerstraße "Via Cassia" von Bologna nach Rom. Außergewöhnliches bietet der Ort nicht. Er ist eine toskanische Bergstadt, schön wie viele andere.

Die COLLEGIATA-KIRCHE hat ein originelles Westportal: Zwei Krokodile beißen sich in die Schwänze, und die vier Säulen haben Knoten in der Mitte. Im MA wehrte man damit böse Geister ab.

MONTICCHIELLO: ein malerischer, kleiner Flecken, der dadurch wieder Leben bekam, daß unter Mitwirkung der Dorfbewohner in der zweiten Julihälfte Laientheater gespielt wird.

MONTEFOLLONICO:

"LA CHIUSA" - Im festlich gedeckten Ristorante mit exzellenter Küche gibt es ein Dutzend typische Gerichte der engeren Umgebung, des sogenannten Alto Valdichiana. Fünf Fremdenzimmer. Sergio, der Geschäftsführer, spricht Deutsch und Französisch. Voranmeldung erforderlich. Der Padrone bäckt in einem alten Steinofen sein eigenes Brot, preßt auf einer alten Ölmühle mit Granitsteinen im Göpelgang kaltgeschlagenes Olivenöl (vergine) und hat den Frauen des Ortes dadurch Verdienstmöglichkeiten gegeben, daß er rund 60 verschiedene Hausmacher-Marmeladen, über 50 Sorten Eingemachtes, Honig, Gewürze, Käse, Würste und Wein verkauft. In den letzten Jahren wurde es für meinen Geschmack etwas zu exklusiv durch die schwarzbefrackten Ober und die steife Atmosphäre, aber auch zu teuer (eine Übernachtung mit Abendessen zu zweit: 500 DM). Wen das alles nicht stört: die Qualität des Gebotenen ist nach wie vor gut. Tel. 0577/669 668.

Das Restaurant "13 GOBBI" in Montefollonico ist eher etwas für den "normalen" Geldbeutel, bei guter Küche.

Montepulciano

Schon aus der Ferne auf seiner Zypressen-Anhöhe ein klassisch-toskanischer Anblick! Von Norden her gelangt man durch die PORTA AL PRATO, einem Stadttor aus dem 13. Jh., in die von Mauern umgebene Stadt auf einem 605 m hohen Berg. Kurz nach dem Tor öffnet sich ein kleiner Platz, P. Savonarola, an dem das Hotel Marzocco liegt:

** "Marzocco" - 2.10.-1.11. zu. Mit Restaurant (kein Ruhetag). Tel. 0578/757 262.

** "La Terrazza" - Kleine Herberge mit privater Atmosphäre. Tel. 0578/757 440.

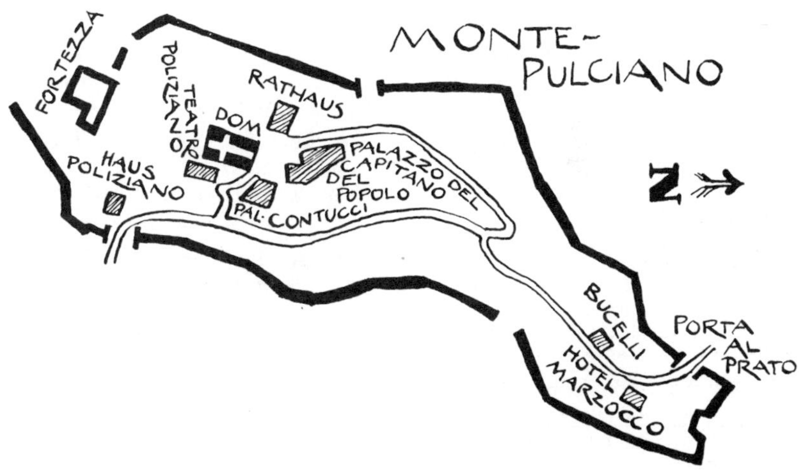

Montepulciano, eine etruskische Gründung, war zur Zeit der freien Stadtstaaten mal mit Siena, mal mit Florenz verbündet, und erreichte unter der Regie der Medici seine höchste Blüte. Die meisten Renaissance-Paläste stammen aus jener Zeit. Wenn man die Via di Gracciano del Corso weiter geht, erscheint rechts der PALAZZO BUCELLI, in dessen Fassade bis zur Höhe von 1,5 m etruskische Architekturteile und Aschenurnen eingemauert sind.

An der PIAZZA GRANDE steht der Dom mit seiner schlichten und schmucklosen Fassade und einem Turm, der in seiner unvollendeten Art an manche Nachkriegs-Kirchenbauten erinnert. Im düsteren Inneren ein Altar-Triptychon von Taddeo di Bartolo: Maria Himmelfahrt.

PALAZZO COMUNALE: Ohne Mühe erkennt man an diesem Gebäude den florentinischen Stil.
Neben dem Pal. d. Cap. d. Popolo ist das STÄDTISCHE MUSEUM: Werke von Sodoma, Terrakotten von Andrea della Robbia u.a.m.

Hinter dem Dom ist das TEATRO POLIZIANO, wo alljährlich vom letzten Samstag im Juli bis zum 12. August das "Internationale Künstlertreffen" unter der Leitung von H.W. Henze stattfindet.

Bei der Porta delle Farine liegt das HAUS DES POLIZIANO. Der hier geborene Dichter namens Agnolo de'Cini Ambrogini nannte sich nach seiner Heimatstadt so und war einer der bedeutendsten Humanisten an der Platonischen Akademie in Florenz und Freund von Lorenzo Il Magnifico.

FESTE

"Internationales Künstlertreffen" - s.o.

Der "Bravio delle Botti". Am letzten Sonntag im August findet ein Wettlauf besonderer Art statt: Die 8 Contraden der Stadt müssen mit je zwei Männern ein 5 Zentner schweres Weinfaß über 1,8 km Länge die Straßen hinauf zur Piazza Grande rollen. Ein mächtiges Gaudium.

An der Piazza Grande sind im Palazzo Contucci und links daneben zwei Mosaik-Studios "Lama" und die "Scuola Italiana del Mosaico", Via Talose 25. Wollen Sie Ihr Portrait in Mosaik? Kostet ca. 1.6oo DM und dauert etwa 2 Monate.

Im PALAZZO CONTUCCI, unterer Eingang, kann man in der Fattoria mit ihren schönen alten Holzfässern den dunkelroten, schweren "Vino Nobile di Montepulciano" kaufen.

APT: Via di Grazziano nel Corso 73, Tel. o578/771 88.

Vor der Stadt führt eine hohe, schmale Zypressenallee zur Kuppel-Kirche SANTA MARIA BIAGIO - dem "Dom in der Ebene". Daneben eine Zisterne mit wunderschönem, filigranhaftem, schmiedeeisernem Kreuz. Hier sitzt sich's gut - mit dem Rücken an die sonnenwarme Mauer des Domes gelehnt.

RESTAURANTS

Vis-à-vis Ristorante "LA GROTTA", unter uralten Bäumen gelegen (sogar Palmen sind darunter).

Ob man auf Montepulciano zufährt oder sich entfernt, lange vor- oder nachher sieht man die Silhouette der auf einem Bergkamm thronenden Stadt - ähnlich wie die von San Gimignano - beeindruckend und dominierend über die Landschaft sich erheben.

Chianciano Terme

Oben eine hübsche Altstadt, unten das große Leber-Kurbad mit Thermalquellen und Trinkhallen des "Acqua Santa". Hier haben schon Etrusker und Römer ihre weingeplagten Lebern gepflegt.

Die AOK zahlt leider keine Auslandskuren mehr. Wer als Privatpatient hier kuren möchte, wende sich an die Azienda Autonoma di Cura, Via Sabatini 7, Tel. o578/635 38.

Chiusi

Außer einem schönen Centro Storico (Altstadt) ist Chiusi eine wichtige Station für Etrusker-Liebhaber. Von Chianciano kommend biegt gleich beim Ortseingang eine schmale Straße links ab zu den etruskischen Gräbern.

Fahren Sie aber erst ins MUSEUM in der Stadt. Die Gräber sind nämlich verschlossen, und man muß erst einen Museumswärter holen. Dieses Museum enthält nach denen von Rom und Florenz die bedeutendsten Etruskerfunde.

In der Tomba della Pellegrina (3. Jh. v. Chr.) liegt auf einer Aschenkiste ein etwas fettleibiger Lukumone (König) in Alabaster. Seine Frau, die ihm in seiner Totenruhe Gesellschaft leistete, wurde 1979 gestohlen. Manchmal sieht man Figuren zwischen Sarkophag und -deckel: Grabräuber haben sich damit die Arbeit erleichtert.

Die Tomba della Cimmia (Affengrab) und T. del Colle sind bis auf weiteres wegen Restaurierung geschlossen.

Museum und Gräber: Juli bis Mitte Okt. werktags 8.3o-2o Uhr, sonntags 9-13 Uhr. Im Winter: 8.3o bis 14 Uhr.

4 km außerhalb der Stadt: *** "**Hotel Ismaele**" - mit Rest. Tel. o578/27 4o 77.
*** "**Hotel Il Patriarca**" - mit Rest. und schönem Garten. Tel. o578/27 4o o7.

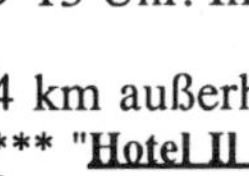

Sarteano: Camping delle Piscine, 2o.3. bis 3o.9. 6 km westlich der Autobahnausfahrt Chiusi/Chianciano (1oo km nach Florenz, 16o km nach Rom). Parkähnliches Gelände mit drei Schwimmbecken mit natürlichem Thermalwasser von 24°

Radicofani

Ehemalige Grenz-Poststation nach Umbrien, und südlichstes Städtchen der Provinz Siena. Dort war früher ein sehr schwieriger Paßübergang. Von der alten Burg sieht man über den Ort bis hinein nach Latium und natürlich hinunter zum Posthaus, das einst eine Mediceer-Villa war. An dem Brunnen vor dem Burgberg deren Wappen.

Im 11. Jh. gehörte es dem Kloster San Salvadore am Monte Amiata, später hauste hier ein Raubritter, den sogar Dante erwähnte. Heute ist's hier friedlich.

Hinweis: Die zum Chianti-Land gehörenden Orte Castellina, Radda, Gaiole, Badia di Coltibuono und Castel di Brolio sind im Kapitel "Chianti" der Provinz Florenz beschrieben.

Und noch etwas sei erwähnt: Aus dieser südlichen Ecke der Provinz Siena - z.B. von Chiusi aus, gut beschildert, ist in kürzester Zeit der

TRASIMENISCHE SEE erreichbar. Er gehört allerdings schon zum benachbarten Umbrien - ist aber für Toskana-Fahrer in gewißer Weise wichtig, da er an seinem schönen Ufer, vor allem am Nordufer in Passignano, eine Reihe guter, am Wasser gelegener Campingplätze hat.

Vom Trasimeno aus - der, wie wir aus der Schulzeit wissen, auch von Hannibal heimgesucht wurde, der hier die Römer schlug, kann man wunderbar die nähere Umgebung der Provinzen Siena und Arezzo erforschen.

Das gleiche gilt für den **BOLSENA-SEE**, wenn man Ausflüge in die Maremme (Provinz Grossetto) machen will. Auch hier sind genügend Campingplätze.

Die Provinz Arezzo

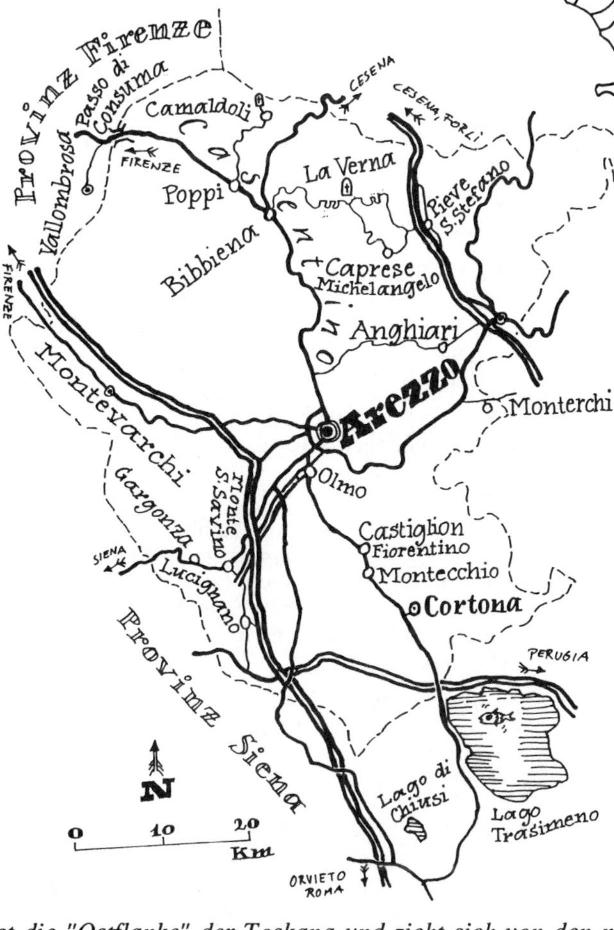

Sie ist die "Ostflanke" der Toskana und zieht sich von den nördlichen Hängen des Apennins bis zum Trasimenischen See, der bereits im südlich angrenzenden Umbrien liegt.

In der geographischen Mitte dreier Flußtäler liegt die Hauptstadt AREZZO an einem Hügel gebaut mit Blick nach Westen.

Das VALDARNO mit dem Oberlauf des Arno kommt von Norden, vom Casentino herunter und biegt nach Nordwesten ab.

Das fruchbare VAL DI CHIANA erstreckt sich breit und offen nach Süden, wo es bei Chiusi endet und von Cortona gekrönt wird. Durch eine pastorale Landschaft schlängelt sich östlich von Arezzo der junge Tiber durch das VALTIBERINA.

Das Casentino und Valtiberina sind sehr schöne und sehr ruhige Landschaften, mit Flüssen, viel Wald und frischer Bergluft, wo es Tannen, Kastanien und Pilze, Wild und Fische gibt und wo man sich herrlich erholen kann.

Eines sind sie nicht: Typisch toskanisch, oder das, was man landläufig darunter versteht, wie ich in meiner Einleitung schon dargelegt habe.

Arezzo (88.000 Einw.)

Arretium - so hieß die alte Etruskerstadt, die schon 88 v. Chr. das römische Bürgerrecht erhielt. Schön gelegen, die Etrusker wußten immer, wohin sie sich wendeten; heute ist sie eine äußerst liebenswerte Provinzstadt.

Geburtsort des lyrischen Dichters Petrarca, 13o4, den man auf Abbildungen immer mit dem danteschen Lorbeerkranz sieht. Auch Aretino, der frivole Literat, und Vasari, Architekt und Chronist der Renaissance, erblickten hier das Licht der südlichen Toskana.

SEHENSWERTES

An einen flachen Hang gebaut, unten der Bahnhof und die neue Stadt, oben über der Altstadt der DOM, ein wenig darunter die PIAZZA GRANDE, hat Arezzo, wie alle toskanischen Städte (außer Florenz und Pisa) zu klein, um einen eigenen Stil zu entwickeln, eine abwechslungsreiche Architekturmischung aus Romanik, Gotik und Renaissance. Am deutlichsten ist das an der Piazza Grande zu sehen.

Piero della Francescas bedeutendste Fresken schmücken den Hauptchor der Kirche San Francesco - und der Erfinder der Notenschrift, Guido d'Arezzo, wurde hier geboren.

Arezzo war eine der zwölf etruskischen Lukumonien (Königreiche).

MUSEO ARCHEOLOGICO MECENATE: 9-14 Uhr, So. 9-13 Uhr, Mo. zu. Im ehemaligen Kloster der Olivetani (15. Jh.) beim Römischen Amphitheater sind beachtliche Funde aus der Etruskerzeit zu sehen. Eine der schönsten und rätselhaftesten Bronze-Skulpturen der Etrusker, schon 1552 gefunden, befindet sich allerdings im Archäologischen Museum in Florenz: die "Chimäre" - ein Löwe, aus dessen Rücken der Kopf eines Ziegenbocks wächst, in dessen Horn eine Schlange beißt, die den

1 Piazza Grande
2 Kirche della Pieve
3 Tribunale
4 Loggia Vasari
5 Palazzo Pretorio
6 Palazzo dei Priori
7 Kirche S. Francesco
8 Archäologisches Museum und Casa del Petrarca

Schwanz des Löwen ersetzt.

Zwei gute Reproduktionen stehen rechts und links auf dem Bahnhofsplatz.

Von hier - dem unteren Teil der Stadt, zieht sich der CORSO ITALIA geradewegs den Hügel hinauf zur Altstadt.

Im oberen Drittel liegt rechts die PIEVE S. MARIA, hinter der Piazza Grande, ein Stück weiter links der Palazzo Pretorio und am oberen Ende des Hügels endet der Corso bei dem Aussichtspark.

Das obere Stück heißt allerdings Via de Pileati. Links hinüber kommt man zum Dom und zum Rathaus.

Da man in den verwinkelten und engeren Gassen der Oberstadt sowieso keinen Parkplatz findet, bildet der Corso Italia die ideale Orientierungsachse, um die wichtigsten und schönsten Punkte Arezzos aufzusuchen. Der Corso selbst ist gleichzeitig die Hauptgeschäftsstraße der Stadt.

Geht man die Via Cavour hinauf, stößt man nach 2oo Metern auf die KIRCHE SAN FRANCESCO: 8.3o-12/13.3o-19 Uhr, So. 8.3o-19 Uhr. Hinter der völlig schmucklosen und schlichten Fassade - so haben übrigens viele toskanischen Kirchen vor ihrer Marmorverschönerung ausgesehen - verbirgt sich Arezzos größte Kostbarkeit. Die Fresken des Piero della Francesca.

Mit leuchtenden Farben und in bewegten Bildern stellte Piero in der Hauptchorkapelle (von 1452 bis 1464) die "Legende vom wahren Kreuz" dar, die Entstehungsgeschichte des Kreuzes, entstanden nach der "Legenda Aurea" von Jakobus de Voragine.

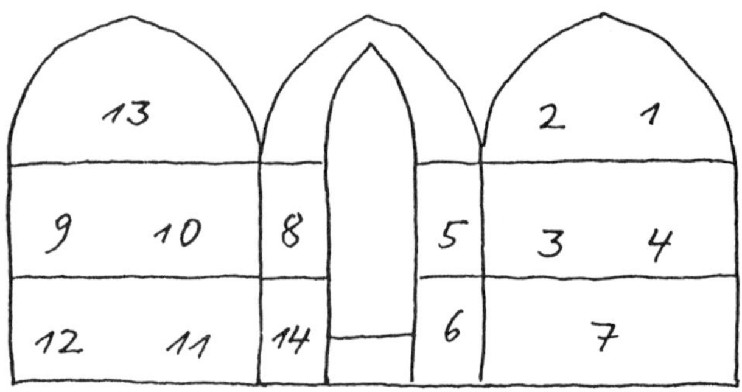

1 Tod Adams
2 Michael gibt dem Sohn Adams, Seth, einen Zweig vom Baum des Lebens, den Seth in den Mund seines toten Vaters pflanzt.
3 Aus dem Zweig wird ein Baum. König Salomon baut daraus eine Brücke. Die Königin von Saba ahnt auf dem Weg zu Salomon hellseherisch die spätere Bedeutung des Holzes und kniet in Anbetung davor.
4 Die Königin von Saba prophezeit dem König Salomon die Kreuzigung Christi durch die Juden.
5 Salomon läßt das Holz vergraben.
6 Kaiser Konstantins Traum: "In hoc signo vinces" (In diesem Zeichen wirst du siegen).
7 Sieg Konstantins über Maxentius.
8 Die Mutter Konstantins bestraft einen Juden (sie läßt ihn 9 Tage in einem Brunnen einsperren), der ihr die Stelle der Kreuzigung nicht zeigen will.
9 Nach der Folter zeigt er den Weg nach Golgatha. Man findet drei Kreuze.

1o Das wahre Kreuz erkennt man nach einem Wunder: es erweckt einen Toten zum Leben.
11 Der Perserkönig Chosroe raubt später das Kreuz und verhöhnt es, indem er es mit einem Hahn zusammen neben seinen Thron stellen läßt.
12 Kaiser Heraklios (Byzanz) besiegt Chosroe
11 und läßt ihn enthaupten
13 Heraklios bringt das Kreuz nach Jerusalem zurück. Er legt seine Rüstung ab und betritt Jerusalem im Büßergewand.
14 Verkündigung von Christi Tod an Maria. Die Zuordnung dieses Fresko zum Zyklus "vom wahren Kreuz" ist etwas unklar.

Wo der Corso Italia in die Via de'Pileati übergeht, erhebt sich rechts aus der schmalen Straße heraus eine der schönsten romanischen Kirchenfassaden: die der PIEVE S. MARIA, dahinter der Turm "der hundert Löcher", so benannt nach den rund 8o Fensterbogen.

Das Innere dieser Kirche ist bemerkenswert schmucklos: keine Gemälde, keine Fresken, keine Statuen, kein Kruzifix, nur das kleine Polythychon in der Apsis, von Lorenzetti (Maria mit Johannes Evang., Joh. der Täufer, hl. Donatus und Matthäus Evang.), ein Taufbecken mit Reliefs aus dem Leben Joh. des Täufers und ein Relief der Hl. Drei Könige.

Dieses "Nur Stein" läßt die Romanik in noch reineren und klareren Linien erscheinen.

Hinter der Kirche, an der Seite ihrer halbkreisförmigen Apsis, steigt schräg nach oben die rautenförmige PIAZZA GRANDE an.

Von Pistoia, Pisa und Lucca kann man allgemein sagen, die seien romanisch. Siena und San Gimignano sind überwiegend gotisch. Arezzo hat eigentlich alles - ein Zeichen seiner wechselvollen Geschichte.

Nicht zu unrecht nennt man diesen malerischen Platz einen architektonischen Blumenstrauß aus Romanik, Gotik und Renaissance. Im Westen: die romanische PIEVE (13. Jh.); viele Hosenböden haben die Treppen blankgeschäuert, die zwischen der Pieve und dem Palazzo Tribunale (17. Jh.) liegen, rechts daneben: PALAZZO DELLA FRATERNITA DEI LAICI (Laienbruderschaft), unten Gotik, oben Renaissance.

Im Norden: DER PALAZZO DELLE LOGGE (16. Jh.) von Vasari, dem berühmten Sohn der Stadt, er war außerdem Maler und Historiker. Vor dem Palast: eine Rekonstruktion des Schandpfahles. Im Osten und Süden: mittelalterliche Häuser mit Türmen ("Casa torre") und Turmresten aus dem 13. und 14. Jh.

DER DOM 7-12.3o/15.3o-18.3o Uhr

Außen schmucklos und ockerfarben. Innen die nur durch das Licht der schönen Buntglasfenster von Guillaume de Marcillat erleuchtete Gotik. In der linken Seitenkapelle, auf dem rechten Altar: Kruzifixszene mit Franziscus, von Andrea della Robbia.

In der Nische unter der Orgelempore, an der linken Seitenwand des Hauptschiffes, habe ich das schönste Madonnengesicht gesehen, das ich bei meinen zwanzigjährigen Fahrten durch Europa angetroffen habe. Es ist schon merkwürdig: Ausgerechnet in der Toskana, die ja nun weiß Gott nicht arm ist an berühmten Künstlern, sind die drei Gesichter, die mich am meisten angesprochen und ergriffen haben, nicht von weniger bekannten, sondern von gänzlich unbekannten Meistern, aber eben doch: von Meistern.

Der Ausdruck vollendeter Würde, alle Anmut und Kraft einer reinen Seele, deren ein Mensch fähig ist, liegt auf diesem Gesicht, ohne dabei von pietistischer Frömmelei oder mittelalterlicher Demut entstellt zu sein. Das ist das Gesicht, in dem Gott Mensch geworden ist. Wer dieses Gesicht gesehen hat, und ständig vor seinem geistigen Auge bewahrt, kann in seinem Leben nie mehr ein ausgemachter Schurke werden.

Ebenso faszinierend ist der Knabe: Ein Kind mit dem Gesicht eines Erwachsenen, das beseelt ist vom Ausdruck unendlicher Güte. Auch der temperamentvolle Pfarrer der Kirche konnte mir keine Auskunft über den Schöpfer dieser Skulptur geben, er wußte nur soviel: 13. Jahrhundert, Florentiner Schule. Sie ist die einzige Figur mit Alarmanlage im Dom.
Beim Verlassen des Domes bemerkte ich in ein und demselben Beichtstuhl gleichzeitig links einen jungen Mann und rechts eine alte Frau. Wem von beiden der Priester wohl mehr zuhörte?

In der KIRCHE SAN DOMENICO ist eines der wenigen vollständig erhaltenen Cimabue-Kruzifixe. So. 8-11/15-18Uhr, werktags 7-18 Uhr.

Zwischen Piazza Grande und Rathaus liegt das GEBURTSHAUS VON PETRARCA, der die meiste Zeit seines Lebens allerdings in Südfrankreich lebte, den Prunk der päpstlichen Hofhaltung kritisierte und ansonsten von seiner Laura schwärmte und sie "andichtete". 1o-12/15-17 Uhr, Sa. zu.

Noch ein paar berühmte Namen von Arezzo:

Guido d'Arezzo, genannt Monaco, erfand im 11. Jahrhundert die Tonleiter und die Notensprache.

Pietro Aretino (14. Jh.), zeitkritischer, satirischer, aber auch skrupelloser und eingebildeter Verfasser von Abhandlungen, Berichten, Komödien und Texten zu Romanos erotischen Graphiken. Durch Intrigen und Erpressung, unter anderem auch bei Michelangelo, gelangte er zu Reichtum und zweifelhaftem Ansehen.

PETRARCA: * 13o4 in Arezzo, † 1374 bei Padua
Ein Zeitgenosse Boccaccios. Als Humanist, am Übergang vom Mittelalter zur Renaissance, forderte er neben der Hierarchie des Klerus ein aufgeklärtes Bürgertum mit individueller Bildung im antiken Sinne. Francesco Petrarca wurde schon zu Lebzeiten mit dem Lorbeer des Dichterfürsten

gekrönt. Als Gelehrter und Diplomat verbringt er große Teile seines Lebens an den kulturellen und politischen Zentren Europas (Avignon, Paris usw.). Sein Hauptwerk "Sonette an Madonna Laura" ist geprägt von der Liebe zu einer Frau, mit der er keinerlei nähere Beziehungen hatte (er selbst war bürgerlich verheiratet). Die Liebe ist für ihn einerseits Quelle von Leid und Schmerz, aber auch ein Weg auf der Suche nach Glück und Vollkommenheit. Dantes "Vita Nuova" und Petrarcas Sonette sind die Höhepunkte mittelalterlicher Liebeslyrik (siehe Dante - Drei Dichter und drei Frauen). Die Sonette beinhalten vier Phasen der Liebe:

- Glück der ersten Begegnung

> Gesegnet sei das Jahr, der Tag, die Stunde,
> Der Stand der Sonne und der Lüfte Wehen,
> Da ich dein strahlend Aug zuerst gesehen,
> Das erste Wort vernahm aus Deinem Munde.

- Zweifel an Lauras Gegenliebe

> Doch nichts gilt Dir des Liebenden Geschick
> Du kennst mich ganz! Du willst mich nicht verstehen
> So muß verlassen ich zugrunde gehen.

- Gewißheit ihrer seelischen Zuneigung

> Du grüßtest mich! - Es lächelte die Flur
> Im Glanze Deines Blicks. Die Vöglein sangen,
> Und weiße Wölkchen in des Sommers Prangen
> Durchsegelten den leuchtenden Azur.

- Klage und Verherrlichung nach ihrem Tod

> Erstarb Dein Lächeln, köstlich und erlesen,
> Dann ende Tod des Lebens bittre Frohn!
> - Weh! Weh! Geliebte! - Ach wo blieb der Lohn,
> Die Krone - wo? - die Deiner wert gewesen?

Die Beispiele stammen aus einer Nachdichtung von Leo Graf Lanckoronski. Zum Vergleich eine Zeile im Original und in der Nachdichtung 42. Sonett):

> Ite, caldi sospiri, al freddo core
>
> Ihr heißen Seufzer, hebet eure Schwingen zum Winter Ihres Herzens.

Das Giostra del Saracino (Sarazenenturnier, wird seit dem 15. Jh. gespielt): Am 1. Sonntag im September treten die vier Aretiner Stadtviertel auf der Piazza Grande zum Wettstreit zu Pferde gegeneinander an. Mit ihren Lanzen rennen sie gegen das Schild einer gepanzerten mechanischen Puppe, die Saracino genannt wird, wobei sie aufpassen müssen, daß sie nicht durch die Gegendrehung der Puppe aus dem Sattel gehoben werden. Auf der Piazza Grande findet immer am ersten Sonntag jeden Monats ein Antiquitätenmarkt statt.

"BUCA DI S. FRANCESCO" - Neben der Kirche gleichen Namens führt eine kleine Tür in die kellerähnlichen Räume des Ristorante di buon ricordo. Den handbemalten Keramik teller mit dem Namen des Restaurants und dem Gericht, bekommt wer dieses Gericht ißt: Sformato di verdura con fegatini (Gemüsetöpfchen mit Leber). Für abends reservieren. (Mittel - Teuer.) Montag abends, Dienstag und Juli geschlossen. Tel. o575/232 71.

"LOGGE VASARI" unter den Arkaden der Loggia Vasari am oberen Ende der Piazza Grande gibt es ein Ristorante mit guter regionaler und toskanischer Küche. Bei schönem Wetter kann man auch außen unter den Bogengängen der Loggia dinieren, mit Blick über den schönen Platz. Di. Ruhetag. Nov. - Februar gelegentlich zu. Tel. 258 94.

**** "**Etrusco**" mit Rest. Via Fleming 39, Tel. o575/984 o66. *** "**Continentale**" mit Rest. Piazza Guido Monaco, Tel. o575/2o2 51. *** "**Europa**" (ohne Rest.), Via Spinello 43, Tel. o575/3577 o1. Gegenüber des Bahnhofes. Modern und komfortabel. ** "**Astoria**" - Via G. Monaco 56, Tel. o575/243 61. ** "**Cecco**" - Corso Italia 215, Tel. 2o9 86.

APT: Piazza della Repubblica 28 (beim Bahnhof), Tel. o575/377 678.

USL: V. Anfiteatro, Tel. o575/355 461.

Jugendherberge: "Villa Severi", Via F. Redi, mit Restaurant.

Ca. 6 Kilometer südlich von Arezzo, links der Straße nach Cortona, liegt bei der Ortschaft Olmo das:

Landgasthaus "FATTORIA LA PIEVE A QUARTO" (Mittwoch zu) inmitten von Weinbergen und Ölbäumen, neben einer kleinen Kirche, mit Terrasse. Hier wird alles selbst hergestellt: von den Teigwaren bis zum Dessert. Vom Speiseraum sieht man in die Küche, wo auf einem riesigen Herd beste toskanische Küche produziert wird. Die Gnocchi ai Formaggi sind himmlisch, die Preise christlich. Fast nur Italiener als Gäste! Im oberen Stock ist abends manchmal Tanz.

Cortona

Der Süden der Toskana. Die hohe Hanglage der Bischofsstadt ermöglicht von vielen Punkten aus, vor allem vor den Stadttoren, einen unbegrenzten Blick bis ins liebliche Umbrien, hinunter zum Trasimenischen See und hinüber zu den bekannten, blutroten Sonnenuntergängen von Cortona.

Die ehemalige Etruskerstadt und spätere freie Kommune - bis König Ladislaus von Neapel sie an Florenz verkaufte, wird an ihrem höchsten Platz von der FORTEZZA MEDICEA beherrscht. Durch Ölbaumterrassen fährt man nach Cortona hinauf. Mit dem Wagen hineinzufahren lohnt sich meist nicht, da zuwenig Parkplätze vorhanden sind.

SEHENSWERTES

Eine lückenlose mittelalterliche Mauer zieht sich den Berg hoch und

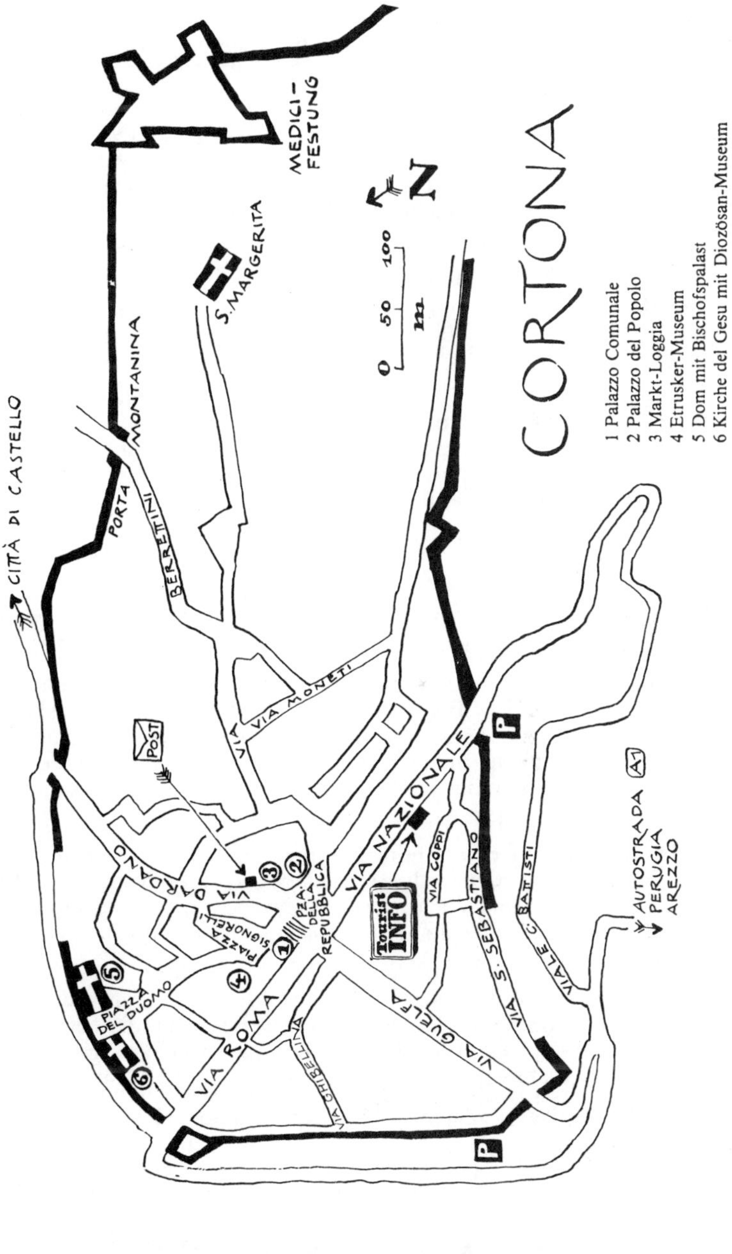
CORTONA
1 Palazzo Comunale
2 Palazzo del Popolo
3 Markt-Loggia
4 Etrusker-Museum
5 Dom mit Bischofspalast
6 Kirche del Gesu mit Diozösan-Museum
MEDICI-FESTUNG
S. MARGERITA
0 50 100 m
N
CITTÀ DI CASTELLO
PORTA MONTANINA
BERRETTINI
VIA MONETI
POST
VIA DARDANO
PIAZZA SIGNORELLI
PZA. DELLA REPUBBLICA
PIAZZA DEL DUOMO
VIA NAZIONALE
VIA ROMA
VIA GHIBELLINA
VIA GUELFA
VIA S. SEBASTIANO
VIA COPPI
VIALE C. BATTISTI
Tourist INFO
AUTOSTRADA A1
PERUGIA
AREZZO
P
P

umgibt die ganze Stadt. Der zentrale Punkt ist die PIAZZA REPUBBLICA: Ein Platz wie eine Bühnendekoration. Das Rathaus mit seiner riesigen Freitreppe, der Palazzo del Popolo, über dem Platz die Markthalle, wo die Gemüse- und Fischhändler gestenreich ihre Ware anbieten und schwungvoll die Waage austarieren.

An der Freitreppe vorbei kommt man zur PIAZZA SIGNORELLI, wo ringsum Cafés und Antiquitätengeschäfte auf Kundschaft warten. Ich ging in eines dieser Geschäfte, es war offen, aber kein Mensch darin. Nach einiger Suche fand ich den Padrone, er war beim Kartenspielen im Café.

An der Piazza Duomo ist links die CHIESA DEL GESU mit dem Museo Diocesano. Geöffnet: Sommer (1.4.-3o.9.) 9-13, 15-18.3o Uhr. Winter (1.1o.-31.3.) 9-13, 15-18 Uhr, Mo. zu. Werke von Luca Signorelli, einem Sohn der Stadt. Links neben der Kirche gehts hinunter zu der mittelalterlichen und idyllischen Via del Gesu.

MUSEO DELL'ACCADEMIA ETRUSCA (siehe Stadtplan Nr. 4). 1.4.-3o.9. 1o-13/16-19 Uhr, 1.1o.-31.3. 9-13/15-17 Uhr. Neben etruskischen Bronze-Statuetten, Bucchero-Vasen und bemalten Amphoren ist das schönste Stück des Museums der berühmte Leuchter von Cortona mit seinen 16 Öllämpchen, den Silenen und Sirenen.

Wer für Cortona mehr Zeit eingeplant hat, kann noch vielerlei Schönes unternehmen:

Einen Spaziergang hinauf zur FORTEZZA MEDICEA, von wo aus man einen herrlichen Rundblick hat, bis hinüber zum Trasimenischen See.

Einen längeren Spaziergang (man kann aber auch mit dem Auto hinfahren) zum CONVENTO DELLE CELLE. Empfehlenswert für Franziskusverehrer! Man passiert die Porta Montanena, gelangt auf einem schmalen Weg nach ca. 2 bis 3 Kilometern in ein stilles, nach Westen verlaufendes, kleines Tal, wo an einem Bach 1211 der Grundstein eines Klosters vom heiligen Franziskus gelegt wurde.

Er selbst lag dort auf einer Steinbank in einer Höhle schwer krank und wurde sterbend von hier nach Assisi getragen. In den kleinen kargen Zellen, deren Böden und Wände teilweise aus dem gewachsenen Fels bestehen, führen die Franzsikanermönche auch heute noch ein zurückgezogenes Leben.

Zu besichtigen ist nur die Kirche und die Höhle von S. Francesco. Unterhalb der Stadt, von hohen Zypressen umstanden, liegt das etruskische Kuppelgrab mit Urnen und Nischen. Südlich der Porta San Agostino.

Schilder: "TOMBA DI PITAGORA". Der Name geht auf eine Verwechslung mit dem antiken Pythagoras-Ort Croton zurück. Hier kommen nicht gerade viele Besucher her und wenn man Glück hat, steht man allein zwischen den Myrtenhecken, hört die Vögel zwitschern und sieht über die

Ölbäume hinweg in die Ebene des Chianatals hinüber zum Monte Amiata.

"IL CACCIATORE", Via Roma 11 (Mi. zu). Casalinga zu normalen Preisen. Speziell: Crostini alla Mamma, Piccione (Taube) in Porchetta, Bistecca chianina.

"LA LOGGETTA", Piazza Pescheria 3 (hinter der Fischhalle), Mo. zu. Hausgemachte Teigwaren.

Zwei gute Adressen in der Via Dardano:

"TRATTORIA DELL'AMICO", Nr. 12 (hinter der Piazza Signorelli), klein, freundlich, preiswert.

"TRATTORIA DARDANO", Nr. 24, Mi. zu. Spezialität: Ribollita und Arrosti misti (gemischte Braten).

*** "Hotel Sabrina" - Via Roma 37. Aus drei Gründen empfehlenswert: familiäre Atmosphäre, in der Altstadt, bei der Porta Santa Maria, vor dem Tor links genügend Parkplätze. Tel. o575/63o 397.

*** "Hotel San Lucca" - 7o Zimmer in drei Stockwerken, viele mit Blick über das Land, einige auf die alten Gassen. Komfortabel eingerichtet, sauber, zentral gelegen. Tel. o575/63o 46o.

*** "Hotel Italia" - Via Ghibellina. In der Parallelstraße zur Via Roma, auf der Rückseite des Rist. Il Cacciatore. Keine Parkplätze (nur vor dem Tor). Tel. o575/63o 564.

* "Albergo Athens" - Via S. Antonio 12, Tel. o575/63o 5o8. In der Nähe der Piazza Signorelli führt das Sträßlein steil bergan.

Jugendherberge: In der Altstadt, Via Maffei 57, Tel. o575/6o1 392.

APT: Via Nazionale 42, Tel. o575/63o 353.

In der südöstlichen Ecke der Provinz, westlich der Autobahn Florenz - Rom, liegen drei sehr hübsche Orte:

Lucignano

Der äußere Häuserring dieses fast kreisförmig gebauten Städtchens hat in seiner Geschlossenheit und mit seinen Wachtürmen und Eingangstoren einen festungsähnlichen Charakter. Wie Zwiebelringe schließen sich nach innen ebenso kreisförmige Straßen und Häuserzeilen an. Dohlen kreisen um die hohen Türme und das Echo ihrer Schreie hallt in den mittelalterlichen Gassen wider, wie z.B. in der besonders malerischen Vicolo del Pelegrino.

In der Mitte des Ortes und etwas erhöht, erhebt sich die Kirche über dem Kreis der Dächer. In der letzten Maiwoche feiert man hier das Fest "Maggiolata Lucignanese" mit Umzügen blumengeschmückter Karren,

Folkloretänzen, Musikgruppen und abendlichem Schmaus und Trank im Freien.

"Albergo Osteria da Toto" - Piazza del Tribunale 6 (gegenüber der Kirche), 52o46 Lucignano, Tel. o575/836 763 und 836 988. Das ist eine von den Adressen, die man eigentlich nur seinen besten Freunden verraten sollte. Das Preis/Leistungsverhältnis ist einmalig in der Toskana (zumindest nach meinen bisherigen Erfahrungen). Das Gebotene: 12 schöne Doppelzimmer, in der Mitte des Anwesens ein großer, paradiesisch schöner Garten mit verschiedenen Bäumen, Sitzgruppen, vielen Rosen u.a. Blumen, einem großen Schwimmbad und einer überdachten Terrasse.

Im Restaurant: wer das Abend-Menü aus fünf, sechs oder sieben Gängen durchhalten möchte - es lohnt sich, da jeder für sich eine Köstlichkeit ist - sollte den Tag über hungern.

Lorenzo Toto, der Inhaber, ist ein berühmter Koch und hat ein Kochbuch über Wild- und Fischzubereitung geschrieben. An der Wand des Restaurants stehen in einem Regal ca. 4o große Grappa-Gläser mit verschiedenen Kräutern, aus denen man sich nach dem Essen mit einem Löffel selbst in die Gläser schöpft. Das Restaurant ist allerdings nur für Gäste des Hauses, Speisekarte gibt es nicht, das Menü, vom Chef selbst zusammengestellt, wechselt täglich! Die Zimmer werden nur mit HP vermietet. Der Preis? 75.ooo Lit/ Person. Ideal geeignet für eine Woche stationärem Aufenthalt in Verbindung mit Ausflügen in die Umgebung: Arezzo, Cortona, Trasimenischer See usw.

** Albergo "La Rocca" - Via G. Matteotti 13. Zimmer u. Appartements, ebenfalls in der Stadt. Tel. o575/836 175.

Jugendherberge: "The Meadows", Via Sansovino 89.

Hier in der Gegend sind die Riesen-Rindviecher zuhause, aus denen die Nationalspeise "Bistecca Fiorentina" gemacht wird.

Sinalunga

Südlich von Lucignano erhebt sich das auf einer Bergkuppe gelegene Städtchen, für dessen Namen es zwei Ursprünge gibt: "asino lungo" (langer Esel, da sie auf einer Kuppe ähnlich einem Eselsrücken liegt) und "lungo di Siena" (weit weg von Siena - es gehört übrigens zur Provinz Siena). So malerisch das Städtchen von der Ferne aussieht, so ereignislos ist sein Inneres: ein paar dunkle, mittelalterliche Gassen und ein Palazzo Pretorio (1345) mit leicht schiefem, zinnenbewehrtem Turm. Das ist alles. Man muß es nicht unbedingt besucht haben. Schon sein Anblick von weitem macht Freude genug!

Monte San Savino

Ein liebenswertes Bergstädtchen mit zwei Stadttoren: Porta Medicea und Porta Romana. Die Kirche Santa Chiara mit Della Robbia-Altar ist in Privatbesitz und nicht zu besichtigen. An der Straße zwischen den beiden

Toren ist erwähnenswert: die Renaissance-Markthalle Loggia dei Mercanti, gegenüber der große Palast Palazzo del Monte, wo man zunächst einen schönen Innenhof durchschreiten kann und anschließend in einen Garten gelangt, der über den umliegenden Straßen liegt, mit einem Denkmal für den großen Sohn der Stadt Sansovino. In der Kirche San Agostino befinden sich schöne Fresken aus dem 15. Jh., darunter die Anbetung der Drei Könige mit einem kleinen Kuriosum: ein Hündchen mit Halsband in ihrem Gefolge.

*** "Hotel Sangallo" - Via della Riconoscenza 13. Ein neu eingerichtetes, aber nicht unbehagliches Hotel vor der Porta Fiorentina (Medicea). Die Zimmer nach hinten blicken in die Landschaft. Tel. o575/844 241.

"Il Cassero", Restaurant und Pizzeria (Di. zu). Pizze vom Holzofen nur abends. Toskanische Küche. Ein paar Schritte neben der Porta Medicea, an einem kleinen Park.

Castello di Gargonza

Umgeben von Mischwald: Zypressen, Kiefern und Laubholz jeder Schattierungen liegt kreisrund und wie in einem Märchen ein gutes Dutzend mittelalterlicher Häuser aus dem 13. Jahrhundert.

Wenn man nur so durchschlendert, hat man das Gefühl, die Zeit sei hier seit 6oo Jahren stehengeblieben, seit Dante im kleinen Schloß eines seiner Asyle fand.

In Wirklichkeit verbirgt sich hinter den Fassaden eine Überraschung besonderer Art: 2o Ferienwohnungen mit modernem Komfort, urgemütlichen Zimmern mit Holzdecken, alten Steinfußböden und offenen Kaminen. Außerhalb der Mauern kann man im "Ristorante La Torre di Gargonza" toskanische Küche genießen, in grüner Einsamkeit.

Das ganze gehört dem Grafen Roberto Guicciardini. Auskünfte: 52o 84 Monte Savino, Tel. o575/84 7o 21, Fax: o575/847 o54.

DAS VALDARNO SUPERIORE UND DAS CASENTINO

Als Valdarno Superiore, oberes Arnotal, bezeichnet man das Gebiet beiderseits des Arno zwischen Florenz und Arezzo.

Das CASENTINO ist die Landschaft um den Oberlauf des Arno von Arezzo bis hinauf zum Consuma-Paß.

Das VALDARNO SUPERIORE ist zunächst, von Florenz bis über Pontassieve hinaus, ziemlich zersiedelt und industrialisiert, der Verkehr im Weichbild von Florenz ist dicht, und der Arno schmutzig. Weiter flußaufwärts dann erstrecken sich, überwiegend links des Flusses, Weinberge und Olivenhaine über sanft ansteigende Hänge und Hügel, und hinter den flachen Bergen westlich des Arno liegt das Chiantigebiet.

Kurz vor Arezzo kommt der Arno in einer weiten, aber fast haarnadelförmigen Schleife aus seinem Ursprungsland, dem Casentino, jener wunderschönen, weiten und lieblichen, von Hügeln und Bergen gesäumten Tallandschaft mit Weinbergen und Olivenhängen, blühenden Wiesen und klaren Bächen. Der Verkehr wird ruhiger, der Arno zunehmend sauberer und die alten Hochwälder aus Tannen, Lärchen und Buchen im oberen Casentino, bei der Abtei Camaldoli oder auf den Höhen des Consumapasses, zählen zu den schönsten Italiens.

Seiner unberührten Natur, der guten Luft und der harmonischen Landschaft wegen ist das Casentino ein lohnendes Ziel für Zeitgenossen mit gestreßten Nerven.

Und noch eine andere Gruppe von Mitmenschen wird in diesen beiden Gebieten, Valdarno Superiore und Casentino, fündig: Kenner und Liebhaber romanischer Kunst. Von Arfoli bei Regello und Valdarno bis Stia im Casentino reiht sich, gleich Perlen an einer Schnur, ein rundes Dutzend der schönsten romanischen Kapellen, Dorfkirchen (= Pieve) und Abteien (= Abbazia oder Badia) aneinander.

Im Valdarno Superiore

SANTA AGATA in Arfoli mit ihren schönen Fresken. SAN PIETRO in Cascia, mit seiner wohlproportionierten Fassade, bestehend aus fünfbogigem Narthex und zierlichen Blendarkaden des Giebels. SAN ROMOLO in Gavile, etwas abseits des Arnotales, hinter Figline Valdarno. Der Kapitellschmuck auf den Säulen ist sparsam, aber originell, wie z.B. an der ersten Säule links die Pelikane. Krypta und Etnografisches Museum. PIEVE DI SANTA MARIA von Pian di Scò, mit schlichter Fassade und hohem, schlankem Campanile.

Die BADIA DI SAN SALVATORE in Soffena bei Castelfranco di Sopra mit Fresken von P. Schiavo, C. Adinari und M. di Cristofano.

SAN PIETRO in Gropina, südlich von Loro Ciuffena, ist das Juwel der romanischen Kirchen des oberen Arnotales. Hinter der schmucklosen Fassade mit dem Wappen des Mediceer Papstes Leo X. birgt diese Kirche in ihrem Inneren beeindruckende Plastiken an zahlreichen Säulenkapitellen in Schiff und Apsis. Lämmerreißende Wölfe, ihre Ferkel säugende Sau, Löwen und Tiger, Ritter und Drachen, Heilige und Helden, Petrus mit dem Schlüssel, Samson im Kampf mit dem Löwen.

An der von ineinander verschlungenen Säulen getragenen Kanzel mit reichem Skulpturenschmuck, faszinieren mich die Wesen mit den traurigen Lemurenaugen oberhalb der Mittelsäulen, über welchen sich in der Mitte der Kanzel die Hochreliefs der Evangelistensymbole befinden: Johannes (Adler), Matthäus (Mensch) und Markus (Löwe). Links davon ein für christliche Kirchen ungewöhnliches, für die Sprache der Romanik aber typisches Flachrelief: ein mystisches Ornament aus Mensch und Schlange und eine langhaarige Sirene, die ihre beiden Schwänze in den Händen hält. Hier erlebt man die Zeitlosigkeit der Kunst.

SAN GIUSTINO VALDARNO ist zwar die schlichteste und schmuckloseste dieser Kirchen, zeigt aber in der Gliederung ihrer architektonischen Proportionen die wohltuende Harmonie der Romanik.

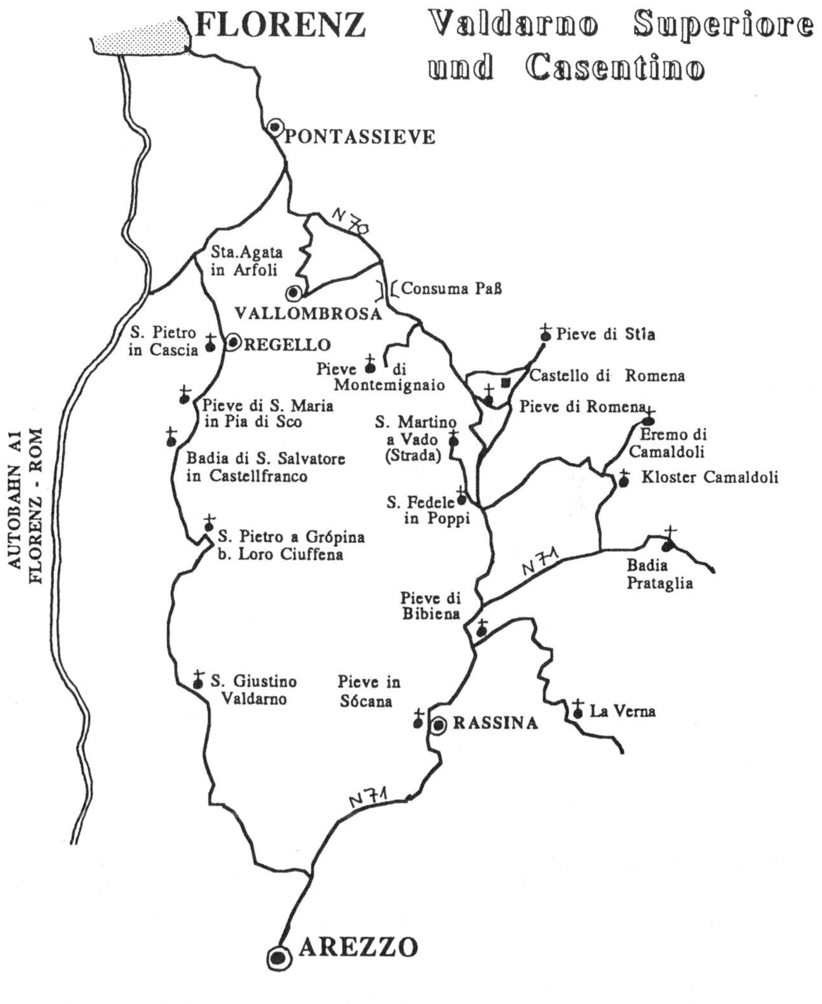

Im Casentino

DIE PIEVE IN SOCANA: Was von außen wie eine schlichte Dorfkirche aussieht, ist in Wirklichkeit eine seit 2.6oo Jahren bestehende, einzigartige Kultstätte, wo drei Epochen europäischer Geschichte sichtbar über bzw. nebeneinander liegen.

1.) **Die Etrusker**: Im Gelände hinter der Apsis steht man staunend vor einem großen, flachen und gut erhaltenem Opferaltar der Etrusker (Ara Etrusca, ca. 6oo v. Chr.), an dem noch die Bleiverbindungen zwischen den Steinblöcken zu sehen sind. Ein seltener Anblick auch für mich, der ich seit vielen Jahren den Spuren der Etrusker folge. Die bisherigen Ausgrabungen, die von der Vergangenheit dieses geheimnisvollen Volkes zeugen, sind überwiegend Grabstätten und Nekropolen.

Auf dem anschließenden Gelände, auf dem sich heute die Kirche befindet, erstreckte sich ein 4o Meter langer Tempel, dessen Stufen unter der Kirche teilweise freigelegt wurden, und durch ein Fenster an der Basis der Kirchenmauer zu sehen sind, und ein zweiter, im Boden neben dem Altar.

Vom Fries des Tempels sind zwei Terrakottabüsten erhalten, heute in den Museen von Florenz und Arezzo,

2.) **Die Römer**: Aus dieser Epoche, ca. 2oo vor bis 2oo nach Chr. sind die Grundmauern im Anschluß an die Ara Etrusca und wesentlich imposanter, der zylindrische Teil des Glockenturmes erhalten, der den Römern als "Fernmeldeturm" diente. Von ihm aus wurden zu anderen Türmen Signale durchgegeben, bei Tage mit Spiegeln, bei Nacht mit Feuern.

3.) **Die Christen**: Sie erbauten nacheinander drei Kirchen an diesem Ort. Die erste Kirche im 4. Jh., die zweite im 7. Jh. (langobardisch). Von ihr sind noch zu sehen: der sechseckige Aufbau auf dem römischen Turm, drei Treppen in der Apsis des rechten Seitenschiffes und der Altar, durch die dicke Glasscheibe unter dem Altar der 3. Kirche sichtbar. Die dritte Kirche im 1o. Jh. Nachdem man die barocken Umbauten des 16. Jh. entfernt hatte, erhielt die jetzige Kirche nach sorgfältiger Restauration wieder ihr schönes, präromanisches Gesicht.

DIE PIEVE VON BIBBIENA: Bibbiena selbst besteht aus zwei Ortsteilen: im Tal, an Straße und Eisenbahn, Bibbiena Stazione, neu und zweckdienlich, am Hügel oben ein reizvolles mittelalterliches Städtchen mit Palästen aus dem 14. bis 16. Jh., unter anderem dem Palazzo Dovizi. Die Pieve di Bibbiena, gleichzeitig Pfarrkirche S. S. Ippolito e Donato: weitgeschwungene Gurtbögen betonen den hallenartigen Charakter dieser einschiffigen Kirche mit zwei kurzen Seitenschiffen.

An beachtenswerten Kunstwerken besitzt die Kirche ein Holzkruzifix aus dem 15. Jh. und schöne Fresken in der zweiten Kapelle links: Madonna mit Kind zwischen den Heiligen Ippolito und Donato.

Im Kreuzgang des Klosters San Lorenzo in der Via Dovizi gurren die Tauben um die uralte, zerbröckelte Zisterne, das Sonnenlicht trennt scharf das strahlende Weiß der Mauern vom Dunkelbraun des Gebälks.

Rundum hat Biggiere Fresken aus dem Leben des hl. Franziskus gemalt.

Rührend und naiv unter anderem die Szene, wo Franziskus den Bruder Masseo an einer Wegkreuzung, wo es nach Florenz, Siena und Arezzo ging, so lange tänzelnd um sich selbst drehen ließ, bis diesem schwindlig wurde und er zu Boden fiel. Die Richtung, in die er fiel, wurde als gottgewollte Fügung hingenommen.

Von der Aussichtsterrasse im oberen Ortsteil hat man einen herrlichen Blick über das obere Casentino und hinüber nach Poppi.

POPPI: Auch Poppi besteht wie Bibbiena aus zwei getrennten Orten: am Ufer des Arno Ponte a Poppi, der neue Ortsteil; über ein paar Straßenkehren hinauf gelangt man in ein zauberhaftes Bergnest mit vielen Arkadengängen, auf der Piazza ein Brunnen mit der Florentiner Lilie, und am höchsten Punkt der Stadt ein Juwel mittelalterlicher Burganlagen: viereckig, grazil, mit Zinnen bewehrt, von Wall und Graben umgeben, an der Westseite ein schlanker Turm mit Glockenstube. Vor dem Burgeingang steht linkerhand eine eindrucksvolle Büste Dantes, der hier oben, unmittelbar nach seiner Verbannung aus Florenz, großzügiges Asyl bei der Familie der Guidi genoß und zwei der Gesänge seiner "Göttlichen Komödie" schrieb.

Die Guidis - ein bayrisches Wappen in der Alfa Consiglio zeugt von einer Münchner Seitenlinie - besaßen noch weitere Burgen im Casentino, unter anderem das nahe Castello Romena. Von den Fenstern der Burg sieht man die Via Cassia, die sich in langen Schleifen durch das liebliche Tal des Arno zieht, das nur 6 km entfernte Bibbiena und in die lichtdurchflutete Weite der Berge des Appenin.

Die Abbazia di San Fedele, Pfarrkirche von Poppi: die große, einschiffige Hallenkirche mit durchgehender Holzdecke zeigt in ihrer Architektur die romanische Basilika, die Urform der christlichen Kirche.

Für Zoofreunde mit Kindern: Südl. Ortsrand Straße nach Osten, Unterführung, dann rechts 2 km. Bei Poppi gibt es seit einigen Jahren einen sehr liebevoll angelegten Zoo, der sich - wohl erstmalig in seiner Art - ausschließlich auf die europäische Tierwelt spezialisiert hat. Kinderspielplatz und Restaurant.

RESTAURANTS

Gegenüber der Burg: Albergo Ristorante "Casentino", Tel. o575/52 9o 9o. Restaurant in einem zur Burg gehörenden Haus (durchschnittliche Küche), Hotel einfach.

DIE PIEVE VON BADIA PRATAGLIA: In den waldreichen Bergen unweit von Camaldoli liegt Prataglia mit seiner romanischen Pieve. Das Mauerrechteck aus blankem Stein, die einschiffige Halle mit einfacher Holzdecke und schmucklosen Wänden und die Krypta mit ihren frühromanischen Plastiken atmen den Geist des Urchristentums.

DIE PIEVE SAN MARTINO IN VADO: Bei Strada in Casentino, Gemeinde Castel San Nicolo. Die Säulenkapitelle der schön gegliederten, dreischiffigen Dorfkirche sind geschmückt mit romanischen Reliefs aus Blumen, Blättern und Allegorien des menschlichen Körpers und der Seele.

ROMENA, PIEVE UND CASTELLO: Wer einerseits so viel Zeit hat, um ins Casentino zu reisen, andererseits aber doch nicht genügend Zeit, um alle romanischen Kirchen zu besuchen, sollte auf jeden Fall zur Romena fahren. Hier hat man alles auf einem Fleck: Schönheit der Landschaft, Atem der Geschichte und die Faszination kristallklarer Romanik.

Bei der Pieve von Sócana, unten im Tal des Arno, erfaßt der Verstand die Strukturen dreier Kulturepochen, die ein guter Architekt und Restaurator sichtbar gemacht hat. Auf den lichten Höhen der Pieve San Pietro a Romena trinkt die Seele einen Schluck Ewigkeit. Der Rhythmus aus drei und fünf Bogengängen, aus Flächen, Linien und Halbkreisen ergibt ein Bild vollendeter Harmonie an der apsidialen Fassade, die man beim Herannahen aus dem Tal erblickt. Man sollte sich dieses Bild gut einprägen, um bei anderer Gelegenheit, vor den Fassaden der Dome von Pisa, Lucca und Pistoia nämlich, die Unterschiede feststellen zu können:

Die Pieve von Romena wurde von einfachen Mönchen und schlichten Handwerkern im frommen Geist der frühen Romanik erbaut, um darin zu beten. Die einfachen, klaren Linien der Skulpturen sprechen die symbolische Sprache des Übergangs vom Heidentum zum frühen Christentum.

Die Dome der Städte wurden von mächten Domherren und wohlhabenden Zünften in Auftrag gegeben, von Meistern des Handwerks und berühmten Künstlern gestaltet, um in ihrer grazilen Verspieltheit und kühlen Eleganz den Reichtum der Stadt zu repräsentieren. Die Skulptur schlägt über das dunkle Mittelalter hinweg einen kühnen Bogen von der hellenistischen Klassik zur Morgendämmerung eines europäischen Humanismus.

Beides ist beeindruckend: hier die stille Schönheit der Pieve, die die Seele anspricht, dort die romanische Kunst in ihrer prachtvollsten Entfaltung, die Bewunderung und Erstaunen hervorruft.

Die vordere Fassade der Kirche ist, zusammen mit zwei Jochbögen des Schiffes, bei einem Erdbeben im Jahre 1678 eingestürzt.

Die Kirche wurde 1152, zur Fastenzeit, oder in einem Hungerjahr (Inschrift auf dem Kapitell der zweiten Säule links "tempore famis") eingeweiht, und was das Erdbeben in den restlichen vier Jochen, der Vierung und der Apsis übrig ließ, ist, vor allem in den Kapitellplastiken, eines der schönsten Beispiele romanischer Kunst.

Pflanzen, Tiere und Menschen, Körper und Gesichter, ornamental ineinander verschlungen, Allegorien von Leben und Tod, zeitlose Kunst. Der Kustode wohnt im Haus auf der anderen Straßenseite.

Unter dem Chor der Kirche (Zugang im rechten Seitenschiff) hat man 1986 Interessantes ausgegraben: drei Apsiden einer Kirche aus dem 8. Jh., die Fundamente eines römischen Wachturmes und etruskische Ornamente von etwa 600 v. Chr.

Noch eine Etage höher in den Hügeln des oberen Casentino, in Sichtweite über der Kirche, ragen auf altem Etruskerboden die Türme des Castello Romena in den Himmel. Dante fand hier, in der mächtigsten Burg der Guidi, von 1302 bis 1307 sein erstes Asyl nach der Verbannung aus Florenz und besang in der "Göttlichen Komödie", im 30. Gesang der Hölle, die Burg Romena, die Quelle unterhalb der Mauern, die "Fonte Branda".

Auch Gabriele d'Annunzio fühlte sich hier in Begleitung der Eleonora Duse inspiriert.

Atemberaubend schön und Balsam für die Nerven ist der Blick vom Burgberg, zu dem eine der schönsten Zypressenalleen der Toskana führt, über die Pieve San Pietro hinweg in das weite Tal des Arno, über die Wälder des Casentino, deren Blau in das des Himmels übergeht, in der Ferne die Burg von Poppi, wie ein Kristall in einer großen, flachen Schale.

DIE PIEVE VON STIA: Ihre Fassade hat wenig Romanisches, umso mehr dagegen die reichgeschmückten Kapitelle an den Säulen des Langhauses.

DIE PIEVE VON MONTEMIGNAIO: Die viereckigen, gemauerten Säulen der dreischiffigen Kirche sind ziemlich schmucklos. An einigen allerdings befinden sich schöne Fresken aus dem 16. Jh. Ein Muttergottesgemälde wird Ghirlandaio zugeschrieben, und eine Terrakottatafel Andrea della Robbia. Die Ruinen mit Burgkapelle des Castello Leone waren ebenfalls eine Burg der Guidi.

DER CONSUMA-PASS: Nicht steil, aber immer stetig windet sich die Straße aus dem oberen Arnotal hinauf auf die Höhen des Consumapasses (1.o6o m), erlaubt keine hohen Geschwindigkeiten, bietet aber an klaren Tagen phantastische Panoramablicke.

KLOSTER VALLOMBROSA: Im kühlen Schatten ausgedehnter Tannen- und Buchenwälder führt eine kleine Straße von der Paßhöhe ca. 1o km nach Süden, zum Benediktinerkloster Vallombrosa, wo 1o38 der Mönch Giovanni Visdomini den Vallombrosaner-Orden, eine strengere Variante des Beneditkinerordens, gründete. Im Klostergebäude aus dem 15. Jh. ist heute eine Forstwirtschaftsschule untergebracht. In der Kirche: Fresken mit Darstellung aus dem Leben des Klostergründers.

Außerhalb der Klostermauern: Albergo Ristorante "MEDICI".

Wer im Casentino auf den Geschmack von Schönheit und Stille der Landschaft gekommen ist, sollte aber noch nicht über den Consumapaß nach Florenz fahren, sondern sich östlich halten, in Richtung des oberen Tibertales, der Gegend des VALTIBERINA auf den Spuren von Heiligen und Genies: San Romualdo, San Francesco (Franz von Assisi) und Michelangelo.

Camaldoli

Das Kloster: Waldeinsamkeit umgibt in 818 m Höhe den Klosterkomplex der Kamaldulenser aus dem 15. Jh. In der Klosterapotheke (15. Jh.) ist ein "Antico Laboratorio Galenico" zu sehen mit Geräten eines galleni-schen Labors, ausgestopften Tieren und einem Skelett eines 2o-25jährigen jungen Mannes. Zu kaufen gibt es: Liköre, schöne Keramiken, Honig, Konfitüren, getrocknete Pilze, Cremes, Parfumes, Shampoos etc. Von 9-12.3o und 14.3o-18.3o Uhr geöffnet. Aus dem kleinen Brunnen mit den zwei Tauben in der Mauer am Straßenrand fließt radioaktives Wasser. Immer schon, nicht erst seit Tschernobyl. In der Klosterkirche findet man eine Rarität: ein Altargemälde, welches dem Historienschreiber und Maler Georgio VASARI (geb. 1511 in Arezzo) zugeschrieben wird.

Neben dem Kloster warten zwei gastliche Stätten: Albergo und Ristorante "CAMALDOLI" ganzjährig offen, im Laden kann man fürs Picknick einkaufen. Tel. o575/55 6o 19. Pensione und Ristorante "LA FORESTA", ganzjährig offen, Restaurant Mittwoch zu. Köstliche Forellen! Tel. o575/556 o15.
Beide Häuser haben auf der gegenüberliegenden Straßenseite Terrassen unter schattigen, uralten Nadelbäumen.

Die tiefen Tannenwälder um Camaldoli zählen zu den schönsten Italiens.

Die Eremitage (Eremo): Eine kurvenreiche, schmale, aber asphaltierte Straße schlängelt sich vom Kloster durch herrliche Nadelwälder in die weltabgeschiedene Stille des Eremo hinauf (6 km). Die kühle Waldes- und Höhenluft von 1.1oo Metern umfängt den Besucher, der sich für einen Moment Auto und Teerstraße wegdenken sollte, um sich vor das geistige Auge zu führen, in welcher absoluten Einsamkeit und Stille der Wälder und Berge, die Mönche hier seit der Gründung der Eremitage im Jahre 1o12 durch den heiligen Romualdus lebten.

Die ursprünglich romanische Kirche ist leider abgebrannt und 1669 im napoletanischen Barock wieder aufgebaut worden. Das Schönste an der Kirche: das Madonnenrelief von Mino da Fiesole (1484) im Vorraum über der Türe zur Kirche.

Die ca. 2o Häuschen, jedes mit eigenem Garten, innerhalb des von der Öffentlichkeit mit einem schmiedeeisernen Zaun zwar abgetrennten, aber gut sichtbaren Klausurgeländes, sind in ihrer Anlage den Klausuren von Galluzzo bei Florenz vergleichbar: Flur, Zelle mit Studierraum, Schlafraum, WC, Vorratsraum, Kapelle, Garten. Hier stehen die Häuschen in Reihen bis zum Waldrand hinauf, während sie in der Kartause von Galluzzo um den Kreuzgang herum angeordnet sind.

Die Klausur des Romualdus, gegenüber des Kirchenportals, ist als Beispiel zur Besichtigung zugänglich. Werktags: 8.3o-11.15 und 15-18 Uhr. Sonntag: 8.3o-1o.45 und 15-18 Uhr.

RUNDWANDERUNG im Hochwald: siehe Wanderteil am Ende des Buches.

San Francesco - der hl. Franziskus

Bevor wir von Bibbiena nach La Verna hinauffahren - dem weit ins Land ragenden Bergstock, wo Franziskus, trunken von der Schönheit der unter ihm ausgebreiteten Natur, verzückt und geblendet vom toskanischen Licht, dankbar mit weit ausgebreiteten Armen die Stigmatisation, die "Wundmale des Herrn", empfing - ein paar Zeilen über den "Poverello", den Ärmsten unter der Sonne:

1182 wurde er als Sohn des reichen Tuchhändlers Bernadone von Assisi geboren. Bis zu seinem 25. Lebensjahr benahm er sich so, wie es einem Sohn aus vornehmen Hause "zustand": rauschende Feste, mehr oder weniger lustige Streiche, Weibergeschichten, Leichtsinn.

Aber eines Tages, nach einer Krankheit, nach seinem 1. Kriegszug, begegnete er einem Aussätzigen. Etwas in ihm sträubte sich plötzlich, diesem Geld vom Pferd herab zuzuwerfen. Er stieg ab, beschenkte den Kranken und küßte seine stinkenden Hände. Das war der Augenblick der absoluten Wandlung in seinem Leben.

Er entschloß sich, alles was die Erde an Schönem und Häßlichem, Gutem und Bösem, Freude und Leid bot, als von Gott gegeben nicht nur anzuerkennen, sondern auch zu lobpreisen.

Er verschenkte alles was er hatte und ging in die "Hauslosigkeit". Vorher, beim letzten Treffen mit seinen alten Freunden, verkündete er die Absicht, sich zu vermählen - mit Frau Armut!

Die Armut war für Franziskus die Freiheit: Wer Hunger ertragen kann, ist gegen Not gefeit - wer Schmerz nicht fürchtet, dem können Martern nichts anhaben. Wer arm ist, dem kann nichts mehr genommen werden.

Es war nicht die romantische Schwärmerei eines alternativen Aussteigers, wie man es heute vielleicht ausdrücken würde. Er ertrug Armut und Kälte, Hunger und Verachtung - um die Nachfolge Christi mit aller Konsequenz anzutreten. Ein reiner Tor mit lauterem Herzen und nie nachlassender Liebe zu Mensch und Kreatur.

Er predigte vor Reichen und Armen, Mächtigen (Papst Innozenz III.) und Knechten und beeindruckte sie. Er sprach zu den Vögeln und Tieren des Waldes und zähmte sie (den wilden Wolf von Gubbio). "...und der Herr hat mir gesagt, ich solle ein neuer Narr sein in dieser Welt."

In allem feierte er Gott, und so entstand - wenn auch erst kurz vor seinem Tod, und vielleicht gerade da - der berühmte "SONNENGESANG" des Bruders Immerfroh, wie seine Mitbrüder ihn nannten.

Hier ein frei übersetzter Auszug - gibt es eine schönere Liebeserklärung an die Natur:

Gepriesen sei du mein Herr mit allen geschaffenen Wesen
vor allem der Frau Sonne, der Schwester
die Tag bringt, und du erleuchtest uns durch sie.

Gepriesen sei du mein Herr durch Mond und Sterne, die Brüder
du hast sie dem Himmel verliehen, als lichte freundliche Hüter.

Gepriesen sei du mein Herr vom hilfreichen Bruder Wind,
von Lüften und Nebeln, von Wettern trüb und lind.

Gepriesen sei du mein Herr durch Schwester Quelle,
ihr Wasser ist nützlich und keusch, demütig und helle.

Gepriesen sei du mein Herr durch Bruder Feuer
durch ihn läßt du die Nächte leuchten,
und er ist stark und mächtig und ist uns heilig und teuer.

Gepriesen sei du mein Herr durch unsere Mutter Erde,
die hilft uns regieren und nähren,
und schenkt uns vielerlei Früchte, Buntblumen und Ähren.

Gepriesen sei du mein Herr durch unseren Bruder, den Tod.
Preist meinen Herrn und spendet ihm Dank für das Leben
und bleibt in großer Demut ihm untergeben.

Er, der unermüdliche Lobpreiser seiner umbrischen Heimat und der Toskana, gründete mit Erlaubnis des Papstes viele seiner Klöster und Einsiedeleien noch selbst - und wurde bereits zwei Jahre nach seinem Tod heilig gesprochen.

Das Gebiet um den Berg La Verna bekamen Franz und seine Brüder von einem Adligen der Gegend als Zufluchtsstätte zugewiesen. Dorthin zog er sich zurück und erhielt nach vierzig Tagen der völligen Askese die Wundmale Christi.

Fast erblindet, schwer erkrankt und völlig entkräftet verbrachte er die letzte Zeit seines Lebens im Convento delle Celle bei Cortona - bevor man ihn kurz vor seinem Tod nach Assisi trug, wo er singend seinen Tod erwartete.

Im vierundvierzigsten Jahr seines Lebens, am 3. Oktober 1226, starb er. Was war seine Lehre? Nichts weiter als die einfachsten Grundsätze des Christentums: Friedfertigkeit, Liebe und Dienst am Mitmenschen.

La Verna

Auf der höchsten Höhe zwischen dem Arnotal und dem Oberlauf des Tiber liegt in alten Tannenwäldern das KLOSTER LA VERNA. Der Heilige Berg. "Il Sacro Monte".

In einer Seitenkapelle sind persönliche Erinnerungsstücke des hl. Franziskus aufbewahrt: sein Gürtel, sein Stock, ein Eßgerät und ein Meßbecher, seine Stola und in einem Kelch Blut aus seinen Wunden. Der Ort, wo er am 17. September 1224 diese Wunden empfing, ist durch eine Steinplatte im Boden der kleinen Felsenkapelle gekennzeichnet.

Über dem Altar dieser Kapelle ist eine große Kreuzigungsszene von Andrea della Robbia - vom selben Künstler ist auch das Marienmedaillon über der Tür. In der Kirche Sta. Maria Assunta ist eine Vielzahl schöner

Robbiani zu sehen, einige befinden sich auch in der Kirche Sta. Maria degli Angeli.

Im Klostergebäude ist eine gemütliche Trattoria, wo es Pizza, Wein und Pecorino gibt.

Camping "La Verna" im Ortsteil Vezzano bei Chiusi della Verna. 15.o6.-15.o9.

Auf einem Umweg ins Tibertal - vielleicht nach einem Fisch- oder Wildessen in Pieve San Stefano - kommt man nach:

Caprese Michelangelo

Die spätere Erweiterung des Ortsnamens läßt erraten: hier wurde Michelangelo geboren. (Über sein Leben und sein Werk ist im Teil "Florenz" berichtet. - Siehe Seite 1oo)

Alles ähnelt geradezu frappierend dem GEBURTSHAUS LEONARDO DA VINCIS. Nur die Landschaft ist etwas herber.

Es sind nur ein paar Kilometer zwischen den Orten, wo "Il Poverello" das Loblied der Schöpfung sang und wo "Il Divino" zur Welt kam, der die Schöpfung mit Pinsel, Griffel und Meißel so meisterhaft ehrte. Sein schlichtes Geburtshaus auf einer Anhöhe zeigt im 1. Stock die Wohnräume der Familie, im Erdgeschoß die früheren Arbeitsräume des Bürgermeisters Buonarroti, einige Werke und Kopien sowie eine Kopie der Geburtsurkunde vom 6. März 1475 und eine Bronzebüste Michelangelos von Nadiele da Voltera. Im Garten stehen eine Reihe von Würdigungen späterer oder neuzeitlicher Künstler, so z.B. die Bronzegruppe Michelangelos als Baby vor einigen seiner späteren und berühmten Werke. Über Fragen des Geschmacks läßt sich bekanntlich nicht streiten.

Im Ort gibt es ein Albergo und Ristorante: ** "**Buca di Michelangelo**". Abgesehen von den etwas kitschigen Malereien an der Wand hat man von der Terrasse eine herrliche Aussicht über die Wälder des Casentino. Ganzjährig offen, Restaurant im Winter Mittwoch Ruhetag, im Sommer immer offen. Tel. o575/793 921.

In der Nähe, im Ortsteil Zenzano ist der Campingplatz "Michelangelo", 1.4.-3o.9./15.1o.-3o.1o./15.12.-15.1. Tel. o575/79 38 86.

Borgo Sansepolcro

Das Tiberstädtchen - in seinem Stadtkern von mittelalterlichen Mauern umgeben - ist der Geburtsort von Piero della Francesca. Einige seiner größten Werke sind im Museo Civico zu sehen, so z.B. die Auferstehung. Merkwürdig genug: Sein Zeitgenosse, Mitbürger und Freund Lucca Pacioli, ist durch eine ganz andere Kunst berühmt geworden, er war der Erfinder der doppelten Buchführung!

Sansepolcro ist weiterhin bekannt durch seine Klöppel-Spitzen-Herstellung und seinen Palio dei Balestrieri. Auch hier, wie in Florenz, Siena, Pistoia, Massa Marittima haben die Menschen Freude am Verkleiden, und in mitterlaterlichen Trachten ziehen die Armbrustschützen im Mai durch Gubbio im nahen Umbrien, um sich mit der dortigen Vereinigung zu messen, und am 2. Sonntag im September kommen die Schützen von Gubbio nach Sansepolcro. Die Kostüme sind übrigens, und das ist eine Besonderheit hier, nach Fresken von Piero della Francesco angefertigt!

*** "**Albergo Ristorante Fiorentino**" - sympathisches Haus in Familienbetrieb mitten im Ort. Riesige Kristall-Lüster und Terrakotten aus der Robbia-Schule im Restaurant. Tel. o575/74o 35o.

Anghiari

Alte Bergstadt mit "autofeindlichen" schmalen Gäßchen, ganz oben eine Camaldulenser-Abtei, auf halber Höhe ein Panorama-Rundweg und eine Straße, die vom Kern der Stadt schnurgerade ins Tal hinab bis Sansepolcro führt.

Durch die Markthalle hindurch gelangt man zum Albergo Ristorante
*** "**La Meridiana**", Zimmer schlicht und einfach, aber sauber. Tel. o575/78 81 o2.

CASTELLO DI SORCI

bei Anghiari. Ein Anwesen in ländlicher Abgeschiedenheit, genau in der Mitte zwischen Anghiari und Monterchi (man verläßt Anghiari in südöstlicher Richtung, stößt auf die Hauptstraße Nr. 73 Sansepolcro - Arezzo und folgt dieser ein Stück in westlicher Richtung bis zum Hinweisschild "Castello di Sorci" in einer großen Rechtskurve). Eine Adresse, die man getrost seinen besten Freunden empfehlen kann. Tel. o575/789 o66.

Primetto Barelli verwandelte hier ein mittelalterliches Schloß mitsamt dazugehörigem Landgut und kleineren Wirtschaftsgebäuden in ein Agriturismo-Projekt besonders gelungener Art: im Schloß wohnt er selbst, hält aber einige Säle für Hochzeiten oder ähnliche Feierlichkeiten zu Feier, Speis' und Trank bereit. Das Landgut wurde zu einem gemütlichen Restaurant, wo man in zwangloser und fröhlicher Atmosphäre eine gleichwohl ungekünstelte wie hervorragende Küche genießen kann, die einen Umweg wert ist! Im Erdgeschoß kann man die riesigen, dünnen Teigfladen über Holztischen hängen sehen. Aus denen werden die Tagliatelle geschnitten, die dann in der Küche zu köstlichen Vorspeisen (Primi) verarbeitet werden.

In den kleineren Wirtschaftsgebäuden wurden Gästezimmer eingerichtet.

Etwas weiter im Süden, in Città di Castello, wo bereits Umbrien beginnt, führt Primetto in einem mittelalterlichen Weinkeller das urige Restaurant "ENOTECA ALTOTIBERINA", so empfehlenswert wie das Castello di Sorci.

Südlich von Anghiari, ca. 12 km, an der Grenze zu Umbrien, liegt der ruhige kleine Ort **MONTERCHI**. In der Friedhofskapelle ist ein berühmtes Meisterwerk P. della Francescas, dessen Mutter aus dem Ort stammte: die Madonna del Parto (Madonna der Geburt), eine Mariendarstellung in einem so fortgeschrittenen Zustand der Schwangerschaft, daß bereits das Kleid über dem prallen Bauch auseinander klafft und aus allen Nähten platzt. Wie eine junge Bäuerin, die Hand in herausforderndem Stolz in die Hüfte gestemmt, so steht die Muttergottes da. Ein originelles Werk, das sehenswert ist.

Am 3. Sonntag im September findet dort das Polentafest statt, wo es bei Volkstanz und -liedern Polenta und viele Schmankerl (Leber, Würstchen) vom Spieß gibt.

Die Provinz Grosseto

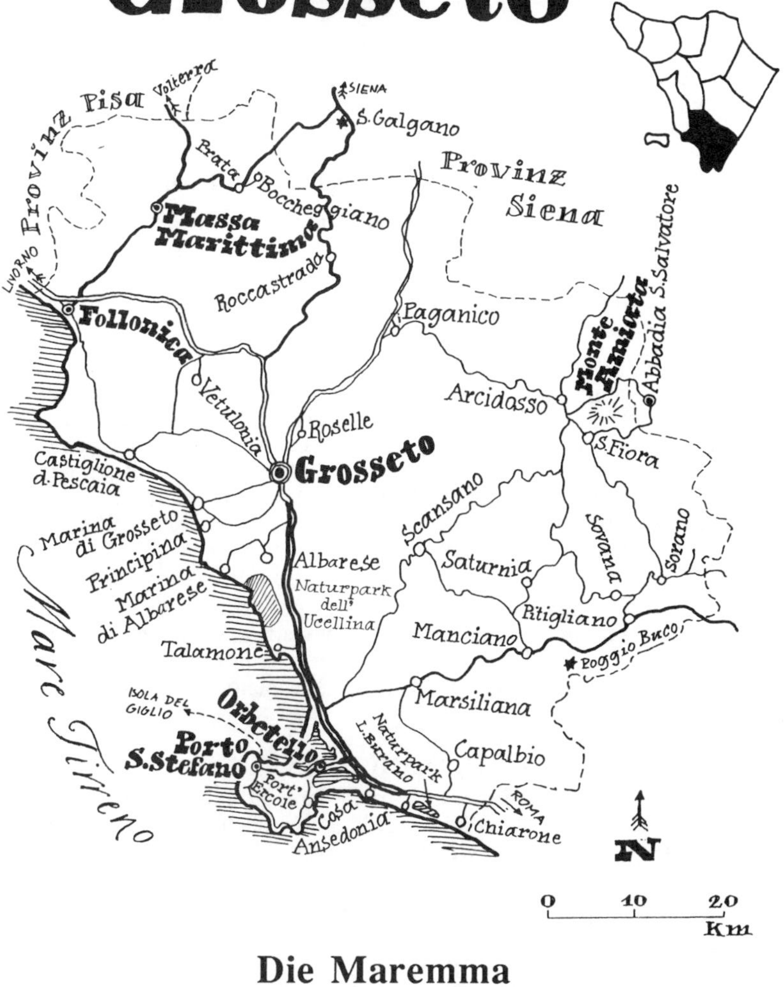

Die Maremma

Das Küstengebiet zwischen Grosseto und dem Monte Argentario ist eine weite Landschaft im Licht - ähnlich der Camargue in Südfrankreich.

Zur "Maremma Bassa" gehören die Ebenen um Grosseto und im Süden bis Capalbio, die flachen Küstenabschnitte mit ihren Pinienwäldern und der große Naturpark "Dell'Ucellina".

Die "Maremma Alta" ist das ruhige und hügelige Hinterland der Provinz. Zu ihr gehören so bezaubernde Städtchen wie Massa Marittima im Norden, Sovana und Pitigliano im Südosten und Capalbio im Süden.

Der Menschenschlag in dieser südwestlichsten Ecke der Toskana ist vital und urwüchsig - naturverbunden und ungemein lebensfroh. Fleisch und Wild gibt es zur Genüge, desgleichen Waldesfrüchte, Beeren und Pilze - denn das ist das zweite Gesicht der Maremme: üppige Waldungen landeinwärts, die aber auch, wie zum Beispiel in der Uccellina, bis ans Meer reichen. Ein unwahrscheinliches Land - ein herrliches Land!!

Wer die unvergleichliche Toskana bis hierher durchstreift hat, erlebt so nahe an ihrer Grenze noch einmal etwas völlig Neues. Es wird ihn immer wieder hierher ziehen - wo es einsam ist und einfach und unverbildet - wo man meinen möchte, diese unsere schöne Welt wäre noch in Ordnung. Und unter uns: hier ist sie es wirklich noch.

An der Küste finden Sie eine Reihe gut bevölkerter Badestrände, u.a. auch die COSTA ARGENTARIO, im Hinterland die Ruinen bedeutender Etruskerstädte wie VETULONIA, ROSELLE, SOVANA u.a., die relativ unbedeutende Provinzhauptstadt GROSSETO und ansonsten viel herrlich ruhige Landschaft, vom Tourismus wenig oder gar nicht frequentiert, bezaubernde, kleine Landstädtchen, einfache aber gute Küche, stille Täler und flache Berge, abwechslungsreiche Vegetation, weiße Kühe mit dunklen Augen und großen Hörnern und freundliche Menschen.

In jeder Gegend und fast jeder Stadt der Provinz fällt dem Reisenden eine Burg, eine Befestigungsanlage, eine burgartige Stadtresidenz, ein Schloß oder zinnengekrönte Wehrgänge und Türme auf: In Grosseto, Pitigliano, Sovana, Sorano, S. Flora, Piancastagnaio, Semproniano, Manciano, Capalbio, Arcidosso, Saturnia u.v.a. Sie alle gehörten der Familie der ALDOBRANDESCHI.

GESCHICHTE - UND GESCHICHTEN

Während der Zeit der Etrusker eine fruchtbare und reiche Gegend, durch Barbareneinfälle verwüstet, von den Römern vernachlässigt, wurde dieses sumpfige Küstengebiet erst wieder von Cosimo I. kultiviert. Was ist die Maremma heute?

Die langobardische Adelsfamilie der Aldobrandeschi kam im Zuge der langobardischen Invasion in die Toskana. Ein Dokument vom 9. Oktober 862 erwähnt den Langobarden-Grafen Ildeprando, der zunächst Herr über Lucca war, dann durch ein listiges Tauschgeschäft sich seine eigene Grafschaft in der Maremma sicherte. Mit ihm begann die lange Herrschaft der Aldobrandeschi. Der Mönch Hildebrand (Ildebrando) aus Sovana, später Gregor VII., entstammte diesem Geschlecht. S. Pier Damiani sagte: "Die Macht und der Reichtum dieser Familie war so groß, daß sie für jeden Tag des Jahres ein

Schloß hatten."

LEGENDEN um geheimnisvolle Ereignisse und merkwürdige oder kauzige Menschen gibt es in dieser Landschaft. So z.B. die des Räubers DOMENICO TIBURZI, einer Art Schinderhannes der Toskana. Sein Reich war die Macchia und Capalbio. Er beraubte Reiche, um Arme zu beschenken. Die Justiz jagte ihn, wie man Wildschweine jagt und ohne Schonzeit. Inmitten seiner Macchia erwartete er am 23. Oktober 1896 die tödliche Gewehrsalve, so wie ein Wildschwein sich erschöpft dem Frieden des Todes ergibt. (So allegorisch erzählt man seine Geschichte in der Maremma.) Die Würdigung seitens des Volkes und sein Urteil seitens der Autorität zeigt sich dramatisch und ergreifend in seiner Beerdigung: Sein Oberkörper und Kopf werden in geweihter Erde auf dem Friedhof von Capalbio bestattet, um seine religiöse Gesinnung anzuerkennen.

Der Rest wird außerhalb der Friedhofsmauern verscharrt, zu seinen Füßen wird eine Zypresse gepflanzt, damit seine Füße im Wurzelwerk Halt finden und er nicht herumgeistern muß. Ob man wohl deshalb Zypressen auf Friedhöfen pflanzt?

In dem RISTORANTE "LA TORRE" in Capalbio hängen alte Fotos von Wilderern (bracconiere) und Räubern (briganti) u.a. auch vom Tiburzi. In der Gegend des Monte Amiata predigte DAVID LAZZARETTI, genannt der hl. Davide, die Lehren seiner giurisdavidischen Kirche, die unter dem Motto stand: Es lebe die Republik, Gott und die Freiheit. Er wurde exkommuniziert und am 18. August 1878 während einer nicht genehmigten Prozession erschossen. Noch heute feiern die Anhänger seiner Lehren in der Nacht vom 14. und 15. August auf dem Monte Labbro die "Messe des Propheten".

Um das Dorf TIRLI, in den Bergen zwischen Vetulonia und dem Küstenort Castellon della Pescaia, rankt sich die Legende eines wundersamen Geschehens. Ein als Mönch verkleideter französischer Graf geriet nach seiner Landung in ein Banditennest - das heutige Tirli - wo die Frauen meist allein lebten, weil die Männer auf Beutezügen unterwegs waren. Die Felder um das Dorf waren verwahrlost und voller Schlangen. Unterstützt vom Wunder der Wasserkrüge, aus welchen, mit der Öffnung nach unten getragen, das Wasser nicht herausfloß, ging der Mönch daran, die Schlangen von den Feldern zu vertreiben, und diese in Zusammenarbeit mit den Bewohnern zu Frucht und Ernte zu bringen und aus den Räubern brave Bauern zu machen.

Aber offenbar auch passionierte Jäger. Denn auch Tirli gehört zu den Bergnestern, in denen man vorzüglich tafeln kann - bei Wildschwein und Pilzen, aus den Wäldern der Umgebung.

Grosseto

Freundlich und lichtdurchflutet liegt es in der weiten Ebene. Piccola Lucca wird es manchmal genannt, denn wie die Schöne im Norden ist die Hauptstadt der Maremma ebenfalls von einer geschlossenen Mauer umgeben. Außer dem harmonisch einheitlichen Domplatz allerdings ist der Vergleich mit Lucca nicht immer angebracht.

Viel neue Bausubstanz stört zwischen alten Fassaden. Der sechseckige Mauerring mit seiner kleinen Altstadt ist rings umgeben von endlosen und langweiligen Neuzeit-Siedlungen.

Neben der PIAZZA DUOMO, im Centro Storico, liegt die schöne PIAZZA DANTE ALIGHIERI mit dem Denkmal Leopolds II., das zur

Erinnerung an die erfolgreich bekämpfte Malaria aufgestellt wurde.

Tourist INFO APT: Via Monterosa 2o6, Tel. 454 527.
USL: Via Monteleoni 6, Tel. 485 895.

MUSEO ARCHEOLOGICO (Etruskische Funde aus Vetulonia u. Roselle!!), Via Mazzini 36, 9-12 Uhr, Mi. zu, im Sommer: So. 1o-13 Uhr.

Etwas für Gourmets:

RESTAURANTS Ristorante "ENOTECA OMBRONE", Tel. o564/225 85, Viale Matteotti 71. 1.-2o.Juni und Sa. abends+So. zu. Giancarlo und Graziella Bini befolgen den obersten Grundsatz der Nouvelle Cuisine, nämlich das an Gerichten zu servieren, was die Saison gerade an Wild, Fisch und Gemüse liefert, mit dem Motto: per noi il mangiare ed il bere sono cose sacre (Essen und Trinken sind für uns geheiligte Dinge). Die Enoteca, der Weinkeller, ist eine kühle Schatzkammer, durch die der Kenner mit leisem Zungenschnalzen geht.

Aus der Küche: Maremmen-Spezialitäten wie Acquacotta, Spaghetti alla buttera und das Gericht, bei dem man den kleinen Keramik-Teller des Hauses bekommt (il piatto del buon ricordo), prosciutto alla Carlo. (Zur Erinnerung: wie in Pisa bei "Da Sergio" oder in Arezzo in der Buca di S. Francesco.) Wer nur mal eben Spaghetti essen will, ist hier fehl am Platze.

* "**Enoteca Ombrone**" - hat aber nur 12 Zimmer. Am Bahnhof: **** "**Hotel Lorena**", Via Trieste 3, 6o Zimmer mit allem Komfort. Tel. o564/255 o1. Am Domplatz: *** "**Hotel Leon d'Oro**", Tel. o564/221 28.

USL: Via Cavour 5, Tel.: o564/223 31.

Albarese und der Parco Nazionale della Maremma

Von Grosseto fährt man auf der alten Via Aurelia (nicht die S.S.1) nach Albarese; bei einer Kreuzung steht ein ulkiges Schild: "Roma, Albarese".

Der Ort selbst ist nur ländlich, hat aber seine Besonderheit: er ist das Zentrum der MAREMMA. Die Hochburg der BUTTERI, der Cowboys der Maremma, und der Eingang zum Naturpark DELL'UCCELLINA.

Am 1., 2. und 3. Mai und am 15. August ist dort der weit und breit bekannte TORNEO DEI BUTTERI. Ein Reiterspiel, wobei sich die Reiter eine Rose vom Ärmel abjagen müssen. Gleichzeitig ein Springreit-Turnier mit bekannten Namen. Die Butteri von gestern waren Originale - gewandte Sattel-Artisten und Viehzüchter. Die Butteri von heute sind die Söhne der Alten, deren Hobby es ist, die Tradition zu pflegen und fortzuführen. Am

17. August findet eine Cavalcada (Reiterprozession) nach Marina di Albarese statt.

Der PARCO DELL'UCCELLINA, ein herrlicher Naturpark, 15 km lang, 6 km breit, mit reicher Fauna und Flora. Wildschweine, Rotwild, Vögel, Gewässer, prähistorische Grotten, mittelalterliche Türme und das verlassene Kloster San Rabano. Vom 17. Juni bis 3o. September jeweils Mi./Sa./So. 7-16 Uhr. Wanderungen nur mit Führer. Vormittags-Route 6 1/2 km auf dem schwierigen "San Rabano"-Pfad, nachmittags 5 km auf dem leichteren "Le Torre"-Pfad. Fragen bei der Bar und Gelateria in Albarese.

Massa Marittima

Hoch über der Maremmenebene liegt diese Stadt einer fast grazilen Gotik, seit dem 13. Jh. unverändert aussehend.

Wenn man mich fragt, welche Piazza die schönste der Toskana sei, dann fällt mir spontan die PIAZZA GARIBALDI von Massa ein.

Sie ist nicht zu groß, sondern auf eine gemütliche Art klein und überschaubar, zur Kirche hin leicht geneigt, wohltuend asymmetrisch, über einer großen, breiten Freitreppe erhebt sich die mit phantastischer Perspektive schräg in den Raum gestellte Kathedrale, die mit ihren klaren Linien pisanischer Romanik von faszinierender Schönheit ist. Sie ist maßvoller als der Dom von Pisa und wohl eben deshalb ergreifender.

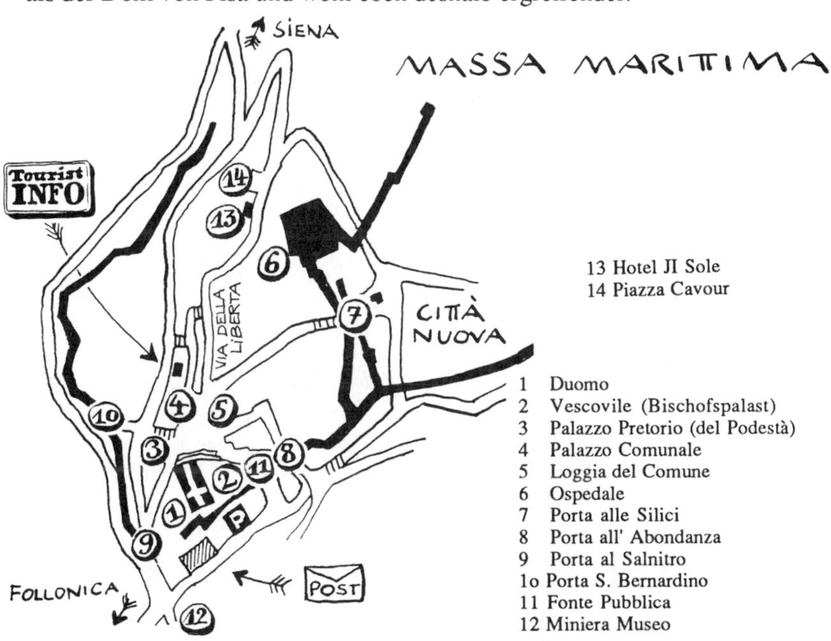

13 Hotel JI Sole
14 Piazza Cavour

1 Duomo
2 Vescovile (Bischofspalast)
3 Palazzo Pretorio (del Podestà)
4 Palazzo Comunale
5 Loggia del Comune
6 Ospedale
7 Porta alle Silici
8 Porta all' Abondanza
9 Porta al Salnitro
1o Porta S. Bernardino
11 Fonte Pubblica
12 Miniera Museo

Harmonisch in Lage und Stil um die Piazza gruppiert sind die Paläste: der PALAZZO VESCOVILE (Bischofspalast) in seiner Perspektive schräg von der Kirche weglaufend, die PALAZZI PRETORIO und COMUNALE zum schmalen Teil des Platzes zugeordnet. Ich habe in der ganzen Toskana keinen Platz von so nervenberuhigender Schönheit und Anordnung gesehen.

Zwei Straßencafés liegen sich gegenüber, in denen man abwechselnd ganze Tage und Abende verbringen könnte.

Dort hatte ich auch eines meiner schönsten Toskanaerlebnisse. Den frühen Nachmittag verbrachten wir im Schatten des Cafés in der Loggia del Comune. Gegend Abend wechselten wir hinüber zum Cafe Le Cateni, das den beiden symphatischen Brüdern Alberto und Armando Vanni gehört.

Als es dunkel wurde, schob sich der Vollmond in die Szenerie - und auch er wechselte: von der linken auf die rechte Seite des Campanile der Kathedrale. Um Mitternacht ließ Alberto seinen eisernen Rolladen herunterrasseln (Polizia!), schenkte aber nochmals eifrig die Gläser voll, bevor er schlafen ging. Die Piazza war leer und ruhig, der Vollmond stand über dem Giebel der Kirche, eine Grille zirpte noch ein wenig, und dann strömte plötzlich vom Land draußen ein wunderbarer Duft nach Blumen und Kräutern über den Platz. Wir setzten uns auf die von der Hitze des Tages noch etwas warmen Kirchentreppen und schauten dem nächtlichen Treiben der Katzen zu. Was weiter? Nichts weiter. Wieviel das sein kann, wird feststellen, wer ähnliches erlebt.

Der DOM mit seinen Blendarkaden, der Loggia im Tympanon und seinem Campanile, der durch die nach oben zunehmenden Bogenfenster grazil wirkt, ist ein typisches Beispiel Pisanischer Romanik. Im Chor sind gotische Elemente, die aber den Gesamteindruck nicht stören.

Der Dom beherbergt eine Reihe sehr beachtlicher Kunstwerke. Am Anfang des linken Kirchenschiffs, in der Nähe des Eingangs, ist christliches und heidnisches nah beieinander: über einem in die Wand eingelassenen römischen Sarkophag aus dem 3. Jh. zeigt ein Triptychon aus der Seneser Schule (14. Jh.) "al fresco" Maria mit Kind, den hl. Franziskus und die hl. Katharina von Alexandrien.

An der Wand gegenüber, von einem schmiedeeisernen Gitter umgeben: Vasca Battesimale di S. Bernardo von 1267, das aus einem Travertinblock gehauene Taufbecken, in dem am 8. September 138o der hl. Bernhard von Siena getauft wurde. Die Reliefs zeigen Szenen aus dem Leben des Heiligen. Der obere Teil "Tabernacolo Marmoreo" ist eine Marmorarbeit von 1447 und zeigt in seinen Reliefs verschiedene Propheten.

In der Fassadenwand innen befinden sich einige wunderschöne frühromanische Relief-Skulpturen; Christus in der Mandorla, von Engeln umgeben, der Bethlehemitische Kindermord, Propheten usw.

Ein besonders schönes Kunstwerk ist auch die "Arca di San Cerbone", eine Urne aus Marmor aus dem Jahre 1324 mit acht Szenen aus der Heiligenlegende des hl. Cerbone, dem Schutzpatron von Massa. Im Deckel

Medaillons mit Maria, dem hl. Cerbone und verschiedenen Heiligen.

PALAZZO PRETORIO:
(1.1o.-31.3. 9-13/15-17 Uhr; 1.4.-3o.9. 1o-12.3o/15.3o-19 Uhr)
(auch: Pal. del Podestà) Mit Archäologischem Museum und Pinakothek: zum einen prähistorische und etruskische Fundstücke, aber auch Malerei des Mittelalters; das Prunkstück: der berühmte Ambrogio Lorenzetti schuf eigens für Massa die Maestà, die thronende Mutter Gottes mit dem Stadtpatron S. Cerbone.

PALAZZO COMUNALE, das Rathaus aus dem 13. Jh. ist flankiert von zwei mächtigen Türmen.

WISSENSWERTES ÜBER MASSA:

Die Stadt hieß bei den Römern Massa Metallorum, und in der Tat: In der Umgebung, den Colline Metallifere (erzbergende Hügel) werden heute noch beträchtlich viele Erze gefördert. Im neuen Teil der Stadt gibt es ein MUSEO DE MINIERA: Es ist zwar kein echtes Bergwerk, aber man hat in den Berg Stollen getrieben und dort die Geschichte des Bergbaus mit allen alten und neuen Maschinen, Techniken und Verfahren (mit Originalen) anschaulich dargestellt. Pullover mitnehmen - der Temperaturunterschied ist sehr groß. Kleine Aufstellung der hier zu findenden Erze: Pyrite, Malachite, Limonite, Magnetite u.a. Sommer: 1o-12.3o/15.3o-19 Uhr, Winter: 1o-12/15-16 Uhr.

Die Stadt ist in zwei Teile gegliedert: die obere, neue Citta nuova, die untere, alte Citta vecchia mit der Piazza Garibaldi. Dazwischen und drum herum viele Stadtmauern aus dem 13. Jh. mit erhaltenen Toren, wie z.B. am unteren Eingang das Salpetertor (Porta Salnitro)

DER BALESTRO DEL GIRIFALCO: Am Sonntag nach dem 2o. Mai (Fest des hl. Bernhardin) und am 2. Sonntag im August: 3 Stadtviertel namens Borgo, citta nuova und citta vecchia wetteifern in mittelalterlichen Kostümen im Fahnenschwingen und Armbrustschießen, wobei als Ziel ein Raubvogel, Sinnbild des Feindes, dient.

RESTAURANTS

FATTORIA MORIS: Ein lohnendes Ziel in Massa: vom Dom ein paar Schritte die Straße hinunter zur Porta Salnitro liegt links die Fattoria, wo man Wein (der Morellino di Scansano wird wie der Chiantiwein aus der Sangiovese-Traube gewonnen), Olivenöle, Grappe, Honig und andere Spezialitäten aus eigener Produktion kaufen kann. Im Hintergrund in den Fels geschlagene Weinkeller, die zum Teil aus der Etruskerzeit stammen.

Gleich neben der Trattoria kann man im Restaurant MORIS gute maremmanische Küche probieren. (So. abends und Mo. zu.)

GRASSINI: Auch dieser Name steht für zwei Ziele: am Beginn der Via della Libertà (Nr. 1), der Hauptgeschäftsstraße von Massa, die * Enoteca, der Verkauf von regionalen Produkten, auch Kleinigkeiten zum Dortessen. In der schmalen Gasse in dem rückwärtigen Teil des Hauses (1 Stock tiefer) liegt die * Tavernetta GRASSINI mit "Piatti maremmani".

Restaurant RICORDI E REFLESSI: Via N. Parenti 23, in der Straße hinter dem Palazzo Comunale.

*** "Hotel Il Sole" - Via della Libertá, mitten in der Stadt, 1oo Meter von der Piazza Garibaldi, in der lebhaften Einkaufs- und Flanierstraße von Massa.

Außerhalb ab der Umgehungsstraße:

** "Hotel Girifalco" - ungemütlich, kahl und nüchtern. Ristorante: häßlicher Kantinenstil. Tel. o566/9o 21 77.

** "Duca del Mare" - gepflegtes Haus mit guter Küche und gut sortiertem Weinkeller. Tel. o566/9o 22 84.

SPRACHSCHULE TUTTITALIANO

Die Schule, in einem Kloster aus dem 13. Jh., "Domus Bernardiniana", untergebracht, bietet nicht nur Sprachkurse sondern auch Kurse für Kochkunst, Literatur, Film etc. an. Info-Material über: Tuttitaliano, Casella Postale 19, I-58o24 Massa Marittima (Tel. o566/94o 28o).

Im Juni, Juli und August finden viele Veranstaltungen statt: Fotofestival, Folk-Blues-Festival, auf der Piazza Garibaldi diverse Folklore und auch Theater: Boheme, Cavalleria Rusticana u.a. Infos: APT, Via N. Parenti, Tel. o566/9o2 756. Dort gibt es auch Wander- und Radwegekarten, zum Teil auch auf Deutsch.

Boccheggiano

Auf dem Weg von Massa nach Siena sieht man links oder rechts der Straße einen Bach, der tief rostrot gefärbt ist. Das kommt von den Erzgesteinen, die hier in der Nähe abgebaut werden. Wer einen kleinen Umweg nicht scheut: nach Boccheggiano, einem jener bezaubernden Bergstädtchen der Toskana.

In einem Tal in der Nähe wird noch Bergbau betrieben. Bei klarem Wetter hat man von dort oben einen Blick bis zum Meer, und nach Elba.

Familiäres Restaurant mit guter casalinga: Pericciuoli, Tel. 99 8o 66.

Ebenfalls eine bezaubernde, natürliche "Terrasse" - sozusagen ein Balkon hoch über Land und Meer, ist das kleine Prata, zu dem eine stille Landstraße hinüberführt, die da und dort schon die zu erwartende Fernsicht verrät.

DIE KÜSTE DER PROVINZ

Follonica

Wenn man mich nach der häßlichsten Stadt der Toskana fragt, fällt mir spontan Follonica ein. Phantasielose Neuzeit-Architektur, schmaler Strand mit dreckigem Wasser, Ausblick auf die Industrieschornsteine von Piombino. Am Ortsende fängt die noch unzerstörte, breite Pineta an, die sich wie ein grüner Natur-Dom bis zur Bucht und Halbinsel PUNTA ALA hinzieht. Sie ist landschaftlich sehr schön.

Am Wege dorthin einige Campingplätze. Nebeneinander der riesige, ganz unter hohen Pinien liegende "Baia Verde", 1.5oo abgegrenzte Plätze, vor dem etwa 3o m breitem Sandstrand ist noch ein 1oo m breiter zeltloser Waldstreifen. Der Zeltplatz ist schön schattig und eben, etwas langweilig angelegt, mit endlosen Wegen. Allerdings auf Waldboden! Ostern bis Ende Oktober. Tel. o564/92 22 98.

Ganz anders ist der "Punta Ala", ca. 8oo Plätze, die Bäume stehen nicht so regelmäßig, viel Buschwerk schirmt fast jeden Platz vollständig ab. Strand wie beim Baia Verde, Restaurant, Bar Self-Service-Bazar, sehr viele Süddeutsche beim bayrischen Bier. Ostern - 2o.1o. Tel. o564/92 22 94.

Das FERIENZENTRUM PUNTA ALA (südlich direkt daneben.) Auf ca. 1.2oo ha Land mit viel Wald wurde eines der besten, teuersten und großzügigsten villagi turistici Italiens angelegt.

Aber: keine Campingplätze, wenig Hotels, fast alles Privathäuser. Reiten, Golf, Polo, Yachting, Diskothek am Strand - und weite Wege, die in Spezialautos zurückgelegt werden. Über dem Jachthafen (einem der modernsten Europas):

**** "**Hotel Cala del Porto**", ein pompöser Schinken, Tel. o564/92 24 55. Ebenso bombastisch: **** "**Golf Hotel**", Tel. o564-92 2o 26. **** "**Piccolo-Hotel Alleluja**", Tel. o564/92 2o 5o.

Castiglione della Pescaia

Hübsche alte Oberstadt, überfüllte Strandstadt. Berührungspunkt: der Fischmarkt. Zwei Campingplätze, Pineta und Sandstrand.

Macht schon einen fast süditalienischen Eindruck.

MARINA DI GROSSETO: flache, weitläufige Feriensiedlung mit Pineta und Sandstrand. Tagsüber Tausende am Strand, abends Tausende auf den Straßen.

PRINCIPINA A MARE: Wie Marina di Grosseto.

MARINA DI ALBARESE: Viel kleiner, intimer und ruhiger (relativ) als die anderen, freilich: kaum Parkplätze. Sauberes Meer und Wald.

TALAMONE: Ehemalige etruskische Siedlung, Burg und malerische Altstadt aus dem 15. Jh. und kleiner Hafen, der schon fast an einem Kap liegt - soweit springt die Landspitze ins Meer.

Schon das antike Telamon war immer begehrt und umkämpft. Sogar die Gallier waren hier unten, das war noch vor Christus - sie wollten's den Römern zeigen! Aber es blieb beim touristischen Ausflug. Mir gefällts hier unten - übrigens in der ganzen Maremme!

Vetulonia

Wer schöne Landschaft liebt, sollte hinfahren. Wer die Atmosphäre mittelalterlicher Bergstädte liebt, sollte unbedingt hinfahren!

Schon im 7. Jh. vor Christus gab es hier eine der größten etruskischen Städte, deren Niedergang allerdings im 5. Jh. v. Chr. begann. In der Ebene von Grosseto war damals ein großer See und ein schiffbares Kanalsystem, mit Verbindung zum Meer. Dieses Gebiet versumpfte mit der Zeit und wurde zur Brutstätte der Malaria. Der anfängliche Reichtum Vetulonias stammte aus dem ehedem fruchtbaren Land und aus den Eisen-, Silber- und Bleivorkommen der Colline metallifere.

Man sollte zuerst in das mittelalterliche BERGSTÄDTCHEN VETULONIA hinauffahren, das übrigens vom 13. bis Ende des 19. Jh. Colonna di Buriano hieß, und erst nach den Forschungen und Ausgrabungen des Dr. Isidoro Falchi wieder Vetulonia genannt wurde. Parken gleich beim Beginn des Ortes, rechts beim Museum. Die Stadt ist eng und ohne Parkplätze.

DAS MUSEUM (Winter 9-12 und 15-18 Uhr, Sommer 9-12 und 16-19 Uhr, Montag zu, Eintrittspreis: Unterschrift im Gästebuch) ist nicht allzu ergiebig, da die wertvollen Funde von Vetulonia fast alle im Archäologischen Museum von Florenz liegen.

Die Straße hoch zur Ortsmitte öffnet sich zu einem Platz mit Café und "RISTORANTE RENZETTI" (Do. u. Okt. bis Ende März zu, recht gute Casalinga), einem Brunnen und herrlichem Panoramarundblick.

Die Straße mit dem Torbogen weitergehend, kommt man am Ende zu den etruskischen ZYKLOPENMAUERN und einer weiteren kleinen Terrasse mit schönem Blick auf die weite Ebene von Grosseto.

Vetulonia hat kein Hotel !!

Auf der Straße zu den Nekropolen, ca. 600 m nach Ortsende bergab, rechts der Straße die Ausgrabungen der etruskischen Siedlung "SCAVI CITTA". Winter: 9-12 Uhr, Sommer: 9-12 und 14-19 Uhr.

Dies ist eine der wenigen Stätten, wo man sehen kann, wie die Etrusker ihre Siedlungen anlegten und lebten. Der Eintritt ist kostenlos, doch

Milano Diaziani, der Führer und alte Schwerenöter (er nimmt die weiblichen Gäste gern mal in den Arm) freut sich über ein Trinkgeld.

Er zeigt dann aber auch die versteckten Besonderheiten hier: wo z.B. eine etruskische (mit kleinen Platten) und eine römische (mit großen Platten) Straße zusammenstoßen, eine etruskische Waffenschmiede mit dem Maß für ein Schwert als Relief in der Wand. Es ist ein etruskisches Schwert, denn die Römer hatten keine gebogenen Schwerter.

Ein etruskisches WC (tatsächlich mit Wasserspülung!) und die Mauerreste eines Bordells, wo an einem großen Stein in der Wand ein ca. 3o cm langes Phallus-Relief, darunter ein etwas undeutliches Vulva-Relief sichtbar sind. Neben dem Bordell der Zugang zu einem Schwefelbad mit Kanalsystem zu einem Bad für Kinder. Am Schluß des Rundgangs läßt einen der alte Milano an einem Schwefelstein riechen.

Die ETRUSKISCHEN GRÄBER liegen an einem bergab führenden, schmalen und einsamen Feldweg, mit wenig oder keinen Parkplätzen. In einem der Gräber fand man ein eisernes Rutenbündel mit Doppelaxt. Hat Rom das Symbol entlehnt, so wie die Toga? Ganz oben liegt die Tomba de Belvedere, weiter unten die große und eindrucksvolle Tomba del Diavolino, in Lage und Anlage das schönste Etruskergrab, das ich kenne. Inmitten von Ölbaumhainen liegt das Grab in einer Vertiefung auf einem kleinen Hügel, auf halber Höhe zwischen Ort Vetulonia und Talebene. Zwischen den silbergrauen Olivenzweigen hindurch blickt man hinauf auf Hochvetulonia, hinunter in die Ebene von Grosseto und hinüber zu den fernen Hängen von Roselle.

Nach einem etwas späten Frühschoppen im Café und dem Besuch der "scavi" kletterte ich mit staubigen Schuhen an einem späten Vormittag im August auf den Hügel. Es roch nach Pfefferminze und einigen anderen Kräutern, ein leichter Windstoß fuhr durch die Zweige und brachte vom Tal das verwehte Geläute von Kirchenglocken herauf. Bienen und andere Schnellflügler umsummten mich, Schmetterlinge tanzten über dem grauen Gestein und ein Pirol schlug ein paar kehlige Laute in die Pausen des Zikadengezirps.

Die Zeit verlor für einen unbestimmten Moment ihren zwingenden Takt; ich war allein und genoß die Stille des Ortes. Ein schwarzer Käfer krabbelte an meinem Schuh hoch, fiel zurück und zappelte auf dem Rücken. Es gab zu dieser Stunde nichts Wichtigeres zu tun, als dem Burschen auf die Beine zu helfen. Die Sonne glitzerte auf seinem blauschwarzen Panzer, als er weitermarschierte. Die Kühle des Vormittags war inzwischen aus den Steinen gewichen, und die im Zenit angelangte Sonne hüllte den Hain in Hochsommerhitze. Vom gegenüberliegenden Hang brach in die Stille der gequälte Schrei eines Esels. Am Rande des offenen Grabgewölbes saß regungslos eine Eidechse. Nur ihre Kehle pulsierte. Tod und Leben - hier waren sie auf harmonische Weise vereint. Das Licht fiel in die ehemals dunkle, nun offene Grabkammer. Der Tod verlor sein Dunkles, und das Licht zeigte die steinerne Präsenz des Todes.

Roselle

Von Grosseto Richtung Siena, dann immer rechts halten (siehe Plan). Die letzten 2,5 km fährt man auf einem Feldweg unter Hinterlassung einer riesigen Staubfahne zu zwei ebenso holperigen, kleinen Parkplätzen. Beim ersteren zweigt rechts, den Hang hoch, ein wildüberwachsener Fußpfad zu den ZYKLOPENMAUERN ab, die sich links des Weges zu teilweise 6-7 m Höhe auftürmen und aus Blöcken bestehen, deren größte bis zu geschätzten 1o Tonnen wiegen. Die Mauer steht nicht frei, sondern dient als Abstützung eines Hochplateaus, auf dessen nördlicher Fläche riesige

Eichen und Ölbäume stehen, und wo es nach Pfefferminze und Oregano riecht.

Zu den AUSGRABUNGEN gelangt man entweder über dieses Hochplateau, oder vom Parkplatz aus. Das Gelände mit den römischen und etruskischen Überresten kann zwar jederzeit betreten werden - es gibt keinen Zaun, keinen bewachten Eingang, kein Eintrittsgeld - ist aber trotzdem von einigen uniformierten Wächtern unter strenger Kontrolle.

Ca. 3oo m nach der Schranke beim Parkplatz führt eine Römerstraße in den Horizont. Die Hochfläche mit ihren römischen und etruskischen Ausgrabungen rechts und links der römischen Straße liegt ca. 35o m über dem Tal und erinnert an Bilder von der Inkastadt Macchu Picchu. Unter dem römischen Forum entdeckte man etruskische Grundmauern, Be- und Entwässerungskanäle und Zysternen.

Die Archäologen gerieten ins Dilemma: Was ist nun wichtiger - Römer oder Etrusker? Man schloß einen in der Archäologie wohl einmaligen Kompromiß: Man ließ die eine südliche Hälfte des römischen Forums stehen und legte in der anderen Hälfte die etruskischen Siedlungs-Grundmauern frei.

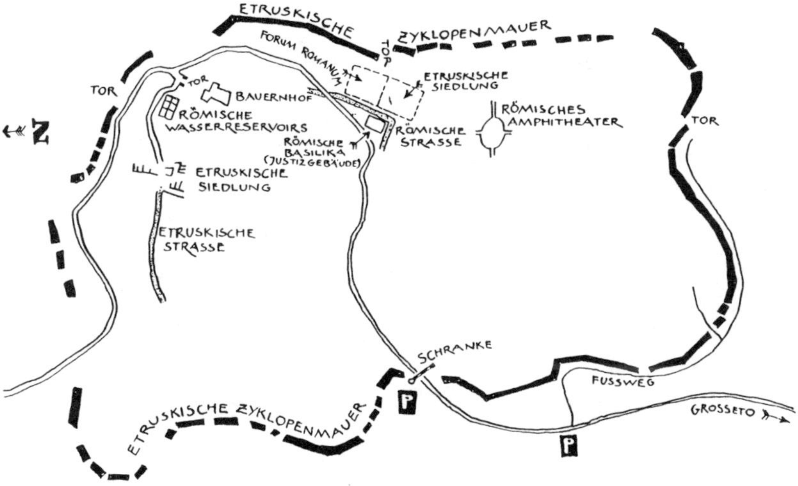

ROVINE DI ROSELLE

Der Fußweg überquert weiter oben, Richtung Süden, die Römerstraße, führt im Linksbogen zur Einfahrt eines Bauernhofes, wo dann rechts vor dem Tore ein Fußweg abgeht, der an zwei riesigen römischen Wasserhochbehältern (ca. 3o m lang, 4 m breit, 6 m tief) vorbei zu neueren etruskischen Ausgrabungen führt. Die Strohballen des Bauern liegen daneben. Die Pflaster-Reste einer etruskischen Straße ziehen sich einen kleinen Hang hinauf, und von hier oben hat man einen schönen Rundblick über weite Landschaftsgebiete der Maremma.

DAS GEBIET UM DEN MONTE ARGENTARIO

La Costa d'Argento - Silberküste

benannt nach den alt-römischen "argentarii", d.h. den Bankiers. Und daran hat sich nichts geändert. Das Meer rings um diese felsige Halbinsel, die früher eine Insel war, ist ständig aufgewühlt von den Bugwellen der übermotorisierten Luxusjachten.

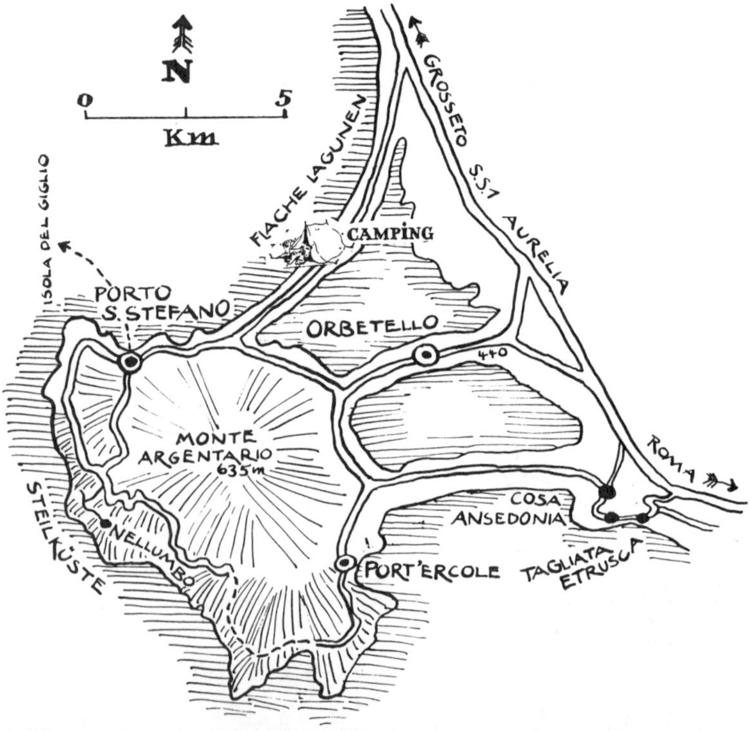

Die hochnäsigen Neureichen-Snobs von Rom, Milano, Deutschland, Schweiz und England mit ihren gelangweilten Bikini-Miezen bevölkern Hafenquais und Nobelherbergen.

Wen das alles nicht stört, der kann sich trotzdem erfreuen an schöner Landschaft, blauem Meer und farbenfroher Vegetation.

Die Zufahrt auf dem Nord-Damm ist gesäumt von einer Reihe von Campingplätzen (Acapulco, Hawai, Comunale, Argentario); mit den Vororten von PORTO SANTO STEFANO beginnen dann die Prunkvillen der "Argentarii."

Vom Hafen, der amphitheatralisch von älteren, hellockerfarbenen oder gelben Häuserreihen umstanden ist, kann man mit Schiffen der Toremar zu der INSEL GIGLIO fahren, wenn die Toremar nicht gerade streikt. Diese Insel hat einen malerischen Hafen namens Giglio Porto und ein romantisches Bergdorf namens Giglio Castello.

Durch Porto S. Stefano hindurch gelangt man auf eine zunächst gut ausgebaute Höhenstraße nach Westen, hoch über dem Meer, am Friedhof vorbei. Nach ca. 1o km zweigt eine Straße links ab, wieder hinunter nach Porto S. Stefano, ein Stück weiter unten an dieser Straße ist die hübsch gelegene

"TRATTORIA LA FONTANA DI S. PIETRO" (hauptsächlich Fisch und Fleisch vom Grill - unpersönlicher bis muffiger Service - lediglich der Blick von der Terrasse ist recht erfreulich.

Die Höhenstraße geht weiter, oberhalb der Küste, kurz danach zweigt eine Sackstraße ab, von der weiter unten nochmals eine linke Abzweigung zum "RISTORANTA NELLUMBO" führt (für Caravans zu eng). Inhaber: Giorgio Allocci, wo man zwar sehr gut, jedoch nicht ganz billig speist. Vorsicht: Die Straße wird weiter hinten zur relativ gefährlichen, unbefestigten, engen, holperigen und unasphaltierten Gebirgsstraße mit bedenklichen Steigungen.

Porto Ercole

Römisch: Portus Herculis. Hübsche Hafenstadt, nicht ganz so versnobt wie Porto S. Stefano. Im linken Teil des Hafens liegt die recht passable Kneipe mit akzeptabler Küche: LA PINTA.

Rechts oben am Hang das Hotel
*** "Don Pedro" - eleganter Eisdielenstil. April-November offen. Tel. o564/833 914.

Absoluter Gipfel an versnobter Pseudo-Eleganz:
**** "Il Pelicano", ein paar km hinter Porto Ercole, wo die Inselstraße aufhört. Steile Zufahrt zu landschaftlich hübscher Bucht. Geheiztes Meerwasser-Schwimmbecken, Barbecue daneben. Damen müssen abends lange

[Kleider tragen! Tel. 83 38 o1.]

Oberhalb von Porto Ercole liegt die FORTEZZA SPAGNOLA.

Ansedonia - Cosa

Auf dem mittleren Damm gelangt man über ORBETELLO - einem hübschen, kleinen Lagunenstädtchen mit einer etruskischen Zyklopenmauer, nach ANSEDONIA, einem locker bebauten Hügel mit vielen Gärten und Villen. Am obersten Punkt liegen die RUINEN VON COSA in einem Olivenhain, die man zunächst für etruskische hielt, die nach neueren Forschungen jedoch römisch sein sollen.

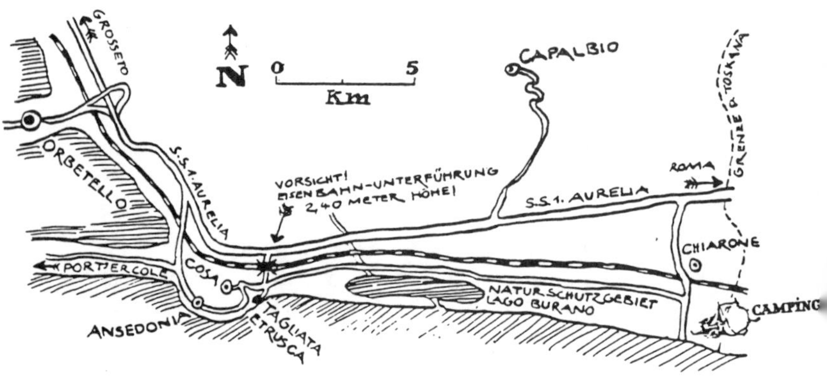

Wie ich die Etrusker und Römer kenne, wird es so gewesen sein, wie an anderen Orten auch, so z.B. in Roselle: Beide hatten eine Vorliebe für schöne und exponierte Plätze. Die Etrusker waren zuerst da, und die Römer haben sich später daraufgesetzt. Am Eingang, seitlich von mächtigen Mauern, steht auf einer Tafel an einem zugelehnten Tor etwas von bissigen Hunden. Ich habe keine bemerkt, obwohl ich die ganze Gegend durchstreifte.

Wenn man den Cosa-Berg nach Süden hinabfährt und sich bei der Kreuzung rechts hält, stößt man nach ca. 1 km auf die eindrucksvollen und immer noch rätselhaften TAGLIATA ETRUSCA.

Ein Kanal, der teilweise in senkrecht eingeschnittenen Felsschluchten bis ca. 2o m Höhe und durch Tunnels fließt, bevor er ins Meer mündet und unter Zuhilfenahme von Ebbe und Flut zur Entwässerung der Lagune von Burano diente bzw. noch dient. Einige Reste von Hafenmauern (römisch oder etruskisch?) stehen im seichten Uferwasser.

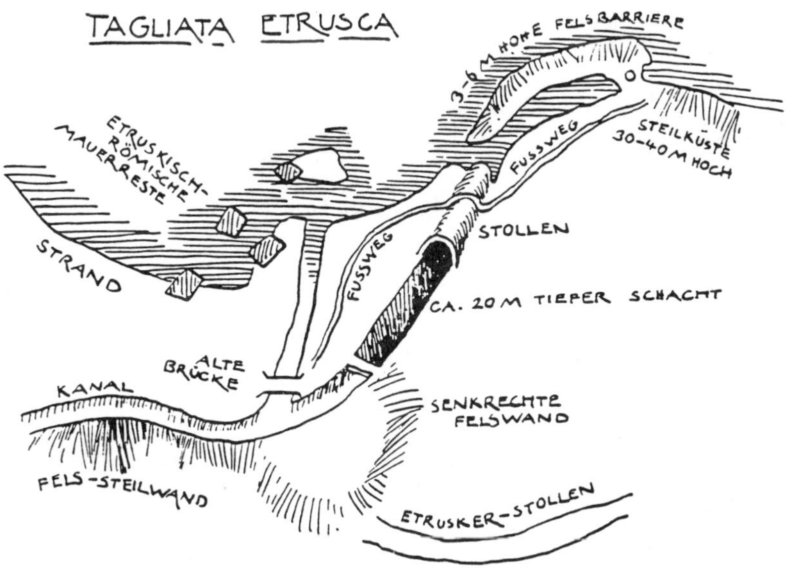

Zurück zur Kreuzung, rechts nach Süden (geradeaus geht's zur S.S.1, aber Vorsicht: Bahnunterführung nur 2,4 m hoch) zur:

Laguna di Burano

Die schmale Straße führt entlang der Bahnlinie Genua-Rom, rechts erstreckt sich bis zum Meer hin eine flache Ebene, wo Bauernhöfe liegen und die weißen Rinder der Maremma weiden, die so ausdrucksvolle Augen und so mächtige Hörner haben.

Um den nun folgenden Lago Burano herum ist das Naturschutzgebiet RIFUGIO FAUNISTICO DI LAGO BURANO. Eingang etwa auf halber Länge des Sees, bei einem Haus in einem Park. Hinweistafel: Do./Sa./So. 9-12/16.3o-19 Uhr. 1. Sept.-31. Mai offen. Scheint aber zu variieren, denn gelegentlich ist vom 1. August an offen. Nur mit Führer zu betreten.

Wer auf der S.S.1, auf der anderen Seite der Bahnlinie kommt: bei km 129,4 rechts ab, Bahn überqueren, wieder rechts nach Norden, 1,8 km der Bahn entlang.

Chiarone

In der äußersten Südwestecke der Toskana liegt am Meer der schöne und gepflegte Campingplatz Chiarone. Im Sommer sind zwar viele Italiener da, vor allem Römer, aber auch Deutsche kommen gerne Jahr für Jahr wieder.

In unmittelbarer Nähe das PFLANZEN- UND VOGELPARADIES BURANO. Der angenehme phantasievoll angelegte Campingplatz hat einen weiten Sandstrand und glasklares Wasser. An seinem südlichen Ende beginnt bereits Latium. Aber die Toskana lockt gerade hier mit den interessanten Ausflügen in die Maremmen-Orte.

Capalbio

In dieser Südwestecke der Toskana zweigt eine Straße von der S.S.1 ab zu der mittelalterlichen Bergstadt, die, wie so viele Städte im Süden der Toskana, von den Zinnen und Türmen einer Aldobrandesca-Burg überragt wird.

Es lohnt sich schon wegen des Essens hinaufzufahren: Etwa auf der Terrasse des Ristorante "DA MARIA" (der Frau eines berühmten Buttero namens Bonnucci Ottavio). Herrliche Wildspezialitäten, z.B. Papardelle Cinghiale von Wildschwein, hausgemachte Teigwaren und anderes. Der Terrasse entgegen wachsen ein großer Feigenbaum und ein Ölbaum, nach Südwesten schweift der Blick über sanfte Ölberge in die flache, heiße Maremma und zum Meer, nach Nordosten über Macchia-Hänge zu den Ausläufern des Monte Amiata.

In der Nähe der Kirche gibt's ein zweites, gutes und gemütliches Ristorante "LA TORRE", da Carla, u. ebenfalls Wildspezialitäten. An der Wand hängen ältere Fotos von Wilderern und Räubern aus dem Ende des 19. Jh. - auch von dem berühmten Brigante-Räuber Domenico Tiburzzi. Das Ristorante hat Do Ruhetag. Ende Oktober bis Anfang März zu.

Durch ein altes **Stadttor**, die Porta Senese, gelangt man in die mittelalterliche Stadt. Zwischen Tor und Kirche eine interessante Steinplastik: Ein Löwe hält in der rechten Pranke einen kahlen Kopf, Sinnbild von Capalbio (lateinisch: caput album). In der Kirche sah ich eine junge italienische Mutter in Badehose und T-Shirt, an einem Heiligenbild eine Kerze anzünden und mit ihren drei Kindern beten. In gewissem Sinne kennzeichnend für das heutige Italien.

Von hier aus kann man einen Spaziergang auf der WEHRMAUER machen und hat einen Panoramablik auf LAGO BURANO und Meeresküste.

In der ersten Septemberhälfte, um den 12. herum, feiert man in Capalbio die Wildschwein-Kirmes "Sagra del Cinghiale".

*** "Hotel Il Bargello" - ein scheußlicher Neubau, der weder in die Landschaft noch zum Stadtbild paßt. Februar zu. Ristorante Di zu. Tel. o564/896 o2o.

PARCO DE TAROT

Südöstlich von Capalbio, 1 km vor der Grenze Toskana/Latium, führt eine Straße über der Via Aurelia (N 1) nach rechts zum Meer nach Chiarone-Scalo, linkerhand nach Garavicchio.

Dort hat in 15jähriger Arbeit Niki de Saint-Phalle, die in Paris mit Jean Tinguely zusammen den zauberhaften Brunnen beim Centre Pompidou gestaltet hat, einen phantastischen Zaubergarten geschaffen. Inspiriert von den Motiven des altfranzösischen Kartenspiels "Tarot" formte sie geheimnisvolle und allegorische Figuren inmitten von Gebüsch, Felsen und Olivenbäumen ("Die Gerechtigkeit und der Narr", Der Einsiedler und der Gehenkte", "Der Zauberer und die Herrscherin" u.a.) in leuchtenden Farben. Der Park ist in Privatbesitz, im Winter geschlossen. Wegen der öfter wechselnden Öffnungszeiten empfiehlt sich ein vorheriger Anruf: Tel. o564/895o32!

AUF DEM WEG NACH SATURNIA

Von CAPALBIO schlängelt sich eine Landstraße nach MARSILIANA durch eine schöne und ruhige Landschaft. Wälder und Felder beiderseits, Eukalyptusbäume säumen da und dort die Straße, schlanke Pappeln stehen vor niedrigen Höhenzügen mit Buschwerk und Krüppelwald, und höchst selten kommt ein Auto vorbei, und wenn, dann mit GR-Nummer. Hier muß man ab und zu aussteigen, um zu sehen, wie ein Schmetterling über die Straße flattert, um die Vögel zu hören und die Stille der Landschaft zu spüren. MANCIANO: Bergstadt mit steiler Zufahrtsstraße, einem Castello Aldobrandesco, davor der Brunnen mit Karolinenquelle von S. Fiora, 32,16 km entfernt (steht darauf). Das mittelalterliche Stadtbild ist von ziemlich viel neuer Bausubstanz verdrängt worden. Ein Abstecher lohnt sich nicht unbedingt.

Saturnia

Von Manciano kommend sieht man zuerst in einem Tal die WASSERFÄLLE. Beim Aussteigen merkt man es dann: die ganze Gegend liegt in einem warmen Mief. Das 37,5° (ganzjährig) warme schwefelwasserstoffhaltige Wasser riecht wie nach eben gekochten, nicht mehr ganz frischen Eiern. Unterhalb des etwa 5 m hohen Wasserfalls liegen in stufenförmig nach unten folgenden, natürlichen Sinterbecken die Badenden. Oberhalb des Wasserfalls ist ein Teich, wo man sich schwefelhaltigen, schwarzen Schlamm herausholt, sich diesen auf die Haut schmiert, trocknen läßt und sich dann in die Kaskaden legt. Soll gut gegen Rheuma sein.

Auf halbem Wege zur Stadt biegt man nach rechts ab zum eigentlichen

Heilbad Saturnia. In einem Park mit großem Schwimmbecken, Tennisplätzen usw. liegt das große 1. Klasse Bade-Hotel

**** "Saturnia". Unter der Aufsicht von italienischen Ärzten kann man hier u.a. auskurieren: Erkrankungen der Haut (Akne), HNO, Atemwege (Bronchitis), Knochen (Arthrosen), weibliche Genitale und Harnwege, Verdauungsapparat, Fettleibigkeit und Gefäßerkrankungen. Aber: selbst an der Bar riecht es miefig nach leicht faulen Eiern. Tel. o564/6o1 o61.

STADT SATURNIA

In der Mitte ein großer Platz mit Baumgruppen, anschließend ein Park mit Bocciabahn, wo abends bei Flutlicht gespielt wird. Dahinter graben sie augenblicklich römische Stadtreste aus. Hinter der Kirche rechts geht man auf einer steil nach unten führenden, echt römischen Straße durch die PORTA ROMANA, ein guterhaltenes römisches Stadttor. Anschließend etruskische(?) Zyklopenmauern. Aus der Steigung dieser römischen Straße kann man folgern, daß die Römer ihre Pferde nicht allzu schonend behandelten. Oberhalb der Porta Romana liegt in einem Garten ein Castello Aldobrandesco. Ist aber Privatbesitz.

An der großen Piazza Veneto: die CAFÉ-BAR von Claudio Colonnesi, der auch vier Zimmer zu vermieten hat. Tel. o564/6o1 oo1.

Schräg gegenüber das empfehlenswerte Ristorante "I DUE CIPPI", in der Gegend aber eher bekannt als "DA MICHELE". In drei Räumen mit offenen Kaminen eines Hauses aus dem 15. Jh. untergebracht. Toskanische Küche, oft Wild, z.B. Fasanen und anderes je nach Jahreszeit. Hauptsaison jeden Tag offen, sonst dienstags zu.

Die etruskische Nekropole: Weit außerhalb, schlechte Straßen - lohnt sich nur für "Etrusker-Fans". Richtung Arcidosso, 2 km nach Ortsende links ab (Schild: Pian di Palma), löcherige Straße - Vorsicht: 6 km, dann einen staubigen Feldweg 2 km: im Wald verstreute Dolmengräber mit großen Steinplatten. Man ist meist allein dort draußen, und die Gräber unter den alten, knorrigen Bäumen strahlen in der Dämmerstunde eine archaische und geheimnisvolle Atmosphäre aus.

Sovana

Sovana ist eines der typischen Beispiele in der Toskana für eine Ortschaft, die man der Einwohnerzahl nach - es sind höchstens 3oo - bei uns lediglich als Dorf bezeichnen würde, die aufgrund der Anlage ihrer Häuser, Straßen und Plätze aber durchaus ihren städtischen Charakter hat.

Betritt man Sovana durch das Stadttor bei den Ruinen der Aldobrandeschi-Burg und schreitet die Hauptstraße entlang, steht man staunend auf der PIAZZA DEL PRETORIO: der harmonisch-malerische Platz eines Städt-

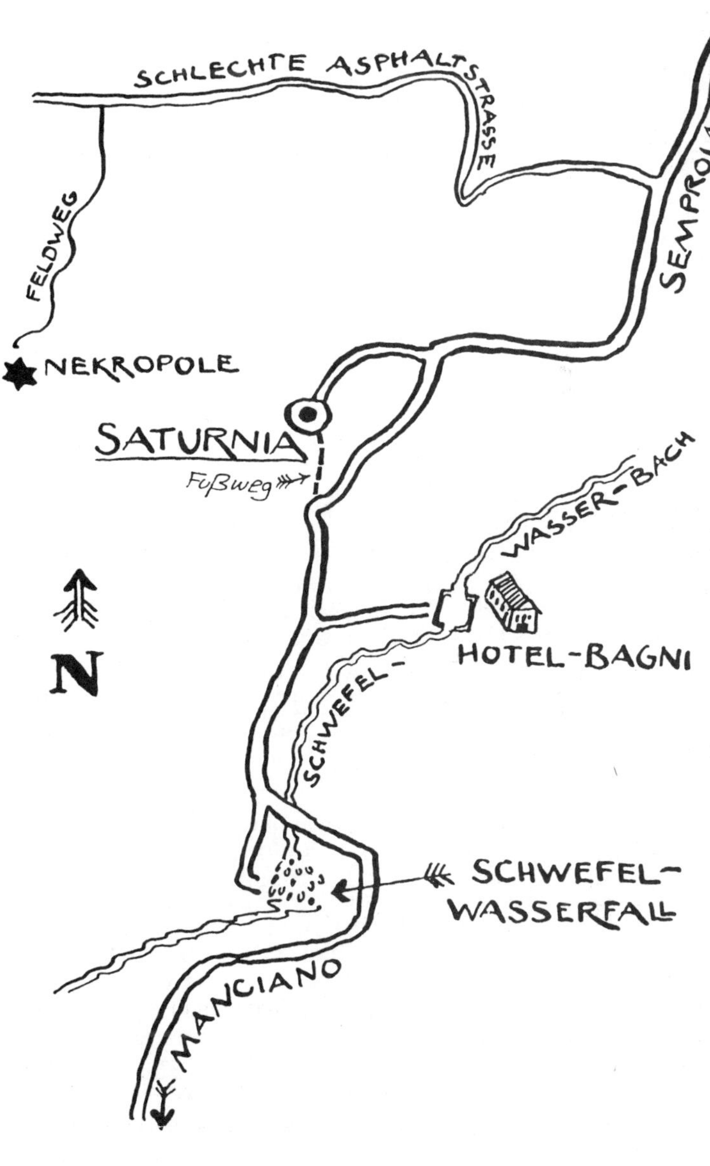
SCHLECHTE ASPHALTSTRASSE
FELDWEG
NEKROPOLE
SATURNIA
Fußweg
SEMPROIANO
WASSER-BACH
HOTEL-BAGNI
SCHWEFEL-
N
SCHWEFEL-
WASSERFALL
MANCIANO

chens, der nicht ahnen läßt, daß hinter ihm außer den Gärten nichts mehr ist. An die stattliche Fassade des Palazzo Bourbon del Monte linker Hand schließt sich die kleine Kirche Santa Maria an, die in ihrem Inneren neben einigen bemerkenswerten Fresken aus dem 14. Jh. ein vorromanisches Ciborium - ein Altar mit Steinbaldachin - aus dem 8. Jh. birgt, dem ältesten der Toskana.

PALAZZO PRETORIO: Im wappengeschmückten, alten Palast ist heute ein Etruskermuseum untergebracht. Der Besuch lohnt sich vor allem wegen eines rekonstruierten Modells der berühmten Tomba Ildebranda und zur Orientierung über die Etruskergräber der Umgebung. Die Öffnungszeiten (sie ändern sich leider des öfteren!): 1.6.-3o.9. 1o-13/15-19 Uhr täglich. 1.1o.-31.o5. 1o-13/ 14.3o-17.3o Uhr, nur Sa./So.

Von diesem zentralen Platz aus gelangt man in die Via del Duomo, bei der Nr. 45 zum GEBURTSHAUS DES MÖNCHES HILDEBRAND (Ildebrando), des späteren Papstes Gregor VII., der seinen Gegner Heinrich IV. auf Canossa einerseits aufgrund der Fürbitte der Mathilde von Tuscien, andererseits aus politischem Zwang, vom Bann erlöste.

Ein paar Häuser weiter endet die Bebauung an der Via del Duomo und zwischen Gärten und Bäumen taucht der gedrungene oktogonale Vierungsturm des DUOMO DI S. PIETRO E PAOLO auf. Der romanische Dom gehörte ehedem zu einer Benediktiner-Abtei aus dem 9. Jh. Unter der Apsis blickt man von außen in die Krypta. Am Seitenportal befinden sich einige außergewöhnlich schöne frühromanische Flachreliefs mit der dieser Epoche eigenen Rätselhaftigkeit: Ritter zu Pferde, ein Gorgonenhaupt, ornamentale Friese, Bänder und andere undeutbare Dinge.

Im Inneren der Kirche ziert das Kapitell der 2. Säule links ein eindrucksvolles Beispiel ursprünglicher romanischer Plastik: die Vertreibung aus dem Paradies. Außerdem sehenswert: ein Weihwasserbecken aus Marmor und ein Taufbecken aus Travertin. Öffnungszeiten: 1o-13 und 14.45-18 Uhr, So. 1o-13 und 14-19 Uhr.

Wir hatten gut zu Mittag gespeist, auf der Gartenterrasse des "RISTORANTE SCILLA", und ich war in Vorfreude auf einen Espresso und eine würzige Grappa. Von den Nachbartischen ertönte das Allegretto italienischer Unterhaltungen. Ringsherum ist das Blickfeld eingerahmt von hellockerfarbenem, meist mittelalterlichem Gemäuer, das lichte Blau des Himmels darüber, und zu Häupten ein Schattendach aus Schilfrohr und hellgrünem Weinlaub. Vom kleinen Turm des Rathauses schräg gegenüber schlägt jede halbe Stunde die Glocke; aber es klingt scheppernd, als werfe man ein Geldstück in ein Kupferbecken. Kleine Münzen einer unwichtigen Zeit. Aus einem Fenster vis-à-vis ertönt Vivaldi-Musik, und vom Garten herauf dringt das heisere und brustschwache Geschrei eines Hahnes.

Ein kleines Mädchen mit Lockenschopf hüpft über die Terrasse, Schwalben schneiden ihre scharfen Linien durch das viele Ocker und Blau, und mir steigt die köstliche Duftmischung aus Espresso und Grappa in die Nase. Der Hahn krächzt wieder. Unvermittelt beginnen die Glocken der Kirche zu läuten. Das Geläute unterscheidet sich von dem der Rathausglocke eigentlich nur durch Vielzahl und Frequenz. Es klingt, als würde man die vollgewordene Kupferschale ausschütten.

Das Halbstundensammeln der Rathausglocke kann von neuem beginnen. Und immer wieder dieser Hahn. Abwechselnd mit der Uhr, doch beide empfand ich nicht mehr als Takte der Zeit, sondern als natürlichen Rhythmus. Ich schwebte auf einer ockerwarmen Wolke durch türkisfarbenes Licht, und die Uhr hatte ihr zeitraffendes Imponiergehabe verloren. Die Zeit gab, sie nahm nicht. An diesem Nachmittag in Sovana.

RESTAURANTS

"ALBERGO" und "TAVERNA ETRUSCA" (**) neben dem Palazzo Pretorio, Tel. o564/616 183.

"ALBERGO" und "RISTORANTE SCILLA" (**), ebenfalls an der Piazza del Pretorio, Tel. o564/616 181. Besitzer Merli entdeckte das Silenen-Grab. Beide Häuser gute Küche.

"BAR DELLA TAVERNA": Die idyllische Ecke zwischen Albergo Etrusco und Palazzo Pretorio lädt mit ihren Sitzgruppen im Freien zum beschaulichen Verweilen ein. Im Inneren verkauft Roberto Santarelli geschmackvolle Bronze- und Keramikarbeiten sowie die "Monili": handgearbeiteter, vergoldeter Schmuck nach etruskischen Originalen. Hier kann man sich übrigens auch für die Wanderung (siehe Wanderteil am Ende des Buches) mit Proviant eindecken: Brot, Schinken, Salami, Käse etc.

Zuweilen fährt noch ein alter Ochsenkarren vorbei, gezogen von weißen Valdichiana-Rindern. Ich liebe die stille Beschaulichkeit dieses Etruskerstädtchens, das, hoch ins Licht gehoben, so wohlig weit weg von jeder hektischen Betriebsamkeit liegt. In unmittelbarer Umgebung liegen im dichten Grün der Wälder verborgen viele Zeugnisse der etruskischen Vergangenheit: die senkrecht und tief in den Tuff geschnittenen Wege, große, prachtvolle und weithin sichtbare Grabanlagen wie die Tomba Ildebranda mit ihren Säulenresten, oder die aus dunklem Gebüsch über einem schmalen Waldpfad ragende, kleine Tomba della Sirena mit ihrem mystischen Relief. (S. 335, 336)

Wem die Gegend gefällt, kann einem Ferienspaß besonderer Art nachgehen: die übrigen Gräber suchen; die Tomba del Sileno, die Colombari, die Valle Bona, die Tomba a Dado, die Tomba del Tifone, die Grotta Pola.

DIE UMGEBUNG VON SOVANA

La Mano di Orlando (die Hand Rolands): Wenn man Sovana in Richtung Sorano verläßt, sieht man links der Straße, kurz vor der Abzweigung nach Pitigliano, einen merkwürdig geformten Felsen aus der Wiese ragen, der wie eine riesige Faust aussieht. Die Legende erzählt, daß Karl der Große längere Zeit vergeblich Sovana belagerte. Der zu Hilfe gerufene Paladin Roland betete auf dieser Anhöhe vor der Stadt so inbrünstig um den Sieg, daß der Felsen die Form seiner Finger und seiner Hand annahm, die er auf ihn stützte. So geschah es, daß Sovana zur Übergabe gezwungen wurde.

Die Etrusker-Nekropolen: Siehe im Wanderteil am Ende des Buches.

Sorano

Von weiter Ferne gesehen, liegt das Städtchen auf einer Hochebene. Wenn man näher heranfährt, senkt sich aber überraschenderweise die Straße in wildromantische Schluchten ab, von deren Grund nun die Stadtsilhouette weit in den Himmel hineinragt.

Wenn man abends bei Dunkelheit durch die Stadt schlendert, gelangt man hie und da durch alte Torbogen, über verwinkelte schmale und enge Treppen in abwärtsführende, abbröckelnde Gassen, die wie eine in die Stadt hineingreifende Verlängerung der Schlucht wirken, aus der herauf das Rauschen eines Baches ertönt. Die eigentliche Altstadt beginnt nach dem Tor. Das Auto unbedingt davor stehen lassen! Rechts vor dem Tor ist eine TRATTORIA "DA MARINO", Casalinga. Hotels oder Alberghi gibt es in Sorano keine. Auf der linken Seite der Straße, die ins Tal führt, sieht man in der Felswand vor der Brücke Columbarien - Nischen für Urnen.

Wenn man die Straße wieder bergauf fährt, ist in einer Linkskurve, fast auf der Hochebene, ein Schild zu lesen: "ROCCO-NECROPOLI RUPESTRE". Parkplatz nur für zwei Autos. 5 Fußminuten davon entfernt: eine hübsche Panoramaterrasse mit steilem Felsabbruch, mit Steinbänken und einigen Felsgräbern der Etrusker (1.-2. Jh.).

Von Sorano führt eine Straße über Selvena zum Monte Amiata. Doch vorher müssen wir unbedingt einen Abstecher machen nach:

Pitigliano

Ähnlich Sorano liegt Pitigliano nicht eigentlich auf einem Berg, sondern tiefe Schluchten ringsum erheben die Silhouette der Stadt erst recht wirkungsvoll gegen den Himmel, auch die Häuser der mittelalterlichen Stadt bilden farblich und topographisch eine harmonische Fortsetzung des Tuff-Felsenkammes.

Nach der PORTA DELLA CITTADELLA, dem großen Stadttor, blickt man durch die Galerie der hohen Säulenbogen links in die Schlucht hinab, rechts erhebt sich die Stadtburg der Orsini, die CITTADELLA, die ursprünglich auch ein Sitz der Aldobrandeschi war. Der Dom geht zwar auf das Jahr 1251 zurück, doch stammt die Barockfassade und der große Hauptaltar von 1778. Sein wuchtiger Campanile diente früher militärischen Verteidigungszwecken. Der ganze Tuff-Felsen unterhalb der Stadt ist wie ein Schweizer-Käse angebohrt, mit unzähligen Höhlen, einst vielfach Etruskergräber, die heute als Werkstätten, Weinkeller, Garagen oder Ställe dienen.

Eine empfehlenswerte Adresse, vor der Porta della Citadella: ** "ALBERGO RISTORANTE GUASTINI", Piazza Petruccioli 4, Mitte Jan.-Mitte Febr. zu. Tel. o564/616 o65.

Am selben Platz: "TRATTORIA "ALLA PORTA", einfache Casalinga, gut und preiswert.

Poggio Buco

Ungefähr 8 km südwestlich von Pitigliano, Richtung Manciano, nach der Fiaora-Brücke links, erreicht man POGGIO BUCO, das etruskische STATONIA, wenn man den Berichten Plinius des Älteren glauben kann.

Einen Stadteingang, in den Tuff geschnitten und von Bäumen und Buschwerk überwachsen, findet man am westlichen Teil des Hochplateaus. In der Nähe, bei einem Landhaus, reihen sich eine Anzahl etruskischer Felsenkammer-Gräber.

Sehr ruhig und landschaftlich schön klettert die Straße zum Monte Amiata in Höhen bis zu 7oo-8oo m, wo man teils Nadelwälder, teils Eichenwälder vorfindet und wo einem ca. alle Viertelstunde ein Auto begegnet.

Nach sehr vielen Kurven und auf oft recht unebenen Fahrbahnen gelangt man dann zum Berg der südlichen Toskana, dem

Monte Amiata

Mit seinen 1.738 m der Beherrscher dieser Gegend. Ein breiter, nirgends steiler, aber trotzdem gewaltiger Buckel, bis oben bewaldet. Ehemals ein Vulkan. Im Sommer Gelegenheit zu ausgedehnten Wanderungen durch Tannen, Kastanien-, Buchen- und Pinienwälder, in denen es Quellen und Flüsse, Wild, Pilze und gute Luft gibt.

Im Winter ein frequentiertes SKIGEBIET mit vielen Sesselliften und ausgebauten Pisten.

Rundherum, etwa auf halber Höhe des Berges reihen sich ein paar hübsche BERGSTÄDTCHEN aneinander: Piancastagnaio, Abbadia S. Salvatore, S. Fiora, Arcidosso, Castelldelpiano und Seggiano. Schwer zu sagen, welches das schönste ist. Ich persönlich ziehe S. Fiora vor: Die Städte, vor allem Abbadia S. Salvatore, Arcidosso und Seggiano haben mit vielen Sportarten, Wandern, Wintersport, Tennis, Tontaubenschießen, Roll- und Schlittschuhbahnen einen ziemlich regen Touristenbetrieb angekurbelt.

Im Winter ist allerdings mehr los als im Sommer. Auf guten Straßen kann man auch mit dem Auto den Gipfel erstürmen, wo ein riesiges eisernes Kreuz an den Eiffelturm in Paris erinnert. An manchen Tagen sieht man bis zum Meer im Süden, und bis gegen Siena im Norden.

Wanderungen: Siehe Wanderteil am Ende des Buches.

Campingplätze beim Monte Amiata:
In Castel del Piano: Camping Amiata, ganzjährig offen. Reicher Baumbestand. Vermietet auch Ferienwohnungen und Bungalows.

Camping "Tre Rondinelli" im Ortsteil Zancona. - Camping "Le Balze", im Ortsteil Montegiovi. - In Arcidosso: Campling Lucherino, 1.6. bis 15.9., Ortsteil Monticello.

Santa Fiora

Lassen Sie Ihr Auto am besten vor der großen Brücke stehen. Der Eintritt in die große längliche Piazza dieses Burgdorfes, die sich nach der Brücke eröffnet, ist zu Fuß viel beeindruckender.

Bars, Cafés, eine MARKTHALLE, und in den Lebensmittel- und Gemüsegeschäften die Spezialitäten der Gegend: Wild, Fisch und Pilze, je nach Jahreszeit. An der Piazza steht einer der größeren Palazzi der Aldobrandeschi - Sie erinnern sich? - Diese Familie scheint sich in der Gegend hier oben wohlgefühlt zu haben, denn Schlösser oder burgartige Kastelle findet man hier auch in CASTELL DEL PIANO und in ARCIDOSSO.

Am Ende des Platzes biegt eine Straße links ab zur romanischen PFARRKIRCHE, die eine besondere Überraschung birgt: eine Ansammlung schönster Robbiani.

Die meisten der Terrakotten sind von Andrea della Robbia; Maria Himmelfahrt, Auferstehung Christi, Tabernakel-Umrandung und viele andere. Wenn geschlossen: rechts daneben läuten!

Malerisch und idyllisch liegt im Talgrund die alte PESCHIERA (Fischerei), ein großer Teich, umgeben von schönen alten Mauern und blumengeschmückten Wegen, mit kristallklarem Bergwasser, in dem riesige Forellen schwimmen, einem schattigen Park auf der einen Seite und einem großen Brunnenbecken auf der anderen Seite, wo Frauen Wäsche und Schafwolle reinigen und dabei der noch wichtigeren Beschäftigung nachgehen, sich das Neueste zu erzählen.

Die Fischerei ist vom 15. Juni bis 15. Sept. 9-13 und 15-2o Uhr offen.

Zwischen Piazza und Kirche ist das Restaurant "BARILOTTO". Die Speisekarte ist reichhaltig, die Küche passabel.

[Bei der großen Brücke das ** "**Santa Fiora**", Restaurant (Di. zu) ganzjährig offen, 2o DZ , Tel. 97 7o 43.]

Piancastagnaio

Auch hier findet man mittelalterliche Mauern und eine gut erhaltene, trutzige Aldobrandeschi-Festung, früher ein respektheischendes Bollwerk aus dunklen Lavasteinen und mit Zinnen und Kraggesimsen, heute ein regionales Museum.

Arcidosso

Die Bilder gleichen sich: zinnenbewehrte Tore zu alten Stadtteilen, über allem, wie könnte es anders sein, eine Aldobrandeschi-Burg.

Abbadia San Salvatore

Die Peripherie des Städtchens erinnert ein wenig an die Brenner-Gegend. Im Zentrum jedoch bietet der alte Ortsteil "Castellina" mit seinen Palazzi del Podestá und del Popolo reizvolle mittelalterliche Aspekte.

Am Rande dieses alten Kerns liegt die Abtei: im Jahre 75o vom Langobarden Erfo gegründet; später übernahmen die Benediktiner die Abtei, ab 1299 die Zisterzienser, 1782 wurde sie aufgelöst und ab 1939 ist sie wieder ein Kloster. Das Kirchenschiff von 1o35 ist noch teilweise romanisch. Beachtenswert: ein Kruzifix aus dem 12. Jh. und die langobardische Krypta mit schönen Kapitellplastiken an 36 Säulen.

[** **Hotel u. Ristorante Roma**", in der Ortsmitte. Tel. o577/77 8o 15.]

In der Hl. Nacht brennen in jedem Stadtviertel von San Salvatore bis zu 15 m hohe Scheiterhaufen (le Fiaccole) und die Bewohner feiern mit alten Gesängen Weihnachten.

Hier oben an den Hängen des Monte Amiata wollen wir Abschied nehmen von der Toskana. Nicht Abschied für immer, sondern auf Wiedersehen, denn während wir das Wort aussprechen, streicht ein salziger Wind vom Toskanischen Archipel um die Nase, dreht sich über der Schulter und kommt mit Kräuterduft und dem Harzgeruch der Pinien zurück.

Hinter den verhaltenen Farben des hochsommerlichen Berghanges verliert sich tief unter uns das lichtblaue Gewoge sanfter Kuppen und Hügel im hellvioletten Horizont.

Der Abschied von der Toskana, dieser bezauberndsten aller Landschaften, wird für jeden, der sie mit wachen Sinnen durchwandert hat, nur mit der Gewißheit des "Arrivederci" erträglicher.

Wenn man an langen Winterabenden die letzte Flasche Montalcino öffnet, ruft das Rubinrot des Weines die Erinnerungen wach an die Farben der Toskana: das Silbergrau der Oliven, das lichtdurchschimmerte Rot einer Mohnblüte vor dem feierlich dunklen Blaugrün der Zypressen, das warme Ocker und ehrwürdige Grau der Häuser neben dem Hellgrün der Weinstöcke.

Wie sagte man doch so treffend zur Zeit der Renaissance:

Italien ist der Garten Europas,

die Toskana ist der Garten Italiens.

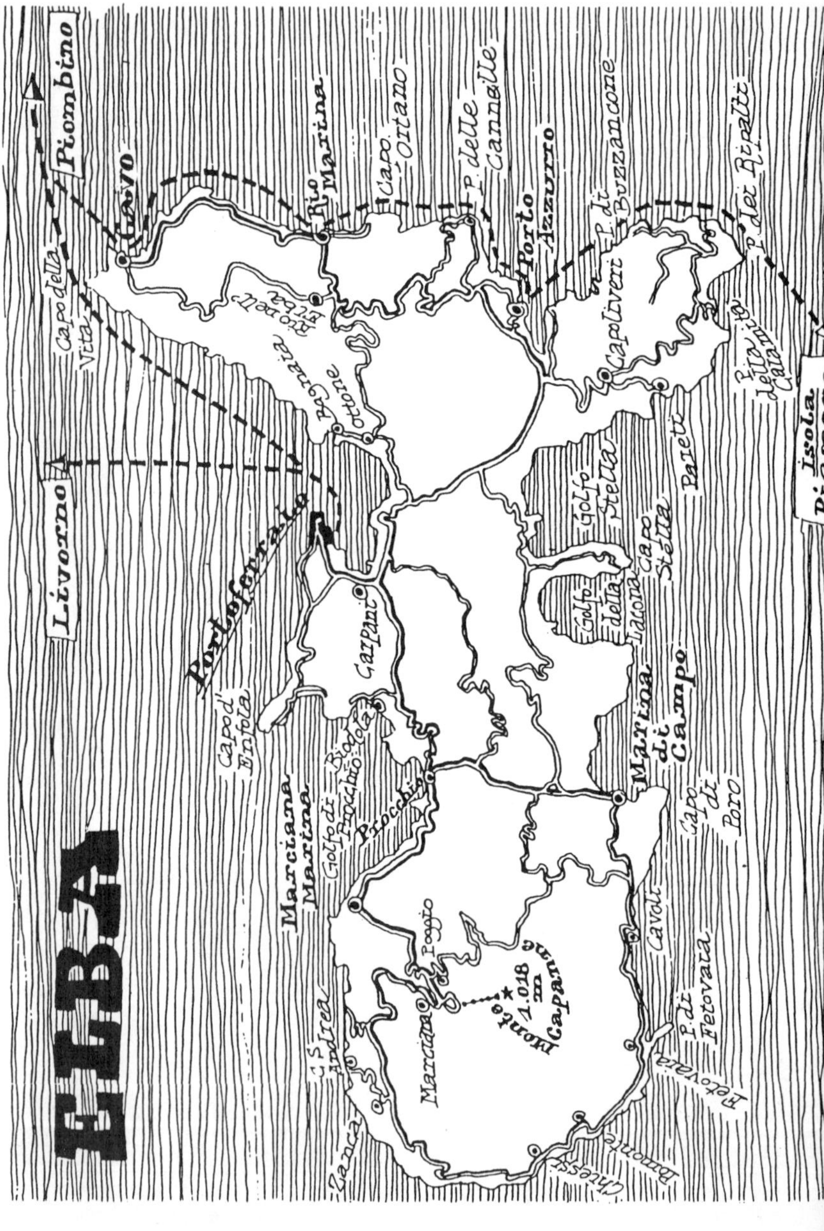
ELBA
Livorno
Piombino
Portoferraio
Cavo
Capo della Vita
Rio Marina
Capo Ortano
P. delle Cannelle
Porto Azzurro
P. di Buzzancone
P. dei Ripalti
Bagnaia
Ottone
Capoliveri
Pareti
Golfo Stella
Capo Stella
Capo d'Enfola
Marciana Marina
Golfo di Procchio
Procchio
Marina di Campo
Capo di Poro
Cavoli
P. di Fetovaia
Fetovaia
Marciana
Poggio
Monte Capanne
1.018 m
Zanca
Isola Pianosa

Insel Elba

Elbas Landschaft ist die Summe alles Europäisch-Mediterranen. Bergdörfer wie Poggio, Marciana, San Piero oder San Ilario in Campo muten da und dort recht griechisch an; Städte wie Rio Marina oder Rio nell'Elba sind typisch italienisch, und auf der Piazza Repubblica in Portoferraio oder am Hafen von Marina di Campo muß ich mir stets vergegenwärtigen, daß ich nicht in Südfrankreich bin.

Elba ist zwar ein Teil des Toskanischen Archipels, im Vergleich zur Toskana aber eine andere Welt, wobei ich dies natürlich mehr aus der Sicht des Urlaubers betrachte. Obwohl die Insel nur 10 km vom Festland trennen, verliert man schnell die Beziehung zu diesem und kommt sich unendlich weit entfernt vor.

Die Toskana ist Kultururlaub, einbezogen in kultivierte Landschaft. Elba ist Insel-Urlaub, küstenorientiert, d.h. mit starkem Bezug zu Bade- und Wassersportfreuden. Ich habe viele langjährige Elba-Urlauber nach gelegentlichen Toskana-Abstechern gefragt und fast immer eine Antwort bekommen, die sich summarisch so ausdrücken läßt: "Uns ist jeder Tag hier zu kostbar." Der Toskana-Urlauber seinerseits geht kaum einmal an die Küste um zu baden, und schon gar nicht nach Elba. Für ihn ist jeder Tag...

<u>Elba ist eine Insel für Individualisten</u>, und da ich meine Bücher nur für solche Zeitgenossen schreibe, gebe ich meiner vordringlichsten Hoffnung Ausdruck, daß sie es immer bleiben möge!!! Die Elbaner haben trotz vieler Gäste ihre Eigenart bewahrt und zeigen auch heute noch nicht jene touristischen Kainsmale, wie sie an anderen Küsten Europas anzutreffen sind: Aufdringlichkeit, mürrischer Service, der Höhe des Trinkgeldes proportionale Freundlichkeit, nachlassende Qualität alles Gebotenen, Nepp und Betrug. Ausnahmen bestätigen auch hier die Regel.

Der Gast trifft zwar allenthalben deutsch sprechende Portiers in den Hotels und liest deutschsprachige Speisekarten in den Restaurants, aber im Gegensatz zu Spaniens Teutonen-Grills gibt es keine Schilder mit: "Deutscher Kaffee", "Frankfurter Würstchen" oder "Willis Bierbar".

Meinem subjektiven Eindruck vom Europäisch-Mediterranen füge ich eine ebenso persönliche Einteilung der Insel in drei Bereiche bei und überlasse es ansonsten meinen Lesern, dem beizupflichten oder kritisch die Nase zu rümpfen.

<u>Der italienische, östliche Teil</u>: die Bergarbeiterstadt an der Küste, Rio Marina und das Bergstädtchen Rio nell'Elba, die beide eine ausgesprochen italienische Atmosphäre haben. Die Landschaft hat dort wenige Bäume und eine karge Vegetation. In der Macchia liegen verstreut kleine, einfache Gehöfte.

Der Mittelteil, von Portoferraio im Nordosten bis Marina di Campo im Südwesten, kommt mir vielerorts französisch, genauer gesagt provenzalisch vor. Porto Azzuro könnte genausogut an der Côte d'Azur liegen, und die Vegetation trägt das ihre zu diesem Eindruck bei: Platanen, Oliven, Wein, Zypressen, Ginster und viele Blumen.

Heimweh nach Griechenland kann man bekommen, wenn man im westlichen Teil über Poggio in die Berge hinauf fährt. Die Straße von Sant Andrea nach Fetovaia erinnert mich immer an die Höhenstraße von Vathi nach Stavros auf der ionischen Insel Ithaka, und in einem Café in San Piero in Campo kam es mir einmal recht fremdartig vor, daß die Männer um mich herum italienisch sprachen, so sehr war die Atmosphäre dort die eines griechischen Kafenions: ein gutes Dutzend Männer sitzen auf einfachen Holzstühlen mit steiler Lehne im Viereck einander gegenüber, sich unterhaltend oder im Schatten der Bäume dösend. Liegt das vielleicht daran, daß auf der Insel vor rund 23oo Jahren schon Griechen lebten?

Wege nach Elba

Auto: Die Brenner- Autobahn ist trotz der Mautgebühren der schnellste und bequemste Weg nach Italien. Zweite Möglichkeit von München aus: über den Reschenpass, wobei man bei Bozen auch auf die Brennerautobahn trifft.

Von Bozen aus gibt es, ohne die Autobahnen verlassen zu müssen, zwei Möglichkeiten, nach Livorno zu gelangen: Verona, Modena, Bologna, Firenze, Pisa oder Verona, Modena, Parma, La Spezia. Man braucht in keine dieser Städte hineinzufahren, wenn man es sehr eilig haben sollte.

Südlich von Livorno mündet die Autostrada in die Staats-Straße SS 1, die Via Aurelia, die ehemalige Küstenstraße der alten Römer. Nach ca. 7o km, bei San Vincenzo rechts ab, der Beschilderung "Piombino" folgen. In Piombino ist der Fährhafen nach Elba.

Wer die zwar gut ausgebaute, aber in der Hauptsaison viel befahrene SS 1 vermeiden möchte, kann sich auch in Livorno schon einschiffen (siehe nächster Abschnitt "Schiff").

Für West- und Norddeutsche empfiehlt sich die Autobahn über Basel, Zürich, Lichtenstein oder über Lindau, Bregenz, Lichtenstein, ab hier dann über Chur, durch den großen San Bernardino-Tunnel, hinab ins Tessin, Lago Lugano, ab hier wieder Autobahn, um Mailand herum, Richtung Genova, dann die Küstenautobahn nach La Spezia, wobei man vom Meer allerdings wenig sieht, weil diese Straße hauptsächlich durch Tunnels geht. Autobahn weiter bis Livorno, dann wieder wie oben.

Lohnende Abstecher für die Brenner-Fahrer, die nicht in einem Tag unten sein wollen, was von München aus durchaus möglich ist, wären: Garda-See, Florenz, Lucca, Pisa oder weitere Teile der Toskana.

Für die San Bernardino-Invasoren: Lago Maggiore, Lago Lugano, Genova oder in die schönen Buchten von Portofino, Chiavari, Porto Venere und das einmalige Cinque Terre. Außer dem letzten liegt alles gleich unterhalb der Autobahn.

Schiff: Die Überfahrt mit der Autofähre von Piombino nach Portoferraio dauert ca. eine Stunde. Sie ist ein unvergeßliches Erlebnis. Wie ein grünes Eidechslein liegt die Insel im schimmernden Meer. Entlang der imposanten Steilküste im Nordosten gleitet man in die herrliche weite Bucht von Portoferraio. Doch zurück zum Ticket-Kauf: in Piombino den Schildern "Porto" (Hafen) oder "Traghetto" (Fähre) folgen. Im Hafen stößt man auf die Büros der TOREMAR (staatlich), der NAVARMA (Moby-Lines, blauer Wal) und Elba-Ferries (gelb), zwei private Schiffahrtslinien.

NAVARMA Büros in:
57o25 Piombino
13, Piazzale Premuda, Tel. o565/276 o77

577o37 Portoferraio
4, Viale Elba,
Tel. o565/9181o1

Vertretung in Deutschland:
Seetours International, Weissfrauenstr. 3
6o313 Frankfurt/M., Tel. o69/133 3o.

Abfahrten von Piombino (Juni - Sept.):
erste Abfahrt 5.3o Uhr,
dann ca. jede Stunde, bis 21.4o Uhr

Abfahrten von Portoferraio:
erste um 5.45 Uhr,
dann ebenfalls ca. jede Stunde bis 2o.25 Uhr.
Die NAVARMA fährt auch eine Linie:
Piombino - Portoferraio - Bastia (Korsika).

TOREMAR Büros in:
57o25 Piombino,
13 Piazzale Premuda, Tel. o565/311 oo

57o37 Portoferraio
22, Calata Italia, Tel. o565/91 8o 8o

571oo Livorno
Porto Mediceo, Tel. o568/896 113

57o38 Rio Marina
4, Banchina dei Voltoni,
Tel. o565/962 o73

57o36 Porto Azzuro
19, Banchina IV, Novembre,
Tel. o565/95o o4

Die Linien der **TOREMAR**

Linea A 1

Livorno - Insel Gorgona - Insel Capraia - Portoferraio und zurück. Die Schiffe fahren zwar jeden Tag, aber Fahrtdauer und angelaufene Inseln sind unterschiedlich. Z.B.: So. und Mo. 8.oo Uhr ab Livorno, ohne Stop Portoferraio an 1o.5o Uhr Donnerstag 13.2o ab Livorno, Halt auf beiden Inseln, Portof. an 18.3o Uhr. Achtung! Fahrpläne andern sich oft! Rechtzeitig neue Pläne anfordern, und in der Hauptsaison rechtzeitig vorbuchen!

Linea A 2

Piombino - Portoferraio und zurück.
Pio. ab: 6.15 Uhr, dann ca. alle ein- bis eineinhalb Stunden bis 21.45 Uhr.
Porto. ab: 5.25 Uhr, ebenfalls alle 1 - 1 1/2 Stunden bis 19.5o Uhr. Diese letzte Fähre läuft auch Cavo an.

Linea A 3

Piombino - Rio Marina - Porto Azzuro - Insel Pianosa und zurück. Pianosa wird nur von der ersten Mittwoch-Fähre (Pio., ab: 8.3o Uhr) angelaufen.
Die Linie fährt dreimal am Tag: 8.3o, 17.15, 2o.o5 Uhr.

Linea A 4
Porto S. Stefano - Insel Giglio. Fährt 4 x am Tag.

Linea AL - A2
Piombino - Cavo - Portoferraio und zurück.
Keine Fähre, sondern "Aliscafo" (Tragflügelboote).
Verkehrt nur vom 14. Juni bis 14. Sept.
Piombino ab 8 Uhr, dann ca. alle 1 - 1/2 Std.
bis 19.1o Uhr (einige davon bis Cavo).
Portoferraio ab 7.1o, 9.4o, 15.oo, 17.25 Uhr.

ELBA-FERRIES

Piombino: Tel. o565-22o 956, Fax: 22o 996

Porotoferraio: Tel. o565-93o 676, Fax: 93o673

Flug: Elba hat in La Pila bei Marina di Campo einen richtigen gemütlichen, kleinen Flugplatz, wo keine Düsen-Jets herein heulen, sondern achtsitzige Propellermaschinen auf einer ca. 1.1oo m langen Graspiste aufhüpfen. Man spricht zwar ab und zu davon, die Piste zu betonieren, aber gottseidank kann man sie aus Platzgründen nicht verlängern.

Direktflüge nach Elba können gebucht werden bei Servair: Nonstop Zürich-Elba, PoB 3151, CH-8o49 Zürich, Tel. o1/342o 633, Fax: o1/342o 75o.

Von Deutschland

Euroflugreisen Frenzel, Flugplatz Freiburg. In 8o Minuten nach Elba! (jeden Samstag). Hermann-Mitsch-Str., 791o8 Freiburg. Tel. o761/5o8 686, Fax: 5o6 4o5

Reisebüros auf Elba

1)	Aethaltour	Portoferraio, Tel. o565/918 174
2)	Arrighi	Banchina IV. Nov., Porto Azzuro, Tel. 95 ooo
3)	Bruno	Via Provinciale, Procchio, Tel. 9o7 38o
4)	Cipat	Via Mascagni, Marina di Campo, Tel. 977 766
5)	Della Lucia	Via Mellini 9, Capoliveri, Tel. 935 117

Zug: Von der Hauptlinie Genova - Rom in Campliglia Marittima umsteigen, von dort noch 14 km nach Piombino. Der Bahnhof von Piombino ist ca. einen km vom Hafen entfernt.

Fahrrad + Mofa-Verleih
Portoferraio
TWN Viale Elba, Tel. 914 666
P + T Motor, Viale Tesei, Tel. 917 542

Campo Nell'Elba
TWN Viale degli Etruschi, Stadtteil La Foce
BICI-Tours (Martin Rumpf), Marina di Campo, Tel. 977 954
Bilco-Bikes, Marina di Campo bei der Apotheke, Tel. 976 194

Capoliveri
TWN beim Camping Lacona
Roberto, Capoliveri, Via Menotti 9, Tel. 968 533

Porto Azurro
Rent Ghiaie, Viale Italia, Tel. 958 362
TWN Viale Italia

Elba in seinen Jahreszeiten

Im WINTER, der dort recht rauh sein kann, ist auf Elba, wie in touristisch orientierten Gebieten so üblich, fast alles geschlossen. Ganzjährig geöffnete Hotels finden Sie in der Beschreibung der Städte und Landschaften.

Zu einer Farbensymphonie erblüht Elba im FRÜHJAHR (Anfang März bis Ende Mai). Temperaturen über 2o Grad sind nicht selten, doch rechtfertigt ein kalter Mistralwind "Maestrale" zwischendurch die Mitnahme eines dicken Pullovers. Die Hänge stehen voll Ginster, zwischen den Felsen duften Thymian und Lavendel, Oleander blüht weiß, rosa und rot, und über der Macchia liegt ein vielfältiger Duft aus Blüten und salziger Meeresluft. Die Platanen der Piazza Repubblica in Portoferraio bekommen ihr lichtes zartes Grün und die Abende beginnen südlich heiter zu werden. Reservierungen für die Fähre und vor allem die Hotels sind schon stark zu empfehlen, wenngleich selbst im Mai noch zahlreiche Restaurants, Hotels und Campingplätze "chiuso" sind.

Zu PFINGSTEN hat Elba, je nach Jahrgang, meist schon sommerliche Temperaturen. Der Ginster zieht sich noch goldgelb die Hänge hinauf, und im kühlen Schatten von Eichen und Kastanienwäldern kann man herrliche Wanderungen um und auf den Monte Capanne machen. Wassersport und Badeleben laufen natürlich schon auf Hochtouren, und die Empfehlung für die Hotelreservation wird zur dringenden Notwendigkeit. Fähren kann man unter Umständen noch so erwischen.

Im AUGUST, mit seinem berühmt berüchtigten Ferrggosto kommen die Italiener in Massen. Es kann ganz schön heiß werden, vor allem wenn der Scirocco weht und schwül, bevor der Scirocco weht. An dieser Stelle ein paar Worte zu den Winden auf Elba:

1) Der Maestrale, der in Südfrankreich Mistral heißt und auch von dort kommt. Ein kalter, für Segelfreunde gefährlicher Wind.

2) Der Scirocco: Der Föhn von Elba, ein trockener, heißer Südost aus Afrika, bringt oft roten Staub mit.

3) Der Tramontana, ein kalter Wind aus Italiens nördlichen Bergen.

4) Der Libeccio, ein Südwind.

5) Der Mezzogiorno, ein reiner Südwind, kommt zwar selten, hat aber schon die Kaimauer von Portoferraio unter Wasser gesetzt.

Besonders schön sind SPÄTSOMMER und HERBST. Von den Bergen hat man herrliche Aussichten auf Korsika und die Inseln des toskanischen Archipels, unter anderem auch auf die südlich gelegene kleine Insel Monte Christo, dem Namen nach bekannt durch Dumas Roman "Der Graf von Monte Christo". Der Wanderer streift durch das bunte Laub der Kastanienwälder, und die Zeit der fröhlichen Dorffeste und der Vendemmia, der Weinlese beginnt.

Kleiner geschichtlicher Rückblick

Elba hat eine sehr wechselvolle Geschichte hinter sich. Es lag zum einen am Eisenreichtum der Insel, zum anderen an der friedliebenden Art ihrer Bewohner, daß sie von immer neuen Herren in Besitz genommen oder von Strolchen und Seeräubern geplündert wurde.

Die Griechen holten hier schon Eisen und nannten die Insel Aethalia. Eine glaubhafte Theorie leitet davon den Namen Italien her.

Die Etrusker nannten sie Ilva und schmolzen ebenfalls das Mineral aus dem Gestein. Die Schlacken, die aus den einfachen Schmelzöfen kamen, enthielten noch so viel Eisen, daß sie in unserem Jahrhundert noch einmal geschmolzen wurden. Später schifften sie das Material nach Populonia, um es dort zu verarbeiten.

Bei den Römern hieß das Eiland immer noch Ilva, und auch ihr Interesse galt dem Eisen und dem Granit. Im Pantheon zu Rom stehen Granitsäulen aus Seccheto.

Römische Stadtgründung: Fabricia (von faber = Schmied) das heutige Portoferraio; Caputliberum, heute Capoliveri; Post Montem (deutsch: hinter dem Berg) heute Pomonte.

Die Langobarden kamen 575 plündernd und zerstörend.

Die Sarazenen taten ein Gleiches und nicht nur einmal. Die Pisaner vertrieben im 11. Jahrhundert die Sarazenen und machten sich bei der Gelegenheit gleich für drei Jahrzehnte zu den Herren der Insel.

Trotzdem fanden immer wieder Piratenüberfälle statt. Die Barbarossabucht erinnert nicht an den Stauffer Friedrich, sondern an einen türkischen Seeräuber.

Im 16. Jahrhundert wurde der Mediceer, Cosimo I., Herr auf Elba und gab Ferraia (heute Portoferraio) den klangvollen Namen Cosmopoli. Meinte er nun Stadt des Cosmos oder Stadt des Cosimo? Er scheint einiges vorgehabt zu haben, der Signore Cosimo. Unter anderem baute er 1548 die beiden Festungen Falcone (= Falke) und Stella (= Stern) oberhalb von Portoferraio.

Im 15. Jahrhundert wurde Elba spanischer Besitz. Die Kapelle der Madonna del Montserrato bei Porto Azzuro, der Montserratkirche bei Barcelona nachgebaut, ist noch ein Relikt jener Zeit. Der damalige Festungskommandant war nämlich aus der Gegend von Barcelona.

Unter der Herrschaft der Habsburger ab 1737 wurde aus Cosmopoli Portoferraio (= Eisenhafen). Ab 1781 wird Elba französisch.

Zwischendurch versuchten auch mal die Großmeister im Kolonialisieren, die Gentlemen aus Great Britain ihr Glück, allerdings ohne Erfolg.

1814 bis 1815 kam Napoleon ins Exil als "Großer Herrscher". Im 19. Jahrhundert gehörte das Eiseneiland wieder zum Großherzogtum Toskana, bis es dann endgültig zum vereinten Italien kam. Verwaltungsgemäß zur Provinz Toskana, Bezirk Livorno.

Im 2. Weltkrieg wurde es kurz von Deutschen erobert und dann von Alliierten bombardiert, was allerdings auch sein Gutes hatte. Die häßlichen Eisenhütten bei Portoferraio wurden dabei zerstört und Gott sei Dank nicht wieder aufgebaut. Die Bürgermeister der Insel haben schon damals die Weichen gestellt zu dem, was Elba heute hauptsächlich ist, und wovon sehr viele Elbaner leben: eine Ferieninsel.

Napoleon und Elba

Wer mein Paris-Buch gelesen hat weiß, daß ich nicht gerade ein Napoleon-Verehrer bin.
Doch Napoleon gehört zu Elba wie der Dóme des Invalides zu Paris. Es geht eben doch jeder einmal hin. Fast jeder. Zur Villa dei Molini oder nach San Martino.

Lassen wir einmal den ganzen Rattenschwanz von Jahreszahlen, Namen und Fakten der Vor- und Nachgeschichte weg, und betrachten dieses Kapitel hauptsächlich nur unter den beiden Aspekten der wechselseitigen Beziehung:

Was war Elba für Napoleon?

Der Wiener Kongreß hatte ihm, nach seinem unrühmlichen Rückzug aus Rußland und nach seiner Abdankung, drei Inseln zur Auswahl für sein Exil gestellt: Korfu, Korsika und Elba. Er wählte letztere, der Vegetation und des Klimas wegen. Sagte er. Aber spielte nicht vielleicht die kurze Entfernung zum italienischen Gestade eine Rolle bei dieser Wahl, geeignet für eine rasche Flucht? Das ist nur meine unerhebliche Vermutung. Was tat er nun auf Elba? Das, was Kaiser eben so tun, auch wenn sie abgedankte Kaiser sind: er spielte sich auf. Er agierte und rotierte und funktionierte. Manchmal kam auch etwas Gutes dabei heraus.

Als ihm der Bürgermeister von Portoferraio am 8. Mai 1814 die Schlüssel der Stadt überreichte - es waren übrigens die Kellerschlüssel zu des Schulzen Weinkeller, weil man die eigentlichen Stadtschlüssel verlegt hatte (typische italienische Schlamperei) - bezog er zunächst das Obergeschoß des Rathauses, wo man eiligst ein paar Leihmöbel hineingestellt hatte. Sodann erließ er eine Menge Befehle, Verordnungen und Erlaße. Alle begannen mit den Worten: "Napoleon, Kaiser, Herrscher über die Insel Elba."

Hier fällt mir eine Anekdote über ihn ein: Sein Adjudant holte ihm ein Buch aus einem Regal, an das der kleine Korse nicht heranreichte, mit den Worten "Gestatten, Sire, ich bin etwas größer." "Sie meinen - länger", erwiderte der kleine Sausewind. Nur so bringt man es zu etwas.

Ansonsten war er ständig in Geldnot, weil der Louis XVIII. ihm seine

Rente von 2. Mio. Franc nicht zahlte. Ein Kaiser als Frührentner ohne Rente. Ärgerlich sowas. Aus diesem Grunde und wohl auch etwas aus Zuneigung holte er das vermögende Schwesterchen Pauline auf die Insel, die dann auch ein paar Glitzersteine verscherbelte, um dem Bruderherz für den Erlös die Villa in San Martino zu kaufen. Der Verkäufer soll dabei das Geschäft seines Lebens gemacht haben. Und somit wären wir bei der zweiten Betrachtung.

Was war Napoleon für Elba?

Während seiner Anwesenheit bis zum 26. Februar 1815 kamen keine plündernden Seeräuber mehr, die die Insel so oft überfallen hatten. Statt dessen kamen die Touristen. Engländer zumeist. Kennen Sie die Geschichte vom kranken Löwen, an dessen Lager seine ehemaligen Opfer kamen?

Straßen hat er gebaut. Diktatoren bauen immer Straßen. Aber immerhin: sie nützen heute Einheimischen wie Touristen. Latrinen ließ er anlegen. Hat der Geruch in den Straßen etwa seine kaiserliche Nase beleidigt?

Bäume ließ er pflanzen. Dank sei jedem, der einen Baum pflanzt. Den Souvenirläden verhalf er zu steigenden Umsätzen, und - nun ja, Elba wurde durch ihn bekannt!

Ist das nun ein Vorteil oder ein Nachteil?

Orte der Begegnung mit Napoleon

PALAZZETO DEI MULINI, Portoferraio, "Museo Napoleonico" (9-12 Uhr, Mo. zu).
Über der Stadt zwischen den beiden Festungen. Gut beschildert, viel besucht und deshalb gut zu finden. War nach dem Rathaus sein zweites Domizil. Nicht vergessen: das obligatorische Foto bei seinem Lieblings-Sitz an der Gartenmauer mit dem Wappen und dem Blick übers Meer hinüber zum Festland. Die Räume dieses an sich hübschen Anwesens beengten ihn jedoch so, daß er sich zusätzlich die

VILLA SAN MARTINO
zulegte. Etwa 8 km westlich der Stadt (Richtung Procchio), gut beschildert, in einem kleinen, bewaldeten Tal, mit Blick auf Portoferraio und Bucht. Die eigentliche Villa steht über und hinter der später von dem reichen Russen Demidoff davorgebauten und nicht sehr geschmackvollen Ruhmeshalle. Erinnert ein wenig an das Haus der Kunst in München. In der Villa selbst soll das Bett angeblich das einzige authentische Möbel sein.

EREMITAGE DER MADONNA DEL MONTE
Oberhalb von Marciana Alta. Nap. lebte dort vom 23.8.-14.9.1814. Mit Maria Walewska, die für zwei Tage auf die Insel kam, hatte er dort ein Schäferstündchen - Pardon, Kaiserstündchen. Notabene geht auch das Ondit um, er habe ein Verhältnis gehabt mit einer gewissen Signorina Vantini.

Elbas Küche und Keller

Elba hat wenig bodenständige Küche. Man kocht allgemein italienisch, aber bis auf wenige Ausnahmen gut. In den größeren Restaurants ist die Küche gelegentlich international durchsetzt. Elbas Gewässer sind zwar lange nicht mehr so fischreich wie früher, aber Liebhaber von Meeresgetieren kommen allenthalben auf ihre Kosten. Zackenbarsch, Gold- und Zahnbrasse, Krebse und Meeräschen, Muscheln und Langostinos sind Bestandteile vieler Speisekarten.

Einige Spezialitäten:

Cacciucco, eine Art Bouillabaisse (Rezept siehe Provinz Livorno)
Passato di Pesce (Fisch püriert)
Pesce al Cartoccio (Fische in Folie gegart)
Zuppa di Pesce (Fischsuppe)
Brodo di Pesce (klare Fischsuppe)
Aragosta alla griglia (Langusten vom Grill)
Polpo Lesso (Tintenfisch)
Tordi arrosto (gebackener Lippfisch)

Elbas Weine

Zum Fisch einen leichten und trockenen Procanico, der aus der toskanischen Trebbianotraube stammt. Zum Fleisch und Braten einen rubinroten Sangioveto.

Der typischste Wein Elbas ist der rote Dessertwein Aleatico von Portoferraio. Im Übrigen gibt es noch einen passablen Rosé (Rosato) den man zu vielen Getrichten trinken kann, und noch einen weiteren, süßen, den Moscato. Und ultimo ma non ultimo (de gustibus non est disputandum) einen Elba Spumante - secco, semidolce oder ganz pampig als Moscato. Notabene: ein Mineralwasser auf Elba "Fonte Napoleone", schmeckt metallisch wie die Austerlitzkanonen (oder Waterloo, wie's beliebt).

Mineralien

Sie sind eine Besonderheit Elbas, und die Insel ist eine wahre Fundgrube unzähliger Arten. Turmaline, Berylle, Feldspat, Granate, Magnetit, der golden glänzende Eisenpyrit und viele andere mehr. Ich bin kein Geologe und kann Ihnen nur zu zweierlei raten: Der Kundige gehe mit seinem Hämmerchen los und suche und klopfe. Der Unkundige (so habe ich es gemacht) gehe an einen Kiosk (z.B. beim Napoleon Haus in San Martino) oder in einen Souvenirladen und kaufe sich einen DIN A 4 Karton, wo Proben der häufigsten Mineralien draufgeklebt und beschriftet sind. Sehr übersichtlich und gar nicht teuer (zwischen 5 und 1o DM).

Tip: Museo Mineralogicio in Rio Marina im dritten Stock des Palazzo Comunale, vom 1. April bis 3o. September offen, wochentags 9-12 und 15-18 Uhr, sonntags 9-12 Uhr.

Wochenmärkte

Ein kunterbunter Markt zieht seinen Kreis auf Elba:
Montag: In Rio Marina
Dienstag: In Marciana Marina
Mittwoch: In Marina di Campo
Donnerstag: Capoliveri
Freitag: Portoferraio
Samstag: Porto Azzuro
Jeweils von ca. 9 bis 13 Uhr.
Hausrat, Keramik, Gebrauchsgegenstände, Flechtwaren, Kleider usw. Bemerkenswert fand ich den Stand von Signore Durante: Sein Familienbetrieb stellt sehr schöne Bildmotive in Holzintarsien her.

Hotels

Fähren und Hotels rechtzeitig vorbuchen! Vor allem in der Hauptsaison. Hinweis: In der Hauptsaison (Alta stagione) vermieten viele Hotels, vor allem die an der Küste, nur mit Halb- oder Vollpension!
An der Nordküste Elbas, vor allem in den Buchten von Biodola und Procchio, gibt es viele Hotels mit drei oder vier Sternen und nur wenige Campingplätze und Pensionen mit erschwinglichen Preisen, was sich ab Sant Andrea im Nordwesten und entlang der Südküste deutlich ändert.

Ein paar interessante Zahlen

Die Insel mißt an der größten Länge Ost-West ca. 3o Kilometer, an der größten Breite Nord-Süd ca. 17 Kilometer.

Fläche: 242 Kilometer^2, Küste 147 Kilometer.

Höchster Berg: Monte Capanne 1.o19 m.

Mittlere Jahrestemperatur: 15,7 (Minimum o,4 Maximum 3o,8). Januar mittlere Temperatur: 9,3 Grad, Juli 24,3 Grad.

Frühjahr im Durchschnitt um 13,9 Grad, im Herbst im Durchschnitt 16,6 Grad.

Wasser: April 19 Grad, Mai 2o,2 Grad, Juni 24,1 Grad, Juli 26,8 Grad, August 27,3 Grad, September 25,5 Grad, Oktober 23,1 Grad Celsius. Jahresdurchschnitt an heiteren Tagen: 16,7 Grad Celsius.

SPORT

Zunächst nur eine kurze Übersicht. Alle Details in den Beschreibungen der Gebiete und Städte.

Segeln

Allgemeiner Hinweis: Auf Initiative der Capitaneria nehmen die drei deutschen Segelschulen nur deutsche Kunden, umgekehrt nehmen die italienischen nur Italiener. Diese drei deutschen Segelschulen kümmern sich auch um die Unterbringung ihrer Kunden:

1.) Segelclub Elba in Magazzini
2.) Segelzentrum Elba in Bagnaia
3.) DHH-Yachtschule Elba in Le Grotte

Die Führerscheine zu Wasser:

1.) Sportbootführerschein: gesetzlich ab 4 PS
2.) Segelführerscheine der DSV (Deutscher Segelverband)

Optimistenschein (Jüngstenschein ab sieben Jahre) und Grundschein

SBF-Schein: für Boote aller Größen auf Binnengewässern (ab 14 Jahren)

BR-Schein: Revierfahrt, d.h. auf allen Gewässern bis zur Dreiseemeilengrenze

BK-Schein: Küste, gilt im ganzen Mittelmeer (auch Nordsee)

C-Schein: für alle Meere, mit astronomischer Navigation, Sextant usw.

Wer Segelkurse machen möchte, soll mindestens 15 Minuten in tiefem Wasser schwimmen können und sollte schon von zu Hause mitbringen:

a) Paßfoto

b) Nachweis über 1.-Hilfe-Kurs

c) ärztliches Zeugnis über Hören und Sehen (blauen DSV-Vordruck anfordern bei der Anmeldung).

Windsurf

Die Surfschulen sind, dem Trend entsprechend, wie Pilze aus dem Boden gewachsen. Viele, die gerade keinen Job hatten, schnallten sich ein paar Bretter auf den Wagen, stellten an irgend einem Strand ein Schild auf und hofften auf das schnelle und leicht verdiente Geld. Inzwischen gibt die Capitaneria nur noch wenige Lizenzen aus, führt ständige Kontrollen über Anzahl der Bretter, Ausstattung und - bezahlte Steuern.

Zwei deutsche Surfschulen: Elba-Surf am Strand von Procchio, Tel. 9o7 838, und am Strand von Lacona.

Tauchen

Wer tauchen will, um Amphoren für die heimische Diele (als ulkiger Schirmständer) oder fette Fischbeute fürs Familienalbum zu ergattern, sollte nicht nach Elba fahren. Denn Amphoren gibt es nicht mehr, und was die Fische betrifft, sind sich die zwei guten und empfehlenswerten Tauchschulen der Insel Gott sei Dank einer Meinung: Unterwasserkamera statt Harpune.

1) Pitt Gsell - Marina di Campo

2) Subex - Barbarossabucht (früher Eurosub)

Da ich selbst kein Taucher bin, gebe ich hier noch ein paar wichtige allgemeine Hinweise von Pitt Gsell (Tauchschule in Marina di Campo) für solche Rittersmänner oder Knappen, die es wagen wollen "zu tauchen in diesen Schlund".

1) Tauchen lernen nur mit qualifizierten Schulen.
Pitt: "Wer Skifahren allein lernt, riskiert schlimmstenfalls einen Beinbruch, wer tauchen allein lernt, riskiert mit hoher Wahrscheinlichkeit einen Trommelfell- oder Lungenriß. Die Gefahr tödlicher Unfälle ist groß."

2) Nie allein tauchen. Der deutsche Tauchlehrer Leisegang ist deshalb bei einem Wrack in Pomonte tödlich verunglückt.

3) Voraussetzung fürs Tauchen:
a) ärztliche Untersuchung

b) Wer Zuckerkrank ist, Herz- oder Lungenfehler hat, sollte es bleibenlassen.

c) Erwünscht: Vorkenntnisse mit Flossen, Schnorchel und Maske.

Pressluftfüllstationen

(Stazioni di Ricarica oder Carrigare ai bombole)

1) Portoferraio: Caccia e Pesca, Via Maganaro 1o
2) Camping Enfola
3) Marina di Campo bei Pitt Gsell (Tauchschule)
4) Porto Azzuro - Tankstelle beim Hafen
5) Barbarossabucht - Tauchschule Subex

Wasserski

Im Gegensatz zu Windsurf ist Wasserski im Trend abnehmend.
Gründe:

1) Verbot seitens der Capitaneria (zu Recht!)
2) Unfallrisiko
3) hohe Benzinkosten

Tennis

Städtische Plätze (Portoferraio Campi sportivi comunali).
Ortsteil Carburo Marina di Campo: Campo sportivo, Ortsteil La Serra Rio Elba: Campo da Tennis Comunale Porto Azzuro: Campo sportivo ambivalente.

Hotelplätze:

Fabricia, Magazzini
Oasi San Cuore, San Martino
Hermitage, Biodola
Picchiaie Residence, Picchiaie
Marina, Marine di Campo
Elba International, Capoliveri
Lacona, Lacona Bucht
Desiree, Spartaia
Residence Napoleon, (Flutlicht), Procchio

Prinzipiell können Hotelplätze stundenweise gemietet werden, doch haben die Gäste des jeweiligen Hotels natürlich Vorrang. Tennis-Besessene buchen deshalb am besten in einem der hier aufgeführten Hotels, die in der Beschreibung des jeweiligen Ortes detailliert erwähnt werden.

Reiten

Ranch Antonio, Portoferraio-Picchiaie, Tel. 933 132
Blandi, Porto Azurro-Barbarossa, Tel. 95o 87
Lando, Capoliveri-Carene, Tel. 968 721

Golf

Die Insel hat einen 9-Löcher-Platz in Acquabuona, an der Straße Portoferraio - Porto Azzuro. Golfzeug kann gemietet werden. Golfhotel siehe "Bucht von Portoferraio".

Einige andere Nobelhotels haben Benutzungsverträge mit der Anlage, so z.B. das Fabricia in Magazzini oder das Hermitage in Biodola.

Camping

Die Zeltplätze haben Inselpreise, also meist recht teuer! Die Öffnungszeiten ändern sich jährlich.

ROSSELBA LE PALME - Portoferraio-Ottone, vom 1.5. bis 3.9. Riesiger Platz auf breitem Hügel, viele Bäume. Große und saubere Wasch- und Toilettenanlagen. Nachteil: Zwar privater aber sehr kleiner, schmaler Strand. Tel. 933 1o1.

ACQUAVIVA - Portoferraio-Acquaviva, vom 1.5. bis 3o.9. Klein, familiär, in kleiner Bucht direkt am Meer mit Kieselstrand und Felsen. Wenig Bäume, einige Schattendächer. Tel. 915 592.

LA SORGENTE - Portoferraio-Acquaviva gleich nach dem Acquavivazeltplatz, vom 1.o5. bis 31.1o., zum Meer 5-1o Minuten. Tel. 917 139.

ENFOLA - Portoferraio-Enfola, vom 1.4. bis 15.1o. Sehr hübscher Platz mit übereinanderliegenden Terrassen wie ein Amphitheater, mit allabenlichen Schauspiel eines grandiosen Sonnenuntergangs. Strand: grobe Steine und Kies. Pressluftauffüllstation. Leihsurf, Vermietung von Wohnwagen. Tel. 939 oo1.

SCAGLIERI - Portoferraio-Scaglieri, vom 1.4 bis 15.1o. Deutsche Leitung. In der östlichen Biodolabucht, nennt sich selbst Starcamping. Viele Terrassen, zum Meer hin abfallendes Gelände. Viele Bäume. Die Plätze sind durch Hecken voneinander getrennt. Zum Sandstrand (gut für Kinder) führt eine Treppe. Auch Vermietung von Wohnwagen und Ferienwohnungen. Tel. 969 94o.

LA FOCE - Marina di Campo, vom 1.1. bis 31.12. Wenig Platzabtrennung, in der Hochsaison immer bis zum letzten Quadratmeter vollgestopft. Direkt am Meer. In der östlichen Bucht von Marina di Campo. Davor ist die Tauchschule Pitt Gsell. Tel. 976 456.

DEL MARE, von Ostern bis 3o.1o. Direkt neben dem La Foce, gleiche Leitung. Tel. 976 237.

DELL'ISOLA, vom 1.o5. bis 3o.9. Hinter dem Del Mare, etwas weg vom Meer. Alle drei Plätze 6, 7 und 8 liegen unter der Anflugschneise des Flugplatzes von La Pila. Tel. 976 o48.

LACONELLA, vom 1.4. bis 31.1o. Kleiner baumbestandener Platz, familiär, auf einem Hügel mit Blick über die Bucht von Lacona nach Osten und in eine kleine Seitenbucht nach Westen. Zum Meer ca. 1o Minuten zu Fuß. Am obersten Punkt ist eine Art Almhütte mit Bar, Restaurant und Minimarkt. Tel. 964 228.

TALLINUCCI, von Ostern bis 31.1o. In Lacona, flacher Platz direkt am Sandstrand, einige Bäume. Tel. 964 o66.

VALLE S. MARIA, Lacona, von Ostern bis 31.1o. Neben dem Tallinucci. Ähnlicher Art und Anlage. Beim Eingang: Nauticlub Elba. Tel. 964 188.

LACONA, von Ostern bis 3o.9. Direkt am Meer beim Beginn der Halbinsel. Die Hälfte mit großen Bäumen bewachsen. Tel. 964 161.

LACONA PINETA, vom 1.4. bis 31.1o., zwischen C. Valle S. Maria und C. Lacona. Tel. 964 322.

STELLA MARE, von Ostern bis 3o.9. Anschließend an den Laconaplatz. Viel Buschwerk und Bäume. Südlicher Teil: Terrassen über Felsküste, unten kleine Bucht. 6oo Plätze. Tel. 964 oo7.

EUROPA, von Ostern bis 31.1o. Unweit der Straße Portoferrraio - Porto Azzuro, an einer kleinen Bucht. Tel. 94o 121.

LE CALANCHIOLE, vom 1.4. bis 15.1o. Hat auch Miniappartements zu vermieten. Südlich vom Europazeltplatz in der nächsten Bucht. Tel. 933 488.

CROCE DEL SUD, von Ostern bis 15.1o. Deutsche Leitung, viel Bäume,

Kulmbacher und Münchner Biere. Warmwasserversorung durch Solarzellen. Tel. 96 86 4o.

DA MARIO, vom 1.4.-31.1o. In der Barbarossabucht. Flache Plätze, einigermaßen im Schatten der Bäume. Am Strand zwei Windsurfschulen und die Schweizer Tauchschule Subex. Tel. 95 8o 32.

ARRIGI I und II, 1.4. bis 31.1o. In der schönen Barbarossabucht, neben "Da Mario". Gepflegte Plätze, große Stellplätze. Kiesstrand. Nette Kneipe! Am Meer: Tauchschule Subex. Tel. 955 68.

PAGUROS - bei Cavo, vom 1.5. bis 3o.o9. Tel. 94 99 66.

SOLE E MARE - in der Bucht von Nisporto, vom 1.o4. bis 15.1o. Zufahrt auf bergiger Schotterstraße, direkt am Meer, Restaurant, Pizzeria, Mercato. Tel. 934 9o7.

Ferien auf dem Bauernhof

ASSOCIAZIONE AGRITURISTICA
TERRANOSTRA mit Büros in:

- Portoferraio - Piazza del Popolo 5, Tel. o565/922 2o und
- Livorno - Via Serristori 15, Tel. o586/351 o1 bietet auf Bauernhöfen der Insel "Ferien auf dem Bauernhof" an. Prospekte bei den o.a. Büros oder bei der APT in Portoferraio anfordern. Häufig sind das auch nicht gerade billige Wohnungen!

Camping lacorella

Elbas Städte und Landschaften

Im II.Teil beschreibe ich die Insel, ihre Ortschaften, Gegenden, Buchten und Berge, beginnend mit Portoferraio, im entgegengesetzten Uhrzeigersinn. In nordöstlicher Richtung gibt es nämlich zwischen Nisportino und Cavo keine Straßen mehr.

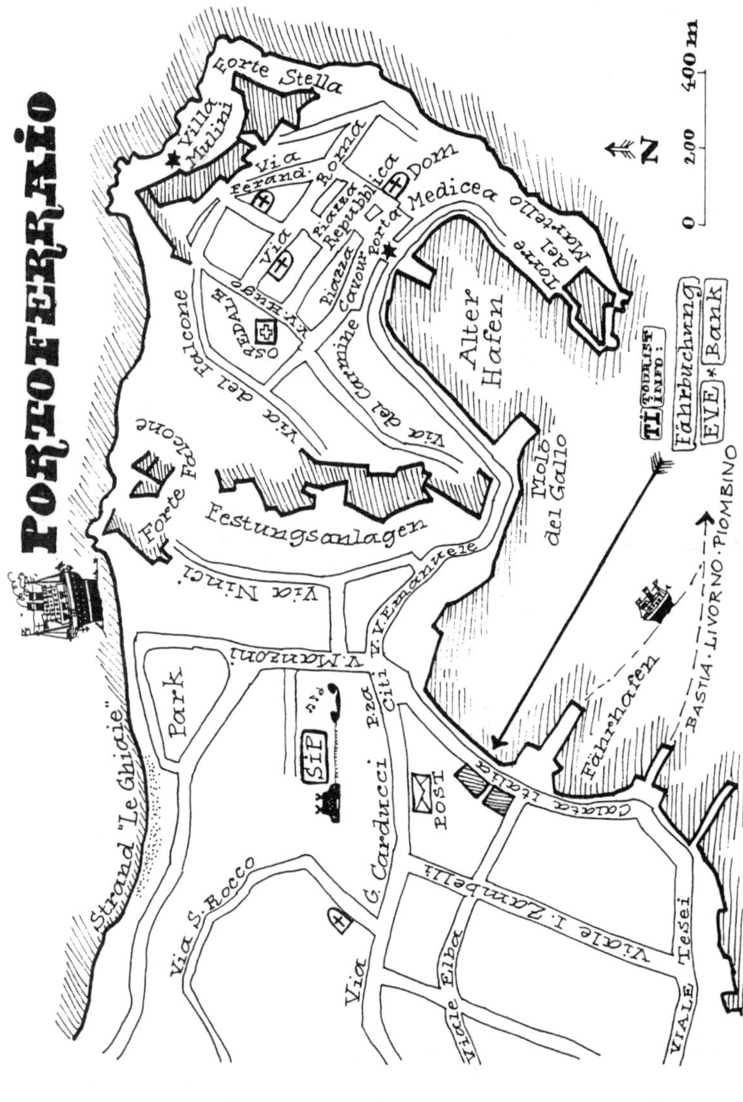

Portoferraio

Erschrecken Sie nicht, wenn Sie die Fähre verlassen. Was Sie da an Betonbaulichkeiten sehen, ist nur der neue Fährhafen. Fahren (3 Minuten) oder gehen (15 Minuten) Sie unverzüglich zum alten Hafen, wo von den Masten der nur leicht dümpelnden Jachten hauptsächlich deutsche und Schweizer Fähnchen wehen. Dieser Teil des Hafens ist selbst bei stärksten Winden und größtem Seegang einer der geschütztesten des Mittelmeeres.

Am KAI entlang sind viele Geschäfte, Cafés, Bars und Restaurants. Durch zwei von den Medici gebauten Tore gelangt man in die Altstadt. Die schöne Porta a Mare ist für Autos, die Porta a Terra für die Fußgänger. Überquert man die hinter den Toren liegende platzartig verbreiterte Straße, kommt man zur Piazza della Repubblica.

Jeder Provence-Kenner fühlt sich hier heimisch. Cafés und Restaurants, gruppiert um einen rechteckigen Platz, Platanen, deren dicke Stämme durch die Terrassendächer wachsen, Häuserfassaden mit hohen Fenstern und regelmäßiges Markttreiben. Für den Liebhaber mediterraner Atmosphäre sollte die erste beschauliche Kaffeepause eingelegt werden.

Schilder führen von hier aus über Gäßchen und Treppen, vorbei an der KIRCHE MISERICORDIA, wo eine Nachbildung des Napoleonsarkophages vom Pariser Invalidendom, eine bronzene Totenmaske und die Hand Napoleons zu sehen sind, hinauf zum Palazzeto dei Mulini, am obersten Punkt der Altstadt, zwischen den Festungen Falcone und Stella (siehe voriges Kapitel Napoleon und Elba).

"LA FERRIGNA", Piazza della Repubblica. Dienstags, Januar und Februar zu. Alt eingeführtes und empfehlenswertes Restaurant. Spezialitäten: Fische, leckere Vorspeisen, wie zum Beispiel Rigatoni ai 4 Formaggi oder Spaghetti all'arragostini (mit Gamberoni).

"Ristorante NEDO" hat sich mehr auf Spaghetteria und Pizzeria umgestellt.

"L'APE ELBANA": zum Hotel Ape Elbana gehörig. Ordentliche Küche bei durchschnittlichen Preisen.

Portoferraio hat, obwohl Hauptstadt der Insel, die wenigsten Hotels.

*** "**Hotel Massimo**", Calata Italia. Ganzjährig offen. Liegt zwischen den modernen Betonburgen des neuen Fährhafens. Zimmer mit Dusche und Telefon, Restaurant. Tel. 914 766.

Ziemlich nüchtern und nur zum Übernachten geeignet, wenn man nichts anderes findet: *** "**Touringhotel**" hinter der Piazza della Repubblica, 13, Via Roma, Tel. 915851.

** "**Ape Elbana**", Piazza della Repubblica. Gemütliches Haus mit überwachsener Terrasse. 25 Zimmer, einige mit Bad. Restaurant mittwochs geschlossen. Tel. 914 245.

Nützliche Adressen und Tips

APT, Azienda di Promozione Turistica 26, Catala Italia, Tel. o565/914 671, touristische Auskünfte, Veranstaltungskalender etc.

Geldwechsel außerhalb der Bankzeiten: Bankomaten.

Capitaneria del Porto: im Haus der AAT, Tel. 914 o41, die Hüter des Meeres, des Wassersports, der Schiffahrt usw.

Carabinieri: Viale Elba, Tel. 914 241. Polizia Stradale: Casaccia, Tel. 914 744.

Mietauto: AVIS, Viale Elba, Tel. 92665 und MAGGIORE, Calata Italia, Tel. 93o 222.

Autoreparatur: In und um Portoferraio sind alle namhaften deutschen, französischen und italienischen Vertragswerkstätten.

Das Krankenhaus von Portoferraio macht zwar einen mittelalterlichen Eindruck, hat aber, wie mir auf Elba lebende Deutsche versicherten, gute ärztliche Betreuung. Tel. 938 511.

Die Bucht von Portoferraio

Eine weite Bucht mit flachen Stränden. Zu Wasser ein reger Fährverkehr und viele Segelboote der drei deutschen Segelschulen. Zum Baden gibt es geeignetere Strände auf der Insel. Für Segelfreunde: wenig wechselhafte Meereswinde, dafür konstante Thermikwinde.

SAN GIOVANNI: Früher waren hier Salinen. Heute ein Bad mit Möglichkeiten zu Meeresschlammbädern. Akne, Rheuma etc.

LE GROTTE: Vor der kleinen Ortschaft auf der Anhöhe wurde eine Villa Romana ausgegraben. Gut zu sehen sind die Badeanlagen. Ein Stück weiter links am Strand:

*** "**Hotel Garden**", Mitte Mai bis September. Die lange Garteneinfahrt rechtfertigt den Namen. Ein riesiger Park mit uralten Bäumen umgibt das Stammhaus und die bungalowartigen Reihenappartements dahinter. Terrasse mit großen hundertjährigen Palmen, eigener Strand. Tel. 933 o43.

Beim Hotel ist die "DHH - Yachtschule Elba". Tel. 933 329. Deutsche Kontaktadresse: DHH, Deutscher Hochseesportverband "Hansa", Postfach 13o 268, 2olo2 Hamburg, Tel. o4o/441 142 5o.

Auf dem Weg nach Magazzini liegt links am Meer das 1.-Klasse-Hotel

**** "**Fabricia**". Ein zweistöckiges, aber großes und modernes Hotel mit eigenem Strand, Schwimmbad, zwei Tennisplätzen, zwei Kilometer zum Golfplatz in Acquabuona. Wasserski und Surf. Tel. 933 181.

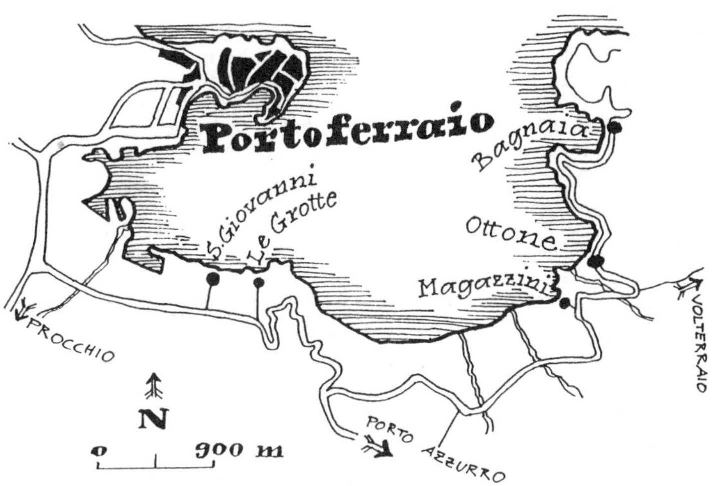

Maggazini

Wie eine Theaterkulisse aus dem Weißen Rößl: Ein kleiner Hafen, das Wasser der ohnehin ruhigen Bucht von Portoferraio plätschert in 5 cm hohen Wellchen an den flachen Kiesstrand.

An der Mole ein stattliches Haus, das

*** "Albergo Mare", mit Bar, Restaurant und Hotel mit Swimmingpool, ansonsten nur noch ein Haus, ein Laden, eine hohe Mauer, hinter der sich ein großes Weingut versteckt. Auf der überdachten Terrasse, direkt am Hafen, sitzt sichs gut. Gaumen und Kehle erfreuen sich am kühlen Getränk, das Auge blickt über die Bucht und auf die Berge der Insel, das Ohr vernimmt ab und zu die Fachgespräche der Segelschüler. Tel. 933 o69.

Gleich um die Ecke ist nämlich der SEGELCLUB ELBA. Telefon und Anschrift in Italien: Magazzini, 57o37 Portoferraio, Tel. 933 288. In Deutschland: 51413 Bergisch-Gladbach, Postfach 3oo 327, Tel. o22o4/687 o3.

Schulbeginn: Mitte März bis Anfang April. Alle Scheine (Optimisten, Grund-, SBF-, BR-, BK-Scheine). Die Schule hat acht Optimisten (Kinderboote), 3o Jollen, drei Jachten mit 7 m, eine Jacht mit 9 m für BR- und BK-Ausbildung. Vier große Jachten für Törns (mehrtägige Segelausflüge) mit oder ohne Skipper. Der SCE kümmert sich auch um die Unterbringung seiner Gäste in den Vertragshotels (die aber auch von gewöhnlichen Sterblichen bewohnt werden können).

* "Santo Stefano", ehemalige Klosteranlage. Tel. 933 161.

**** "Hotel Villa Ottone" zwischen Magazzini und Bagnaia. Mitte Mai bis Mitte Oktober geöffnet. Schon von der Fähre aus sieht man über der Bucht die hohe säulengeschmückte Fassade dieser alten Prunkvilla. Eines der besten Hotels von Elba. Umgeben von einem herrlichen Park mit vielerlei hohen und alten Bäumen, Eukalyptus, Palmen, Pinien usw. Wenn ich nicht Autor, sondern Verleger wäre, würde ich dort wohnen. Die Bar mit ihren Ledergarnituren, Marmorkamin, blauen Wänden und bemalter Decke ist eine heitere Mischung von Prunk und Kitsch. Hinter dem Haupthaus ist noch eine neue, aber geschmackvolle Dependance. Der Empfang spricht deutsch. Die Küche ist gut. Schwimmbad, Tennisplatz, eigener Strand, allerdings nur 15 m breit und die ersten 5 m an der Mauer sind künstlich mit Sand aufgeschüttet worden. Tel. 933 o42.

**** "Hotel Picchiaie Residence", an der Höhenstraße Portoferraio - Porto Azzuro. Großartiger Panoramablick über Portoferraio und die Bucht. Schwimmbad, Tennisplätze, moderner Komfort und guter Service. Tel. 933 11o.

In Magazzini selbst gibt es eine gute Pizzeria: "LA CARETTA".

In der Nähe des Hotels Ottone zweigt übrigens die Straße ab, die zum CASTELL VOLTERRAIO hochführt. Und sie lohnt sich, vor allem abends kurz vor Sonnenuntergang.

Hinter dem Castell, auf der Paßhöhe, bevor es wieder abwärts geht nach Rio Elba, kann man parken und in ca. 4oo Metern Höhe die phantastischsten Sonnenuntergänge erleben. Unter sich die Bucht von Portoferraio. Weiter hinten die silbernen Buchten und die violetten Berge der westlichen Insel. Links zeichnet sich schwarz-grau gegen den Horizont das Castell Volterraio ab. Dies sei eine Gründung der Etrusker aus Volterra, sagen die einen. Es sei erst im 11. Jahrhundert gebaut worden, sagen die anderen. Fest steht, daß es den Elbanern immer den letzten uneinnehmbaren Schutz vor plündernden Sarazenen bot, und daß man von oben mit herrlichen Rundblicken belohnt wird.

Zurück zur Bucht: Von Ottone weiter östlich kommt gleich nach dem Hotel Ottone der Camping Rosselba le Palme (siehe Teil I "Camping"). Noch ca. 5 Autominuten an der Küstenstraße, und man erreicht:

Bagnaia

Ein hübsches, kleines Nest in einer ruhigen Bucht mit weißem Kiesstrand.

Segelzentrum Elba: SZE, Geführt von Gereon Verweyen. Auch diese seit 18 Jahren bestehende Schule ist nach Kapazität und Qualität durchaus zu empfehlen. DSV-Jollen, 5 Hochseejachten für BR und BK und für Törns.

Adressen - Elba: 57o37 Portoferraio-Bagnaia, Tel. 961 o9o. BRD: Sürther Hauptstraße 211, 5o999 Köln, Tel. o2236/65 5o5.

*** "Hotel La Feluca": ca. 3oo m vom Meer, in absoluter ländlicher Stille, umgeben von Oliven und Wein in einem schönen großen Garten mit einer gemütlichen Sitzgruppe um einen großen Grill. Paolo und Irmeli führen hier mit Engagement ein familiäres Haus und sprechen deutsch. Im Garten ist ein großes Schwimmbad. Tel. 961 o84/5.

1 km vom Meer entfernt liegt in den Bergen das "Appartementhotel San Michele". Einzelne, in maurischem Stil gebaute Appartementhäuser mit voll eingerichteter Küche.

In Bagnaia ist noch das "Bungalowhotel Residence", Bagnaia Lido, 54 Wohnungen in 2-stöckigen Häusern mit Lauben, Terrassen und Einkaufszentrum. Wenige Schritte zum Meer.

Im Bagnaia endet übrigens die Asphaltstraße. Ein staubiger Schotterweg klettert mit Steigungen und Kurven weiter in die Buchten von Nisporto (siehe Campingteil) und Nisportino.

Etwas abseits der Bucht von Portoferraio, auf der Straße von Porto Azzuro, kurz nach Picchiaie, liegt der Golfplatz von Elba.

Portoferraio – Enfola Biodola – Procchio

Die Buchten der nördlichen Küste sind alle verhältnismäßig klein, überschaubar und aufgrund ihrer breiten, weißen Sandstrände und des klaren Wassers ideal geeignet für Badeurlaub und Wassersport.

Trotz einer erstaunlichen Kapazität an Unterbringungsmöglichkeiten für Gäste haben die Buchten ihre Natürlichkeiten bewahrt: Die Häuser und Hotels verstecken sich niedrig zwischen vielen Bäumen, Büschen und Blumen.

Im Gegensatz zu den Alpträumen der ligurischen oder adriatischen Küste ist hier, wie eigentlich überall auf Elba, die Natur, der Strand und das Meer, bis auf einige kleine Hotelstrände, noch frei zugänglich.

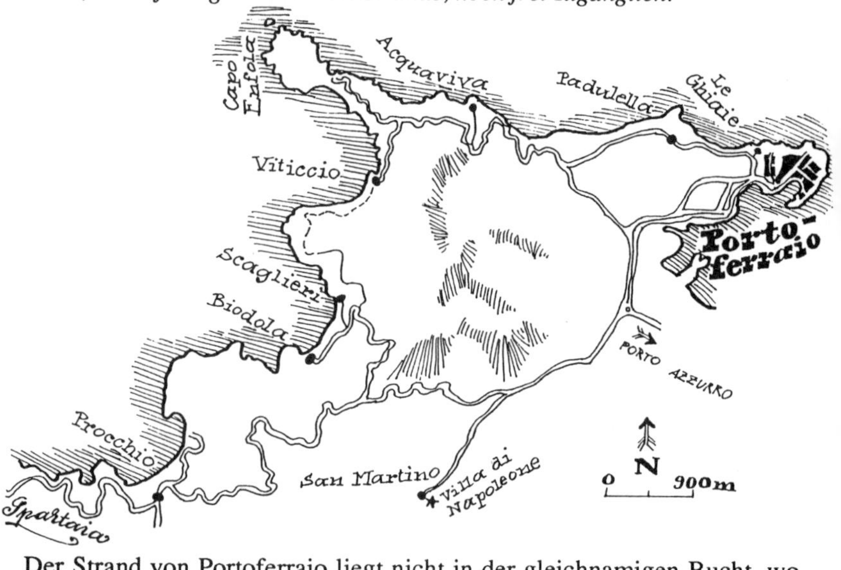

Der Strand von Portoferraio liegt nicht in der gleichnamigen Bucht, wo sich die Hafenanlagen befinden, sondern auf der Nordseite an der flachen Stelle, wo früher ein Kanal durchging, nur ca. 3oo Meter vom Hafen entfernt. Der Strand ist mit großen, schneeweißen Kieseln bedeckt und heißt Le Ghiaie (Ghiaie = Kieselsteine).

An ihm vorbei führt die Straße zum Ortsteil Padulella, Felsstrand und grobe Steine. Bestenfalls für die geeignet, die dort wohnen.

Zwei Hotels:

*** "**Adriana**", Restaurant, Bar, ruhige Lage in großem Garten. Mehrere Terrassen mit Meeresblick. Kinderspielplatz. Tel. 92o 57.

*** "**Nuova Padulella**", ein etwas phantasieloser, rechteckiger Bau, zweistöckig mit umlaufendem Balkon, Terrasse mit Meeresblick. Tel. 914 742.

In der kleinen Bucht von Acquaviva gibt es unten am Kies- und Felsstrand den Campingplatz gleichen Namens (siehe Campingteil).

Die Zufahrtsstraße zur Bucht ist ein holperiger, schmaler und staubiger Feldweg. Wenn sich da zwei Karavan-Gespanne begegnen, wird's stellenweise schwierig und laut (wegen der Flüche).

Die weiter oben verlaufende, asphaltierte Hauptstraße senkt sich ein paar km weiter westlich hinab zu der Landzunge, die zum CAP ENFOLA führt, und so schmal und flach ist, daß sie das Cap fast zur Insel macht.

Links am Hang liegt der zwar sehr schöne, aber auch teure Campingplatz Enfola (Campingteil). An der Landzunge ein Kiesstrand, eine Bootsanlegestelle und die langsam verfallenden Häuser der ehemaligen Thunfischerei.

Für Wanderfreudige ist ein Ausflug auf das Cap mit seinen schönen Rundblicken ein lohnendes Ziel.

Wenn man die Hauptstraße wieder ca. 1 km zurück, in Richtung Portoferraio fährt, zweigt rechts eine Straße ab zur BUCHT VON VITICCIO, wo sie allerdings endet. Zu den Buchten von Biodola und Procchio muß man bis zum Stadtrand von Portoferraio zurück.

Viticcio ist keine geschlossene Ortschaft, sondern eine lockere Ansammlung von Privathäusern, kleinen Hotels, Pensionen und Ferienwohnungen. Das Ganze wirkt etwas familiär, und der Durchreisende kommt sich leicht deplaziert vor.

*** "**Pensione Paradiso**": auch mit Restaurant. Die Terrasse ist noch schöner, weil von Bäumen überschattet. Ca. 7o Meter zum Strand. Tel. 939 o34.

** "**Pensione Scoglio Bianco**": direkt am Meer. Vom Restaurant-Tisch Blick auf Cap Enfola. Tel. 939 o36.

Die nächste Bucht, LA BIODOLA, liegt zwar sozusagen gleich um die Ecke, aber es gibt noch keine Straße dorthin. Zur Umgehungsstraße von Portoferraio sind es allerdings nur 6 km.

Bei der Haupteinfahrt in die Stadt (die erste Straße links vor dieser Hauptkreuzung führt nach Le Ghiaie) rechts abbiegen in Richtung Procchio.

Etwa auf halbem Wege dorthin zeigt ein Schild den Weg links ab zur Villa San Martino. Beschreibung siehe Kapitel "Napoleon". Die eigentliche Auffahrtsallee vom Parkplatz zur Villa ließ übrigens der Duce (Mussolini) bauen.

Am unteren Ende, neben dem Rondell mit den Kiosken, liegt in einem großen Park das altehrwürdige, maurisch anmutende Hotel

**** "**Park Hotel Napoleone**". Es ist ein schönes, großes Haus mit einem Turm und einer außenlaufenden Steintreppe. Die großen, hohen Zimmer sind größtenteils mit schmiedeeisernem Mobiliar bestückt. Zwei Tennisplätze, ein großes Schwimmbad und ein Minigolf. Eigener Strand in La Biodola. Tel. 916 973.

Wieder auf der Straße nach Procchio, zweigt nach einer Anhöhe rechts eine Straße ab, die hinunter zur Biodola-Bucht führt, in deren östlichem Teil Scaglieri liegt.

SCAGLIERI liegt in einer eigenen, winzigen Bucht, und man ist beim ersten Anblick entzückt über die Idylle: An den steilen Hängen viel Bewuchs, ein paar Häuser dazwischen, am feinen, weißen Sandstrand ein kleines Restaurant mit einer hölzernen Terrasse über dem Strand, klares Wasser.

Problematisch wird dann allerdings die Parkplatzsuche. Der einzige vorhandene Platz gehört der Kneipe, und an der schmalen, steilen Straße ist kaum Platz.

Wenn Sie gerade Hunger haben, stellen Sie den Wagen auf den Parkplatz des Restaurants, denn im "DUE PINI" ißt man nämlich recht gut. Vor allem die Macaroni due Pini. Etwas weiter oben, ca. 3o m vom Strand, liegt die:

*** "**Pensione Danila**". Mit Restaurant, in einem schönen Garten. Der Strand von Scaglieri wird hauptsächlich bevölkert von den Campern des am westlichen Hang liegenden "Starcamping Scaglieri" (erst ab Juni offen). Tel. 96 99 15.

Die Bucht von La Biodola

Eine große, offene Bucht mit langem, breitem Sandstrand, amphitheatralisch eingerahmt von grünen Hängen; die niedrig gebauten Häuser stören die Harmonie der Landschaft nicht.

Hotel und Centro Sportivo Balneare **** "**La Perla**". Das Hotel liegt zwar an der Straße, aber in einem großen Garten. 5o Zimmer, alle mit Dusche, WC und Tel. Hunde nicht erlaubt. Tel. 9o7 371.

Ca. 2oo m entfernt am Strand: das Sportzentrum des Hotels. Schwimmbad mit Kinderbecken, Kinderspielplatz, Boccia-Bahn, 2 Tennisplätzen, eigener Sandstrand mit Kabinen, Liegestühlen, Sonnenschirmen, Bootsverleih, Restaurant, Pizzeria und Disco.

**** "**Hotel Hermitage**" - Westseite der Bucht. Eine der Nobelherbergen der Insel. Im Hauptgebäude nur Halle, Rezeption, Bar und Restaurant mit vielen Blumen und exotischen Pflanzen. Die Zimmer sind in vielen kleinen Einzelhäuschen, die verstreut an einem bewaldeten Hang liegen. Wenn man an der Bar unten versumpft ist, könnte u.U. die Suche nach dem eigenen Bett schwierig werden. Gepflegter, eigener Sandstrand, Meerwasser-Schwimmbecken in zwei Etagen mit Wasserfall dazwischen. Wasserski, Motorboot, Strandbar mit Grill, 5 Tennisplätze und ein Übungsplatz, ein Fußballplatz. Tel. 936 911.

Im selben riesigen (und bewachten!) Park, und dazugehörig: **** "**Hotel La Biodola**", 16.4.-18.1o. Tel. 936 811.

*** "**Pensione Casa Rosa**": wer es billiger, aber auch schön und bequem haben möchte. Tennis- und Kinderspielplatz. Ca. 15o m zum Meer. Tel. 969 919.

Von der Biodola-Bucht zur Bucht von Procchio muß man kurz landeinwärts über eine Höhenstraße.

Procchio - Bucht und Ort

Eine weitere Bucht, halbkreisförmig von einem breiten Sandstrand begrenzt, ähnlich wie Biodola, nur das Hinterland ist etwas flacher. Die kleine Ortschaft mutet wieder recht südfranzösisch an mit ihren Straßencafés, Terrassenrestaurants, Bäumen und Blumen. Das Eckrestaurant an der Hauptstraße rühmte sich, im Gegensatz zu manchen anderen auf der Insel, damit: "Hier hat Napoleon niemals gegessen."

Schräg gegenüber betreibt eine sizilianische Familie das Ristorante "DA ANGELO". Gemütlich ist es nicht eingerichtet, die Küche aber, vor allem die Fischgerichte, sind recht gut.

Gut und preiswert ißt man im "LO ZODIACO", in einem Garten an der Stichstraße zum Strand.

Empfehlenswert ist auch das Restaurant des Hotels "DEL GOLFO", 1o.3.-15.1o. Es liegt in der westlichen Ecke der Bucht, hat einen eigenen Sandstrand, Schwimmbad und 3 Tennisplätze. Tel. 9o7 565.

Segelschule Elba Charter, Leitung: Günter Helm.
Vorplanung von Deutschland und Infos: Segelschule Elba Charter, Jürgen Schultheis, Amselweg 11, 53844 Troisdorf, Tel. o2241/4o6 399.
Adresse in Procchio: Villa La Capanne, 57o3o Procchio, Tel. oo39/565/9o7 838. Die Schule kümmert sich auch um die Unterbringung der Gäste. Boot- und Surfverleih.

Nur ca. 2 Autominuten westlich der Procchio-Bucht erscheint eine kleine, aber sehr idyllische Bucht, Lido di Spartaia, in welcher das

**** "**Hotel Desiree**" liegt. Tel. 9o7 311. - *** "**Hotel Valle Verde**", Spartaia, Tel. 9o7 545.

Nach Spartaia ist man wieder auf einer Höhenstraße, man blickt in viele kleine, winzige Buchten, in denen steile Felsentreppen hinabführen, im Osten sieht man die Golfe von Biodola und Procchio. Aber Vorsicht beim Schauen: Die Straße hat viele enge Kurven! Nach dieser Aussichtsstrecke ändert sich dann die Landschaft überraschend:

Der Westen Elbas

von Marciana Marina bis Cavoli

Marciana Marina

Nicht mehr die weiten, sichelförmigen Sandstrände der vorigen Buchten, sondern ein schmales Band aus groben Kieseln und unterbrochen von Felsklippen. Nicht mehr der Halbkreis aus sanften Bergen und Höhenzügen, sondern die gewaltigen Hänge des Monte Capanne mit seinen Granitblöcken und tiefen Wäldern.

Nicht mehr die lockeren Streusiedlungen in großen Gärten, sondern eine geschlossene, kleine Hafenstadt mit einer reizenden Mischung aus italienischer und südfranzösischer Atmosphäre. Die Häuser alt, grau, gelb oder ockerfarben, mit türkisfarbenen Holzjalousien und Ziegeldächern mit Mönch und Nonne.

Der Torre Saracena beim Hafen ist nicht von Sarazenen, sondern von den Pisanern gegen die Sarazenen gebaut worden.

Vom Lungomare, der Promenadenstraße am Hafen mit vielen Bars, Cafés und Restaurants, mit einer Parkanlage mit Palmen, Oleander, Eukalyptus und Tamarisken, gelangt man durch enge Gäßchen zur zauberhaften Piazza Vittorio Emanuele, für die man Zeit und Ruhe braucht. Nicht, daß einen hier etwas Besonderes erwarten würde; es ist nur die Atmosphäre: die Linden vor den alten Häusern, die Schwalben und Mauersegler, die die Kirche umkreisen, spielende Kinder, Alte sitzen beschaulich vor den Türen, die Blumenkästen um die Tische des Café Atlantik, ein Kater schmachtet ein Kätzchen an, das in der Astgabel eines Bäumchens Siesta hält, und gelegentlich tauchen ein paar Möwen vom nahen Hafen im blauen Rechteck des Himmels auf.

Zwei Restaurants gibt es auch: "LA VECCHIA MARINA" und "IN PIAZZA".

Ein wunderschönes Geschäft liegt in der Via Garibaldi 32: La Bottega del Formaggio: i veri formaggi tipici italiani, Parmaschinken und mancherlei Delikatessen.

*** "**Hotel La Primula**": ganzjährig offen. Liegt ausnahmsweise nicht am Meer. Garten mit Schwimmbad. Tel. 99o 1o.

** "**Imperia**": kleines Hotel im Eisdielen-Stil. Nur, wenn man nichts anderes findet. Kein Restaurant. Tel. 99o 82.

*** "**Hotel Gabbiano Azzuro**": Schwimmbad, 25o m zum Meer. Tel. 992 26.

** "**Pensione Andreina**": auf einer Klippe über der Bucht, Fußweg zu kleinem Strand. Tel. 9o 81 5o. - * "**Hotel Anselmi**": Viale Amadeo 35, Straße nach Poggio. Angenehm und empfehlenswert. Ganzjährig offen. Tel. 99o 78.

Von Marciana Marina klettert eine kurvenreiche Straße durch schattige Kastanienwälder hinauf zu den Bergdörfern Poggio und Marciana Alta.

Poggio

Den lat. Namen Podium (Balkon) trägt es zurecht: von hier oben hat man einen phantastischen Blick über die bewaldeten Täler und Hänge hinab nach Marciana Marina, auf die zerklüftete Felsküste, auf ferne Berge und übers Meer.

Das Dorf ist ruhig, vom Tourismus wenig frequentiert, hat steile und verwinkelte Gäßchen mit Blumen und Treppen, fürs Auto gottseidank gesperrt (sowieso zu eng), und hübsche, kleine Plätzchen. So zum Beispiel die Piazza Umberto I., sehr klein, ein Brunnen plätschert in der Mitte, ein Hund liegt wie tot in der Hitze eines Sommernachmittags, eine Mamma sitzt auf einer Steinbank, im Schoß das schlafende Bambino, und bei der Kirche sitzen zwei Männer mit über die Augen geschobenen Mützen, auch sie dösend oder schlafend. Der Fühlende geht leise und auf Zehenspitzen über solch einen Platz.

An der Aussichtsterrasse von Poggio ist ein Café, eine Treppe darunter das sehr gute Ristorante "PUBLIUS" mit toskanischer Küche und Fischspezialitäten. Hochsaison kein Ruhetag, sonst Mo. zu. Wer bereit ist, für ein gutes Essen viel Zeit und auch etwas Geld aufzubringen, frage nach dem Restaurant "IL BOSCHETTO".

Im oberen Teil des Ortes ist die Pensione Ristorante ** "**Monte Capanne**". Hat nur 15 Zimmer mit fließendem Wasser. Einfache Einrichtung, aber beste Lage und Aussicht. Terrasse. Ganzjährig offen. Tel. 99o 83.

Auf der oberen Strecke von Poggio nach Marciana Alta windet sich die Straße wieder in vielen Kurven durch den tiefen und schattigen Wald, der so dicht ist, daß man nur selten einen Blick auf Landschaft und Meer hat.

In einer scharfen Rechtskurve liegt linkerhand die FONTE NAPOLEONE, wo jenes metallisch schmeckende Mineralwasser aus der Erde sprudelt.

Bei einer weiteren Rechtskurve, kurz vor Marciana Alta, ist die Talstation der CABINOVIA, der Seilbahn zum Monte Capanne. Ängstlichen Gemütern ist diese Bahn nicht unbedingt zu empfehlen, da zwei Personen in einem offenem Gestell, das aussieht wie ein größerer Maulkorb, stehend die ca. 2o Min. bis zum Gipfel verbringen müssen. Die Seilbahn verkehrt von Anfang April bis Ende September. Die jeweils erste Bergfahrt: 1o und 14 Uhr. Die jeweils letzte Bergfahrt: 12 und 17.3o Uhr. Die jeweils letzte Talfahrt: 12.3o und 18 Uhr.

Zu Fuß braucht man von Poggio aus ca. 3 Stunden. Von oben allerdings, 1.o19 m Höhe über dem Meer, hat man an klaren Tagen eine phantastische Aussicht über die Insel Elba, das Meer ringsum und das toskanische Archipel (Arcipelago Toscano):

Im Norden die ZIEGENINSEL CAPRAIA, rechts davon und weiter nördlich die kleinere Insel Gorgona, die hauptsächlich als Sträflingskolonie dient. Im Westen das gebirgige Corsica, im Südwesten die GEFANGENEN-INSEL PIANOSA, die im Gegensatz zu allen anderen Inseln flach wie ein Pfannkuchen und baumlos im Meer liegt.

Im Süden ragt steil die geheimnisvolle INSEL MONTE CHRISTO auf, bekannt durch den Roman von A. Dumas. Sie ist heute in Privatbesitz. Betreten nur mit Sondergenehmigung. Lohnt sich aber nicht, denn inzwischen glaubt wohl kaum noch jemand an einen versteckten Schatz. Und wer das Buch gelesen hat, ist ein aufgeklärter Mensch und weiß, daß den Schatz eben jener Graf schon gehoben hat.

Südöstlich sieht man noch, wenn die Luft ganz klar ist, die Lilien-Insel GIGLIO, eine "normal" bewohnte Insel mit einer kleinen Hafenstadt, Giglio-Porto, und einem romantischen Bergnest Giglio-Castello (wird von Porto S. Stefano aus angelaufen). Im Blickfeld hinter der Giglio liegt die kleine, touristisch aufforstende Insel GIANNUTRI. Wen das alles nicht interessiert: am Gipfel des Monte Capanne ist auch eine Bar!

Marciana Alta

(alta = hoch) 375 m über dem Meer, hat viel Ähnlichkeit mit Poggio. Es heißt, das sei die älteste Stadt von Elba. Es war auf jeden Fall der Sitz der Appiani, der Fürsten von Piombino, von deren Haus, ca. 15 Min. vom Ort zu Fuß, nicht mehr viel zu sehen ist. Hierher flüchteten immer die Küstenbewohner, wenn sich die räuberischen Sarazenen nahten.

Von Marciana Alta aus kann man in einem Fußmarsch von ca. 45 Min. die Wallfahrtskirche MADONNA DEL MONTE erreichen, wo Napoleon ein paar Tage hauste (wo hauste er nicht ?!) und ein kurzes Intermezzo mit der Maria Walewska hatte, die merkwürdigerweise nach diesem kurzen Rendezvous sofort wieder absegelte.

Wenige Minuten von dieser Kirche entfernt ist der bizarre Felsen "SEDE DI NAPOLEONE" (Napoleons-Sitz), von wo aus Napoleon nach Korsika äugte (was hatte er nicht im Blick?!). Trotzdem: Die Wanderung zu dieser Kapelle zwischen mächtigen Granitblöcken, mit einem Brunnen, hohen Bäumen und herrlicher Aussicht, lohnt sich auch für solche, die nicht erödend Napoleons Spuren folgen. Dort oben ist es so schön, daß man ihn glatt vergessen kann.

Bevor die Straße an der Westküste nach Süden abbiegt, führt rechts ein enges und spitzkehrenreiches Sträßlein hinunter in die Bucht von SAN ANDREA.

Vorsicht mit Caravan-Gespannen: wenig Ausweichmöglichkeiten, Kurven zu eng, und unten kaum Parkplätze für Solo-Autos! Ein idyllischer, kleiner Hafen mit schmalem Kiesstrand, begrenzt von Felsklippen.

Ideale Tauchgegend! Einkaufszentrum im Untergeschoß des Hotels Ristorante *** "BARSALINI", 1. April - 15. Oktober, 2o Zimmer. Die Küche ist gute Hausmannskost. Tel. 9o 8o 13.

Ein paar relativ preiswerte Pensionen in San Andrea:

** "**Bellavista**", Restaurant, 7oo m zum Meer, Tel. 9o 8o 15.
*** "**Da Ilio**", Rest., 1oo m zum Meer, Tel. 9o 8o 18.
*** "**La Cernia**", Rest., gepflegter Garten, 2oo m zum Meer, Tel. 9o 81 94.
** "**Da Giacomino**", Rest., 15o m zum Meer, Tel. 9o 8o 1o.
*** "**Gallo Nero**", Rest., Terrasse mit Meeresblick, 5oo m zum Meer, Tel. 9o 8o 17.

Die gut ausgebaute und inzwischen mit Leitplanken gesicherte Straße - das ist auch ganz gut so, denn an manchen Stellen ragt links die Felswand und rechts unten brandet das Meer - führt nun die westliche Steilküste entlang.

Wenn es nicht gerade sehr diesig ist, sieht man die hellblauen Gebirgsrücken Korsikas über der schimmernden Weite des Meeres. Die Vegetation ist karg an dieser Seite Elbas, aber die Fahrt ist schön, das Panorama atemberaubend und der Verkehr spärlich. Zwei felsige Buchten mit kleinen Ortschaften tauchen auf:

CHIESSI: mit dem Schmuck seiner vielen Blumen. Pensione Ristorante *** "IL PERSEO", Tel. 9o 6o 1o.

POMONTE: ein ruhiger, vom Tourismus wenig beachteter, kleiner Fischerhafen. Ein paar Segelboote liegen am Quai, einige unentwegte Taucher schleppen ihre Ausrüstung zu den Schlauchbooten, und in der Nähe liegt am Grund ein gesunkener Frachter, bei dem der deutsche Tauchlehrer Leisegang tödlich verunglückte.

*** "**Pensione Da Sardi**", Tel. 9o6 o45.
Direkt auf den Klippen, wenige Meter über dem Meeresspiegel: *** "**Pensione Villa Mare**", Tel. 9o 63 o1, Rest. und Terrasse. - ** "**Pensione da Giuseppino**", Rest. 2oo m zum Meer. Tel. 9o 6o 42. - *** "**Corallo**" Tel. 9o6 o42.

Die steile Westküste endet bei

FETOVAIA: eine schnuckelige, kleine Sandbucht, beiderseits begrenzt von Felsen, zum Meer hin durch eine lange Landzunge abgeschirmt - eine richtige Bilderbuch-Bucht. Manche sagen, sie sei die schönste Bucht von Elba. Zwischen viel Grün, Buschwerk und Bäumen, ein paar Häuser, zwei Hotels und einige Pensionen.

*** "**Pensione Montemerlo**", Rest., 25o m z. Strand, Tel. 988 o51.
*** "**Hotel Lo Scirocco**", gemütlich möblierte Aufenthaltsräume. Zimmer sind modern, aber trotzdem behaglich und komfortabel. Liegeterrasse. Ein Restaurant unten am Sandstrand gehört dazu (15o m). Tel. 988 o33.
*** "**Hotel Albergo Galli**", Rest., 15o m zum Strand. Tel. 988 o35.
** "**Hotel Alma**", Tel. 988 o4o.

Auch diese Bucht und ihre Umgebung ist ein ideales Unterwassergebiet für Schnorchler und Taucher, hat aber leider noch keine Auffüllstation für Preßluft.

Ein paar Autominuten östlich liegt die kleine Siedlung **SECCHETO** in einer kleinen Bucht. Spielte schon zu Römerzeiten eine Rolle wegen seiner Granit-Brüche.

** "**Pensione Da Fine**", Rest., nette, kleine Pension. Tel. 98 7o 17.
*** "**Pensione Da Italo**", Rest., klein und familiär, strandnah (1oo m). Tel. 98 7o 12.
*** "**Pensione La Stella**", Rest., Terrasse, ein paar Meter über dem Strand, am felsigen Rand der Bucht. Tel. 98 7o 13.

Gleich um die Ecke, in der nächsten Bucht, auch diese mit feinem, weißem Sand und begrenzt von Felsen:

CAVOLI. Im östlichen Teil der Bucht, direkt am Sandstrand:

Pensione-Ristorante ** "**La Conchiglia**", 2o Zimmer. Das Restaurant hat gute Fischspezialitäten. Tel. 98 7o 1o.

*** "**Hotel Bahia**", 5o m zum Strand, modernes Haus mit Komfort. Klima-Anlage, Restaurant. Gesellschaftsräume, Kinderspielplatz. Tel. 98 7o 55.

** "**Pension Lorenza**", hübsches Restaurant, mit vielen großen Fenstern direkt zum Sandstrand mit kleinen Palmen. Tel. 98 7o 54.

*** "**Residence Le Formiche**", kein Restaurant, hoch über der Bucht, ca. 5oo m zum Strand. Tel. 987 154.

Campo nell' Elba

Die Bucht von Marina di Campo

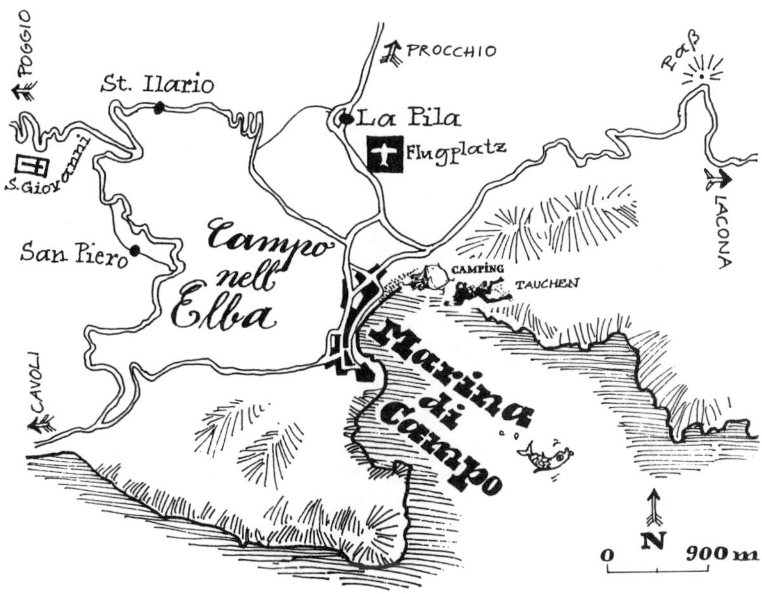

Eine weit ausladende Bucht, nach Süden offen, mit sichelförmigem, breitem Sandstrand (dem größten Elbas), flachem Wasser (für Kinder gut geeignet), die Stadt im Westen, großen Pinienhainen in der Mitte, Felsen

im Osten, das Hinterland flach und fruchtbar mit üppiger Vegetation. Von den hohen Hängen des Monte Perone leuchten die malerischen Bergstädtchen San Piero und San Ilario in Campo herab, und von Nordwesten her beherrscht der Monte Capanne die Szenerie.

Bevor man sich in das Getümmel von Marina di Campo stürzt, sollte man eine Fahrt hinauf nach San Piero in Campo und Sant Ilario in Campo machen. Zum einen, weil man von dort oben einen beachtlichen Panoramablick über den ganzen Golf hat, zum anderen aber, weil die beiden Orte bezaubernde Bergstädtchen sind. Erinnern Sie sich an die Einleitung? Die Assoziation an Griechenland?

In SAN PIERO setze man sich einfach vor das Café beim Platz mit den großen Platanen und genieße die Stille dieses Ortes. Pensione La Rosa, Tel. 983 191, Restaurant. Zwischen San Piero und Sant Ilario zweigt die Bergstraße ab zum MONTE PERONE.

Nach vielen Kurven erscheint rechts der Straße auf einem wuchtigen Granitblock die Ruine eines mittelalterlichen Turms, dann ein paar Kurven weiter, taucht, von Zypressen und hohen Bäumen fast überwachsen, die alte romanische KAPELLE SAN GIOVANNI auf, das kleinere Gegenstück zu San Galgano (südlich von Siena). Auch hier bildet der blaue Himmel das Dach.

Von dieser Kirche führt am Bergeshang entlang ein Wanderweg vorbei an uralten Bäumen, unter Efeu und Schling-Gewächsen, ständig im kühlen Schatten eines dichten Blätterdaches. Ab und zu öffnet sich von einer Lichtung ein herrlicher Blick auf den tief unten liegenden Golf von Marina, auf San Piero und Sant Ilario.

Die schmale, aber asphaltierte Fahrstraße steigt anschließend an die Kirche durch dichte Wälder bis zur Paßhöhe vom Monte Perone, 63o Meter, mit immer neuen Aussichten auf weite Teile der Insel. Von oben sieht man hinüber bis Portoferraio und in die nördlichen Buchten von Biodola und Procchio.

Nach dem Paß senkt sich die Straße hinunter nach Poggio und zur nördlichen Küste nach Marciana Marina.

SANT'ILARIO IN CAMPO ist für mich das reizendste Bergstädtchen auf Elba. Auch hier kann man mit dem Auto nicht hineinfahren. Viele gewundene, kleine Gäßchen und Treppen, Blumen und Grünes überall, es leuchtet und duftet an jeder Ecke anders, und irgendwo mittendrin, mit blumengeschmückter Treppe: das schönste Postamt der Welt. Scusi - für meinen Geschmack. Es ist auch kein Postamt, das klingt viel zu gewichtig, sondern ein dummes, kleines Postämtchen.

Am letzten Sonntag im Mai feiert man hier ein besonderes Fest: die Festa delle Donne - ein Fest von und mit Frauen. Damit keine Mißverständnisse aufkommen: es handelt sich hierbei nicht um eine Demonstrationsfete für

Emanzen!

Im Ristorante "LA CAVA" hat man nicht nur von der Terrasse aus einen einmaligen Blick über den Golf, sondern auch auf dem Teller herrlich duftende Käsespezialitäten.

Nach diesem Besuch an den Hängen des Monte Perone hat man die nötige Gelassenheit, um unterzutauchen in

Marina di Campo

das zwar nur eine relativ kleine Hafenstadt hat, aber mit seinen touristischen Randgebieten voller Pensionen, Hotels, Feriendörfer usw., und mit seinen unzähligen Geschäften, Boutiquen, Sportgeschäften, Bars, Restaurants und Souvenirläden im Zentrum regelrecht großstädtisch wirkt im Vergleich zu San Piero oder Santo'Ilario. In der Hauptstraße, Via G. Marconi, wie sie teilweise heißt, findet man vor allem Kleiderboutiquen, Schmuck und Mineralien.

In der Hafenbar "Da Mario" kann man eine Bootsfahrt zur GROTTE AZZURA buchen (zwischen Cap und Cavoli). Erwarten Sie nicht die Blaue Grotte von Capri! Für Neulinge ganz lustig, oder für solche, die gerade nicht wissen, was sie treiben sollen.

Die drei besten Restaurants: "BOLOGNA", Via Firenze 27, Tel. 971 o5, "LA TRIGLIA" (Empfehlung von Einheimischen, ich war nicht dort) und "DA GIANNI", direkt neben dem Flughafengebäude in La Pila draußen. Erschrecken Sie nicht bei dem Wort Flughafengebäude. Dieses hat gewisse Ähnlichkeit mit neugestalteten Trinkhallen kleiner deutscher Land-Kurorte.

Ich erinnere übrigens wieder einmal daran, daß die meisten Hotels ein Ristorante dabei haben und in der Hochsaison nur mit Halb- oder Vollpension vermieten.

Eine Auswahl der vielen Hotels und Pensionen:

**** "Select", Rest. Tennis, Schwimmbad, sieht von außen aus wie eine Möbelfabrik, hat aber innen gewisse Annehmlichkeiten: vollklimatisiert, alle Zimmer Blick aufs Meer, gut organisiert. Zimmer und Appartements haben Küche, Kühlschrank und Geschirr. Im Restaurant: großes Buffet zum Selbstaussuchen der Vorspeisen und folgenden Gänge. Tel. 977 7o2. Wer individueller und gemütlicher wohnen will, sollte sich lieber ein Zimmer reservieren lassen im

*** "Hotel Meridiana", Viale degli Etruschi. Hier fangen die Pinienwälder des mittleren Strandabschnittes an. Deutsche und Schweizer Leitung. Alle Zimmer Dusche oder Bad, WC und Balkon. Kein Rest. Tel. 976 3o8.

**** "Hotel Montechristo", direkt am Strand am Lungomare Nomellini. Schwimmbad, Tennis, Sauna, kein Rest. Offen 15. April - Ende Oktober, Tel. 976 861.

**** "Hotel Riva", komfortabler Neubau an der Strandpromenade, Tennis, Rest. 4o

Zimmer, alle mit Dusche oder Bad, WC, Telefon, keine Hunde. Tel. 976 316.

*** "**H. Pensione Lilly**", Viale degli Etruschi, bei den Pinien, 5o m zum Meer. 1. März - 15. Oktober. 23 DZ. Gute Küche und ein für italienische Verhältnisse gemütliches Restaurant. Tel. 976 o26. In derselben Stufe ist auch die

*** "**Pension Villa Etrusca**", Rest. Tel. 976 363.

Mitten in den Pinien liegt schattig und kühl das Hotel
*** "**Villa Nettuno**". Von allen Räumen blickt man ins Grüne. Tel. 976 o28.

*** "**Hotel Acquarius**", Rest., modernes Haus mit Terrassenbalkon in 3 Etagen. Tel. 976 31.

*** "**Hotel dei Coralli**", Rest., nur der dichte Olivenhain trennt das Hotel vom Sandstrand in der Buchtmitte. Tel. 973 336.

*** "**Hotel Santa Caterina**", Viale Elba. Sieht von außen aus wie ein Mädchenpensionat. Tel. 976 452.

*** "**Albergo Barracuda**", hübscher Garten, 2oo m zum Meer. Viale Elba. Tel. 976 893.

Direkt beim Flughafengebäude:
*** "**Hotel Aviotel**", 39 Appartements für 2, 3 oder 5 Personen, Schwimmbad. Tel. 97 7o 92.

Am Berghang der östlichen Bucht liegt das
Hotel Marina 2, Bungalows und größere Wohneinheiten. Tel. 977 881. Über dem Hotel:

ACQUARIO M 2 (Ende März bis Mitte Okt. 9.3o-13/15-22.3o Uhr). In 24 großen Meereswasser-Aquarien kann man durch große Glaswände hindurch etwa 15o Meerestiere (Fische, Muscheln etc.) betrachten. Abends ist dort Disco-Betrieb.

Im östlichen Teil der Bucht, am Ende des Ortsteils La Foce, liegt gleich rechts neben der Straße, die zu den Campingplätzen Le Foce, Del Mare und Dell'Isola führt, die Padi-Tauchschule "Club Spiro-Sub" von Pitt Gsell: Die kleine, aber leistungsfähige Tauchschule des sympathischen jungen Schweizers ist ganz auf individuelle Betreuung eingestellt. Lesen Sie nochmals die allgemeinen Hinweise fürs Tauchen im 1. Teil des Elba-Kapitels.

Pitts Motto: "Alles, was lebt, bleibt im Meer!" Harpunieren mit Sauerstoff-Flasche ist gesetzlich ohnehin nicht erlaubt. Doch auch dieses Gesetz wird ab und zu gebrochen, so z.B. von jenem Unterwasser-Jäger, dem Pit seine Harpune abnahm, was ihm teuer zu stehen kam. Der Korallenschütze war nämlich ein Nato-Offizier, und Pitt wanderte wegen "Raubüberfall auf einen Urlauber" für zwei Tage ins Kittchen.

Sein Resumee: Harpunieren mit Tauchgerät ist eine Brutalität. In wenigen Tagen kann man eine Gegend leerschießen, vor allem Standfische wie Zackenbarsch, Aale und Muränen. Für ihn ist die wichtigste Voraussetzung fürs Tauchen die Freude an der Natur. "Taucher schießen nur noch Bilder."

Pitt hält für seine Gäste eine Unterwasser-Fotokamera und eine U.W. Filmkamera zur Verfügung sowie ein eigenes Schiff namens Marianna.

Im übrigen können Anfänger in der Badehose zu ihm kommen. Er hat für 2o Taucher die komplette Ausrüstung. Sein Vorteil gegenüber der anderen ebenso guten Tauchschule Subex ist, daß man nicht gleich einen durchterminierten Lehrgang vorbuchen muß. Man kann zunächst eine "Tauchtaufe" machen, d.h. einen einmaligen Tauchgang als Kostprobe.

* Persönlicher Zeitplan, d.h. keine Wochenbuchungen, sondern von Tag zu Tag.
* Seine Tauchgruppen sind nie größer als 5 Personen.
* Seine Tauchgebiete sind mit seinem Boot in 8-15 Min. zu erreichen.
* Seine Tauchkurse schließen mit dem international anerkannten Diplom des Padi ab (Verb. intern. Tauchschulen)
* Auf Wunsch Nachttauchgänge.
* Pitt hat zu 8o % deutsche Gäste.
* Er kümmert sich auch um die Unterbringung seiner Gäste.
* Er hat, auch für Fremde, eine Auffüllstation für Preßluft. Seine Elba-Anschrift: Localita la Foce 57o34 Marina di Campo, Tel. 565/976 1o2 und 977 573.

Für das Winterprogramm in Port Sudan: Spiro - Sub - Wassersportreisen, Rolandseckstr. 9 a, 81375 München, Tel. o89/714 39 17.

Weitere Adressen in La Foce:

Restaurant "CORALLO" beim Camping Del Mare (Ende März bis Mitte Okt., Mi. zu). Das beste Preis/Leistungsverhältnis der ganzen Bucht!

"PENSIONE-RESTAURANT VERSILIA", familiäre Pension auf deutsch und italienisch, was die Besitzer und die Küche betrifft. Tel. 976 123.

Am Strand, Nähe Campingplatz Del Mare: Surfschule "Stefano". Der Bozener spricht deutsch.

Noch ein paar nützliche Infos für Marina:

Touristenbüro Cipat, Via Mascagni, Tel. 977 766	
Carabinieri: Tel. 976 oo3	Markttag Marina: Mittwoch
Arzt: Tel. 976 o61	San Piero: Sonntag
Apotheke: Via Roma 15, Tel. 976 o13	Sant Ilario: Samstag
Telefonamt: Via Roma	Flugplatz: Tel. 976 o11

Wenn man den Golfo di Campo verläßt in Richtung Lacona-Bucht, steigt die Straße über einen Paß. Oben ist eine Parkfläche und der Rest eines Denkmals, von wo man einen sehr schönen Blick über die Buchten der südlichen Küste hat.

Die LACONABUCHT hat einen flachen Sandstrand mit Pinienwäldern dahinter. Geschlossene Ortschaft gibt es keine.

Die fünf Campingplätze - Laconella, Tullinucci, Valle S. Maria, Lacona und Stella Mare - sind im ersten Teil des Buches im Kapitel Campingplätze beschrieben.

Etwa in der Mitte liegt, mitten im Grünen mit riesigem Garten die familiär geführte
** "Hotelpension Giardino". Seit drei Generationen in Wirtshänden. 32 Zimmer. Hunde willkommen! Aus den Pinien und Eukalyptushainen kann man abends und nachts die Usignolos (Nachtigallen) schlagen hören. Auf der zum Garten gelegenen, offenen Restaurant-Terrasse wird eine gute Küche serviert. Im Garten: Schattige Boccia-Bahn. Tel. 964 o59.

Im östlichen Teil der Bucht ein großer Hotelkomplex, mehr ein Touristenzentrum:
*** "Hotel Lacona". Von Ostern bis Mitte Oktober offen. 155 Doppelzimmer mit Dusche und WC, 26 Miniappartements. Selbstbedienungsrestaurant, Tennis, Schwimmbad, eigener Strand, Friseur, Boutique, großer Park. Tel. 964 o54.

Stellabucht

In der westlichen Ecke befindet sich eine kleine Sandbucht, begrenzt vom Steilufer des großen Capo Stella und einem kleineren Felsenriff.

In der östlichen Buchtseite, Camping Europa und Camping La Calanachiole.

Hoch über Land und Meer liegt das Künstlerstädtchen

CAPOLIVERI: Es ist zwar sehr malerisch mit seinen Vicolos (Treppengäßchen), ist aber im Gegensatz zu den anderen Bergstädtchen Elbas ziemlich touristisch frequentiert. Da steht eine auf einer Leiter und schneidet die Blumen an der Hausmauer. Aus der Türe tritt eine Schnittlauchhaarige und fragt auf gut bayrisch: "Soi i zuamacha?" Antwort: "Naa, laß auf, i bin ja do". Hier ist alles zweisprachig, italienisch und deutsch.

Trotzdem, Capoliveri hat sehr hübsche alte Gäßchen und Plätze, und in versteckten Passagen so manches sehr gute Restaurants, so zum Beispiel das winzigkleine, aber hervorragende und gemütliche "IL CHIASSO", bei den Einheimischen bekannt als Da Luciano. Die Frau des Inhabers ist Deutsche. Fürden Abend vorreservieren. Die im Lokal etwas erhöht gelegene
Küche mit dem großen Herd ist fast größer als das Restaurant. Tel. 968 7o9.

In einem kleinen Treppengäßchen (Vicolo genannt) um die Ecke ist das kleine Nachtlokal "ABAT-JOUR-BAR" von 21 bis 3 Uhr geöffnet.

In der Hauptstraße, Via Roma, ist das Ristorante "LA ROMANELLA" mit echt italienischer Atmospähre. Spezialität: Fische, Maccaroni alla Romanella. In der Hauptsaison kein Ruhetag.

Ebenfalls in der Hauptstraße Ecke Vicolo Martini ist das Ristorante "LA TORRE". Spezialität: Fischsuppe, Pizza vom Holzkohlenfeuer, Fisch und Gamberoni vom Grill. Tel. 968 632.

Prinzipiell könnte man sagen, was diese langgezogene Ostseite der Stellabucht betrifft: Zum guten Essen und zum Bummeln nach Capoliveri, zum Wohnen für die Freizeit in eine der vielen kleinen Buchten. Denn dort sind auch die ganzen Hotels und Pensionen.

Diese Buchten sind alle relativ klein, sind locker und unaufdringlich besiedelt, haben alle einen gepflegten Sandstrand und klares, erfrischendes Wasser.

Von oben nach unten:

*** "Hotel Antares", Bucht von Lido, Restaurant direkt am Strand. Tel. 94o 131.

** "Pensione Ferretti", direkt am Strand. Mit üppig bewachsenem Garten. Restaurant. Tel. 94o 1o7.

** "Albergo Baia del Sole Residence", Hauptgebäude am Strand, Restaurant. Dahinter zehn kleine Appartementhäuser zwischen Bäumen. Tel. 94o 1oo.

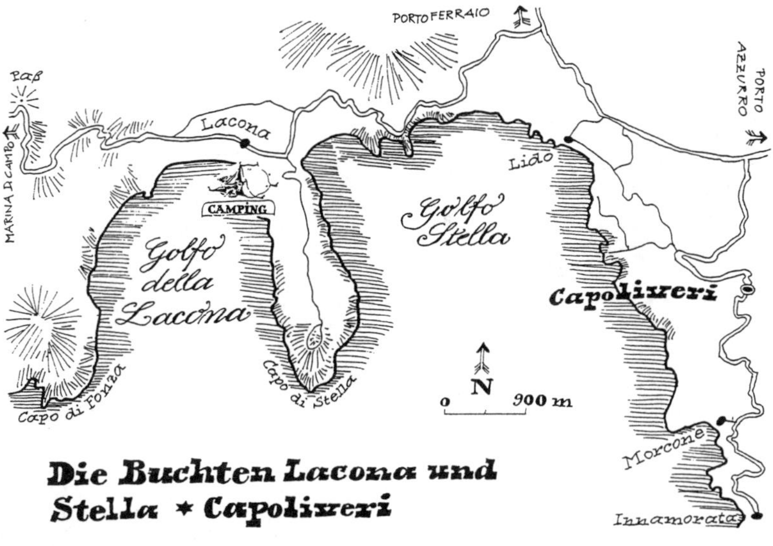

Die Buchten Lacona und Stella * Capoliveri

Bucht von Morcone

Kleinere Bucht, teilweise Kies-, teilweise Sandstrand.

Direkt am Strand:

*** "Hotel Drago Residence", ca. 3o Zimmer, schattige Terrasse überm Strand mit Liegestühlen. Tel. 968 o11.

Etwas am Hang, 259 m zum Meer liegt zwischen viel Buschwerk und Bäumen die

** "**Pension Mandel-Residence**", Restaurant und Garten, sehr ruhig gelegen. Campingplatz Croce del Sud (siehe Campingplätze). Tel. 96 85 28.

In der PARATIBUCHT gibt es auch einen ca. 3oo Meter langen Kies- und Sandstrand, Kies vorne, Sand weiter hinten. Das klare Wasser in diesen Buchten ist auch noch im Juli angenehm kühl.

*** "**Hotel Stella Maris**". Vom Strand aus nur durch eine Hecke getrennt. Tel. 968 425. - Wo die Felsen beginnen, ca. 15 Meter über dem Meer, das ** "**Hotel Dino**", Tel. 939 1o3.

Über einen kleinen Hügel, hier endet die asphaltierte Straße in der INNAMORATA BUCHT (Bucht der Verliebten). Ein Einheimischer erzählte mir die Geschichte dieser Bucht:

Ein gewisser Lorenzo wurde kurz vor seiner Hochzeit von Sarazenen verschleppt und erschlagen. Seine Verlobte Maria suchte ihn, stürzte von den Felsen ins Meer und ertrank. Man hat nur noch einen Schal von ihr gefunden, aber später haben Fischer immer mal wieder ihre Stimme aus dem Meer gehört. Der Erzähler versicherte mir, sein Großvater habe die Stimme zum letzten Mal gehört.

Ich hörte dort auch eine Frauenstimme aus dem Meer: "Wolfgang, hast du das Sonnenöl mitgebracht?"

Sehr hübsch ist das Villagio *** "**Touristico Innamorata**", mit seinen vielen Miniappartements für 2 bis 4 Personen, die in Gärten mit viel Grün und Blumen liegen. Einer der Inhaber, Michelangelo Venturini, zeigte mir voll Stolz das seiner Meinung nach Wichtigste eines solchen Projektes: In einem versteckt liegenden Teil des Anwesens liegt eine ganze Batterie von Senk- und Klärgruben. "2oo.ooo Liter Merda", sagt er, und zeigte mir grinsend, was am Ende aus einem Schlauch kam: klares Wasser. Recht hat er. Die Bungalows werden z.T. über TUI vermietet, 16 davon stehen zur freien Vermietung. Tennisplatz. Tel. 939 1o4.

Die Buchten von Porto Azzurro und Barbarossa

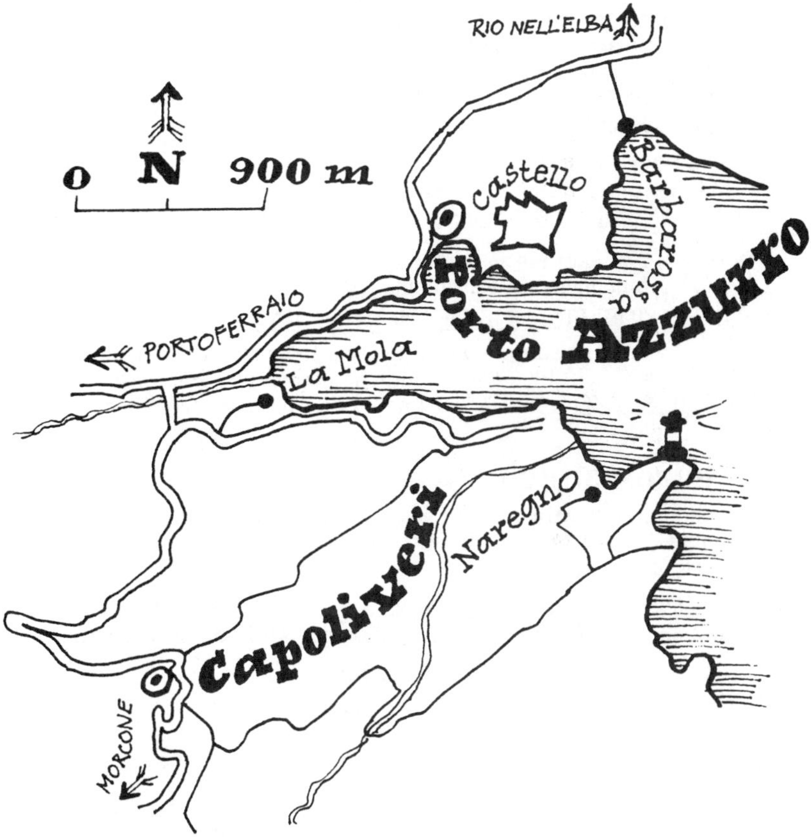

*** "Hotel Le Acacie", mit schönem Garten direkt am Strand, Restaurant, ruhig. Tel. 935 151.

** "Pensione Villa Rodriguez", mit mächtigen Palmen im Garten, ebenfalls ruhig gelegen, Restaurant. Tel. 968 423.

*** "Hotel Cala di Mola", Rest. und Schwimmbad direkt am Strand. Tel. 952 25.

Porto Azzuro

Abends vorne am Hafen: der große Präsentiercorso. Einheimische und Touristen in Massen, unzählige Geschäfte, Bars, Kneipen. Lichter und Gelichter, Kapitäne von Zweimastern und Luxusjachten, Ragazzi auf heißen Feuerstühlen und die Schönen der Stadt auf hohen Absätzen. Große Schiffe im Hafen und chronische Parkplatznot.

Nur eine Häuserzeile dahinter: Ein ruhiges Plätzchen mit einem Café, wo alte Männer unter Bäumen sitzen, und Katzen um Füße und Stuhlbeine streichen. *** "Hotel Bel Mare", direkt am Hafen, Tel. 95o 12.

Zwei auf Fischgerichte spezialisierte, in das Hafenbecken hineingebaute Restaurants, die nicht gerade billig sind: "DELFINO VERDE", daneben: "LA LANTERNA".

An der Straße von Porto Azzuro nach Rio Marina, kurz vor der Barbarossabucht liegt das gemütliche und empfehlenswerte "RISTORANTE IL POZZO", gute Pizzen und große Auswahl an Weinen.

Barbarossabucht

Eine schöne, kleine Bucht mit Kiesstrand und zwei Campingplätzen, Da Mario und Arrighi I und II. Beim C. Arrighi vermietet die Familie Sirin preiswerte Zimmer.

Große Schweizer Tauchschule Subex. Geleitet von Rene Galster und Walti Guggenbühl seit 17 Jahren. Hohe Qualität der Ausbildung. Tel. 956 28.

* Gut sortierte Ausrüstung (für 6o Taucher)
* Sorgen auch für Unterbringung ihrer Gäste
* Nur 4 - 5 Mann pro Gruppe maximal
* Füllstation für Preßluft
* Vermietung eines Schiffes (mit Preßluftkompressor) für 12 Taucher auch für 1 - 2 Wochen. Ein Lehrer des Clubs fährt als Kapitän mit.
* Geschossen wird auch hier nicht mit Harpunen, sondern mit Unterwasserkameras.
* Angeschlossene Windsurfschule mit Surflehrer.

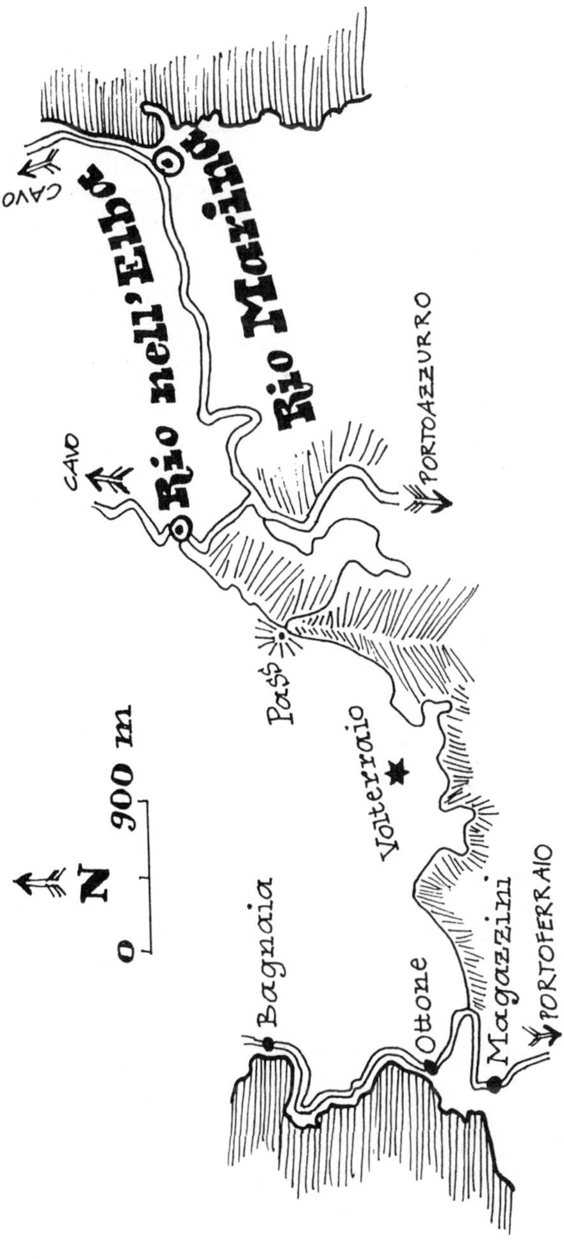
Rio nell'Elba
Rio Marina
CAVO
CAVO
PORTOAZZURRO
Pass
Volterraio
N
0
900 m
Bagnaia
Ottone
Magazzini
PORTOFERRAIO

Zwischen den beiden Campingplätzen ein nettes, einfaches Restaurant am Strand.

Rio Marina und Rio nell'Elba

Die Straße führt hinter der Barbarossabucht nicht mehr an der Küste entlang, sondern klettert in vielen Kurven in die Höhe, die Landschaft wird italienisch mediterran: Macchiahänge, Ginster, wenige Bäume, einfache, kleine verstreut liegende Gehöfte.

RIO MARINA: eine sehr italienische Hafenstadt. Unromantisch, aber trotzdem malerisch. Tauch- und sonstiger Wassersport spielen hier an den wenigen Kies- und Felsstränden keine große Rolle mehr.

MUSEO MINERALOGICO, 9-12/15-18 Uhr, So. 9-12 Uhr, im 3. Stock des Rathauses.

Bei Rio nell'Elba, 1oo Meter unterhalb des Lavatoio pubblico (Waschhaus) beginnt der Fußweg ins "Valle dei Mulini", das Tal der Mühlen, wo man einige alte Mühlen wieder restauriert und für die Besichtigung freigegeben hat. Im Gegensatz zu unseren Mühlen haben diese horizontale Holzschaufelräder.

Nach Rio Marina lohnt sich der Abstecher auch wegen einiger guter Lokale, so z.B. die hervorragende "TRATTORIA GRIGOLO", das Fischrestaurant von Rio, Tel. 962 114, Fische aller Arten. Larragosta, Risonero, Spaghetti al Capone, bis 1.9. kein Ruhetag.

Das "RISTORANTE CANOCCHIA" ebenfalls bekannt durch Fischspezialitäten. (Mittel.) Tel. 962 432.

Das einzige Hotel am Ort:
*** "**Hotel Rio**", ein schönes und blitzsauberes Haus, alle Zimmer mit Bad, WC, Telefon und von vielen Blick aufs Meer. Gute Küche und freundlicher Service. Tel. 962 722.

Etwas außerh. von Rio, etwas südl. in Ortano, liegt am Meer das große:
**** "**Hotel Ortano Mare**", mit großem Schwimmbad, Tennisplätzen und eigenen Strand. Bocchia-Bahn. Disco und Spielsäle. Sehr ruhig gelegen. Tel. 939 159.

CAVO: Im Nordosten der Insel, Hafenstadt, fängt langsam an, sich dem Touristengeschäft anzuschließen und bietet ein paar ganz passable Unterkunftsmöglichkeiten:

*** "**Hotel Cristallo**", von Außen und Innen etwas nüchtern und phantasielos. Rest. mit Terrasse aufs Meer, Tennisplatz, kleine Mineralienausstellung. Tel. 949 898.

*** "**Hotel Pierolli**", Restaurant, Garten, sauber und einfach.

Anspruchslose, aber nicht schlechte Küche. Tel. 931 188.

Etwas hübscher, zumindest mit schönem Garten:
** "**Hotel Ginerva**", Sonnenterrasse, 1oo Meter zum Meer. Tel. 949 845.

Das größte und wohl auch schönste, mit viel Holz gebaut:
*** "**Hotel Marelba**", großer schöner Garten mit Oliven und Pinien. Doppelzimmer mit Bad, Duschen und WC. Tel. 949 92o.

Mit der Fahrt über Rio nell'Elba, einem ebenso typischen italienischen Bergstädtchen, hinauf zur Paßhöhe vor dem alten Kastell Volterraio, und einem Blick auf die großartige Landschaft, über die Buchten und Berge von Elba, den Macchiaduft um die Nase, den Sonnenuntergang abwartend, wenn die dunkelwerdende Insel auf der golden glänzenden Weite des Meeres liegt, möchte ich mit einer Flasche Elbawein in der Hand Abschied nehmen von Elba.

Nein, nicht Abschied, sondern Arrivederci beim Gedanken an die Worte:

Dal fiorir delle gemme
al cadar delle foglie
nel incanto dell'Elba.

Wanderungen in der Toskana

Wanderungen in der Toskana

Die Auswahl der 11 Wanderungen erfolgte vor allem unter dem Gesichtspunkt, besonders schöne und charakteristische Landschaften der Toskana kennenzulernen.

Wanderungen werden prinzipiell in 2 Kategorien eingeteilt:

Rundwanderungen, die genau dort enden, wo sie anfangen und Wanderungen von Ort A nach Ort B. Letztere haben den Nachteil, daß man u.U. mit öffentlichen Verkehrsmitteln (Bus) zum Ort A zurückkehren muß, weswegen erstere im Verhältnis 6:4 überwiegen.

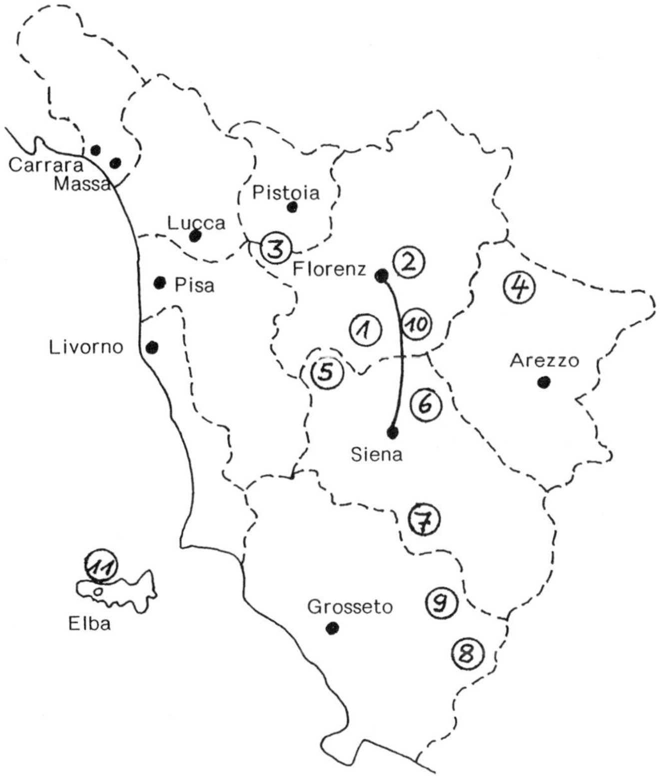

Die 6 Rundwanderungen:

3 davon habe ich nach langem Suchen selbst zusammengestellt:

San Gimignano: "Zypressen und Türme"

Sovana: "Auf den Spuren der Etrusker - lichtes Grün und mystisches Dunkel"

Brolio: "CCC: Chianti, Castello, Cantina"

3 Rundwanderungen folgen gekennzeichneten Wegen:

Camaldoli: "In den Hochwäldern der Camaldulenser"

Vinci: "Chiaroscuro - Mohnblüten und Olivenbäume"

Monte Amiata: "Schattige Wälder und weite Horizonte"

Die 4 Wanderungen von A nach B:

Fiesole-Settignano: "Florenz-Panorama"

Greve-Panzáno: "Nel cuore del Chianti"

Montalcino-Antimo: "Vom Stadtbild des Mittelalters zur frühen Romanik"

Der Fernwanderweg -oo- Florenz-Siena

Acht dieser Wege wurden von mir Meter für Meter erwandert. Beim Fernwanderweg Florenz-Siena konnte ich mich an einigen exemplarischen Wegstrecken davon überzeugen, daß er sehr gut markiert ist und es darüber hinaus auch Kartenmaterial dazu gibt. Ähnliches gilt für den Rundwanderweg um den Monte Amiata. Für letzteren gibt es Karten in den Orten um den Monte Amiata.

Kartenmaterial für den Fernwanderweg Florenz-Siena:

- nicht empfehlenswert: die 5o.oooer Karten des CAI (Club Alpino Italiano) - sie sind unübersichtlich, ungenau, teilweise sogar irreführend;
- besser: die Wanderkarten "Trekking del Chianti", Herausgeber: CAI, Sezione di Siena, Via di Citta 25, Siena;
- am besten: die grünen Kompaß-Karten vom Verlag H. Fleischmann, 82319 Starnberg; in deutschen Buchhandlungen, aber auch an verschiedenen Orten der Toskana erhältlich:

66o Firenze-Chianti

661 Siena-Chianti

65o Elba.

Wanderführer und Wanderkarten in Florenz:

1) Libreria "Stella Alpina", Via F. Corridoni 14 r, 5o134 Firenze

2) Libreria "Il Viaggio", Via Ghibellina 117 r., 5o122 Firenze

3) Gruppo Trekking Firenze, Piazza S. Gervasio 12, 5o131 Firenze

Welches sind die besten Jahreszeiten?
Mai, Juni, September und Oktober.

Welche Ausrüstung braucht man für die Wanderungen?
Kletterstiefel sind unnötig, Sandalen ungeeignet, feste Halbschuhe genügen. Ein Sonnenhut und/oder ein Regenschirm sind empfehlenswert, ebenso ein Fernglas. Ein Survival-Handbuch für die Zubereitung von Regenwürmern ist bestenfalls als Unterhaltungslektüre für Kinder zu empfehlen.

Zeit- und Entfernungsangaben:
beide können selbstverständlich immer nur ungefähre Angaben sein, da die Wegstrecken nicht vermessen sind, und die Wandergeschwindigkeit individuell verschieden ist.

1) Von Greve nach Panzáno

"Nel cuore del Chianti": im Herzen des Chiantigebietes.

Gehzeit bei gemächlicher Gangart etwa 2 Stunden, bei normalem Tempo auch in 1,5 Stunden zu schaffen.

In der Annahme, daß es unter meinen Lesern Epikuräer wie mich gibt, für die eine Wanderung - einmal abgesehen von den Schönheiten der Natur - dann besonders reizvoll wird, wenn am Wege oder am Ende ein schön gedeckter Tisch und die Gerüche aus einer guten Küche locken, schlage ich vor:

Gegen 11 Uhr vormittags in Greve zu starten, nicht ohne aber vorher telefonisch einen Tisch im "Vescovino" in Panzáno für das Mittagessen zu reservieren und am späten Nachmittag den selben Weg zurück nach Greve zu gehen. Warum am späten Nachmittag? Weil das "Vescovino" keine Pizzeria oder eines der normalen Restaurants ist, sondern zu der außergewöhnlichen Sorte gehört, die man nur guten Freunden verrät, und wo das Tafeln eben länger dauert. Wenn das Wetter es zuläßt, sollte man einen Tisch auf der Terrasse reservieren lassen. Die Küche von Mimmino Baldi ist hervorragend, ebenso seine noblen Weine. Beim Schlürfen der letzten Grappa schweift der Blick weit über das Land und dann schwebt man auf einem Grappawölkchen nach Greve zurück, wo nun die Beschreibung des Wanderweges beginnt.

Im Zentrum von GREVE verläßt man die Piazza G. Matteotti beim Hotel del Chianti durch die Via delle Conce zur ansteigenden Via Sagrona, die nach wenigen Metern endet und zum schmalen Fußpfad wird, zu dessen Seiten die Orchideenfreunde zwischen Ostern und Pfingsten "fotofündig" werden.

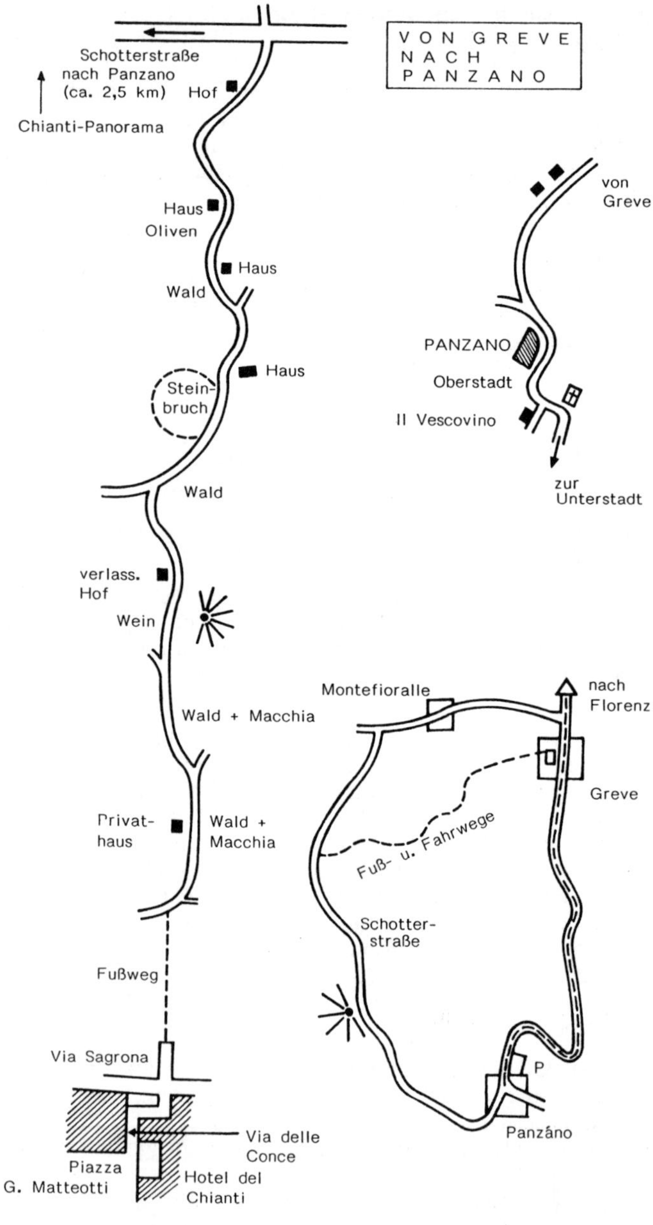
VON GREVE NACH PANZANO
Schotterstraße nach Panzano (ca. 2,5 km)
Chianti-Panorama
Hof
Haus
Oliven
Haus
Wald
Haus
Steinbruch
Wald
verlass. Hof
Wein
Wald + Macchia
Privathaus
Wald + Macchia
Wald
Fußweg
Via Sagrona
Via delle Conce
Piazza G. Matteotti
Hotel del Chianti
von Greve
PANZANO
Oberstadt
Il Vescovino
zur Unterstadt
Montefioralle
nach Florenz
Greve
Fuß- u. Fahrwege
Schotterstraße
P
Panzano

Der Weg steigt ständig bergan, nach Norden eröffnet sich der Blick zwischen Gebüsch und Zypressen hindurch und über ein Tal hinweg auf das malerisch am Berg gelegene Dorf Montefioralle, den Geburtsort des Mannes, nach dessen Beschreibungen Amerika seinen Namen erhielt: Amerigo Vespucci (1451-1512).

Im weiteren Verlauf wird der Fußweg von Wald- und Feldwegen abgelöst und bietet in der Höhe des verlassenen Hofes einen schönen Blick über Weinberge, Ginsterbüsche, Macchiahänge und Olivenplantagen auf Montefioralle und die Berge des Chianti. Dann senkt sich der Weg durch einen Wald abwärts, an einem Steinbruch vorbei, um danach wieder stetig zu steigen und trifft nach etwa einer Stunde Gehzeit auf dem Kamm des Berges auf eine geschotterte Fahrstraße, die ca. 2,5 km immer in luftiger Höhe nach Panzáno führt und herrliche Rundblicke über weite Gebiete des Chianti-Landes ermöglicht.

An klaren Tagen sieht man in den Fernen des westlichen Horizontes die Türme von San Gimignano. Nach einem kleinen Wäldchen sieht man dann den Burgturm des Bergstädtchens Panzáno vor sich liegen.

Für diejenigen, die per Bus nach Greve zurück wollen: In der Unterstadt, beim Albergo und Ristorante Villa Sangiovese, befindet sich die Bushaltestelle, von wo aus die Busse der SITA etwa im Stundenrhythmus nach Greve fahren. Der letzte um 16.5o Uhr. Im "Ristorante Sangiovese" (Mi. Ruhetag) kann man übrigens auch gut essen, sollte das "Vescovino" Ruhetag haben (am Di.).

2) Von Fiesole nach Settignano

"Panorama Florenz"

Der Weg ist vom CAI gut gekennzeichnet, bedarf aber da und dort einiger Erklärungen. Er beginnt bei der Piazza Mino da Fiesole (bewachter Parkplatz).

Gehzeit: 2 1/2 bis 3 Stunden.

Am oberen Ende des Platzes, beim Denkmal von Garibaldi und Vittorio Emanuele, beginnt in der rechten Ecke die Via G. Verdi: rot-weiße Markierung, Weg Nr. 1, Schild: Passegiata Panoramica. Über Gartenmauern hinweg eröffnen sich vom schmalen Sträßlein aus Panoramablicke über ganz Florenz. Wo die Häuser links aufhören, zweigt ein Feldweg halbrechts ab, der dann geradeaus in einen Wald führt. Ein breiter Fußweg steigt sodann ziemlich steil nach links an, in 2/3 Höhe zweigt ein noch schmalerer Pfad noch etwas steiler ab, aber schon nach ca. 1oo Metern befindet man sich auf dem kleinen Plateau des Monte Ceceri mit dem Denkmal für Leonardo da Vinci, der von dieser Stelle aus erste Flugversuche selbst unternahm oder unternehmen ließ (die Historiker streiten sich noch). Die Tafel verkündet eine Notiz Leonardos von 15o5:

"Der große Vogel (= Flugmaschine) wird seinen ersten Flug unternehmen vom Rücken des großen Schwans (= Gipfel des Monte Ceceri) das Universum mit Staunen und die Schriften mit seinem Ruf erfüllend. Und ewiger Ruhm wird dem Ort seiner Entstehung zuteil."

Ein breiterer Weg führt nordwärts an einer Mauer entlang in einen Wald und stößt nach einigen Serpentinen (Fußpfade kürzen jeweils ab) am Ende des Waldes auf einen Feldweg, dem man nach links folgt und nach ca. 2oo Metern einen kleinen Platz mit Kapelle erreicht. Man biegt auf dem schmalen Asphaltsträßchen nach rechts (nach kurzem zweigt eine Zufahrt zum Camping Panoramico ab) und folgt diesem, bis es nach einem kurzen steilen Stück abwärts in die Hauptstraße mündet.

Wer wenig Zeit hat, kann nun nach links wieder zurück nach Fiesole und ist somit ca. 1 Stunde unterwegs gewesen. Der schönere Teil der Wanderung beginnt allerdings erst hier.

Auf der Hauptstraße ca. 3oo Meter nach rechts, bei der Bushaltestelle den Pfad in den Wald nehmen, welcher nach kurzem in einen breiten Weg mündet, der nach ein paar Metern Asphalt zum geschotterten Feldweg wird. Nach dem Reitstall senkt sich der Weg in ein mit Olivenbäumen bestandenes Tal, erreicht nach einer kurzen Waldstrecke ein Gehöft und steigt wieder leicht an nach S. Lorenzo.

Der Blick schweift über Olivenhaine, Weinberge und Zypressen, Gehöfte aus Bruchsteinmauern und zinnenbewehrte Herrensitze und Castellos, hinüber zur bewaldeten Kuppe des Monte Ceceri und hinunter ins breite Arnotal, wo sich aus dem Häusermeer von Florenz weithin sichtbar die schimmernde Kuppel Brunelleschis erhebt. Und während sich der Wanderer die Tausenden von Touristen vorstellt, die wie Ameisenströme um den Florentiner Dom kreisen, streifen seinen Fuß bunte Blumen, flattern Schmetterlinge über seinen Weg, umgibt ihn die Stille der Landschaft und hört er aus einem Gebüsch die kehligen Schläge einer Nachtigall. Der Kontrast könnte beeindruckender nicht sein.

Das asphaltierte, ruhige Sträßlein passiert die Kirche S. Lorenzo und führt hinab zum Castello di Vincigliata, wo an der Außenmauer einige Tafeln an die Besuche berühmter Männer erinnern. Nur etwa 6o-7o Meter nach der Kirche übersteigt man am Ende einer Gartenmauer eine Schranke (man darf!) links der Straße, durchquert einen Olivenhain und erreicht weiter unten einen Feldweg, den man links entlanggeht, um nach einer weiteren Steigung zu einer Gabelung bei einem Haus zu gelangen, über dessen Tür ein Wappen mit Muscheln und Eberköpfen prangt.

Man geht linker Hand durch einen Zypressenwald talwärts, überquert vor dem Friedhof eine Fahrstraße und erreicht nach kurzem den Ort Settignano, in welchem das Haus steht, wo Michelangelo seine frühe Jugend verbrachte (leider nicht zu besichtigen).

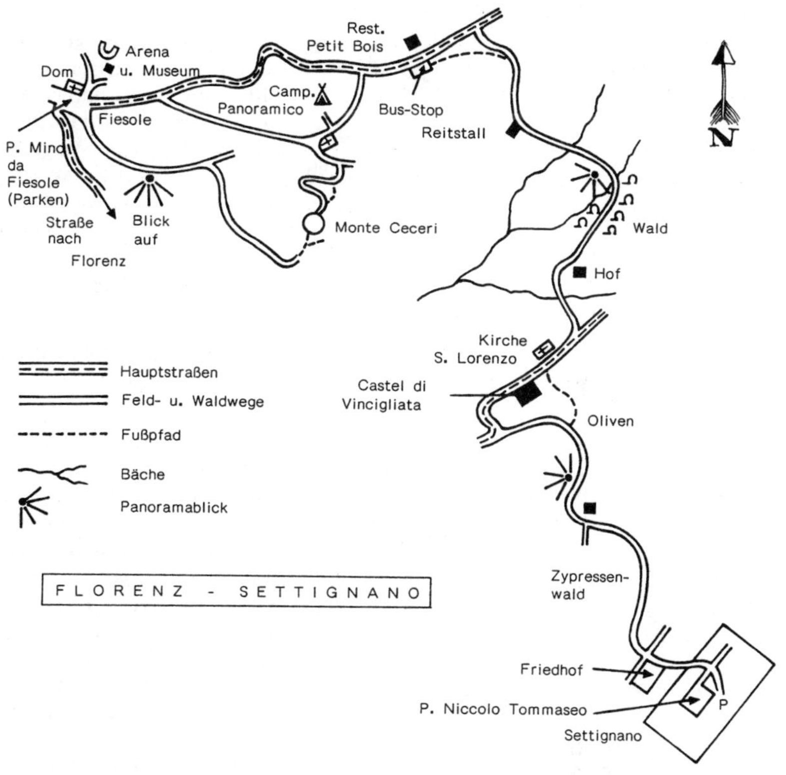

Von der Piazza Niccolo Tommaseo geht alle 2o Minuten ein Bus (Nr. 1o) nach Florenz. Beim Dom steigt man um in den Bus nach Fiesole (Nr. 7).

3) Rundwanderung Vinci

"Chiaroscuro - Mohnblüten und Ölbäume"

Gehzeit ca. 2 Stunden, davon die erste Stunde teilweise steil ansteigend. Unter den Olivenhainen um das Geburtshaus von Leonardo herum kann man im Frühsommer eine der Maltechniken des großen Meisters nachempfinden: das "Chiaroscuro" (Hell-Dunkel), das durchscheinige, helle Rot einer Mohnblüte vor dem Dunkel der Oliven.

Vom Parkplatz bei Leonardos Geburtshaus (Casa Natale) nimmt man das ansteigende Sträßlein (Kennzeichnung: Nr. 14) Richtung Santa Lucia. Zur

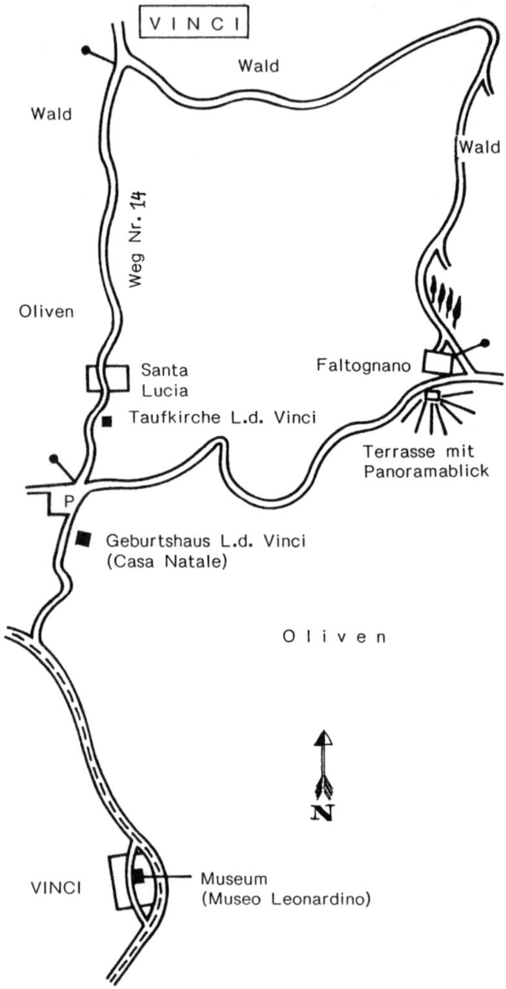

Linken ziehen sich an flachen Hängen die Olivenhaine hinauf. Vor dem Weiler Santa Lucia steht rechts am Wegrand die Landkirche, in der Leonardo da Vinci getauft wurde. Eine Gedenktafel erinnert daran. Eine andere Tafel links daneben erzählt von zwei von den Nazis erschossenen Italienern, die versehentlich für Spione gehalten wurden.

Weiter oberhalb von Santa Lucia taucht der Weg, meist aus Geröll und gewachsenem Fels bestehend, in einen Mischwald ein. Am Ende der Steigung (Gehzeit bis hierher etwa 1 Std.) zweigt rechts ein Fahrweg ab, führt in östlicher Richtung am Hang entlang und beschreibt in einer Schlucht eine Wendung nach Südwesten. Bei den folgenden zwei Weggabelungen hält man sich jeweils rechts. Oberhalb vom Dorf Faltognano passiert man eine Zypressenallee talwärts und gelangt ins Dorf, an dessem westlichen Ende ein Lebensmittelladen mit Bar liegt, die am Straßenrand über eine Terrasse verfügt, wo man bei einem Gläschen einen herrlichen Blick auf das tief unter einem liegende Vinci, das Arnotal und die in der Ferne verschwindenden Berge hat. Auf dem Teersträßchen (wenig Verkehr) gelangt man zum Parkplatz zurück, wo sich übrigens auch eine Haltestelle der Buslinie COPIT befindet.

4) Rundwanderung Camaldoli

"In den Hochwäldern der Camaldulenser"

Einsamkeit rauschender Bergwälder, klare Bäche, stille Klöster und die

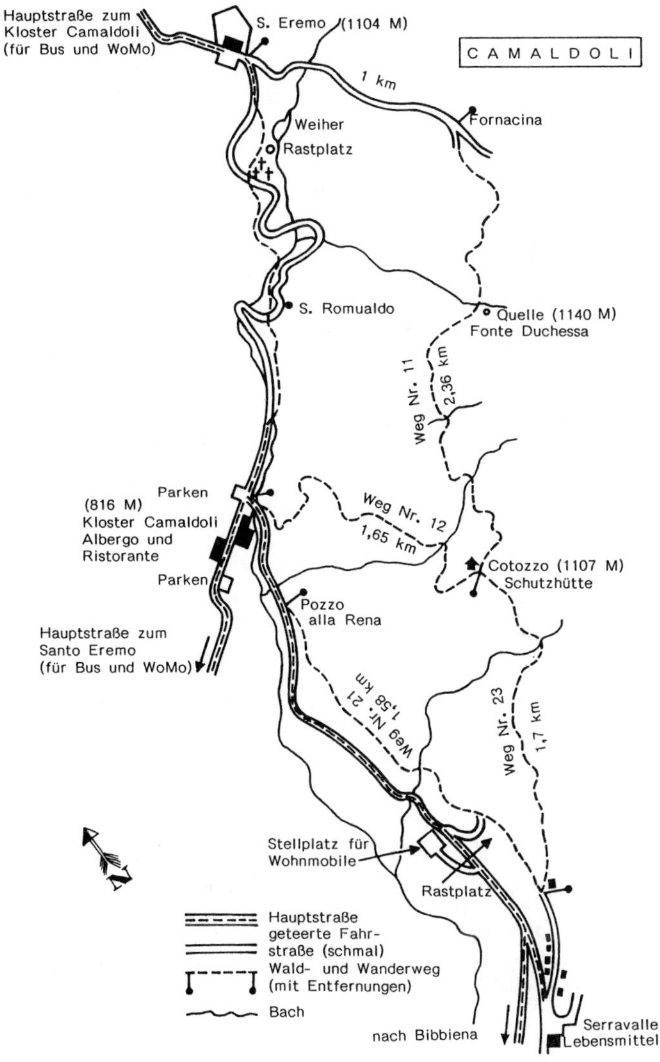

Köstlichkeiten der Gegend: Bachforellen, Steinpilze, verschiedene Würste, Schinken, Käse, Klosterlikör und andere mehr. Die beiden Restaurants besitzen am Straßenrand über dem Tal Terrassen mit Holztischen und Bänken im Schatten hoher Bäume.

Die Wanderwege um das Kloster Camaldoli sind durch 3 Charakteristika bestimmt:

- sie sind gut gekennzeichnet
- sie bewegen sich in Höhen zwischen 8oo und 1.15o Metern
- sie verlaufen ausnahmslos im kühlen Schatten von Laub-, Nadel- oder Mischwäldern.

Hinsichtlich Länge und Dauer gibt es zwei Möglichkeiten:

Variante 1 (Gehzeit ca. 2 Std.): Zwischen der Brücke und den öffentlichen Toiletten beim Kloster erweitert sich ein steil ansteigender Pfad nach etwa 1oo Metern zum Waldweg Nr. 12, der in rund 1,5 km 3oo Meter Höhenunterschied zu bewältigen erfordert, also ebenfalls steile Strecken beinhaltet. Ab der Schutzhütte Cotozzo (11o7 m) hält sich der Weg Nr. 11 ohne große Steigungen oder Gefälle ständig zwischen 1.1oo und 1.15o m Höhe, um beim Kreuzpunkt Fornacina auf ein geteertes Sträßchen zu stoßen, auf dem man nach 1 km die Einsiedelei der Camaldulenser erreicht (siehe Beschreibung von Camaldoli, Prov. Arezzo). Ab hier gibt es drei Möglichkeiten, zum Kloster hinunterzugelangen: die breite Fahrstraße für Busse und Wohnmobile, etwa 6 km, das schmale, ebenfalls asphaltierte Sträßlein, sehr kurvenreich, etwa 3 km. Für Wanderer kürzt ein Fußpfad die vielen Kurven der Straße ab, stößt immer wieder mal auf sie, ist aber zum Teil sehr steil und bei weniger rutschfesten Schuhen nicht zu empfehlen.

Variante 2 (Gehzeit ca. 3-3,5 Std.): Vom Kloster ein Stück die Hauptstraße nach Bibbiena folgen, dann kurz nach Überquerung eines Baches links den Weg 21 nehmen. Nach 1,58 km beschreibt der Weg kurz vor Serravalle bei einem am Wald stehenden Haus eine scharfe Kurve nach links und führt als Weg Nr. 23 nach 1,7 km zur Schutzhütte Cotozzo. Von dort zum Kloster auf Weg 12 oder der Variante 1 folgen.

5) Rundwanderung San Gimignano

"Zypressen und Türme"

Diese Rundwanderung hat insofern eine gewisse Ähnlichkeit mit der Wanderung von Fiesole nach Settignano, als man, in Sichtweite eines der täglich von Tausenden besuchten touristischen Magnetpunkte der Toskana, in der absoluten Stille der Natur nur noch Schmetterlingen und Blumen begegnet. Man sieht wohltuend weit weg die Omnibusse vor der Stadt in der Sonne schmoren, man ahnt den Strom der Touristen mit ihren pflaster-

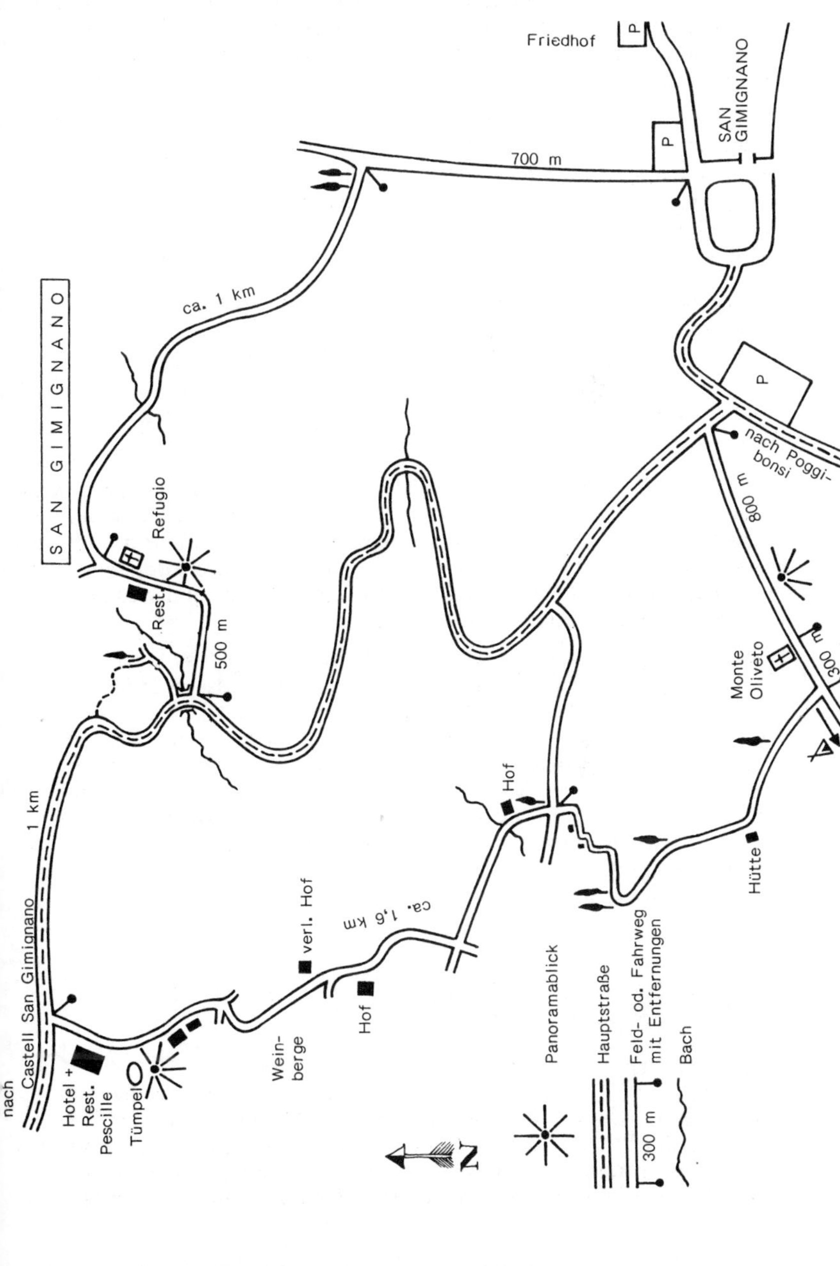

Friedhof
P
SAN GIMIGNANO
700 m
P
ca. 1 km
SAN GIMIGNANO
Refugio
Rest.
500 m
P
nach Poggibonsi
800 m
Monte Oliveto
300 m
Hof
1 km
nach Castell San Gimignano
Hotel + Rest. Pescille
Tümpel
Weinberge
verl. Hof
ca. 1,6 km
Hof
Hütte
N
Panoramablick
Hauptstraße
Feld- od. Fahrweg mit Entfernungen
300 m
Bach

müden Füßen in den Gassen der Stadt, während der Fuß des Wanderers nur ein wenig den Staub der Weinberge aufwirbelt und sein Ohr lediglich das Summen der Bienen oder das Schlagen einer Nachtigal vernimmt. Diese Kontraste machen eine Wanderung dieser Art zum besonderen Erlebnis.

Gehzeit: ca. 2,5 Std. Beim Parkplatz vor den Toren von San Gimignano senkt sich ein geschotterter Weg 7oo Meter talwärts. Bei 2 Zypressen zweigt man nach links ab, bis man im Talgrund ein kleines Bächlein auf Steinen überquert. Der Weg steigt dann wieder an, um kurz vor dem Ristorante II Rifugio einen Hügelkamm zu erreichen, von welchem man bereits einen umfassenden Blick über die Stadt hat. Das asphaltierte Sträßlein senkt sich wieder hinab und trifft vor einer Brücke auf die Straße San Gimignano-Castell San Gimignano (Volterra).

Nach der Brücke und der anschließenden Rechtskurve werden im Mai und Juni die Orchideenfreunde rechts und links der Straße fündig. Die Straße steigt noch etwa 7oo Meter leicht an, bis links ein Weg abzweigt, an dem zunächst das Ristorante und Hotel Pescille liegt.

Man folgt dem Weg talwärts und erreicht etwas unterhalb des Hotels einen kleinen Weiher, vor dem ein "unkultiviertes", aber schönes Stück Wiese zur Rast einlädt. Denn von hier aus hat man nun einen wahrhaft phantastischen Blick auf die ferne Silhouette der Citta delle belle torre - auf die Türme von San Gimignano im Nordosten und auf die fernen Konturen der Berge des Chianti im Osten und Südosten.

Anschließend geht es kontinuierlich bergab (siehe Plan), bis man unten im Tal eine geschotterte Fahrstraße bei einer hohen Zypresse überquert. Ein Wiesenweg führt an einer Stallung vorbei bis zu einer Feldscheune, unmittelbar danach steigt ein überwachsener Pfad nach links an, der nach etwa 5o m in einen von Gebüsch gesäumten Hohlweg mündet, der seinerseits zu weithin sichtbaren Zypressen führt. Ab hier geht es weiter bergan, bis man am Ende der Feldwege das asphaltierte Höhensträßlein von San Gimignano nach Monteoliveto erreicht. Von dieser wenig befahrenen Straße hat man einen erneuten Blick auf San Gimignano, diesmal aber von einer anderen Seite, sozusagen der Postkarten-Seite.

6) Rundwanderung Brolio

Die Wanderung der 3 C: "Chianti-Castello-Cantina" - Weinberge des Chianti, Schloß und Kellerei.

Reine Gehzeit: 1,5 Std. Mit Besuch von Burg und Kellerei: etwa 3 Std. Man parkt gegenüber der Kellerei und geht zunächst den Serpentinenweg zum Schloß hinauf, im Schatten von mächtigen und hohen Zypressen. Der Besuch des Schlosses (werktags 9-12 und 15-18 Uhr, sonn- und feiertags

9-12 und 15-19 Uhr) dauert ca. 3o-45 Minuten. Schlüpft man kurz unterhalb des Schlosses durch die Zypressenreihe am Wegrand, eröffnet sich ein beeindruckender Panoramablick über die Chiantiweinberge, und an klaren Tagen sieht man in weiter Ferne die Türme von Rathaus und Dom von Siena. Das Wegstück vom Beginn des Serpentinenweges zum Schloß bis zur Gabelung bei einem Bauernhof (insgesamt etwa 1,8 km) ist übrigens identisch mit dem Fernwanderweg -oo- Florenz-Siena. Bei der Gabelung steht ein Bildstock, wo der -oo- Weg nach links abzweigt. Wir nehmen den Weg rechts und stoßen nach 1,5 km auf einen zweiten, ebenfalls geschotterten Fahrweg, der nach 1 km das Dorf San Regolo erreicht. Auf einem Asphaltsträßchen erreicht man nach ca. 6oo Metern die

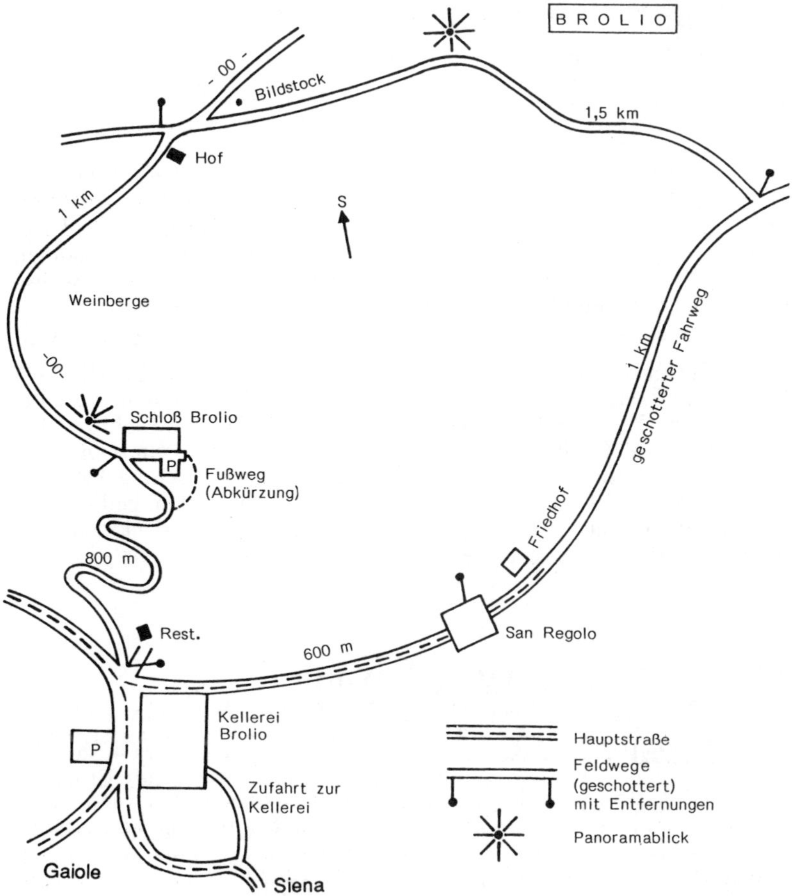

Cantina, die Kellerei von Schloß Brolio, die Besuche mit Führern anbietet. Eine Voranmeldung vor der Wanderung oder am Tag vorher ist empfehlenswert.

Auch diese erholsame Rundwanderung ist mit Bedacht ausgesucht.

Das historische Schloß Brolio mit seinen hohen, wuchtigen Umfassungsmauern, wohl das imposanteste Weingut des Chianti, und die schönen Ausblicke über das weite Land lassen das Chiantigebiet unvergeßlich werden.

7) Von Montalcino zur Sant' Antimo

"Vom Stadtbild des Mittelalters zur frühen Romanik"

Gehzeit: etwa 2 Std. Bei der Burg (Castello) oberhalb der Stadt folgt man der asphaltierten, relativ wenig befahrenen Nebenstraße nach Sant'Antimo (Beschilderung). Beim Kilometerstein 2,7 zweigt rechts ein geschotterter Fahrweg ab (Schild: Laboratorio Cheramiche). Bei der Gabelung nach der Brücke links, einer Zypressenallee bis zu einem kleinen Gehöft folgen. Etwa 2o Meter nach diesem Gehöft beginnt bei der Rechtskurve des Fahrweges ein geradeaus führender, überwachsener Weg. Dieser schlängelt sich zunächst durch ein bewaldetes Tal, steigt dann an, passiert weiter oben einen Bauernhof und erreicht am Hügelkamm die geschotterte Fahrstraße, von der aus man weite Blicke über das Land hat, nach Villa a Tolli.

Man folgt dieser Straße links etwa 1 km und erreicht den idyllischen Weiler aus 6 oder 7 von Gärten umgebenen alten Bauernhöfen und einer romanischen Kirche. Ab hier folgt man einem Wiesen- und Waldweg, der zur Fattoria La Maggia führt. Kurz vor dieser zweigt links ein Fußweg ab (Schild: Sant'Antimo). Dies ist der schönste Teil der Wanderung. Gesäumt von Buschwald, Wiesen, Macchia und Ginsterbüschen schlängelt sich der schmale Pfad hinunter ins weite Tal, in dessen Grund man nach kurzem die Silhouette der Abteikirche erkennt.

8) Rundwanderung Sovana

"Lichtes Grün und mystisches Dunkel - auf den Spuren der Etrusker"

Reine Gehzeit: 2-2,5 Std., mit Besuch der Nekropolen: etwa 4 Std. Vor dem Beginn der Wanderung empfiehlt sich ein Besuch des Etruskermuseums im Palazzo Pretorio (1o-13 und 15-2o Uhr täglich): zum einen der guten Fotodokumentation der etruskischen Nekropolen, zum anderen und vor allem der gelungenen Rekonstruktion des berühmtesten Tempelgrabes von Sovana, der Tomba Ildebranda, wegen.

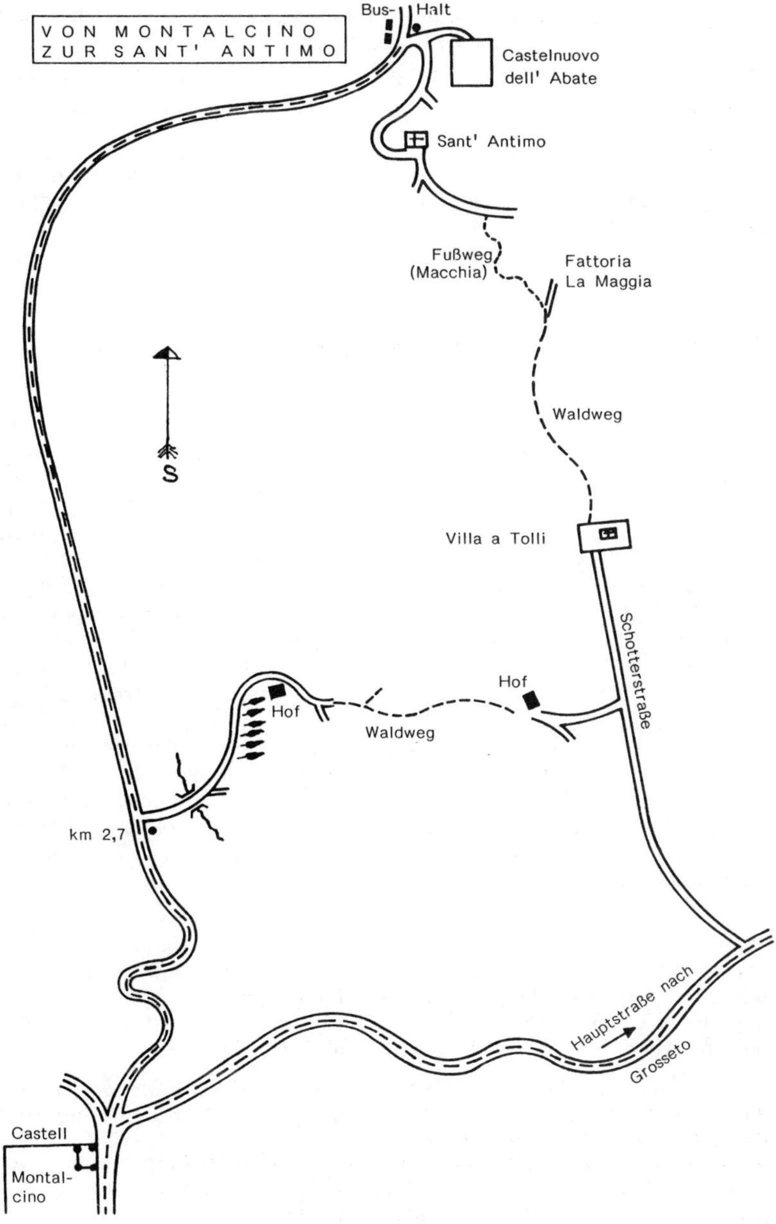
VON MONTALCINO
ZUR SANT' ANTIMO
Bus-Halt
Castelnuovo
dell' Abate
Sant' Antimo
Fußweg
(Macchia)
Fattoria
La Maggia
S
Waldweg
Villa a Tolli
Schotterstraße
Hof
Hof
Waldweg
km 2,7
Hauptstraße nach
Grosseto
Castell
Montal-
cino

Bei dieser Gelegenheit sei vorweg auf die Bestattungsarten der Etrusker hingewiesen, die man bei dieser Rundwanderung antrifft.

1) Die einfachste Art ist das Columbario (wörtlich: Taubenhaus) mit geometrisch angeordneten Nischen, in welche die Aschenurnen gestellt wurden.

2) Die Tomba Cassone (Kammergrab), der tumulus (Hügelgrab) und das Ädikulagrab (Häuschen) gibt es in Sovana nicht, sie sind dort beschrieben, wo sie vorkommen: bei Populonia (Provinz Livorno).

3) Tomba a Dado (Würfelgrab): über der Totengruft in der Erde oder im Fels steht ein meist würfelförmiges Monument mit umlaufenden ornamentalen Friesen als Schmuck.

4) Tomba letti funebri (Totenbetten): große in den Tuffelsen geschnittene Höhlen mit Steinbänken an den Wänden, worauf die Toten gelegt wurden.

5) Tomba del Tempio (Tempelgrab): die größte und teuerste Art der Bestattung, die nur für höhergestellte Personen bestimmt war.

Nach dem Besuch des Museums lenkt man die Schritte nach rechts in die Via del Duomo, vorbei am Geburtshaus des Papstes Gregor VII. und zum Dom (siehe Beschreibung von Sovana). Ein gepflasterter Weg führt am Dom vorbei hinab zum Friedhof und mündet sodann als schmaler Pfad in die Hauptstraße, die sogleich in einen etwa 200 m langen Tunnel führt. Nach der dem Tunnel folgenden Rechtskurve beginnt dann der eigentliche Etruskerpfad: beim kleinen Parkplatz führt er hinab zum Grund des Tales, überquert auf einer Holzbrücke den Bach und steigt an zur ersten etruskischen Grabstelle: die Tomba della Sirena, mehr als nur eine Tomba a Dado aber noch nicht mit den Ausmaßen einer Tomba del Tempio. Im Halbdunkel des Waldes erhebt sich über dunklen Grabeshöhlen eine aus dem Tuffstein gehauene Fassade, mit Moos und Schlinggewächsen überwuchert, und auf dem oberen Fries blickt, noch deutlich erkennbar, eine Nixe (Sirene) mit zwei gewundenen Fischschwänzen und mähnigem Haupt rätselhaft ins dunkle Grün der Bäume und bewahrt seit über 2.000 Jahren ihr Geheimnis.

Tief unten schlängelt sich ein Bach durch Fels und Buschwerk, manchmal zu schwarzen Tümpeln erweitert, in die durch das Laub des Waldes manchmal ein goldener Lichtblitz fällt. Libellen schießen über sie hin und wenn man ein Sonntagskind ist, sieht man an Spätnachmittagen im September weiße Nymphen darin baden. Ich war schon oft um diese Zeit dort, bin aber wahrscheinlich kein Sonntagskind.

Der schmale Fußweg schlängelt sich weiter auf halber Höhe des Hanges entlang, linker Hand tauchen immer wieder dunkle Grabeshöhlen und Reste von Dado-Gräbern auf. Am Ende des Pfades beginnt die Cava San Sebastiano. Die Etrusker bauten eine Straße vom Hang ins Tal nicht schräg zum Hang, sondern schnitten sie rechtwinklig zum Tal in den Hang.

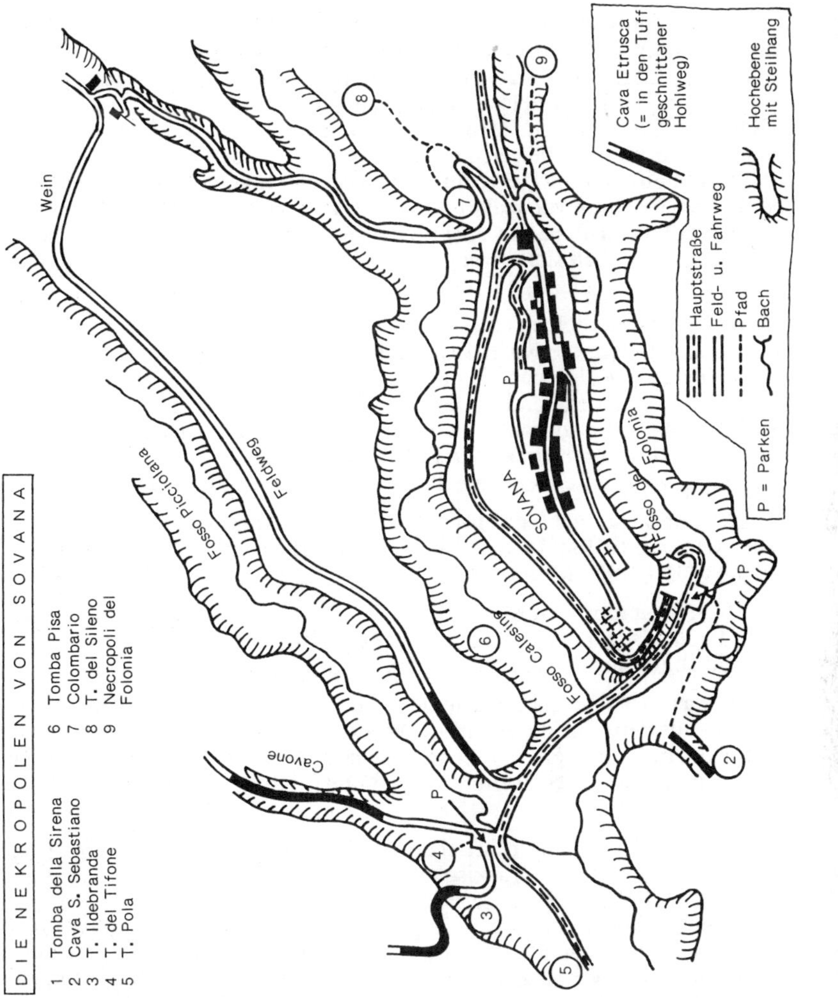

Steht man im unteren Teil der in den Fels geschnittenen etwa 2 m breiten Schlucht, steigen links und rechts die senkrechten Felswände ca. 3o m empor, oben schauen ein paar Zweige und etwas blauer Himmel durch den schmalen Spalt herein, dann kommt man sich vor wie am Grunde einer tiefen Zisterne. Ein paar Steinbrocken am Boden sehen so aus, als lägen sie nicht von Anfang an hier, und mit einer Mischung aus Abenteuer-Erlebnis und nachlassendem Enddarmflattern tritt man wieder aus der steinernen Umklammerung.

Man geht nun wieder den Pfad zurück bis zum Parkplatz an der Straße, diese entlang bis zum Fosso Calésine. Wer etwas mehr Zeit hat, kann durch das Gatter, etwa 2o m nach der Brücke rechts, am Bach entlang gehen. Man sieht im Felsen des gegenüberliegenden Hanges eine große Höhle mit Columbarien. Ziemlich genau in der Mitte zwischen dieser und einem unterhöhlten Felsen am Wiesenrand, auf den der Bach in einer Rechtsschleife hinführt, erkennt man ein Loch im Fels. Unter diesem, hinter hohem Gebüsch versteckt und schwer zu finden, da kein Pfad hinführt, liegt die Tomba Pisa. Im schattigen Zwielicht eröffnet sich der hohe, schmale, nach oben sich verengende, aus dem Tuff geschnittene Gang, an dessen Ende eine niedrige Öffnung in die Höhle führt.

Dringend erforderlich ist eine Taschenlampe, da man sich sonst im Dunkel der Höhle ständig die Kniescheiben an den Totenbetten und den Kopf an der niedrigen Decke wund schlägt. Die verzweigten Totenkammern verlieren sich im zunehmenden Dunkel des Berges, und die Gedanken an die vielen Toten, die einmal hier lagen, steigern das Gruseln umgekehrt proportional zum schwindenden Licht. Der Himmel über dem lieblichenTal erscheint einem anschließend heller und freundlicher als zuvor.

Zurück zur Straße geht man nach rechts bis zum Parkplatz nach der Brücke über den Fosso Picciolana. Ein Fahrweg führt nach links hinauf zur Tomba Ildebranda (3. Jh. v. Chr.).

Der Name stammt vom Mönch Hildebrand, der als Sohn der Stadt Sovana zum Papst Gregor VII. und zum Gegner Heinrich IV, wurde; nicht aber, wie ein englischer Tourist seiner Familie erklärte, hier begraben liegt.

Es ist das größte bisher bekannte Tempelgrab der Etrusker, herausgemeißelt aus dem Tuffgestein mit Terrassen, Treppen, einer Säulenvorhalle mit ehedem 12 Säulen, von denen nur noch eine und Reste von ein paar anderen stehen, Friesreliefs und unterirdische Grabkammern mit Kassettendecken.

Der Fahrweg unterhalb führt ebenfalls in eine gewundene, senkrecht in den Tuff geschnittene etruskische Straße. Vom Parkplatz am Bach steigt man auf steilen Treppen etwa 8o m hinauf zur Tomba del Tifone. Die Fahrstraße, die vom Parkplatz geradeaus führt, wird nach etwa 2oo m zum Cavone, der längsten Cava Etrusca. 13o Schritte nach ihrem Beginn sieht man links, etwa 4 m über der Straße, ein in den Fels gegrabenes Hakenkreuz, die Swastika, das Sonnensymbol aus dem Sanskrit. Es ist nicht seitenverkehrt, wie in einem bekannten Reiseführer zu lesen ist; das trifft nur für ein verkehrt vergrößertes Foto in der Taverna Etrusca zu.

Wir gehen nun zurück zum Parkplatz, überqueren wieder den Fosso Picciolana und nehmen nach etwa 1oo m den Weg links aufwärts. Nach einer weiteren Cava Etrusca befinden wir uns dann auf einer Hochebene. Nach Durchquerung der Weinberge - rechts drüben liegt Sovana im Licht des benachbarten Plateaus - biegt die Schotterstraße vor einem Haus links ab. Vor der Gartenmauer des folgenden Anwesens verläßt man die Straße rechterhand und stößt auf einen Weg, der im Schatten von Bäumen und Gebüsch, teilweise aus dem Tuff geschnitten, ins Tal führt. Weiße Schmetterlinge spielen im Licht vor dunkelgrünem Hintergrund, Eidechsen huschen vom warmen Stein ins raschelnde Laub und allerlei Vogelstimmen, gelegentlich sogar von Nachtigallen, dringen aus dem Dickicht. Dann erreicht der Weg die Talsohle, ein Bach begleitet ihn gurgelnd und plätschernd, Wiesen liegen im Licht, und aus dem Dunkel der Hänge ragen senkrecht rötliche Tuffwände. Am Wegesrand klafft schwarz das gähnende Loch eines in den Tuff geschnittenen etruskischen Grabes, aus dem es modrig riecht. Nach einer Wegbiegung erblickt man den hoch über das Tal sich erhebenden Turm der Aldobrandeschi-Burg von Sovana. Man überquert den Bach an einer flachen Furt (zwei der großen Steine stammen von mir), der Weg durchschneidet nochmals den Tuff, weitere Höhlen öffnen ihre feucht-dunklen Schlünde.

Wo der Weg haarnadelförmig nach rechts oben abbiegt, befindet sich links eine mit einer Drahtschlinge verschlossene Gattertüre, die man passieren darf (bitte aber die Türe wegen der Schafe wieder schließen "Chiudere il cancello"). Man überquert die Wiese am Garten entlang. (Die Schäferin, die das kleine Haus hier bewohnt, freut sich über ein paar Lire Trinkgeld.) Nach einer zweiten Gattertüre führt links ein Pfad an einem Kirschbaum vorbei schräg am Hang hoch und biegt, etwa 2oo m nach der zweiten Gattertüre in einer kleinen Schleife links abwärts zum großen Etruskergrab Colombari mit klar gegliederter Kassettendecke und vielen geometrisch angeordneten Urnen-Nischen. Die Tomba del Sileno, nach der zweiten Gattertüre etwa 2oo m nach rechts, besteht nur noch aus einem etwa 3 m dicken, runden Stein mit zwei Halbsäulen und einer Gruft etwas unterhalb.

Wenn man den Garten wieder verlassen hat, erreicht man nach etwa 1oo m des aufwärts führenden Fahrweges die Hauptstraße und den Zugang zum Ort Sovana bei der Aldobrandeschi-Burg. Eine schmale Asphaltstraße zweigt links ins Tal ab, ein paar Schritte auf dieser, sodann führen einige Stufen zu einem Bach hinab, den man überquert und nach etwa 2oo m zu den Necropoli del Folonia, 7 Würfelgräbern (Tomba a Dado), gelangt, auf welchen die zum Teil noch gut erhaltenen geometrischen Friese zu erkennen sind, und unter deren Sockeln die schwarzen Grabkammern ins helle Licht gähnen.

Nirgendwo sonst in der Toskana erlebt der Wanderer einen so häufigen Wechsel zwischen der düsteren, geheimnisvollen Welt jahrtausendealter, dunkler Gräber in modrigen, feuchten Schluchten und überhängenden, efeuüberwachsenen Felsen einerseits und der wohltuenden Wärme sonniger Wiesen und dem befreienden Licht langgestreckter Hochebenen andererseits.

9) Rundwanderweg um den Monte Amiata

"Schattige Wälder und weite Horizonte"

"Anello dell' Amiata" (Ring des Amiata). Rund 3o km, also: Ein- oder Zweitagestour. Gut instand gehaltene und gekennzeichnete Fußwege, ständig in Höhen zwischen 1.o5o und 1.25o Metern.

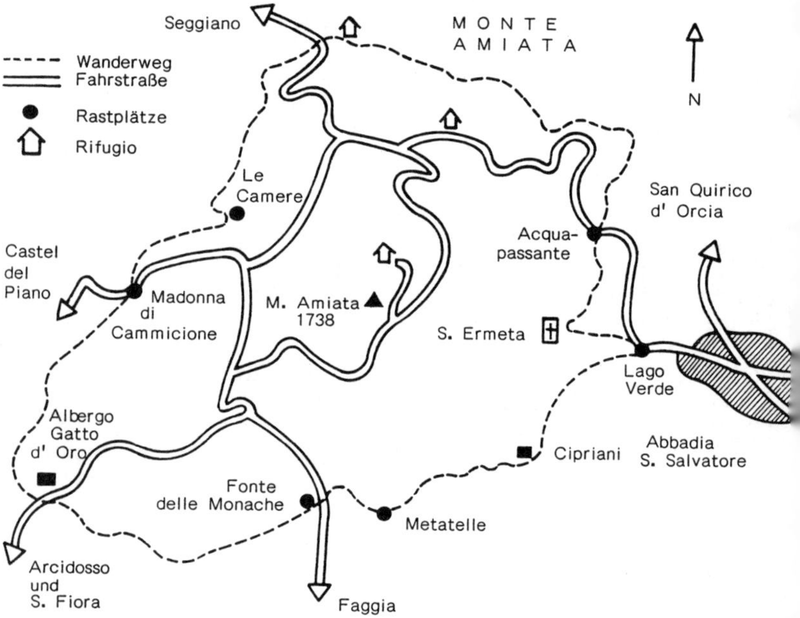

1. Etappe: Abbadia San Salvatore zur Fonte delle Monache

Diese 6 km (ca. 2,5 Std.) steigen von 9oo bis auf 125o m. Am Laghetto Verde (westlich von Abbadia S.S.), wo man das Auto parken kann, beginnt der Wanderweg. An der alten Quecksilbermine vorbei und durch schöne Kastanienwälder erreicht man in etwa 45 Minuten das Gehöft Cipriani (links führt hier ein Weg hinunter nach Piancastagnaio). Nach weiteren 45 Minuten hat der Weg beim Rastplatz Metatelle 1.25o m Höhe erreicht. Die Kastanien werden teilweise durch Pinien abgelöst, und der Blick schweift an klaren Tagen bis zum Bolsenasee hinunter. Nun geht es durch lichte Buchenwälder abwärts zur Fonte delle Monache (Nonnenquelle, Rastplatz).

2. Etappe: Fonte delle Monache - Madonna di Camicione

2,5 Std., 1o km. Man folgt weiter den rot-weiß-roten Markierungen und stößt nach einigen Pinienwäldern auf das Albergo Gatto d'Oro (Goldene Katze), Übernachtung und Restaurant, Tel. o564/967 o74, geöffnet: Juli, August und September, sonst nur an Wochenenden. Bis hierher geht man etwa 3,5-4 Stunden. Nach einer weiteren Stunde und nach Überquerung der Straße Castel del Piano-Monte Amiata sind wir beim Rastplatz Madonna di Camicione.

3. Etappe: Madonna di Camicione-Lago Verde

Ca. 4 Std. Dieses Teilstück von etwa 14 km senkt sich von 1.25o m wieder ab bis auf 9oo m.Von Acquapassante bis Ermeta gibt es nochmals eine Steigung von etwa 6o m. Durch den Fosso Piombato (Bleigraben) gelangt man zum Rastplatz "Canton delle Camere (1.1oo m). Der nächste Rastplatz mit Quelle heißt Capo Vetra (etwa 4,5 km von Madonna di Camicione). Nach Überquerung einer Landstraße gelangt man zum Rifugio Forestale, anschließend führt der Weg durch den Bosco Impero (Kaiserwald) zur Straße von Abbadia San Salvatore (Lago Verde) zum Gipfel des Monte Amiata. Man geht das Sträßlein entlang bis zum Rastplatz Acquapassante. Die rot-weiß-roten Markierungen zeigen kurz vor der Straße nach links - auch sie führen zum selben Rastplatz. Ab hier gibt es wiederum zwei Möglichkeiten, zum Ausgangspunkt der Wanderung, Lago Verde, zu kommen: die Straße entlang oder, mit einem kleinem Umweg, über das Santuario S. Ermeta. Die bessere Aussicht über das Land hat man von der Straße aus.

1o) Fernwanderweg -oo- Florenz-Siena

Die gesamte Strecke beträgt ca. 77 km. Für geübte Wanderer also in 3 Tagen problemlos zu bewältigen. Das Problem bei dieser Tour sind die Übernachtungsmöglichkeiten; direkt am Wege gibt es keine Hotels. Man müßte nach Greve z.B. einen Abstecher von ca. 12-14 km, bei Gaiole von ca. 9 km machen um Hotels zu erreichen. Dringend zu empfehlen ist also ein leichtes Zelt: Es ist schöner und macht unabhängiger!

Der Weg führt durch die abwechslungsreiche Landschaft des östlichen Chianti-Gebietes, in hügeligen Variationen durch Eichenwälder und Weinberge, vorbei an Olivenhainen und einsamen Bauernhöfen, stattlichen Landsitzen, Weingütern, Schlössern und Klöstern. Eine wenig begangene, gut markierte Route durch das Herz der Toskana und zwischen ihren beiden markantesten Punkten Florenz und Siena.

Man verläßt Florenz arnoaufwärts in Richtung Pontassieve, überquert beim Dorf Anchetta den Arno und fährt am linken (westlichen) Flußufer noch 1,5 km bis zum Weiler Vallina. Hier beginnt der Wanderweg. Für die Rückkehr und für Leute ohne Auto: von Florenz (siehe Info-Teil Florenz) verkehren regelmäßig Busse der Firma Lazzi, SITA und C.A.T. nach Pontassieve, mit Halt in Anchetta.

In Vallina beginnt zunächst der Wanderweg Nr. 2, der nach ca. 3,5 km zum Fernwanderweg oo wird. 4 km nach Vallina kreuzt an einer Weggabelung der Wanderweg Nr. 1 nach Osten, der oo-Weg führt nach Südwesten.

Nach dem Convento dell' Incontro macht der Weg eine Schleife nach Westen, um dann aber, bei der Begegnung der Wege 6, 3 und oo, überwiegend nur noch nach Süden zu führen.

Die Stationen und ihre ungefähren Entfernungen:

- San Donato in Collina, 11 km, die Autobahn Florenz-Rom unterquert in einem langen Tunnel den Weg.
- Poggio alla Croce, 1o km
- La Panca, 5 km
- Monte San Michele, 9 km
- Badia a Coltibuono, 1o km, hier wird eine Rast zum Mittagessen in der neben der romanischen Klosterkirche und am Waldrand idyllisch gelegenen Foresteria zum kulinarischen Erlebnis (siehe Beschreibung "Badia a Coltibuono).
- Brolio, 19 km (siehe Beschreibung "Brolio")
- Monteaperti, 11 km
- Due Ponti, 7 km, östlicher Vorort von Siena, an der Umgehungsstraße.

Von San Felice an (3 km südlich von Brolio) führt der Weg fast nur noch über geschotterte Fahrstraßen und teilweise auch über Asphaltstraßen, die allerdings nur wenig befahren werden.

11) Die Bergwanderung auf den Monte Capanne (Elba)

Rund um den höchsten Berg Elbas gibt es eine Reihe von Wanderungen, die gut gekennzeichnet sind und für die es Führer und Karten gibt:

1) empfehlenswert: Karte 65o der grünen Reihe "Kompaß", Geographischer Verlag H. Fleischmann, D-82319 Starnberg, auch in Buchhandlungen erhältlich

2) auch gut, aber nur in italienischer Sprache: Buch und Karte "Arcipélago Toscano" bei: Gruppo Trekking Firenze, Piazzo S. Gervasio 12, 5o131 Firenze

<u>Mein Wandervorschlag</u>: in Poggio beginnen, dann entweder

a) die Diretissima" (Route Nr. 2) am bergseitigen Ortsende von Poggio, zum Gipfel, Dauer etwa 1 Std. 45 Minuten, oder

b) der Fahrstraße nach Marciana bis kurz vor der Fonte Napoleone (Nap. Quelle) folgen, dann die Route Nr. 1 nach links einschlagen, den Weg bis zum Kirchlein San Cerbone gehen, dann links abbiegen, um nach etwa 1/2 Stunde auf den Weg Nr. 2 zu stoßen.

Vom Gipfel des Monte Capanne hat man bei klarem Wetter phantastische Fernblicke über das Tyrrhenische Meer, den Toskanischen Archipel mit seinen Inseln Giglio im Südosten, Montecristo im Süden, Pianosa im Südwesten und Capraia im Nordwesten. Bei guter Sicht kann man im Westen die Küste Korsikas erkennen. Für den Abstieg gibt es wieder verschiedene Möglichkeiten: a) den Wanderweg Nr. 5 nach Osten bis zur Fahrstraße, auf dieser 4 km zurück nach Poggio, b) denselben Weg zurückgehen oder c) mit der Seilbahn nach Marciana runter und auf dem Asphaltsträßchen nach Poggio.

Zum Schluß seien noch erwähnt:

Die GEA-Tour

Grande Escursione Appenninica (Apenninfernwanderung)
vom Tyrrhenischen Meer (nördlich von Carrara) bis zur Adria bei San Marino. Rund 3o Etappen in 3,5 Wochen. Weiß-rote CAI-Markierung.

Buch (italienisch) und Karten zum GEA: in den Buchhandlungen "Il Viaggio" oder "Stella Alpina" (siehe Beginn des Wanderteils) oder Gruppo Trekking Firenze (siehe Elba-Bergwanderung).

Die GT-Tour

Garfagnana-Trekking-Tour
Eine Hochgebirgstour in etwa 1o Etappen durch die Apuanischen Alpen, beginnt bei Castelnuovo di Garfagnana, dort gibt es auch Auskünfte, Buch und Karten bei: Libreria Castelnuovo, Via V. Emanuele, Tel. o583/65169. Übernachtungen: Hütten des CAI. Empfehlenswerte Monate: Juni, Juli, August.

Einige wichtige Wörter und Redewendungen

Aussprache des "c" und "g": vor o, u, a wie k / vor e und i wie dsch bzw. tsch
ch vor e und i wie k (kianti)
gh vor e und i wie g (Ghia = gia)
sci wie schi, und sch wie sk (Maraschino = maraskino)
signore - Herr (Abkürzung: sig.), bei Anrede mit Namen: signor Braun
signora - Frau (Abk.: sig.ra)
signorina - Fräulein (Abk.: sig.na)
Come sta - wie geht es Ihnen?
Come stai - wie geht es dir?
Bene, grazie! E Lei - danke, gut! Und Ihnen?
Anch'io sto bene, grazie! - mir geht es auch gut, danke!
Buon giorno - guten Tag, auch: guten Morgen
Buona sera - guten Abend
Buona notte - gute Nacht (unmittelbar vor dem Schlafengehen)
Arrivederci - auf Wiedersehen
Arrivederla - auf Wiedersehen (sehr höflich)
Ciao - auf Wiedersehen (freundschaftlich)
A piu tardi - auf bald
Mi dispiace - es tut mir leid
grazie, tante grazie, molto grazie - danke, vielen Dank
Grazie a Lei - der Dank gebührt Ihnen
Prego - gern geschehen
Non c'è di che - nicht der Rede wert, bitte
per favore, per piacere - bitte
Scusi / mi Scusi / scusi tanto - Verzeihung
cosa? - wenn man etwas nicht verstanden hat, und um Wiederholung bittet (stirnrunzelnd zu sagen)
Parla adagio, p.f. - sprechen Sie langsam, bitte
No capisco - ich verstehe nicht
No so - ich weiß nicht
Parla tedesco / francese - sprechen Sie deutsch, französisch?

ZAHLEN, WOCHENTAGE, MONATE...

0	zero
1	uno
2	due
3	tre
4	quattro
5	cinque
6	sei
7	sette
8	otto
9	nove
10	dieci
11	undici
12	dodici
13	tredici
14	quattordici
15	quindici
16	sedici
17	diciasette
18	diciotto
19	diciannove
20	venti
21	ventuno
22	ventidue
23	ventitre
30	trenta
40	quaranta
50	cinquanta
60	sessanta
70	settanta
80	ottanta
90	novanta
100	cento
101	cento uno
200	duecento
1000	mille
2000	duemila

einmal - una volta

Montag	lunedi
Dienstag	martedi
Mittwoch	mercoledi
Donnerstag	giovedi
Freitag	venerdi
Samstag	sábato
Sonntag	domenica

Monate

Januar	gennaio
Februar	febbraio
März	marzo
April	aprile
Mai	maggio
Juni	giugnio
Juli	luglio
August	agosto
Sept.	settembre
Okt.	ottobre
Nov.	novembre
Dez.	dicembre

1. il primo, la prima
2. il secondo
3. il terzo
4. il quarto
5. il quinto
6. il sesto
7. il settimo
8. il ottavo
9. il nono
10. il decimo

ab 11. immer durch Anhängen der Endung - esimo.

zweimal - due volte
dreimal - tre volte

ZEITEN

il giorno - der Tag
la ora - die Stunde
la settimana - die Woche
il mese - der Monat
oggi - heute
domani - morgen
ieri - gestern
staséra - heute abend
il pomeriggio - der Nachmittag
domani matina - morgen früh
la settimana prossima - nächste Woche
il ano prossimo - nächstes Jahr
che ora é ? - wie spät ist es?
é la una - 1.00
é mezzogiorno - 12.00
sone le sette e un quarto (e quindici) - 7.15
sone le sette e un mezzo (e trenta) - 7.30
sone le otto meno un quarto (sette e quarantacinque) - 7.45
a che ora? - Um wieviel Uhr?
Alle dieci e dieci - um 10.10
alle dieci e venti - um 10.20
alle diece e trentacinque - um 10.35
alle undici meno venti - um 10.40

WEG & RICHTUNG

dove - wo und wohin
di dove - woher, auch: da dove
dov'é - wo ist
scusi, la direzzione per... - ich möchte bitte nach...
sempre dritto - immer geradeaus
svoltare a destra - rechts abbiegen
svoltare a sinistra - links abbiegen
doppo il ponte - nach der Brücke; prima del ponte - vor der Brücke
feriale - werktags
festivo - sonn- und feiertags
Locale - Nahverkehrszug
Diretto (D) - Eilzug
Espresso - Schnellzug
Rapido (R) - Fernschnellzug

doppo il secondo semáforo - nach der zweiten Ampel
quanti chilómetri ci sono per... - wieviel km sind es nach...
a piedi - zu Fuß
con la macchina - mit Auto
la partenza - die Abfahrt
a che ora parte il treno per... - wann fährt der Zug nach...
il tassi/ aero/ autobus/ pullman - Taxi, Flugzeug/Stadtbus/Reisbus
c'é un treno per... - gibt es eine Zugverbindung nach...
il arrivo - die Ankunft
la coincidenza - der Anschluß
il biglietto/andata e ritorno/solo andata - Fahrkarte/hin u.zurück/ nur hin
due adulti e un bambino - zwei Erwachsene u. ein Kind
la Stazione/il aeroporto - Bahnhof/Flugplatz
la banchina - Bahnsteig
bagagli - Gepäck
sono cercando mio marito/mia moglie (molje)/noi bambini - ich suche meinen Mann / Frau / unsere Kinder
sono cercando la mia macchina - ich suche mein Auto. Die Frage ist allerdings unnötig, wenn's Auto weg ist.

Vorrei prenotare una camera - ich möchte ein Zimmer bestellen
camera matrimoniale con bagno - Ehebettzimmer mit Bad
camera doppia - Doppelzimmer (für Distanzierte)
camera singola - Einzelzimmer
abbiamo prenotato - wir haben vorbestellt
da cinque al quindici settembre - vom 5. bis 15.9
doccia - Dusche
prima collazione - Frühstück
possiamo vedere la Camera? - können wir das Zimmer sehen?
ristorante/Salla di pranzo - Speisekammer
con vista sul mare/sulla strade/sul giardino - mit Blick auf's Meer/auf die Straße/zum Garten
la chiave - der Schlüssel
fa freddo - es ist kalt; ho freddo - mir ist kalt
la pensione completta - Vollpension/mezzapensione - Halbpension

alta stagione/bassa St. - Hoch/Vorsaison
quanta costa al giorno - was kostet es pro Tag
asciugamano (aschugam.) - Handtuch
mancia - Trinkgeld
partiamo domani matina - wir reisen morgen früh ab.

Im Restaurant

pranzo/cena - Mittag/Abendessen
C'é un tavolo libero per due - haben Sie einen Tisch für zwei?/auch: siamo in due!
Ci porti il menu - bringen Sie die Karte
cosa mi consiglia di buono - was empfehlen Sie gutes?
come antipasto - als Vorspeise
come primo/per secondo - als 1. Gang/2. Gang
da bere - zum Trinken
non mi piace/mi piace molto - schmeckt mir nicht/schmeckt mir gut
il conto, per favore - die Rechnung, bitte
Il resto é per Lei - der Rest ist für Sie.
Bezeichnungen auf der Speisekarte: siehe Kapitel Essen + Trinken, S. 27 ff.

Verkehr:

guasto - Panne
officina di riparazioni - Werkstatt
il motore - Motor
avviatore - Anlasser
il freno - Bremse
cambio del marce - Gangschaltung
il radiatore - Kühler
la frizziona - Kupplung
il dinamo - Lichtmaschine
il olio - Öl
la gomma - Reifen
il carburatore - Vergaser
la candela d'accensione - Zündkerze
servizio di rimorchio - Abschleppdienst

incrocio - Kreuzung
uscita - Ausfahrt
senso unico - Einbahn
deviazione - Umleitung
rallentare - langsamer fahren

GESCHÄFTE

La farmacia - Apotheke
il forno - die Bäckerei; auch: panetteria
il fioraio - Blumenhändler
la libreria, il libraio - Buchhandlung, B.händler
la drogheria - Drogerie
la pizzicheria - Feinkost
la pescheria - Fische
il erbivendolo - Gemüsefritze
lavaggio a secco - Reinigung
cartoleria - Schreibwaren
calze Schuhe
il calzolaio - Schuster
alimentari - Lebensmittel
la pasticceria - Konditorei
la macelleria - Metzgerei; tripperia - Innereien; polleria - Geflügel

ARZTBESUCH

ho bisogno di un medico - ich brauche einen Arzt
sono malato/malata - ich bin krank; auch: mi sento male
dolore - Schmerz
mal di testa - Kopfweh
mal di denti - Zahnweh
mal di pancia - Bauchweh
febbre - Fieber
diarrea - Durchfall
influenza - Grippe

INDEX:

Personenindex

Ortsindex

COUPON

Ich bestelle hiermit folgende VELBINGER REISEFÜHRER:

Anzahl Titel Preis DM

....

....

....

....

....

....

(zuzügl. Versandspesen 7 DM) Summe

MEINE ADRESSE:

....

....

....

....

☐ Summe liegt per Verrechnungsscheck bei

☐ Summe wurde auf Psch. Kto. München 2o 65 6o - 8o8 überwiesen

....

(Datum, Unterschrift)

Tosc. 9

Coupon ausfüllen und Verrechnungsscheck beilegen, bzw. Überweisung auf Postscheckkonto.